那些残存的记忆，
散轶的文字，
尚栖居人们的心灵枝头，
静默中，
仍感触到他钻石般的人格和个性，
黑金般思想的魅力。

台灣大學校長室用牋

谔谔国士

傅斯年

郭保林 著

作家出版社

臺灣大學校長室用牋

傅斯年

字：孟真

台灣大學校長室用箋

目录

台灣大學校長室用箋

台灣大學校長室用牋

台灣大學校長室用牋

序幕

几卷秋风，几帘秋雨，鲁西平原的秋色老了。新雨初霁，我来到傅氏家族墓园，寻找一个傲岸的身影。我踯躅在草丛中，徘徊在坟冢之间，碑碣林立，唯有他的名字缺失。他已魂断天涯，眼前只留了模糊寥落的痕迹。长风萧萧，日月流转，他那搏风击浪、纵横驰骋的风姿，那恣肆汪洋的学识；那敢违千夫之诺诺、作一士之谔谔的风采；那浩瀚雄浑、傲骨凛凛的气节，似隐似灭。当思维沉静如水的时候，一切都在沉寂中得到平衡。像孤鸿迷失远天，像倦鸟栖落莽林，思兮来兮，曷不归兮？这里树亲、水亲、人亲——温暖的故土，多愿接纳你的精骨英魂。那些残存的记忆，散轶的文字，尚栖居人们的心灵枝头，静默中，仍感触到他钻石般的人格和个性，黑金般思想的魅力。

历史的潮声里有他的呐喊，有他的呼唤，有他的雷火飞迸，他的热血飞溅。

他因呐喊、愤怒、咆哮，而伟大，而不朽。

他是悬崖上的一座巨大的雕塑，岁月老人用风刀霜剑镌刻而成。

他的人生记录了一个王朝风雨飘摇的历程，他的言行彰显一个时代的精神，他强烈的民族意识，炽热的爱国情怀，仍然飘扬在民族精神的街垒上。他进能指点江山，退能张扬学术，敢言敢为的人格，仍然留在天地间。

我们仰望苍穹，依稀看到那颗星辰，依然闪耀着璀璨之光。我看到那灼热的焦急，那疯狂，那骚乱，那悲愤，那耿介，那正直，还有春风般的柔情，都在他钢铁的躯体里激荡着。

他是一个样本。在这红尘滚滚、欲望滔滔的时代，凸现傅斯年的价值，仍有标本意义。

我走进这曾经是天荒地老的小城，跋山涉水，追寻他大半生的足迹，面对历史的残碑断碣，摭拾他的片言只语，采撷他生命的光斑，靠自己干枯的想象，去臆造人间的偶像。

中国20世纪上半叶是风雷激荡的年代，是乱云飞渡的年代，是中华民族苦难、沉沦而觉醒、呼啸奋起的年代。一代先知，是这个时代的启蒙者，是铁屋子里最早醒来呐喊的人。他和他们的生命里，对道统与学统的承继和拓展，对西方文化的感触，与传统文化的融会和发扬，他们的喜怒哀乐是那个时代精神的折射。

来吧，读者诸君，让我们一起走进并不遥远的历史，也许在字里行间会遇到这位大才槃槃、大气磅礴的国学大师，聆听到他振聋发聩的声音，一个“五四”运动的领袖，新时代的弄潮儿……一颗为国家、为民族、为学术强烈跳动的心。你一定会震惊：近代史上竟然有学识如此渊博、血性如此刚烈、节操如此高洁的知识分子！

傅斯年与弟弟傅斯严

台灣大學校長室用牋

第一章

杨柳正春风

一个家庭的文化叫教养，一个国家的教养叫文化。一个人成长除了禀赋和主观努力，还离不开家庭和社会。染于苍则苍，染于黄则黄。古人云：『善歌者，使人继其声；善教者，使人继其志。』

1 走进陈列馆，你会迎面碰上他。

一张圆胖的脸，微显臃肿，但外表结实，骨架有着举重运动员的坚强。一双眼睛平静时流露着善良和儒气，还有几分天真；发怒时却烈焰腾腾，炽热、灼人；额角宽阔，像一片海滩，后面便是浩瀚的、波涛汹涌的大海；他嘴角棱线清晰，鼓凸着如绷紧的钢丝，透露出内在的激情和超凡脱俗的孤傲。他性格开朗，大笑时真是倾尽肺腑，恣肆豪放。他有一张可怕的嘴，辩论时，嘴一张，不是长江大河，便是高山险峰，血脉偾张，惊涛拍岸……个头并不高大，站在高高的大理石基座上，极力地彰显出山东大汉的魁伟和敦实。此时此刻，他微垂着头，陷入沉思，目光冷峻，凝视着大地，一片忧郁的云笼罩在他的胖脸上，犹如雨后的青山。

基座上镌刻着一行大字：

傅斯年（1896—1950）

简洁，像无字碑！

写到这里，我们必须记住他的身世、他的祖辈，这样才能真正读懂傅斯年，才能理解他博大的胸襟，渊博的知识，奔放独特的性格。

现在让我们走进展室，沿着他生命的轨迹，探索他波澜壮阔、风雷激荡的人生，命运的辉煌和黯淡。一颗硕大的灵魂，浩瀚的思想、力量、智慧、才干，都源于斯、萌发于斯。

傅斯年1896年出生在东昌。

东昌（现名聊城），这个鲁西平原的文化名城，鼎盛在明清时期，其实也不大，到清末，其格局为“周七里一百九步”，有四门：“东曰寅宾，南曰南薰，西曰纳日，北曰锁钥。”也就是方方正正的城郭有四座城门，高大巍峨，城门双重，内城门外即瓮城，城四周有护城河，瓮城门外，“吊桥横跨水上”。古城像展翅的凤凰卧于碧波之上，因此，东昌府也称之为“凤凰城”。

大运河、马颊河、徒骇河、黄河，从辽阔的鲁西大平原上穿过，城南便有“四河头”，西城门外便是名闻遐迩的“胭脂湖”，是根据蒲松龄一篇小说《胭脂》因故事背景发生在东昌而命名。环城湖波光浩渺，湖水慵倦地波击着湖岸，泥土的岸是绿茵茵的草地，湖堤和河堤相衔。成排的杨柳，茂密的矮树丛，像云雾般地笼罩着堤岸。湖滨有坟墓、果园、教堂，城内却是一片繁华。由于大运河穿城而过，桨声帆影带来一抹江南风韵。东昌府的个性在于水，水是东昌的魂。

“城中有水，水中有城。城水一体，交相辉映”，形成古城的格局。古人曾作诗描绘这里风景如画，风情万种：“桃花源来问晓风，何处微浪带香鸣。信步偶随流水去，不觉身在水城中。”

大运河通航时，“阛阓千家，廛市烟火相望，不下十万户”，东昌为“漕挽之咽喉，天都之肘腋”，“万货辐辏，江北一都会”。城内拥有剧场、戏楼、会馆、庙宇、学堂、书院数十座，更不用说酒肆茶社、当铺饭馆更是联翩胪列、接踵比肩。宋塔瘦削的身影，明楼壮阔的轮廓，老远就透露出这座江北名城历史的久远、文化的厚重和经济的繁荣。

这府城道衢纵横，街巷井然。北有楼北大街、北顺城街、二十里铺街；南有南街、云阁街、南顺城街；东有东关街、越河圈街、小东关街；西有道蜀西街、道蜀前街、考试院街等；另外还有大大小小的前王园街、槐花庙街、龙王庙街、火神庙街、城隍庙街、药王庙街、东、西白衣堂街、观前街、观后街、状元街、二府街、柳园街、桑园街等等，难以数计。较大的岔路口也有名堂：南口、北口、东口、西口、北水口、牌坊口、驴市口、馆驿口、闸口等等。

是运河文化造就了小城的昌隆，那时运送皇粮的漕船，舳舻相接，风帆高扬，气势磅礴，船队由南而北，迤逦而行。两岸菜花金黄，麦苗青青，鸟儿欢快地掠过河面和田野，把嘹亮的鸣韵洒向大地和天空。纤夫吼着号子，跋涉在春天的河堤上，引来三五成群的乡间娃娃，来赏看这神秘壮观的皇家漕运风景。这是大运河最鲜活最靓丽的一页插图。而今它已属于历史，属于遥远的回忆了。

自从1855年（咸丰五年）黄河改道，夺大清河入海，大运河被拦腰切断，黄河北岸，水源断流，河道淤塞，难以行船，后来海运启航，平汉、津浦铁路开通，大运河的漕运已彻底结束它的使命。运河文化也逐渐黯淡，而东昌小城的繁华和昌荣也像黎明的星辰一样渐渐凋零。一度人来人往、熙熙攘攘的山陕会馆，现已人去楼空，变得冷落和寂寞了。它的昌隆，它的人文荟萃，它的浮华和喧嚣，一跌千丈，成为闭塞、僵枯的历史遗存。只有知府、县衙的黑漆大门还森然可怖，使人想起这里还是一座古老的城堡。

小城少了盛世的喧嚣和浮浪，多了平静和淡定。春夏秋冬，一页页翻过去，连点声响都没有。鲁西人老实、本分、憨厚、守旧，弄不出骇人听闻的大事来。小城静静地过着平和的日子，寺院的钟声悠扬，教堂的钟声清脆，空中弥漫着宗教的神秘气息。早晨卖豆腐的梆子声把主妇们唤醒，黄昏“磨剪子来抢菜刀”“锔盆锔碗锔大缸”的吆喝声招来女人和孩子们的欢乐和趣闹。只有一年一度的庙会给小城带来喧哗和骚动。

大运河码头——东昌人称之为闸口——现在衰败荒废了，多年的雨水浇淋，石砌的台阶长满黑黑的苔藓，与岸边的草木融在一起，成为岸的一部分。

闸口斜对面是一处豪宅，一拉溜十二座粉壁黛瓦的楼房，虽已破旧，依然黑森森的，屋瓦鳞鳞，不失贵族庄园的恢宏和大气。四面的围墙高大厚实，青砖垒砌，白灰抹缝，墙角的砖被盐碱啃噬得凸凸凹凹，依然辐射出一种威严和凛然。黑漆剥落的铜钉子大门，门楣上高高镶着一块巨大的匾额，上有“状元及第”，二重门的鎏金御书“圣朝元老”，以及门框上浮雕金字对联“传胪姓名无双士，开代文章第一家”，金粉脱落，字迹显得黯淡了。门板皴裂露出原木的本色，门旁的石狮子，有一只脖子的石铃不知何时被撞掉了，铸成这喑哑的雕塑，永恒的沉默。屋檐瓦隙里枯草丛中有新绿冒了出来，给衰败的古宅涂上一抹寥落的生机。有几棵古槐，庞大的树冠荫翳着宏阔的院落，枝叶掩映着屋檐兽脊，肃穆端严，还渗出一缕神秘。

祖辈的财产、先祖的辉煌和荣耀像一棵华茂葳蕤的大树，而今已根枯叶衰，老迈横秋，再难展现昔日的生机和风采。

我们的主人公傅斯年（字孟真）就出生在鲁西小城一个世代书香的官宦人家。他的七世祖傅以渐是大清朝“开国第一状元”，官至太子太保武英殿大学士兼兵部尚书。傅氏家族以“开代文章第一家”而闻名山左。世代书香，官宦相传，其家室富与贵，鲁西任何一家难以比肩。

1896年，傅斯年来到人间已是“落日楼头，断鸿声里”般的苍凉。家道已经败落，昔日的繁华和喧嚣已经寂灭。这时大清朝已处在末世，国事蜩螗，政治腐败，政府无能，列强对中国的蚕食、瓜分已近完成。甲午海战，北洋水师全军覆没，使清政府走向奄奄一息的死亡之际。维新之潮已在萌动之中。他四岁时，也就是1900年，八国联军进北京，烧杀抢掠，尸横街头，血漫巷口，皇皇国都，一片腥风血雨。大清朝已是苍生涂炭，国将不国了。

家国如此衰败注定了小孟真人生的悲剧性。

傅斯年的爷爷傅淦是颗读书的种子，精通经书史，但他性情古怪，不从仕途，不慕官宦：他淡泊名利，拒绝参加科举考试，轻官轻财轻诸侯，一生在百无聊赖中度过。满门朱紫的家族却偏偏出了这个“不肖之子”。他常着青布长衫，外罩一件半新不旧的黑缎子马褂，头戴一顶系有红疙瘩扣的黑缎子瓜皮小帽，背后拖着一条垂至腰际的灰白长辫，在人前人后摇来晃去，说东道西，那份闲适，那份淡定，显示着乡下读书人的清高。傅淦又有慈悲心肠，分家时把十二座楼房全交给兄弟们，自己只分得一座马厩。这种温良恭让使世人感到有点“傻”。本来没有经济来源，再加上傅淦不会过日子，还常周济穷人，生活时有紧蹙之感。

不过，瘦死的骆驼比马大。贵族家的马厩也比穷人的房屋豪奢。

经过一番整修，室内布置得书香气甚浓。靠墙壁是一排书柜，摆满一摞摞线装书，甚至是一些珍贵的缮本，四书五经、唐诗宋词、儒家经典，应有尽有。中堂是一幅泼墨山水，两旁是诗书礼仪的楹联，间隔是博古架，上面排满鼎、鬲、樽、爵等青铜器，还有奇形怪状的石头。窗前月光枕边书，老先生过着一种淡泊的生活。傅斯年的童年就在这诗礼簪缨的氛围中度过的。祖父严格的教训，繁缛的礼节，幽深的庭院，每逢过年过节，磕头跪拜，敬天敬地，敬神敬祖，香烟缭绕，神色肃穆，氛围神秘。小孟真在三叩九拜中领略了传统文化的内涵。

爷爷房间里唯一时髦的物件是一架英国造座钟，这是傅斯年祖爷爷傅山在安徽当巡抚时从上海洋人商店买来的。它老掉了牙，却依然有滋有味地咀嚼着时间，发出嘎哒嘎哒的声响。

父亲傅旭安也像爷爷一样，不求官，不出仕，安贫乐道，家里竟然出现三餐不继的日子，奶奶陈氏老太太不得不典当出嫁时的金银首饰和衣被。典当完了，日子更加困窘，傅淦就让儿子出外教书，赚点钱补贴家用。

父亲抛妻离子到黄河南岸东平县龙山书院教书。龙山书院设在离县城十几里山坳里，这里古木参天，绿荫匝地，环境幽雅而清静，几间砖石砌就的房屋倒也很坚固。傅旭安毕竟家学渊源，又有一副好口才，诗书经史，背得滚瓜烂熟，讲起课来，口角生风，言词滔滔，颇受学生欢迎，也受到上司的器重，不久提拔为山长。

2 父亲走了，四岁的小孟真成了中国20世纪最早的乡间“留守儿童”。爷爷非常喜欢他的长孙，小家伙长得方头大脸，聪明绝伦，活泼好动，小身子敦敦实实，他言辞流利，声音洪亮，浑身上下透出一种虎气。小孟真被爷爷揽过来，白天教他识字，晚上讲故事，夜里和爷爷睡在一个被窝里。五岁时，小孟真被送到东昌府城最好的一家私塾馆，先生孙达宸是拔贡，一肚子学问。傅淦一生无官无位，无职无禄，但他把希望寄托在孙子身上，读经书，经世致用，出人头地，光宗耀祖，重铸傅家辉煌。傅淦不能把自己终生的失误和遗憾传给第三代，否则就是对先祖的背叛，是最大的不孝，他发誓要把满腔的心血倾注在这棵幼苗上。

上学那天，爷爷还刮了刮脸，收拾得很体面，他特地换了一顶黑缎子瓜皮帽，帽顶上有鲜红的疙瘩扣，背后是一条干枯花白的发辫，一袭灰蓝色的长衫，上身又加一件黑缎子马褂。爷爷精神矍铄，身子骨倒也硬朗，眉目清秀，浑身散发书卷气。傅淦给小孟真也换了一件新布衫，同样也是头戴一顶瓜皮小帽，是爷爷那种布料的缩小版，后脑勺坠着一条小辫子，用红头绳扎着。五岁的小孟真，圆胖脸，敦敦实实，屁颠屁颠跟在身后，小辫子一晃一晃的。祖孙二人，一个道貌岸然，一个兴致勃勃。

傅淦拿着用蓝布包着的书本，一路殷殷嘱咐：

"在学堂里好好念书，不得贪玩，听先生的话。"

"嗯。"

"不得调皮捣蛋，逃学打架，记住啊！"

"嗯。"

"放学后，我要考你，考不好，小心挨板子！"

……

小孟真抬头看看爷爷，平时一向温和的爷爷脸色突然变得肃穆，目光也严厉，就像戏台上官老爷审案的架势，心里不由得有点害怕。

五岁的小孟真便天天浸濡在儒家经典里，先是读《三字经》《幼学琼林》，后来读《论语》《孟子》《大学》《中庸》。读完四书，开始读五经：《诗经》《书经》《易经》《尚书》《春秋三传》。满嘴"之乎者也"，他不懂得啥意思，但背诵得津津有味。这孩子虽活泼，好动，但一念起书来，就特别专注，不敢怠慢，孜孜不倦于学业。每次考试，他总是成绩优秀，名列前茅，私塾先生孙达宸非常喜欢他。放学后，爷爷问他课堂上学的什么，小孟真一一回答，爷爷非常高兴，夸奖他有出息。

爷爷也教他唐诗宋词，没有课本，只是口头相传。爷爷念一句，小孟真念一句，他记忆力特别强，往往念上两三遍就能背诵下来。像背诵儿歌似的，津津有味，有时也粗喉大嗓喊叫起来。

“爷爷，”孟真问，“李白为啥抬头看到月亮就想起故乡呢？什么叫故乡？”

爷爷笑道：“故乡，就是人出生的地方，自幼生活的地方，当然是祖宗爹娘居住的地方，故乡是生命的根。”

小孟真仰起胖乎乎的小脸又问：“李白不是在家吗？还思啥故乡？”

“李白是唐朝的大诗人。”爷爷解释说，“他老家在四川绵阳，二十五岁离开故乡，一生漂泊在外，最后客死在安徽当涂县。你想想他能不想家吗？”

小孟真茫然了，半天说道：“我长大了也会离开您，离开故乡吗？”

爷爷道：“好男儿志在四方，男子汉大丈夫四海为家嘛！”

小孟真道：“那时，我啥时想家，就回来瞄瞄，省得您和奶奶、俺爹娘挂念！”

爷爷连声夸奖道：“好，好，咱再背诵杜甫的《春望》吧！”

小孟真朗朗背诵起来：“国破山河在，城春草木深。……”

爷爷也时常向他讲述盘古开天地，三皇五帝，夏、商、周、秦、汉、唐、宋、元、明、清的历史故事，以及历代名贤、仁人志士的事迹，以传统文化来塑造孙子的人格和人生模式。

私塾里的读书生活十分枯燥、僵涩，从早到晚都是先生们讲书，学生背书。一屋子“诗云子曰”，学生背不会书，要挨板子。先生手里二尺长的戒尺，用竹枇做的，年月久了，变成暗红色，油漆光亮，专打学生手心，不许哭，不许叫喊，学生疼得龇牙咧嘴，硬硬地挺着。小孟真学业优异，经书背得滚瓜烂熟，从来没有挨过板子。但他性情敏感、激烈，充满奇思异想，还有种不拘小节的反叛精神，倒也挨过先生们的批评。

孙达宸拔贡是恪守“死记硬背”传统教学法的典型，让学生多背书是天经地义的事情。背书越多越好，背书最多的才是好学生。别的学生个个声嘶力竭地高声朗诵，背得口干舌燥，嗓音沙哑，仍记不住，孙达宸一提问，便张口结舌，呆如木鸡，而小孟真很少出口朗读，只是缄默不做声，两眼像钩子似的抓住每一字、每一句，他记忆力惊人，过目成诵，一字不错。后来胡适说：“孟真真是稀有的天才，记忆力最强。”张政烺先生也说：“我一生中接触了那么多的名人，记忆力最强的有两位，第一是傅斯年，第二是钱钟书。”少年傅斯年“一目十行，过目成诵，下笔千言，一挥而就”，确实恰如其分，同学们自愧不如：“与人家傅斯年没法比！”连老夫子孙达宸也赞赏不已：“傅斯年，真乃天下奇才也！神童矣！”

鲁迅先生的三味书屋，还有个后花园，园子里有高大的皂角树，草丛里有覆盆子，树枝上有鸟雀，那是个童话的世界，孩子的乐园。可是傅斯年的塾馆里，院子逼仄，孩子们连玩耍的地方都没有。只有两棵树，左边那棵树是槐树，右边那棵树也是槐树，每到春天四五月份，开一树白花，给塾馆带来一抹生机。课间休息时，孩子们围着槐树，你扯我的后襟，我扯他的后襟，玩“杀羊羔”，或者两人各扳着一条腿，靠单腿支撑、走动，然后相互碰撞，叫“碰拐”——这是鲁西儿童游戏的传统项目。冬天塾馆很冷，孩子们穿得很臃肿也难抵御砭骨的寒气。富家的孩子带一只手炉，或铜制或锡做，放几块木炭，不时烤烤手。小孟真没有手炉，一双小手冻得像发面馒头，仍然苦苦诵读。

新雨初霁，天蓝湛湛的发青，水绿油油的发蓝。晚风柔柔地吹来，岸柳摇曳，水中芦苇起伏，湖畔草丛里有小蚱蜢在蹦，水里有小鱼唼喋，水面上有几只燕子嬉戏，忽高忽低地盘桓，发出欢乐呢喃声。春天毕竟是万物复苏的季节。爷爷知道孙子天资聪慧，学习用功，心里着实疼爱。每天放学归来，他督课完成作业，便带孙子出外散步。祖孙俩穿过城中心光岳楼大街，或登上城墙，饱览田野风光，或信步古运河岸，走走停停，尽情消闲。

孩子的天性是亲近自然，当他来到这“水接连天，晴霭照映”的湖畔，感到空气扑鼻的芬芳，蛙鸣鸟语，像一曲天然的音乐。小孟真跑呀，跳啊，尽情呼吸着新鲜的空气。虽然厌腻塾馆的单调枯燥，但对那些四书五经却有天生的酷爱，不完全懂，却进入一个深邃、玄奥的精神世界。他求知欲很强烈，郊外散步时，也不忘向爷爷求教一些课堂上没弄懂的问题。

"爷爷，'里仁为美。择不处仁，焉得知?'孔子这句话是什么意思?"

爷爷道："也就是说，做人，心眼要好，要讲仁德，不讲仁德而处世，还算什么有智慧的人?"

小孟真又问道："爷爷，'人之生也直，罔之生也幸而免。''罔'是什么意思呀?"

爷爷解释道："罔是诬罔，不正直的人。圣人是说，一个人能够生存是由于正直，不正直的人虽然也生存着，那只是侥幸免于灾祸。"

小孟真顿开心窍，说道，"我要做正直的人，不做罔人。""好哇，小孟真聪明极了。"爷爷高兴得满脸笑纹像绽开的金丝菊。

爷爷傅淦少负才名，博通经史，工诗书画，尤以书法知名，又精医理，擅长针灸，武艺高强。但不喜仕途，淡泊人生，重诺任使，虽贫不举炊，而赴义唯恐后人。他乐游山水，足迹遍布江南塞北。传说，他漫游山西，遇到两宦官是来西北充军的，其中一人忽染重病，求他治疗，他拒绝说："生平不为无鸟之人看病。"另一宦官跪求，傅淦怜悯之心迫使他精心治疗。病愈后，宦官赠他银两，他却把银子掷出门外，说："生平不要无鸟者之钱!"这是耿介之人发自肺腑地对奴才小人的憎恶之情，也是对官场的黑暗、龌龊之厌恶。

傅斯年的祖母姓陈，名梅，山东潍县人，十九岁嫁与傅淦。陈梅是名门闺秀，自幼饱读诗书。其父也是进士，历任福建龙溪知县、台湾鹿港同知、江西吉安知府、江苏布政使、江西巡抚等职。咸丰初年，诰授荣禄大夫。陈梅出嫁时，嫁妆甚富，后因傅淦逐渐贫困，遂典当一空，皮衣七十余袭，最后一无所有。傅斯年自幼就在这种地域文化和家庭文化的滋养中成长起来。

苍天不负苦心人。小孟真凭着聪明的天资，和孜孜以求的刻苦精神，从早到晚泡在"四书五经"里，终于在十岁那年攻读完"十三经"，儒家文化根脉融进他的骨髓。他的学习成绩曾使祖父欣慰，乡邻们也夸奖小孟真是"出口成章，挥笔成篇"的神童。十岁的孩子为此付出多少心血，多少辛苦?寒夜的灯火，黎明的霜雪，酷暑的汗水，一窗秋雨的孤独，他小小脑瓜竟然装下十万字的经典，这是多么令人惊喜啊!

爷爷的希望没有落空。欣喜之余，常领孙子春日踏青，秋日登高，环城湖畔，大运河岸留下几多祖孙的履痕？祖孙俩，一老一少，一高一低，一个清癯瘦弱，一个敦实微胖，踱着鸭掌步，悠悠然，欣欣然，潇洒自信。

散步时，爷爷也常给小孟真讲些故事：大都是先贤圣哲、民族英雄的丰功伟绩，忠君爱国的高尚节操，也讲些他们少年时发愤读书、刻苦自励的轶事趣闻，什么囊萤映雪啦，悬梁刺股啦。当然也少不了大唐的诤臣魏徵，北宋的包公，南宋的岳飞、文天祥，明朝的海瑞，明末的黄道周，晚清的林则徐、左宗棠，喋血菜市口的六君子之一谭嗣同。爷爷也常常书写一些“人生自古谁无死，留取丹心照汗青”“海纳百川有容则大；壁立千仞无欲则刚”的条幅，从小培养小孟真正直、高洁的人格和情操。

湖对岸便是徒骇河和大运河交流的地方，依依一水，西岸尽是村野人家烟树。春天的黄昏是美丽的，水光草色，绿树新蒲，晚霞如画，春风和煦，明朗而又温暖，处处呈现一派生机。大自然的美丽和生动的英雄故事，常常融为一体，在小孟真的童年的记忆里激起一迭迭波纹。后来，他在北大创办《新潮》时，就写过一首诗《老头子和小孩子》，生动地记述这难忘的场景：

……野外的绿烟儿濛濛腾腾
远远树上的“知了”声
近旁草底的“蛐蛐”声
溪边的流水花浪花浪
树叶上的风声吵喇吵喇
一组天然的音乐，到人身上，化成一阵浅凉
……这一幅水接天连，晴霭照映的画图里
只见得一个六七十岁的老头子
和一个八九岁的孩子
走在河岸堤上。

这诗里也流露出傅斯年少年失怙的孤独和塾馆枯燥生活的苦闷。

早在1901年，也就是小孟真入塾馆读经书那年，北京的皇上已下诏：要各府、厅、直隶州都要设立中学堂，各州县要设立小学堂，但这里“山高皇帝远”，皇上的诏令并未惊醒小城麻木滞涩的神经。这里依旧是八股文，读经习字，儒家文化的氛围十分浓烈。后来几处书院、塾馆幡然改为学堂，只是牌子换了，教学内容依然是“四书五经”，旧的传统文化教育毫发未变。但是时代的潮流汹涌澎湃，难以阻挡。东昌府与聊城县的府衙、县衙不得不更弦改张，把启文书院改为府立中学，把摄西书院改为高等小学学堂，把考院改为小学学堂。傅淦只好将孙子送进东昌府高等小学学堂学习。但他思想守旧，怕孙子进了“洋学堂”，荒废了学业，经常督促小孟真读经背诵古文。他依然穿着短褐长衫，拖着细长花白的发辫，指指点点，唯恐孙子走上邪道，灌输孙子的思想依然是学而优则仕，读好儒家典籍，以光耀门庭、重振傅家的辉煌。

新式小学不再读经，而是学习古文、算术、写字、作文。教学内容的改革，学生学习的兴趣也浓了，傅斯年年龄虽小，学习成绩却优异，他的古文底子雄厚，有超人的记忆力，过目成诵，又勤学强识。老师喜欢，同学羡慕，他时常成为学校的“焦点”人物，有了不会的问题，许多同学都向小孟真请教，他俨然成为“小先生”。他一开口便是滔滔不绝，举一反三，头头是道，令同学口服心服。他说话，口齿清晰，声音洪亮，底气很足，有一种内在的诱惑力，号召力。班里有位同学名叫朱笠升的，个子大，年龄也大，但脑子笨，功课差，傅斯年常常帮助他，辅导他做作业，解难题，这位朱同学把小孟真当作老师一样尊重。

最恼人的是作文课，有的同学形容作文课是“作难课”，口咬着笔杆，面对稿纸，半天想不出一句话来。小孟真却不然，他喜欢作文课，一旦稿纸铺就，他便文思泉涌，笔飞墨舞，挥洒成篇，而且激情充沛，词采绚烂。老师阅后，常常拍案叫绝，大加称赞：这般小小年纪，竟有此等才气，将来必成大气候！

小孟真看到同学趴在桌子上，老半天写不出来一句话，心里替他们着急。于是灵机一动，捉刀代笔，他暗暗替同学写作文。条件是一篇作文换一个芝麻烧饼。有时候，他完成自己的作文后替两个同学各写一篇毫不雷同的作文。事毕，换来两个大烧饼。尽管小孟真是个机灵鬼，但老师慧眼识珠，一阅卷便知哪篇是孟真代笔，便在课堂上点他的名，批评小孟真的“为人作嫁”，当然也批评求他代笔的同学。这虽然是一种儿童游戏，但老师也神色严厉：

“孟真，这次你是否换了两个大烧饼？你可以帮助同学，但不可越俎代庖！”

孟真低头不语，心里却暗暗自喜。

小孟真学习成绩优异，固然由于他的天资聪颖，但他刻苦学习的故事也在同学中广为流传。平时读书遇到难解的词、句，总要记下来向老师请教，如果一时找不到纸，他就用毛笔写在腿肚子上，手臂上，或回家请教爷爷，或放学后找到老师家里求教。夏天，他写了一腿一胳膊，一出汗，墨迹模糊，也染黑了衣服，母亲只得常洗衣服，她没有批评孩子淘气，反而夸奖小孟真用功。

3

九岁那年，在东平龙山书院教书的父亲溘然长逝，父亲去世时弟弟斯严才四个月。父亲的去世，给家庭经济带来更大的压力，本来拮据的日子，现在更加艰难了。爷爷奶奶白发人送黑发人，悲痛交加，一夜之间显得苍老了许多。母亲抱着弟弟哭得死去活来，孤儿寡母，上有老下有小，对一个孤弱的女人是何等凄惨？该如何支撑这苦难的家庭和漫长的岁月？

傅家黯淡的岁月又涂上浓重的一笔黑色。

还好，父亲在龙山书院由于德馨才高，教书育人，颇有口碑，深受学生和学生家长的厚爱，他培养的学生很有出息，或入仕，或经商，有的甚至成为政府官员。他们感念恩师的栽培，逢年过节，大家互相联络，一块儿到聊城看望师母，送些米面、钱和衣被，以解不时之需。小孟真更懂事，他成了家里小“男子汉”，常常帮助爷爷、奶奶、母亲干些家务，照顾弟弟。

1908年的冬天，傅斯年的命运来了转机。那年他十二岁。这天傍晚，小孟真放学回家，只见家里来了一位客人，客人从天津来。这个人个头不高，衣帽入时，脖子上围着一条乡下人难见的长绒围巾，举止彬彬有礼，一看就知道有大学问，是见过大世面的人。

“小弟弟，你愿意到天津上学吗？”客人问道。

傅斯年仔细打量一番客人，忽然想起来了：这人姓侯，名延爽，原来在东昌府一家商店打工。他酷爱读书，常常手不释卷。商店打烊后，他还在豆油灯下苦读经史子集。傅斯年的父亲旭安先生得悉后，对这孩子非常疼爱，常送些书籍给他，有时也把他叫到家里，让他挑拣他喜欢的书籍。当傅旭安赴任东平龙山书院山长时，便把他带去正式就读——用今天的话说，侯延爽由一个打工仔变成“脱产”的“全日制”学生，此恩重如山岳。功夫不负有心人，他勤奋刻苦，终于有了结果，后来晋京会试，一举考中进士。待他回到故乡看望恩师，谁知恩师已故，悲痛之余，不知如何报恩老师，看到老师的两个孩子如此聪明，大可造就，决心把他们培养成人。东昌府小城闭塞、落后、愚昧，不堪造就人才，要把傅斯年和他弟弟傅斯严带到天津就读。这事已和老爷子傅淦、小孟真母亲李氏商议过，但李氏担心次子斯严年龄太小，离不开家庭照顾，以后长大几岁也不迟，先把长子斯年带去，这样就把事定下来了。

天津，是极其陌生的，小孟真从跑买卖的人那里听说过，天津卫是一个十分繁华的大城市，电灯、电话，高楼大厦，满街跑着汽车，还有教堂、新式学校，他年幼的心灵早已渴望展翅高飞了。这闭塞的小城，沉闷的生活，枯窘的学堂，苦行僧似的诵读，死记硬背，虽然也学到不少知识，但并没有开拓他的视野。这里连报纸也看不到，更不了解外面精彩的世界。这些年他虽然探测了历史的幽邃、深奥，乃至触摸到历史的尽头，却没有看到未来的曙光，好像一直在漫长幽暗的隧洞中摸爬。

而今，有人领他走出这幽暗的隧洞，小孟真何等高兴啊！他当场答应，爷爷也很高兴，花白胡子喜得直颤抖。只是母亲心里有些酸楚楚的。

那一夜，小孟真和侯大哥谈了许多话。侯延爽向他介绍天津是中国屈指可数的大城市，天津近郊的塘沽码头又是重要的海港，也是皇都北京的门户。天津的教育如何发达，学生不必天天诵读四书五经，学校开设语文、算术、物理、化学、生物、英语课，还有体育、美术、音乐，学校生活丰富多彩，学生德智体全面发展。小孟真听罢心血沸腾，恨不得身插双翅，一下子飞到那迷人的生命和知识的乐园！

橘生于淮南为橘，生于淮北为枳。

几天后，一个大雪初霁的日子。雪掩饰了小城的破旧，土屋、瓦房、粪堆、街道，铺上厚厚的积雪，人踩车轧，又露出肮脏的本色，也暴露它的丑陋和荒凉。太阳出来了，天气晴朗，大地一片皓白，风还很刺人，空中吹着干燥的雪花。空气凛冽，冻得人鼻尖儿发疼。街巷屋檐下有几只麻雀，羽毛被冷风吹得扎煞开来，不停地喳喳地叫着，是寒冷还是饥饿？这些可怜的鸟儿！

傅斯年第一次出远门，还是冬天最严寒的日子。他穿着一件很厚的棉袍，爷爷雇一辆小推车，由两个车夫轮流推车，车两旁一边坐着小孟真，一边是行李。侯延爽跟在车后。他们先到禹城，然后乘火车去天津。母亲一大早就起来了，把孩子路上吃的、用的挨个检查一遍，又把娘家舅送来的几块银元塞进儿子的衣袋里，千嘱咐，万叮咛：

要听侯大哥的话，好好用功；要听老师的话，别荒废学业；到天津给家里来封信，过年过节有空儿回家瞄瞄，免得爷爷奶奶牵挂……

他们上路了。

地平线被推得很远，雪野显得寥廓、空旷而深邃。

爷爷、奶奶、母亲，还有不满五岁的小弟弟一路相送，直送到城外，只见独轮小推车的吱吱呀呀的声音远去，渐渐化为小黑点，消失在雪野深处。……

4

傅斯年来到天津读书的学堂是赫赫有名的天津府立中学堂。侯延爽把他安排在祖父的学生孔繁淦家吃住，由父亲的学生吴树业给予经济资助。

天津，是通商大埠，几年前八国联军攻打北京就是从天津登陆的。外国强盗依靠铁甲炮舰攻破塘沽军港，直驱北上。义和团运动的策源地也是天津。他们杀死传教士，焚烧洋教堂，掀起扶清灭洋的群众爱国武装斗争，却被慈禧太后一班昏庸朝廷利用，乱杀洋人，激怒列强，导致大清王朝的一次灭顶之灾，以割地赔款而告终。现在天津已成殖民地城市，到处是西洋风格的建筑，一片片英、法、德、意、美、日等国的租借地，到处是洋人开办的商行、店铺、银行、工厂，街上跑着无轨电车、汽车，大街小巷随处都看到一些高鼻子蓝眼睛红头发的洋鬼子，或乘车，或骑马，耀武扬威，傲慢得很。

傅斯年进入天津府立中学读书，一度住在英敛之家。英敛之何许人也？英敛之是爱新觉罗氏满族人。他主办天津《大公报》。在清政府倒台前，他属于保皇党派。他办的报纸是靠天主教徒、资本家柴天宠襄助，背后又得到日本人和法国人的支持，由此可见英敛之的政治立场。傅斯年初来乍到，对这些国家大事、世界形势懵懵懂懂。傅斯年住在英家也是吴树业的介绍，那时学校的学生宿舍尚未建好，只好在英家将就一段。英敛之家住在五大道南京路与马场道交会口。这是天津小洋楼最集中的地方，有上百幢世界各种风格的建筑，属于英租界。许多军阀、政客、皇亲国戚都选择在天津营建私宅。天津离北京很近，又得到外国租界的庇护。他们在这里策划阴谋，一伺机会，便东山再起。英家住着一座三层小楼。院墙是实墙，院内花木遮翳，掩映楼窗，有极强的私密性、隐蔽性。三楼是英敛之夫妇的卧室，二楼是他的书房和客厅，一楼是厨房和用人的房间。傅斯年就住在客厅旁的耳房，一间不足九平方米的小屋。

几个月后，学生宿舍建好，投入使用，傅斯年便搬到学校里去住。

学校环境优美，高大的梧桐树、槐树，铺一地绿荫。院子里有水池，池里种着水莲花，初夏时节满池白花，开得灿烂动人；用煤渣铺就的甬道，甬道两旁种着木槿花、紫丁香、美人蕉，还有一些不知名的花树，五月里鲜花开得热热闹闹，满校园一片浓馥的香气。故乡东昌府哪有这般美丽的校园？新学堂也给傅斯年打开了更广阔的知识窗口，更令人新奇的是上英语课。教师是一个高鼻子、蓝眼睛的英国人，一头金黄色头发，穿一身傅斯年第一次见到的西装。他是位中年人，性格倒也温和，汉语也讲得好，课余时间也和学生处得来。英文中的“中国”叫“CHINA”（柴那），下课了，学生们“柴那”“柴那”地喊叫。每天早晨要跑操，上体育课打篮球，十几个人抢一个篮球，你争我夺，打得热热闹闹，争得汗流浃背。

学校里有图书馆。图书馆有阅览室，一张大案子摆着许多没见过也没听说过的杂志、报纸，还有一架子一架子的书籍。傅斯年每天课余时间，像一只饥饿的小羊羔遇到丰美的草地，一头扎进阅览室里，饥不择食，一目十行，浏览报纸、杂志。星期天节假日，他很少上街，往往一整天泡在图书馆里，饿了从书包里掏出一根大麻花，或到附近一家“狗不理”包子铺买几个肉包子填饱肚子。是书籍报刊开拓了他的视野，知道了世界许多国家的人文历史，也知道了西方列强的发迹史以及他们先进的文化。他深感中国积弱积贫是几十年挨打的原因，中国必须富强起来，一种忧国忧民的思想在他少年的心灵里萌动起来。他特别喜欢历史课，老师不仅讲中国史，还讲外国史，每当讲起中国近代史，两次鸦片战争，清政府腐败无能，惨遭失败，他总是悲愤不已，一种民族耻辱感油然而生。1894年甲午海战，更激起他对倭寇的满腔仇恨。如何使中国迅速强大起来，是傅斯年和同学们课余常常议论的话题。

世界在这里向他打开窗口，一个缤纷的，芜杂、喧嚣而多姿多彩的风景出现在眼前，他似乎看到一条时隐时现的陌生的道路，日渐清晰起来。他用粉莲纸钉了一个笔记本，在上面记一些读书札记、报刊摘抄、世界奇闻、人文地理。他的情绪常常处在亢奋状态，他无法松弛下来，他对知识的探求、吸纳、摄取，几乎有些贪婪，不管美好的、平庸的乃至丑恶的都创造性地活跃在他脑海中。如果说，他在东昌，在爷爷身旁，大脑中经常遇到中国的古贤圣哲、仁人豪杰，和他们交谈、辩论、争吵，精神时常被他们征服，也出现分庭抗礼的破裂，而今欧风美雨已渐渐吹进他的心灵。

国文教师是激进派，虽用文言文讲课，却注入了新的思想，他向同学们介绍国内外大事，特别是西方先进文化。他说，文学使你视野更广阔，历史使你思想更深邃，数学使人的思维更缜密，自然科学使人更灵性和睿智。傅斯年古文底蕴丰厚，现代文化的曙光又射进他幽闭的心灵，只觉血液在膨胀，力量在壮大。他打球，跳高，跳远，长跑，浑身充满青春的朝气和激情。他觉得生活在变，社会在变，古老的中国已隐隐传来雷声。

天津离北京很近，北京的潮汐时时拍打它的近岸天津。1910—1913年三年间，中国和世界发生了很多大事。北京紫禁城的黄昏一片凄凉，一个王朝已行将就木；袁世凯的进退，端方的革新和守旧，立宪的春天已姗姗而来；1905年废弃科举，千百年的四书五经，千百年的诗云子曰已经走到尽头；“声光电化”，带着惊悸，带着凌厉之势迎面闯来，一些穿长袍马褂的旧文人，告别了科场，走进商场、工厂，新政以最快的速度繁衍了它的子嗣。1911年南京国民政府宣告成立，孙中山以临时大总统宣布就职，几千年的封建专制土崩瓦解。欧罗巴、英吉利、法兰西、美利坚等这些陌生的名字开始飞扬在古老的东方大地，像板结的泥土在早春季节酥动一样，中国人开始用迷惘的目光，四处寻找出路。

中国文化正处在一个解体的过程。

在外国人眼里，中国的江河里行驶的是破旧不堪的帆船，草席搭成遮风挡雨的船舱，破败的乡村是竹篱茅舍，倾圮的残垣断壁，坍塌的庙宇，长满野蒿的房檐，二牛抬杠的木犁，翻开的犁垄，残阳老鹄，一片凄凉景象……

傅斯年全身心地投入学习，读书、抄书，笔记本记了一本又一本。他身上像展开一页帆，被强劲的风鼓胀起来，求知的欲望，对未来世界的探索，对美和真理的追求，像火一样燃烧着他的青春，亢奋、焦虑，有时也忧郁，沉浸在莫名其妙的想象中。

傅斯年十四五岁，已经长成大小伙子了，身子长高了半头，也胖了，满头黑发厚实而发光，像一头小狮子似的给人以倔强刚毅的感觉。他知礼知节，很懂事理，学习再忙，也不忘抽时间看望一下英敛之先生。英敛之清癯、儒雅，一身书卷气，鼻梁上架着玳瑁眼镜，说话温和而富有节奏感。他身着灰蓝缎子长衫，外罩栗色缎子马褂，背后拖着长长的花白发辫，既有清朝遗老的贵族风度，又有西方绅士的气派。不过，这一老一少倒也能谈得来，一个博闻，一个强记。纵横天下大事，闲话人世沧桑，评骘历史功过是非，臧否帝王将相，即使评诗论画，傅斯年凭着丰厚扎实的古文家底，总是左右逢源，谈锋刚健。英敛之深爱这位才气非凡的英俊少年。傅斯年胖胖大大，圆脸阔额，两只眼睛秋水深潭般的明澈，又深谙礼节，这更加重了他的成熟感。英敛之的夫人爱新觉罗·淑仲，也非常喜欢傅斯年，每逢傅斯年到来，她都嘱咐厨子做些好吃的饭菜，大盘小碟，像招待贵宾似的。

爱新觉罗·淑仲是天主教徒，时常约傅斯年乘一辆马车去天主教堂听讲教义。傅斯年虽未加入天主教，但思想却受到天主教义的熏陶，一颗年轻的心灵滋生了博爱、慈善、悲天悯人的情怀。

但这一时期对他影响最大的还是侯延爽。侯延爽虽是清朝政府驻哈尔滨银行总经理，但常出差到天津，每次来到天津，总邀请傅斯年到他下榻的宾馆来住几天。两个人常常谈到深夜，国家大事，世界形势，时局变化，中国的前途和命运，民族的未来和生死抉择，小孟真听得入神，两只大眼睛，像吸纳阳光的窗扉。他心里亮堂多了，心胸也阔大多了，他也将自己读书报国的想法，告诉侯大哥。侯大哥边赞扬，边指教。

一个星期天的下午，侯延爽和小孟真沿着海河大堤散步。秋风飒飒，吹拂着侯大哥的长衫。侯延爽身着银灰色长袍，外罩黑缎子马褂，头戴一顶黑呢子礼帽，白皙的鼻梁上，架着水晶片玳瑁眼镜，镜片在秋阳下一闪一闪的，风度潇洒，气质儒雅。小孟真已十五岁了，个头比前年初见时蹿高了半头，正在发育的骨架把一套时髦的学生装撑得丰满又棱角分明，头上再不是红疙瘩瓜皮帽，是一顶瓦蓝色学生帽，浑身上下透出勃勃生机和袭人的青春气息。小孟真格外激动，向侯延爽问这问那，天文地理，国内国外，小脑袋翻腾着五彩斑斓的问号。这位见多识广、知识渊博、阅历丰富的前清进士、现任民国公职人员的侯大哥，在中学生眼里简直是知识的金字塔，是一尊巍峨的偶像。

秋天的海河宁馨、平缓，河面宽阔，细波澹澹，阳光洒在水面，波光粼粼，像哪位富翁撒了满河银箔。河岸上是高大的杨树、柳树、椴树、橡树，巨大的树影投到河岸上，又延伸到河面上。秋天了，早黄的杨树叶子随风飘落下来，叶子落入水里，便是一幅幅动感十足的画。这河发源在哪里，流经几重山，穿过几道谷，很多天津人并不关注，但谁都知道，它流向大海，河水融入海水，融入太平洋那浩瀚无垠的水域。

有几只水鸟时而掠过水面，时而蹿入高空，留下一串啾啾的鸣叫。空中游弋着几块天鹅绒般的白云，湿湿的风从东北方向吹来，带来大海的气息，似乎隐现出一种苍茫寥廓的远景。

侯延爽转首扫了一眼离河岸不远处洋鬼子风格各异的别墅小楼，一排排、一座座，哥特式、巴洛克式，在这个破旧的城市里格外刺眼。侯延爽愤愤地感慨道："悲剧的中国呀！我们这些炎黄子孙，华夏后裔怎么落到这种地步？我为鱼肉，人为刀俎，连豆虫大的小日本都敢欺侮我们，炎汉盛唐今不再，我们有何颜面活在世上？你崇拜的文天祥、岳武穆、黄道周，喋血菜市口的六君子，虽然有骨气，但都无力挽江山于既倾，是失败的英雄。我是光绪进士，狗屁！除学会三叩九拜吾皇万岁万万岁，有什么治国策略？怎么振兴中华？没有真本事、真能耐！我们教育落后、军事落后、经济落后、科技落后，我们社会体制更落后，中国人缺的不是智慧，缺的是人格、国格；中国缺的不是人，缺的是人才！中国要进步，必须废除旧式教育；要振兴，必须学习西方，以夷为师；要民主，要自由，要解放！像这样一潭死水，一盘散沙，中国不亡国才怪呢！"

小孟真瞪着两只大眼，听得入神。

侯延爽又说，"我们这一代人是没指望了，也看不到国家的希望，关键是你们，梁启超先生的文章，你看没看？"

"哪篇？"

"《少年中国说》。"

"看过，梁先生的文章写得好：年轻人强盛，国家就强盛；年轻人独立，国家就独立；年轻人自由，国家就自由；年轻人进步，国家就进步……年轻人在世界上称雄，国家就在世界上称雄。"小孟真想起最著名的一段话。

小孟真望着侯延爽又道："不过……梁先生是保皇党。"

"梁先生的思想也在变。一切都在变。"侯延爽道，"梁先生说，我们青年头顶青天，脚踏着黄土大地，从纵的时间上看，有着千年万载的历史，从横的空间上看通达四面八方，国土辽阔，小日本望洋兴叹，我们的前途就像大海一样……日本人称我们老大帝国，我们必须创造一个少年之中国!”

小孟真从来没有听到过这种豪迈的话语，心情激动,他认真地点点头，随即弯腰捡起一块瓦片，向河里投去，瓦片像鸟儿一样在水面上噌噌地飞去，激起点点浪花。小孟真眼光梦幻般地望着海河汩汩的流水，远方是一片迷茫。

西斜的阳光照耀着宽阔的河岸，明亮而温暖，流水以轻快的节奏拍打着石砌的岸，发出窸窣的涛韵。傅斯年感到眼前出现一片寥廓的境界，看天，天蓝；俯地，地阔；看城市，也觉得漂亮了很多。他只觉得有什么在呼唤他，等待他，其实什么也没有，只是隐约感到心中有一种自由的精灵在骚动。

1911年，武昌起义爆发，辛亥革命成功，南京宣告中华民国成立。临时大总统孙文诏告天下：两千年封建帝制到此终结，一个民主自由的中国诞生。

消息传到天津，英敛之一家无疑受到沉重的打击，保皇党派如丧考妣，陷入“流水落花春去也”的绝望和无奈。1912年，英敛之退休移居北京香山静宜园。傅斯年仍留在天津攻读学业，直到民国二年(1913)夏考入北京大学预科乙部。

津门中学四年，傅斯年系统地接受了新式教育，不仅国文基础得到了巩固和发展，还学到数学、物理、化学、生物等自然科学，他在同学间第一个剪掉辫子。在“傅大哥”的带领下，同学们一窝蜂似的说剪就剪，谁剪得晚几天，就被同学揪着小辫子嘲讽一顿。学校又是一番新的气象，上街游行庆祝辛亥革命胜利，同学们打着彩旗，高呼着口号：“革命了，革命了!”“革命万岁!”傅斯年那些日子兴奋得常常晚上睡不着觉。津门四年，他完全脱去小乡巴佬的外壳，成了“洋学生”，他的头脑丰富多了，视野开阔了，思考问题也深邃了！他像一只羽毛丰满的小鹰，要振翮云空，啸叫长天了!

他懂得了人生。懂得了自身肩膀上的责任，也隐隐感到一个青年学子未来的时代负荷。

傅斯年与同窗好友何思源（右）、弟弟傅孟博（中）于中山大学留影

台灣大學校長室用牋

第二章

潮涨潮落都是海

这个时期傅斯年的眼光渐趋广阔宏大，思考也日益缜密；他的笔端既有摧枯拉朽之力，也有开天辟地之势；他的见解惊世骇俗，他的激情如大江巨川。他的精神像被一种强光照射，这是灵魂的北极光，壮丽奇谲，璀璨动人。

台灣大學校長室用牋

5 1913年的北京大学只有文学院、法学院、理工学院和预科。预科设在北河沿的清代译馆旧址。所谓预科相当于北大附属高中，毕业后可以免试升入本科。预科又分两类，第一类预科毕业生升入理工科本科，叫预科甲部，第二类预科毕业生，毕业后升入文、法本科，也叫预科乙部。

北京大学的前身是1898年戊戌变法时成立的京师大学堂，慈禧太后镇压戊戌变法，变法彻底失败，光绪皇帝被囹圄瀛台，六君子喋血菜市口，康、梁亡命国外，轰轰烈烈的一场政治、经济、文化教育大改革胎死腹中，唯有京师大学堂作为戊戌变法的遗腹子而保留下来。清政府从1840年以来连续不断遭到西方列强侵略，两次鸦片战争失败，甲午中日海战，清政府最精锐的北洋水师全军覆没，接着又是八国联军进攻北京，一连串的辱国丧权的条约的签订，深深憬悟了朝野，连最顽固的慈禧太后和一些反对变法的大臣，也幡然醒悟，落后就要挨打。中国要强大起来，就必须从教育入手，教育落后一切都落后。只有教育兴国，兴国必须培养一批经国济民的“通才”。京师大学堂被保留下来，初期还掌控在顽固派手里，他们依然按照书院管理，诗书经史，之乎者也，一片腐朽衰老的气息。直到民国成立，才改名北京大学。首任校长是严复，前朝进士。

1913年，傅斯年已经十七岁了，个头高高的，体躯又胖，是标准的山东大汉了。他报考预科乙部，也就是选择以文史为治学方向。和他一块儿入学的还有毛以享、袁同礼、周炳琳，和后来名震文坛的沈雁冰（茅盾），以及著名史学家顾颉刚。他们的宿舍就在北河沿原译馆的工字楼上。

傅斯年古文底子深厚，酷爱经史，进入乙部学习，如鱼得水，海阔天空，任其龙飞鱼跃。再加上他刻苦好学，学习成绩常常名列第一。傅斯年又不是很安分的学生，不是读死书、死读书的书呆子，他喜欢活动，喜欢结社，喜欢做学生"领袖"，以登台一呼，应者云集，或讲坛一站，便滔滔不绝地发表演说，赢得同学的喝彩为自悦。第二年他便与同学沈沅等人发起成立"文学会"。以文科学生或文学爱好者为主体，旨在提高大家的文学修养。后来，他们还创办一种叫作《劝学》的杂志，并请严复题写了刊名。傅斯年善于组织，初显他的领袖天才，他善于演讲，又有一副好口才，经常参加一些辩论会，培养自己的应变能力和演讲能力。他讲话有激情，而且知识渊博，词采飞扬，深受同学们喜欢。只是那浓重的乡音难以改变，还带有鲁西平原的泥土味儿。

已是民国时期，北京大学本应该改革，京师大学堂的教学内容、课程应该是全新的。但是由于袁世凯极力复辟帝制，也下令全国各书院、学堂、塾馆仍以"国学"为主，以读经为主，"以孔孟之道为修身之本"，倡导"尊孔复古"。所以傅斯年在北大预科三年，基本上还是经学、理学、生学那一套，或是诸子百家，古典词章、掌故，陈旧老朽，新鲜的知识不多。那时候，北大师资力量最强的还是"国学大师"，统治文科的是章太炎学派。章太炎师从俞樾，俞樾又承继戴震、王念孙、王引之等古文大师的衣钵。他们教学的内容无非是训诂、音韵、典章制度，朝拜儒家经典，先秦诸子，和傅斯年在家乡东昌府塾馆苦读的十三经是一脉相承。后来，文科教授又出现了黄季刚（黄侃）、黄节、陈汉章、梁漱溟、辜鸿铭、刘师培等一些大师级人物。文科仍然没脱去京师大学堂的"窠臼"，甚至封建专制下的"国子监"的阴魂还附在其身。

傅斯年创办《劝学》杂志时，追随章太炎。章太炎是有名的章疯子，他反对“以孔教为国故”，痛斥这种主张的人包藏祸心，反对袁世凯复辟。傅斯年邀请他的同学顾颉刚撰文批判“孔教会”，顾颉刚便写了一篇《丧文论》，痛斥康有为的错误观点，大骂孔教会，有力地批判复古尊孔思潮。

傅斯年读后很是兴奋，啪啪地拍着桌子大加称赞：

“你老兄这篇文章写得太棒了，太棒了！此文可与章太炎的《驳建立孔教议》相媲美。”

顾颉刚道：“哪里，哪里，孟真兄过誉了，我只不过鹦鹉学舌而已。”

傅斯年借此慷慨陈词：“新文学就是白话文学，只有白话能做进取的事业，已死的文言是不中用的。我认为有分析地吸取文言的优点，以创新文学语言的主张，显然是正确的，是符合语言发展规律的，二是学习欧洲的文学语言，欧化中国语言。颉刚，你看中国文学最大的毛病是面积唯求铺张，深度却非常浅薄。六朝人作文，只知铺排，不肯一层一层地剥进。唐宋散文家的制作依然是横里伸张，以至于清朝的八股文，都是其直如矢，其平如底，曲折少，层次少。我认为我们应该强调学习欧洲文学语言，就是用西洋文的款式、文法、词法、句法、章法等等，一切修辞学上的方法，造成一种超于现在的国语，取他国语言之长，补本国语言之短。”

傅斯年善于言辞，一开口就长江大河，惊涛裂岸，直抒胸臆，一吐为快。

顾颉刚与傅斯年性格迥异，但趣味相同，情感和谐，相处甚好。只是顾颉刚有江南才子的温和、矜持，不像傅斯年那样心直口快、脾气暴躁。他从心眼里佩服老同学的才华。

他们也常常发生争论，有一次他们谈论知识和政治的问题，顾颉刚则认为知识的力量最强大，知识能改变世界。傅斯年硬挺着脖子反驳，他说，政治的力量最强大，光靠知识不能改变世界，只有政治家才能改变社会，掌控世界发展趋势。

傅斯年视顾颉刚如手足，向他倾吐心声，一腔报国之志，一种改造世界的壮志豪情，和那个时代至高至纯的精神追求和人生指南。

两个热血青年滔滔不绝地争辩，讨论着，时而口角生风，声震屋瓦；时而又仰头大笑，仿佛偌大的中国，偌大的世界都抟扶于他们的股掌间。国家、社会、人生、未来，人类的命运，巨大的命题，常常使他们激情澎湃，热血沸腾。青春啊，青春！青春是燃烧的烈火，青春是奔腾的江河；青春喷薄而出，是光焰烈烈的太阳！

在预科三年，傅斯年除拼命读书，便是积极参加学校活动，像一只小鹰试着飞翔，不断地鼓翅振羽。读书的空气，自由的思想，使傅斯年视野更加开阔，思想也更加活跃，性格更加张扬。他倒是喜欢章太炎的疯劲。

6

1916年夏秋之交，傅斯年读完三年北大预科，顺利升入北大文科国文门。

傅斯年的成绩名列前茅，以平均94.6分的高分，获得全班第一名。现将他的成绩档案公布如下：西洋史93分，经济85分，心理94分，英文作文94分，论理96分，英文古文98分，法学通论80分，英文文学98分，德文文法读本97分，文章学98分，地理100分，历史99分，文学85分，拉丁文70分，操行100分，总计1482分，旷课扣3分，平均实得94.6分。

傅斯年成绩出类拔萃，深得黄侃、刘师培、陈汉章等国学大师的器重。傅斯年恃才傲物、狂放不羁的气度，也使同学敬而畏之。

第二年一月北大出现历史性的转折，蔡元培被聘为北大校长。蔡先生主张大学是研究学术的地方，应兼容并包，思想自由，容纳不同立场的主张，自由讲授研究，自由讨论争辩。他就任校长时没发表激昂慷慨的就职演说，也没有宣布办学宗旨和方针。只在宣传栏张贴一则通告：聘请陈独秀为文科长。蔡元培原是孙中山临时大总统的教育部长，民国初期在教育界颇有声望。他有三不主义：一不做官，二不纳妾，三不打麻将。他接着又聘请刘师培讲《中国古代文学史》。刘师培又是“筹安会”六君子之一，而且又是“筹安会”发起人，他们狂热地鼓吹、支持袁世凯复辟称帝，其中两个人最活跃，一是严复，一是刘师培。刘师培在清末民初的政治舞台上有令人瞩目的表演。他与章太炎齐名，被人称“二叔”（刘字申叔，章字枚叔），是横跨政学两界赫赫有名之人。学问渊深，通知古今。他讲课既不带讲稿，也不带卡片，出口成章，滔滔涌诵，引章援句，随口而来，头头是道。同学们佩服得五体投地。

国文门另一位大师级人物就是黄季刚（黄侃），此人长傅斯年十岁，他和鲁迅先生是同学，都是章太炎的弟子。黄侃不仅是语言学家，也擅长绘画。他主张“为学务精”，“宏通严谨”，所治文字、声韵、训诂之学，也是书香门第出身，其父为清二品大员。黄侃自命风流人物，玩世不恭，北大学人中流传着他许多轶闻趣事。他在课堂讲书，讲到要紧处，突然卖起关子来：这里有个秘密，光靠北大给我的几百块薪水，我不能讲，你们要听，非得请我的客。学生们没有办法，只好在馆子里请他的客。

黄侃在北大几乎骂遍同行，连师弟钱玄同也不放过，只有一人他不敢骂，谁？刘师培。为何？黄侃说，刘师培和章太炎师交情甚深。黄侃继承了其父黄翔云老先生的遗传基因：痴、癫、狂。他在刘师培面前却规规矩矩，不敢有半点张狂。他对经学研究不如刘师培并拜刘师培为师。实际上刘师培只年长黄侃两岁，学问也不高于黄侃多少。刘师培却架子十足，要黄侃执弟子礼，并奉上十块大洋作为拜师见面礼。黄侃一切照刘师培所言，一日带着十块大洋，进了刘师培家门，刘师培端坐太师椅上，很坦然，笑纳，并答应收为弟子。

傅斯年未结识胡适之前，曾是“黄门侍郎”。黄侃非常喜欢这位高足，器重他、赞许他，着实想把章太炎学派的经钵传授给他，使古文经学派的香火不绝如缕。

黄侃是章太炎的学生，章太炎是有名的“章疯子”，黄侃也是有名的“黄疯子”。这二位“疯师疯徒”的相识相知出自一泡尿：那是在日本留学时，黄侃和章太炎同居一座二层小楼，章太炎住下层，黄侃住上层。一天晚上黄侃内急，又懒得下楼去厕所，就隔着窗子尿起来。章太炎在窗前夜读，一股尿液飞流而下，灿烂的尿花随即绽放在楼下章太炎几案上，章太炎先是惊呼，接着冲上楼大骂起来。黄侃也对骂，一个章疯子，一个黄疯子，越骂越起劲。当互通姓名后黄侃才大吃一惊，原来是国学大师章太炎。真是不尿不相识，黄侃连忙下楼道歉并拜章为师。

一泡尿也浇开了师徒二人的友谊之花，以后黄侃对章太炎毕恭毕敬。回到国内章太炎因反对袁世凯称帝而被捕入狱，黄侃得知后冒着生命的危险与老师同居，一面侍奉，一面与老师谈论学问。这真是千古之佳话。

黄侃个头不高，瘦瘦巴巴，却很精神，双目炯炯有神，目光敏锐、睿智。一眼看去，就觉得气度不凡。他常常身穿蓝缎子团花长袍，黑缎子马褂，头戴一顶黑绒瓜皮帽，腰间束一条白绸缎子。黄侃脾气古怪，有一次，几个学生给他拜寿，学生们向他深鞠躬，他大怒，训斥道：我是太炎先生的学生，给章先生拜寿都是磕头，你们怎么鞠躬？吓得学生赶忙跪下给他磕头。

黄侃讲课，听者甚众。

有一次，他去上课，教室里已坐满学生，他还在教员休息室坐着不动，学生再三请求他去讲课，他说：我的薪水没有按时给我，我怎么按时上课？学生急忙报告教务处，教务处赶紧派人送来薪水，他才走进课堂。

黄侃才华横溢，文思敏捷过人，恃才傲物，放言无忌。他讲课天马行空，没有章法，也没有顺序，讲到哪里算哪里。他爱美、嗜酒，什么酒都喝，常常喝得酩酊大醉。章太炎、黄侃、刘师培，是铁三角，后来成为新文化运动和白话文最顽固的敌人。

由于刘师培、黄侃、陈汉章对傅斯年格外器重，傅斯年也不负众望，学习更加用功。他本来国学基础深厚，再加上三位大师的苦心栽培，傅斯年更加出类拔萃，同学们称他“孔子以后的第一人”“黄河流域第一才子”。傅斯年在学生中的威望日隆。但他的性格绝不是孔子倡导的温良恭俭让，与他意见相同的同学，他在他们面前话语滔滔，如长江大河，引经据典，援桐求凤，随口而来，性情坦率，敢吐真言；遇到意见相左的同学，他怒目金刚，或加痛斥，直言不讳，或不予理睬。他恃才傲物，旁若无人。有的同学追慕他，想和他搭讪一番，他却“拒人千里”，或漫不经心，他这样的傲慢，确实引起一部分同学的反感，说这位山东的傅大胖子真是一匹犟骡子，不好惹。

7 北大文、法两院设在汉花园。汉花园在东城北河沿畔，这个花园包括的区域，南至大学建筑的碎石马路，也叫花园街；西至公主府的北大图书馆及北大文科研究所正门，东墙外是杨柳夹岸的宽大的河沟。河水一向干涸，只有夏天汛期到来，几场暴雨，河满沟平，这大河沟成了富有真实意义的河流，清清的河水，缓缓地流淌，两岸长柳，柳丝如帘，晚风荡漾，柳丝摇曳，河岸上碧草如茵，野花芳菲，倒有点诗意。学生戏称“北大河”，由此使海归派教师想起英国的“剑桥”。

蔡元培就任北大校长，第一件事就是修建了一座红楼——北大图书馆馆长李大钊就搬进红楼，上面几层便是文科教室。上课、下课，都是那位穿着起毛的蓝短袄的老工友按时按点来敲钟，不急不慢，连敲十六至十八响。钟声悠扬，音质悦耳，像一曲乐曲，诗意地飘荡在校园里，一声声传到学生、教职员工的耳朵里，像鼙鼓一样，催人奋进，鏖战学海。

汉花园——实际是清王朝的一所公主府，青砖红瓦的三层楼。从外表看建筑坚实，给人印象古老、冷漠、无情，常年的风侵雨蚀，又让人想起陋旧、破败、陈腐这些词汇。红楼的建筑算是北大第一座“现代化”建筑，一度成了北大的“标志”。

那时候，在北大念书是极端自由的，自由到一个人可以极端地发展，不受年级、专业限制。教授上课从不点名，尤其文史教授们，像今日的百家讲坛似的，谁都可以听，学生分三类，一是正式生，二是旁听生，三是偷听生。旁听生可以在校方或者门卫那里办个手续——旁听证。手续很好办，也不交什么费用，你随便听哪位教授讲课。偷听生连手续也不须办，摇摇晃晃进校园，看到广告栏贴出布告，某教授某月某日几时在某教室讲授什么课，题目也写在布告上，你喜欢听就去听。往往旁听生和偷听生来得比正式生早，抢占座位，正式生只好坐在走廊里，或趴在窗台上“偷听”了，和乡村看露天电影似的，出出进进，任其自由，吸烟、咳嗽、放屁，随你自便，谁也不会干涉。学生在上课期间，你可以到图书馆看书，也可以到中山公园树荫下散步，去北海看落日晚霞，无人过问。

蔡元培是鲁迅的老乡，浙江绍兴人，他身材瘦小，但儒雅风流，文质彬彬，才气磅礴，饮酒海量，读书，一目十行；写文章，倚马可待。少年时曾在绍兴古越藏书楼校书，得以博览群书，曾中过举人，后补殿试，为进士，授翰林院庶吉士，翰林院编修。

蔡元培兼容并蓄，聘了陈独秀之后，接着又聘来李大钊、胡适、刘半农、鲁迅、陈汉章、梁漱溟、章士钊、刘文典、沈兼士、沈尹默、周作人等，来北大文科执教，这些都是民国初年思想激进的人物。很快，北大形成以陈独秀、胡适为首的革新派学术阵营。蔡元培心胸博大，海纳百川，连辜鸿铭这样铁杆的保皇分子，他也照聘不误。

北大是新文化运动的前哨阵地，是新思想的滥觞之所，渊渟岳峙，震撼历史，改变国运的“五四”运动策源于此。其实在蔡元培先生任校长之前——京师大学堂，并不知道学术为何物，更不知民主和科学，依旧是繁殖封建官僚的温床，北京前门的酒店妓院，大学堂的师徒是常客，吃喝玩乐，花天酒地，多是这些官宦子弟，那时期的北大腐败不堪。蔡元培就任北大，风气焕然一新，他按照自己的理想改造北大，他大刀阔斧，又严谨扎实；他革弊除害，又兼容并包；他敢为人先，又坚持传承。他将北大打造成一个风清气正、学术气氛浓厚的国之学府。

辜鸿铭对大清朝忠贞不贰，他的忠心感动了废帝溥仪，获得溥仪召见，他以亲临了一个王朝最后的荣光而深感荣耀。蔡元培聘用他引起学校一番争议。辜鸿铭生在南洋，学在西洋，婚在东洋，仕在北洋。他主张纳妾、留辫子、文言文。他说，今有好事者，邀他“教在北大，扬我中华”。连周作人都说：北大顶古怪的人物，非辜鸿铭莫属。他的著名言论：男人纳妾犹如茶壶与茶碗之关系，一个茶壶可配四个茶碗，不能一个茶碗配四个茶壶吧。已经民国好几年了，他还拖着一条长辫子，更奇怪的他雇了个包车夫也是拖着长辫子的老汉，一主一仆走在北大校园里确是一道风景。

辜鸿铭是混血儿：黑眼睛发蓝光，黑头发微发黄，白皮肤高鼻梁，生于南洋马来半岛的槟榔屿，曾祖是富甲一方的种植家。辜鸿铭天赋异禀，聪明过人，自幼深受东西文化的熏陶和影响，学识渊博。他英语水平很高。他先毕业于爱丁堡大学，后又到德国莱比锡大学学习土木工程，同时他爱上德国文学、哲学。当蔡元培来德国留学时，辜鸿铭已声名如日中天。

辜鸿铭脾气倔犟，事事都有种反潮流精神，凡是大众接受的，他拒绝；大众喜欢的，他厌恶；大众崇拜的，他鄙视。别人抛弃什么，他就拥护什么。以对立为生，以反潮流为荣。时人说他是花花公子，他倒真有点花花公子做派，他总是夜以继日地在穿着打扮上下功夫，为了与众不同，在思想观念和生活方式上殚精竭虑地弄出些古怪名堂——这是他的同事、清华大学西洋文学系教授温源宁对他的评价。

现代著名女作家凌叔华曾有文章回忆辜鸿铭，这样写道：

> ……若不服气，与他辩论，大都逼得面红耳赤，还得赔笑拉手，尽礼而逃。否则那拖着小辫子的老书生绝不肯饶，尤其是对客从西方来的。他的雄辩，势如雨后江河，滔滔流不绝的；若无法截住，它会毫不留情地决堤溃岸，当之者不遭灭顶不得解脱。英国大文豪毛姆、日本的芥川龙之介都曾尝过此味。
>
> “这个怪人，谁能跟他比呢！他大概是没出娘胎，就读了书了，他开口老庄孔孟，闭口歌德、伏尔泰、诺德、罗斯金，没有一件事，他不能引上他们一打的句子来驳你，别瞧那小脑袋，装的书比大英博物馆的图书馆还多几册吧？”……难怪那时北京人有人说：“庚子赔款以后，若没有一个辜鸿铭支撑国家门面，西方人会把中国人看成连鼻子都不会有的！”

像辜鸿铭这样的天降之才，国之瑰宝，岂能弃之不用？他有保皇立场，还能培养出几个新的“保皇分子”？哪个学生会跟着他效忠废帝爱新觉罗·溥仪？让他担任英文教授，目下国内无人可与颉颃。

唯才是举！蔡元培决定起用辜鸿铭。

但辜鸿铭也非常敬重蔡元培，有一次他对罗家伦说："现在中国只有两个好人，一个是蔡元培先生，一个是我。因为种种原因蔡元培先生点了翰林之后，不肯做官就去革命，现在还在革命。我呢？自从跟张文襄（之洞）做了前清的官以后，到现在还是保皇。"这既是对蔡先生的赞扬，也是自我解嘲。

蔡元培认为，学校的任务，基本是传授知识，大学教授是有权威的学者，能够解答某种学科的问题，大学应该是国家的知识库，民族的智囊团，学校是个"尚贤"的地方，谁有知识，谁就有发言权，就应该受到尊重。

北大教授阵容是雄壮的，一流的，又是杂牌军：保皇的、革命的、新潮的、旧派的、左的、右的，独善其身的、随波逐流的，在"学术自由"的旗帜下，各吹各的号，各弹各的调，课堂上可以攻击论敌的观点，唱对台戏，演讲时可以互相争论、吵架，甚至骂娘也无妨。学生们在这种自由的空间成长，完全凭着自己的兴趣和爱好抉择自己的未来。

这是蔡元培的治大国如烹小鲜的"无为而治"。

北大新旧阵营逐渐分明，一场场剧目就要陆续上演了。

8

傅斯年读本科，住在北大西斋4号宿舍，院子不大，格式简单，一排排朝南或朝北。同室有专修古史的顾颉刚，研究辞章的狄君武和醉心佛经的周亚烈，四人脾气不同，研究方向各异，但兴趣却相得益彰，关系融洽的傅斯年最要好的朋友顾颉刚、罗家伦，还有毛子水、徐彦之等等经常聚集一起，臧否人物，议论时政，针砭时弊，交流学术，憧憬前途，同窗之谊，可谓笃厚。

傅斯年和顾颉刚一个宿舍。顾颉刚，江苏苏州人，出身诗书世家，康熙皇帝下江南时，获悉顾氏家族文风劲盛，誉之"江南第一读书人家"。傅斯年为国文门，顾颉刚为哲学门，后来都投到胡适门下，为胡适的学生——这是后话。

傅斯年旧学根底十分深厚，顾虽学哲学，却钟情于古史。傅斯年脾气火爆，发怒时雷霆万钧，办事又大刀阔斧，情性旷达，狂放不羁，喜欢高谈阔论，但有时又表现得温柔、天真可爱。而顾颉刚却一身江南才子的儒雅气、书卷气，对人谦恭，性格内向，不善言辞。傅斯年九岁丧父，顾颉刚七岁丧母，由祖母一手带大。

顾颉刚没有傅斯年深厚扎实的古文基础。他六岁进私塾，读了八年，还没有读完十三经，只读了《四书》及《左传》，《礼记》也读了一部分，《大雅》句子很难念，顾颉刚读不懂，也背不下，没少挨老师的板子。老师非常严厉，二尺长的戒尺打在他的手心上，疼得他龇牙咧嘴，又不敢哭出声来，直到上大学后回忆儿时读私塾时的情形，还有些恐怖感。孩子性格与成长环境极有关系。父亲长年在外，从小便没有父爱，母亲又性情乖戾，对顾颉刚严厉得有点苛刻，动辄就打，越讨饶打得越凶。还口口声声地骂：你这小崽子，长大也没出息！三岁，他尿了床，母亲竟把他扔下床，在地上睡，他痛哭不止。此后，顾颉刚便与奶奶同一床睡觉，母亲在他记忆里只留下是个身材高大、非常严厉的年轻女人。其实奶奶是个又慈祥又严厉的人，严厉起来并不亚于母亲。母亲去世后，这位奶奶本应该给这个可怜的孙儿更多的温暖和疼爱，体贴和呵护。事实并非这样。五六岁时，家里来了客人，奶奶用点心招待客人，客人分了一小块给顾颉刚。奶奶看到后一言不发，待客人走后，奶奶把门一关，用扫帚疙瘩把顾颉刚痛打一顿，打得他从此再不敢看人家吃东西。他的童年没有爱的阳光，他幼小的心灵里只有惧怕这个可恨的世界，同时这种性格的另一端是极其温柔，在这温柔表面下又有桀骜不驯的孤独，做事从不同人商量，也不听他人指挥，自尊心刚强又脆弱。

那时北大有个坏风气，即使同桌并坐的同学也很少交谈，甚至同一宿舍，同一排房间所住的同学，相见也同路人，连招呼也不打。后来更有甚者，同宿舍两个人中间拉一布帘，隔成两个独立的空间，相处一晚，竟然无话可说。但傅斯年与顾颉刚却不同，尽管性格迥然，但情投意合，对时局的看法，对历史问题的探讨，对北大各位教授的评价，往往惊人的一致。但他与傅斯年的关系一直是相亲又相轻。有些事他尽量忍让傅斯年，屈服于他，但有些事则我行我素，孤傲而自负。

顾颉刚读哲学门。哲学门来了个青年教师胡适，这是1917年。蔡元培任校长，陈独秀做文科长，陈独秀推荐了胡适。胡适是在美国攻读哲学，取得博士学位，进北大时年方二十六岁，蔡元培直接聘为教授，如此年纪轻轻就当上哲学教授，这本身就是震动北大的事。胡适讲授《中国哲学史》，过去讲此课的老师总是从三皇五帝讲起，他一上来就腰斩哲学史，直接从西周讲起，殷商的哲学只字不提，这更引起同学们的反感。一些学生要起哄，想把这位年轻的“胡教授”赶走。

一天，顾颉刚把此事告诉傅斯年。傅斯年是牛逼哄哄的黄派得意高徒，在学生中影响很大，在一些学生心目中是个“小权威”。

顾颉刚道：“下午，胡先生讲课，你是否听一听？”

傅斯年道：“好，我一定去。”

下午，傅斯年如时走进哲学门教室。讲台上很快出现一位英气勃勃的青年教师。傅斯年认真打量一番：此人眉清目秀，五官周正，鼻梁上架着一副金丝眼镜，镜片后一双眸子睿智而敏锐。他面带微笑，话语里带有一腔徽州味，但吐字清晰，讲话声音不高，却富有节奏感。他衣着并不像那些海归派洋里洋气，穿一件青色长衫，头发既不打发蜡，也不抹发油，脚上穿一双圆口千层底布鞋。浑身上下却透出一种才子气、书卷气，还有一种风神萧散的逸气。傅斯年观其貌、听其言，心里便添了几分敬重。

一堂课下来，傅斯年颇感满意，这位年轻的胡适教授讲课思路清晰，方法新颖，有创建。他非常兴奋，便告诫哲学门的同学：这个人，书虽然读得不多，但他走的这条路是对的。傅斯年是黄侃的高徒，这样服膺胡适，其他学生谁敢胡闹？大家也就默认了这位教授。以后傅斯年一连听了胡适的几堂课，不由得把胡适奉为真正的导师，他这时并未脱离黄门。胡适也幸运的一开始就博得了北大最优秀的学生的信任。这一下，他在北大立住脚了。直到若干年之后，胡适才知道是傅斯年在背后为他撑了腰。

胡适谈吐文雅，后有人把他列为世界十大演说家之一。那九位是谁？谁也说不清。这颇有着意抬高胡适的嫌疑。不过，他讲课，或在大庭广众下演讲，确实吸引人。他不仅演讲得纲要清楚，而且具有演说家的神态、姿势，声调抑扬顿挫。他是一个真正的学者，具有大学者的博大精深，浑厚浩瀚。他待人诚挚、忠恳，略带有讨人喜欢的“傻气”，在学生中愈来愈有威信，学生都愿听他的课。凡是听过胡适演讲的人，可忘掉他讲课的内容，但一定会记住他演讲的神态、神情和他的绩溪话，犹如山泉溪水般清澈、潺湲，遇到顽石阻碍，迸溅出一簇簇浪花，而后一路滔滔汩汩地奔腾。

自然，由于新派教授进了北大，在蔡元培“思想自由、学术自由”的方针指导下，学校出现了新气象，学术空气浓厚了，思想更活跃了。北大校园里，到处有学生组织的演讲会、论坛会，国际、国内大事成了这些莘莘学子所关注的话题。傅斯年也从故纸堆里抬起头，一双明亮的大眼，闪烁着炽热的光芒，他开始关注国际形势和正在兴起的新文化运动。

新文化运动的先驱，蔡元培无疑是名列前茅者，最典型的一位。他二十六岁便参加殿试，被取为进士，在有此功名的传统文化人中，居然“去父母之邦”，到西方大学深造，沐浴一身欧风美雨，回国后更大张旗鼓宣扬新文化，播扬西洋文明。儒释道盘踞中国数千年，中国知识分子很难挣扎出来，西方的文艺复兴的曙光，欧洲文明的风雨，很难吹进或辐射到这古老板结的东方大地。中国士大夫缺乏对传统文化的清醒的批判意识。对卢梭、孟德斯鸠、爱默生或无所知之，或视而不见，没有靠现代思想激活中国传统文化的休眠状态。蔡元培绝不是数典忘祖，把中国传统文化视之敝屣的人，他在宣扬西方文化的同时，更加珍爱中国传统文化的菁华；批判旧文明、旧道德，旧恶习、旧秩序，而非全盘否定传统文化。他反对“非此即彼”的极端模式，而是倡导“兼容并包”“平常心”和“兼收并蓄”的宽容精神。事实上，中国也不可能“全盘西化”。

陈独秀原在上海创办了一份杂志，名曰《青年杂志》，他调到北大，把刊物也带到北大，改名为《新青年》，编委会也重新组阁，陈独秀仍然任主编。1917年1月，胡适为《新青年》杂志写了一篇《文学改良刍议》的文章，在国内学界、教育界产生意想不到的巨大反响，那时胡适在美国攻读博士学位，尚未归来，直到同年9月回国后被聘为北大教授。在这之前，胡适也是平平的、名不见经传的小人物。时势造就英雄，胡适不是开天辟地的英雄，是时势打造的骄子。以后胡适在《新青年》频频发表文章，并和陈独秀创办另一份刊物《每周评论》，引得学界、教育界更大关注，甚至产生了轰动效应，胡适青年时期暴得大名。

黄侃讲《文选》和《文心雕龙》十分传神，吸引了其他系的学生。黄侃善于吟诵诗章，抑扬顿挫，给人一种身临其境的美感，所以学生情不自禁地唱和，成了北大一种流行的调子，人称“黄调”。黄侃极力反对胡适的新文化运动，反对白话文。每次上课先骂胡适一通，才正式讲学。在一次宴会上，胡适偶尔谈及墨学，滔滔不绝，黄侃骂道：“现在讲墨学的人，都是些混账王八！”胡适赧然。谁知黄侃并不罢休，过了片刻，又骂道：“便是适之的尊翁，也是混账王八。”胡适大怒，黄侃则大笑道：“且息怒，我再试你。墨子兼爱，是无父也。你今有父，何足以谈论墨学？我不是骂你，不过聊试之耳！”举座哗然。黄侃在课堂上骂大街，不过旧派力量越来越衰弱，听课的学生越来越少。这非黄侃辈之过，是时势也。

北大有两个讲坛，而且壁垒分明。一是“群言堂”，设在汉花园国文教师休息室，二是“饱无堂”（意为：饱食终日，无所事事），设在图书馆办公室主任室，实际上都在红楼上。每到周末，这里成了真正的“百家讲坛”，新老教授络绎而来，荟萃一堂。大家思想解放，言无所忌。谈天说地，道古说今，抨击时政，纵论天下，各抒己见，文学革命，提倡白话，国计民生，甚至婚姻自由，反对女人裹脚等等，尽入话题。言者口角生风，兴致盎然，时而唾沫飞溅，意见相左，争得面红耳赤，激昂慷慨，但君子动口不动手。

这是民族精英们思想火花的喷溅，是灵魂复苏产生的爆裂，如江河解冻，春潮澎湃。

傅斯年像挣脱旧壳的丑小鸭，时常参加教师的辩论会。年轻的“海归”派大都在“群言堂”开会；像黄侃、陈汉章、辜鸿铭等老教授大都聚集在“饱无堂”。辩论、争吵、批驳、痛斥，甚至义愤填膺，其声如惊涛裂岸，其势如江河奔腾。傅斯年常常跑两个讲坛去听，往往这周参加群言堂，下周参加饱天堂。当时的文学革命就是从这两个地方跑出来的。对旧社会制度和旧思想的抨击，也产生在这两个地方。

胡适的言论对傅斯年影响最大、最深，他几乎被胡适征服，他们亦师亦友的几十年情谊就源于此时此地。虽然胡适的国学根底不如傅斯年，办事能力更不如这位学生，但傅斯年一生都对胡适执弟子礼，并成了胡适终生的保护人。胡适的哲学改变了傅斯年的生命基因：

> 人生固然不过一梦，但一生只有这一场做梦的机会，岂不可努力做一个轰轰烈烈像样子的梦？岂可糊糊涂涂，懵懵懂懂过几十年吗？

傅斯年听了胡适的几堂课，和胡适交谈过几次，他的思想发生了巨大裂变。他开始怀疑旧的传统文化，那旧的“国故”派思想，像鳞片似的逐渐从他身上剥落下来。他的思维变得更加寥廓和旷远，目光也更加深邃和高瞻了。他要做一场轰轰烈烈的梦，一场利国利民的大梦。

孟真，孟真，梦想成真！傅斯年真要脱胎换骨了！

他开始在《新青年》杂志发表文章，高举文学革命的火把，投身于陈独秀、胡适倡导的新文化运动。

他的第一篇文章《文学革新申义》就是为响应胡适的《文学改良刍议》而撰写的。发表在《新青年》杂志1918年1月15日，第4卷第1号。后来又在《新青年》接连发表了《文言合一草议》《中国学术思想之基本误谬》，当时《新青年》是全国影响很大的刊物，一个学生能在上面连续发表文章，本身就是“惊世骇俗”之举，何况他的文章有电闪雷鸣之势，暴风骤雨之力，强大的冲击波，震撼人心，也给人耳目一新之感。傅斯年在文章中指出：文学与政治、社会、风俗、学术等，都是人类精神之产品，社会不断变化，文学亦应随之变迁。傅斯年以批评的精神，科学的主义，革新的文辞，颠覆了旧的文学，从周易八卦，经史子集，到楚辞汉赋，唐诗宋词，直至清朝的八股文，长期称霸文坛的桐城派，翻箱倒柜地来了个大梳理、大检阅，尖锐地指出：“中国语文之分离，强半为贵族政体所造成。”“一代文辞之风气，必随一代语言以为转变”，“今世有今世之语……万不容借用古者。”在文章中，他大声疾呼：“违反科学之文学，势不能容；利用科学之文学，理必孳育。这些违背科学的死文学，必须铲除；文学革命是天演公理，非人力所能递从者矣！”

在《文言合一草议》中，他提出十条改造文言、倡导白话的建议。

傅斯年始终认为新文学不应脱离现实，不应脱离人生，而应反映现实，揭露批判当时穷凶极恶的社会和家庭对人生的摧残，提高人生质量，倡导个性解放。

傅斯年文学革新的呐喊之声，汇进新文化运动的汹涌澎湃的大潮，他是继陈独秀、李大钊、胡适、鲁迅、钱玄同、刘半农等人之后的年轻战士，他操戈执矛，驰骋在反对旧文学、旧文化、旧道德的沙场，继续发表了《怎样做白话文》《白话文与心理的改革》《中国文艺界之病根》《再论戏剧改良》等文章，引起社会强烈反响。傅斯年也因之名声日隆，成为学生领袖。

9 罗家伦1917年考入北京大学。罗家伦考试成绩不佳，除胡适给他作文打了个满分：100分，其他各门成绩都很糟糕，数学是零分。胡适找到蔡元培极力推荐这个学生，蔡元培同意了胡适的意见，破格录取，进入北大英语系攻读英国文学。罗家伦比傅斯年小一岁，比胡适小六岁。罗家伦视蔡元培、胡适为恩师。他像傅斯年一样，成为胡适的事业左膀右臂，哼哈二将，始终保护着胡适，胡适事业的发展，也多得益于这两位高足。由于胡适这层关系，傅、罗这两位既不同级又不同门的学生成了打不开骂不散的朋友。同学少年，风华正茂，共话天下大事，同探人生真谛，纵论古今中外，引领学界风骚。共同的理想，共同的追求，把他们紧紧联系在一起。

二十一岁的傅斯年已长成标准的男子汉了，个头魁伟，体躯肥胖，站在那里像一座小山，他阔脸宽额，镜片后的目光热烈、睿智。两腮微凸，脸上的线条生气时绷得紧紧的，彰显出刚毅决绝的气概。

而罗家伦恰恰相反，江南才子，瘦癯的身材，瘦削的脸颊，聪慧的眼睛，他也是鲁迅的老乡，浙江绍兴人。他做事谨慎、细致、含蓄，愠而不怒，也善解人意，南方人的一切优点都集中在他身上了。

有人说，傅斯年缺乏涵养，显然有些言重。在那个风雷激荡的岁月，传统士大夫那种谦谦然、恂恂然、彬彬然又有何价值？傅斯年元气淋漓，苍茫浩瀚的气质，正是创造历史的动力源泉。易卜生说："专制往往用强力摧折个人的个性，压制个人自由、独立精神，等到个人的个性都消灭了，等到自由独立的精神都完了，社会也就没有生气了，也不会进步了。"

罗家伦在史学知识方面稍逊傅斯年一筹，但社交经验丰富，为人处世也随和。傅斯年是大气磅礴，血性刚烈的真人。他只有一种性格：本真性格，而罗家伦却多了一套：社会性格。

每当傅斯年恃才傲物、目空一切时，罗家伦也夜郎自大一番，他俩三句话不合，便争吵起来，愤怒时竟然动起手脚，这时罗家伦不是傅斯年的对手，必须示弱一下，但两个人都很幽默，说句俏皮话，也就化干戈为玉帛了。傅斯年性格爽真地常常抱拳向罗家伦道歉。

他们的友谊在逗趣、打闹、调侃、相讥、相助中得到了解、理解、谅解、发展和巩固。

罗家伦并不和傅斯年在一个宿舍，可经常到傅斯年、顾颉刚的宿舍里玩，聊天，甚至辩论。冬天，傅斯年喜欢焐被窝，在被窝里看书，或者围着被子，膝盖上放一块木板写文章。罗家伦便常常捅他的被窝，这样两个人又是打闹一番。

1918年春天，北京大学热闹起来，北大很多民间团体像雨后的蘑菇纷纷冒出来。国民杂志社、国故社、共进社、民治主义同志会、少年中国学会等等，东风一夜花千树。这些民间团体少则几十人，多则上百人。他们经常集会，发表演讲，宣传马列主义的李大钊、陈独秀到处演说。拥护袁世凯做皇帝的筹安会代表人物刘师培也十分活跃。1918年夏天沙滩的红楼建成，图书馆搬了进去，占了新楼的第一层。李大钊的办公室就设在东南角的两间房子里。一时红楼成了新思想运动中心。许多进步的教员、学生就聚集在这里读书、座谈。后来成了领袖人物的毛泽东就是通过杨昌济先生的介绍，来到北大图书馆在李大钊手下打工，当了临时图书管理员。

李大钊发起成立“少年中国学会”，团结一些思想进步，有科学精神，能为社会立功，以创造“少年中国”为宗旨的进步青年，邓中夏、高君宇、赵世兴、毛泽东，以及杨钟健、周大玄、袁守和、朱自清等人都加入了“少年中国学会”。

北大的讲坛也愈加红火，针对当时社会上层道德堕落、生活糜烂及其腐朽习气，蔡元培亲自创办了一个“进德会”。“进德会”分为三种：不嫖、不赌、不纳妾；二种除以上三诫，还加上不做官、不当议员二诫；三诫以上五诫外，又加上不饮酒、不吃肉、不吸烟三诫。许多教师和学生都纷纷要求加入“进德会”，学校风气大变，傅斯年加入第二种，以后几十年的人生就恪守着五条戒律。

不知道什么时候傅斯年学会了吸烟，他叼着一只枣木制作的烟斗，吸烟的姿势也特别，既不像西方英国绅士气派，也不像中国传统士大夫那般闲雅淡定，烟圈在眼前头顶悠然地飘逸，显示一种智慧和高雅。而他喜欢跷着二郎腿，半敞着怀，——因为他体胖，除了冬天，春夏秋常常是敞着怀，一手拿着烟斗，一手拿着一把葵扇，哧哧地吸着，烟圈不成形，急急缭绕、盘旋，倒像有许多急活儿要干的老农。

有一天，傅斯年对罗家伦说：“家伦，咱俩不能光用人家的锅蒸自己的馒头，咱得另立炉灶，自己也办一个刊物。”

罗家伦道：“是啊，我们的确需要一个阵地。有了阵地更利于我们投身新文化运动!”

罗家伦和傅斯年并不是见面就吵闹，更多的是互相切磋，互相配合，情同手足。顾颉刚性格忧郁，不善言词，罗家伦说话有板有眼，不急浪滔滔，不喜怒于色。他自认为自己写文章，不如孟真厚实，也没有他那种辛辣的文风、咄咄逼人的气势，但他喜欢傅斯年的坦率、真挚，两个人也配合得锣鼓相当，篪埙相应。三个女人一台戏，三个男人也是一台戏。这个小小房间，于是上演着一出青春的协奏曲，生命的狂飙曲，人生的畅想曲。

窗台上一盆金丝菊开得正艳，纷披的花瓣优雅地垂下，像金色的瀑布，窗外的天空变得深邃空旷了，白云悠悠地游弋在天空。季秋之月，菊有黄华，傅斯年不禁吟诵起北宋爱国诗人郑所南的诗句："万木摇落百草死，正色与秋争光明。背时独立抱寂寞，心香贞烈透寥廓。"秋色浓了，风里带着寒意，掠过窗外的梧桐树，有几片叶子飘落下来。

傅斯年是个热血汉子，干什么都是雷厉风行。他不拘小节，头发蓬乱，像一个老鸹窝。他直率天真，一任自然。这些日子，他在文学院楼上楼下，跑来跑去，忙活得满头大汗。12月13日，他们在《北京大学日刊》发布消息：《新潮》杂志社创办启事，正式宣告创立，并公布了二十一名社员姓名、职员名单、组织章程。帷幕一拉开，一出重头戏就开始上演了。

傅斯年和他的好友们，大力提倡新文学，关注现实，关注人生，揭露社会之黑暗，批判封建专制，倡导人性解放，呼唤民主自由！他有语言天才，讲话既有温度，又有力度，几句话能把人的激情点燃起来。他先是找胡适、陈独秀，争取他们的支持，把办刊的宗旨一一说给他们听，乍初陈独秀很冷漠，以为这是拆他《新青年》的台，至少有分庭抗礼的来势，傅斯年是黄侃的学生，莫非是黄侃派来的探子？经过胡适的说和，陈独秀改变了态度，极力支持傅斯年。傅斯年得知文科长陈独秀支持他们，欣喜若狂，见到罗家伦激动抱起，打起旋来，嘴里呼喊道："陈先生支持我们，陈先生和我们在一起！"傅斯年又找到校长蔡元培，没想到蔡元培如此爽快，当场表示支持，并答应每月学校拨款二千元，指名胡适当他们的顾问。傅斯年"得寸进尺"，请求蔡元培书赠一副楹联。蔡元培一向爱护学生，对傅斯年这样有才华的学生，更视为掌上明珠，当即答应。他挥笔写道：

山平水远苍茫外，
天翻地覆指顾间。

傅斯年如获至宝，深感校长的厚爱、重望。

蔡元培对胡适说："傅斯年要办个刊物，应当支持，校方打算每期拨款二千元，胡先生，你当他们的顾问，尽力辅导。”

胡适连连点头，满脸微笑：“校长放心，我当努力。”

这时候傅斯年已联络了毛子水、成平、汪敬熙、俞平伯、康白情、杨振声、谭山、顾颉刚、叶绍钧、汪绍原、朱自清、冯友兰、周作人等四十多人。后来有的是他的编委，有的是他的撰稿人。

1918年10月13日，新潮社召开了第一次预备会，会上讨论了刊物的性质，决定所办的刊物应具备三种“要素”：批评的精神，科学的主义，革新的文词。

在会上大家争先发言，气氛十分热烈，同仁们满腔激情，各抒己见，探讨办刊的宗旨，追求美好的理想。个个热血沸腾，口角生风。语言的犀利，思想的闪光，激情的燃烧，简直是一曲豪放、高亢的青春之歌：

“我们是研究历史的人，研究历史不能憋死在历史中。中国历史漫长而悠远，沉重而芜杂，我们要扫荡历史的残余，那些残渣还顽固地堵塞中国命运的通道。我们要借助西方的天火，激活国人的智慧，激活国人麻木的灵魂！”

“我们中国需要一场狂风暴雨，冲刷一切肮脏陈腐的精神垃圾！”

“我们不能像俄国那样具有开放气魄阔大的政治舞台，但我们必须高扬民主、自由、科学的大旗，扫荡我们头顶上的乌云。”

“中国人不愿去借现代趋势的西洋文化，还要保留过去的文化，无异于奴隶！”

“只有全盘西化才能救中国！”有人高声吆喝。

“不对！”接着有人反驳，“我们既反对全盘西化，也反对全盘继承，要袪除传统文化一切糟粕，创造出最自由、最公正、最人道主义的最为文明的国家！”

……

傅斯年俨然是会议主持人。他细心地倾听着大家的发言，争论、讨论、辩论，在喧哗声中，他得到精神的巨大鼓舞，思想洞开，视野放达，他感到他的朋友们像一群狮子，奔突在这黑暗的年代，在荒莽的旷野上狂啸、怒吼。再看那一张张被热血涨红的脸，那一双双闪着火光的眼睛，那目光里有初燃的蓝焰，这是点燃天火的火种啊！

会上决定了刊物的名字，由罗家伦提出刊名《新潮》——翻译成英文就是“文艺复兴”，得到大家认可。

第二次筹备会上又推选了职员，着手出版事宜，李大钊在红楼图书馆为他们腾出一间房子。

在这次筹备会上，傅斯年当众宣读了他撰写的发刊词，题为《新潮发刊旨趣书》。傅斯年在此文中指出：创办《新潮》的目的，主要是为了帮助青年学生从封建伦理道德中解放出来，“去遗传的科举思想，进于现代的科学思想；去主观的武断思想，进于客观的怀疑思想；为未来社会之人，不为现在社会之人；造成战胜社会之人格，不为社会战胜之人格。”

文章中指出《新潮》的四大责任：一是渐渐引导“中国同沿于世界文化之流”，分析了世界文化已发展到何等阶段了，现代思潮取向何处？中国情况与世界思潮差距在哪里？用何“方术”，“纳中国于思潮之轨”；当今“中国人本无生活可言，更有何社会真义可说？”几千年的封建专制，和恶劣习俗，桎梏行为，宰割人性，造成“所谓蚩蚩之氓”。《新潮》要唤醒民众，启蒙民智，振奋民族精神，这是其二；其三，发展学术，鼓舞“学业其气”；其四是辟出两栏，“专刊出版界评，故书新评”等等。最后反复强调《新潮》“以批评为精神”，敢于“与时人立异”，发扬“吾校真精神”，“代表大学生之思潮”。

大家一致通过了傅斯年的“发刊词”，有的称赞其才华，有的也提出个别语句须斟酌。

《新潮》创刊了。

《新潮》迎着世纪风，伴着1919年的第一缕晨光诞生了。

《新潮》像一股汹涌的潮汛迅猛涌来。第一期便连印五次，发行量达到一万三千册，校园内外，人人读《新潮》，个个议论《新潮》。

傅斯年在同期还发表了他的《人生问题发端》《去兵》《万恶之源》《社会革命——俄国式的革命》《出版界评》《故书新评》六篇文章，虽然文章观点可争议，思想也未成熟，但初生牛犊不怕虎，傅斯年的文风、文势，渊博的知识，洞察社会的能力，也初见端倪。

《新潮》的出版，引起社会的强烈反响，许多读者致信《新潮》："你们的宗旨和主张，我都非常佩服。自从你们的杂志出版以来，唤起多少同学的觉醒……"，"贵志出版……实在佩服得很。一个时代有一个时代的文章，……诸君近来主张广义的文学革命，即是思想革命，真是救中国的根本方法，天天盼望诸君的主张取得胜利。"蔡元培在答傅增湘的信中，批评对方对《新潮》的苛求，说："《新潮》既以介绍新锐为旨，自不必专徇末节之流波……《新潮》持论或有易致骇怪之处，元培自必勉以敬慎将事，以副感情。事之方始，真相未明，辗转自传，易滋误解，历日稍久，情实自见。"蔡元培完全以母鸡护雏之爱，批评对方，呵护这棵嫩苗的成长。

《新潮》以反对旧道德，提倡新道德；反对旧文学，提倡新文学，响应《新青年》，而对新文化运动起了一定的推动作用，成为当时《新青年》和《每周评论》以外，宣传新思想、新文化的又一著名刊物。

傅斯年的宿舍西斋4号，成了"新潮"派的活动基地。傅斯年几位要好的同学，经常聚集在这里，他们是《新潮》的中坚。同学少年，血性方刚，纵横天下事，抨击时政，臧否人物，交流学术，更多的是讨论要发表的文章。傅斯年是主编，常常是一言九鼎。傅斯年虽然忙于写文章，到处演讲，很少上课，但每到考试时，他的成绩总是名列前茅。傅斯年的文章总是产生轰动效应。《新潮》的创办，无疑更增加了他的知名度，而且《新潮》比《新青年》更激进，文章的火药味更浓，他们提倡白话文，反对文言文，提倡新道德，反对旧礼俗，提倡新文化，反对旧文化。"一放悲歌仰天吼"。《新潮》掀起反帝、反封的浪潮，主张民主、科学、自由，在气势上更加猛烈，深得同学的赞许。

文学革命实际上是思想革命，只有思想革命，才能引发政治革命。那个时代，文学依然是"桐城"派称霸。傅斯年批判道：凡入桐城派者"富于思想者，思力不可见；博于条理者，学问无由彰；长于情性者，情感无所用；精于条理者，条理不能长"。批判桐城派文章"修饰华丽，精美绝伦"，但无济于人生、社会，是违背科学的"死文学”，必须一律“斩除”，他高呼“文学革命是天演公理，非人力所能递从者矣！”

这是春天的潮汛，开始在中国古老、坚硬、板涩的大地奔腾、澎湃！

《新潮》销路很好。在江南一些城市都有人购买，文章都是青年学生所写，思想新锐，文笔极有生气，且语言流畅易懂，深受青年读者喜爱。时有青年学子李小峰还印了好几种“新潮社丛书”，后来成立北新书局，“北新”就是“北京大学新潮社”——这是后话。

傅斯年一连发表了多篇文章。涉及到政治、哲学、伦理、文学、语言学等。语言之犀利，气势之磅礴，学识之渊博，无人匹比，反响强烈，他揭露这个世界的黑暗和脓疮，丝毫不留情面，他高举着手术刀，向众人说：“你看病灶就在这里，必须除掉！”

傅斯年呼唤中国出现伏尔泰、狄德罗、尼采那样的“疯子”“狂人”“超人”，甚至吹捧耶稣，因为这些人是思想解放的先驱，是改变社会、重造人类的巨子。中国的衰败、落后、愚昧、沉寂、沉沦，其根本原因是太缺乏这些超人和狂人，只有他们才能以激进的手段破坏旧文化，开创新文化。他否定旧道德、旧思想、旧文艺，他恣肆汪洋，激情澎湃，在黑暗中摸索，他挥动着生命意志的大旗，带着燃烧的色彩，带着“日月未出现前的烛光之光”，意气风发地走向坚韧，走向新人类的面前。

他说：

> 疯子的思想，总比我们超过一层，疯子的感情，总比我们来得真挚，疯子的行事，更是可望而不可及的。疯子对于社会有一个透彻的见解，因而对于人生有一个透彻的觉悟，因而行事决绝，不受世间习俗的拘束。

他是黑暗中的夜莺，有着鹰隼般锐利的目光，他渴望光明，追求精神的解放，思想的自由，他满脑子燃烧着思想的烈焰，他的心灵因激情而战栗，他的话语和文字因激情像子弹般地呼啸，带着灼热和尖锐的声响。他滚烫的呼吸，激越的脉搏，煎熬着灵魂。他的灵魂像被一种强光照射，这光芒颤抖着，燃烧着，这是灵魂的北极光，其壮丽奇谲，令人怦然动容，他的感情和思想都有一种硬度，天性中具有魔鬼般的力量。

10 其时，在北大教授和学生间正分成两派，犹如几十年后“文革”分为“造反派”和“保皇派”一样。新派以陈独秀、胡适为首，旧派由刘师培、黄侃牵头，这些思想观念迥然不同，甚至尖锐对立的教授们，执教一校，正符合蔡元培“兼容并包”，“学术自由，思想自由”的办学宗旨。两派对立，森严壁垒是很自然的。旧派也创办了一个刊物，名为《国故》，其锋芒是直指《新青年》《新潮》的。黄侃任主编，刊发文章大都是骂白话文或者反对新文化运动的。傅斯年是黄侃很器重的学生，这个国学根底雄厚的学生，本来自孔孟之乡，又出身于书香世家，相府身后，自然被黄侃、刘师培、陈汉章等国故派高看一眼。他们多盼望把儒家衣钵传授于他，让傅斯年接过中国儒家文化的火把，谁知这不争气的小子，像喝了迷魂汤一样，听了胡适一番妖言，便背叛了苦心培养他多年的师傅，怎能不让国故派困惑、痛感失望。

刘师培在学术方面是公认的泰斗，他原是革命民主派，中途变节，成了保守派的首领。他秉性懦弱，不善于唇枪舌剑的辩论，只是坐卧帷帐，指挥旧军。黄侃则像他的学生傅斯年一样，脾气暴躁，发言声震屋瓦，他是坚定的守旧派，动不动破口大骂。他宣称：“八部书外皆狗屁。”

据说，他是北大最后一个剪掉辫子的人。辫子剪掉了，但大清朝的基因还在他的血管里流淌。有一次他在“饱飫堂”聚会，他大声斥责胡适：只许胡适吹牛，不许黄侃撒尿？但老夫偏要撒尿，淋他一头一脸！引起大家哈哈大笑。陈汉章虽博闻强记，但也是食古不化的人，成为守旧派的重要骨干，当然他的周围也有一帮学生。

为了把《新潮》办得更好，傅斯年分别给蔡元培和鲁迅先生写信，征求他们的意见。鲁迅很快回了信，傅斯年接到鲁迅的信，还未看完就叽里咕噜跑下楼去找罗家伦。罗家伦正坐在后院水池边读书。

“家伦，家伦！周先生来信了！”傅斯年激动地摇着手中的信封喊道。

罗家伦兴奋异常，一把从傅斯年手中夺过信，看下去：

> 孟真先生：
>
> 来信收到了，现在对于『新潮』没有别的意见，倘以后想到了什么，极愿意随时通知。『新潮』每本里面有一二篇纯粹科学文，也是好的。但我的意见，以为不要太多，而且最好是无论如何总要对于中国的毛病刺他几针，……
>
> 『新潮』里的诗写景叙事的多，抒情的少，所以有点单调，此后能多有几种作风不同的诗就好了，翻译外国的诗歌也是一种要事，可惜这事很不容易。……
>
> 『新潮』里的『雪夜』『这也是一个人』『是爱情还是痛苦』都是好的。上海的小说家梦里也没有想到过。这样下去，创作很有点希望。『扇误』译得很好。『推霞』实在不敢恭维。
>
> 鲁迅 四月十六日

校园里绿树扶疏，丁香、西府海棠、紫藤萝、垂柳、洋槐、刺槐、榆树、珍珠梅、榆钱梅，这时节都次第开花了，北大的房舍掩映在绿海里。尤其洋槐，据说，这种树传到北京，还不到五十年，树木高五六丈，但树躯并不粗大。洋槐是树叶子一绿就开花，花呈球状，团团簇簇，如瑞雪，似云絮，花香浓得呛人。树荫下，石凳上，坐着男男女女的学生，他们或埋头苦读，或三三两两议论争辩着什么。

傅斯年坐下来兴奋地说：“周先生的《狂人日记》写得何等好啊！我这篇《一段疯话》就是受《狂人日记》启悟而发。中国现在的世界，沉闷寂寞到极点了，中国需要狂人，需要超人，只有狂人的呐喊，超人的呼啸，才能唤醒沉睡的中国！我这里‘我们带着孩子，跟着疯子走——走向光明’。就是响应周先生‘救救孩子’的呼声！”

“是啊，中国的空气太沉闷了，令人窒息，中国需要一场天风、天雨、天火！”罗家伦从地上捡起一根草茎，噙在嘴里咬断，又噗噗地吐掉，声音变得凝重，“我们必须来一场中国式的文艺复兴，否则国家没有希望。”

“就是思想解放。思想离不开语言，哲学是语言的副产品，思想是由语言支配，思想解放，必须实现语言革命，白话文，语言的欧化，中国文化的出路，必须欧化！”接着傅斯年又滔滔不绝地批判中国文字，他力主用拼音文字代替象形文字，说，“中国文字起源是极野蛮，又笨重，又粗，牛鬼蛇神的文字，中国的传统文学，是不合人性，不近人情的伪文学，缺少‘人化’的文学。”

“也不能全盘否定，至少中国还有部《红楼梦》，还有唐诗、宋词。我们要求文学革命，一是内容的变革，二是形式的创新，新思想、新内容，必然要求新的表现形式。”

“我平生的理想国是社会主义与自由主义，并发达的国土，有社会主义而无自由，我住不下；有自由无社会主义，我也不要住。”

“其实尼采哲学的根基就是自由主义，我就是我！欧洲的文艺复兴就是把人从神权的奴役中解放出来。文艺复兴归根结底就是解放人，人格独立，思想自由，自由主义就是一种人道主义！”

他们的谈话像山溪、河流，滔滔汩汩，时而浪花飞溅，时而细流潺潺，时而惊涛裂岸。两位青年学子，国学根底丰厚，又有西学的知识，批判旧文化铿锵有力。

接着他们议论起陈独秀、胡适、鲁迅这些“大人物”来。

傅斯年说，这三个人有着不同的思想渊源，不同倾向，不同风格，但有一点是相同的，恪守知识分子立场，追求民主和自由。罗家伦说，陈独秀受法国大革命影响，狂飙不羁的性格，雷霆般决绝的处事风格，是要一场冲决一切的力量。胡适则不然，尽管他鼓吹新文化，他性格温和、儒雅、放达，不敢冒险，他并不赞成陈独秀的“革命”，他思想深处是要一个“好政府”。傅斯年同意罗家伦的看法，说鲁迅很特别，他是一个孤独的战士，他声援新文化运动，又要做“遵命文学”，他是弱势者、独战者，是堂·吉诃德式的人物。

黄昏了，校园响起钟声。

“孟真，周先生如此关心我们，应该表示谢意。你赶紧写封回信。”

“好，我今晚就回信。”

傅斯年在复信中诚恳地接受了鲁迅先生的批评指教，并热情地赞扬了《狂人日记》。鲁迅对于《新潮》寄予厚望，他倍受鼓舞，写道：

> 先生想闹出几个新的创作家来，实在是我们『新潮』创立的目的了。平情而论，我们正当求学的时代，知识才力都不充足，不去念书，而大叫特叫，实在对不起自己。但是现在的中国是再要寂寞没有的，别人都不肯叫，只好我们叫叫，大家叫得醒了，有人大叫，就是我们的功劳。有人说我们是夜猫，其实当夜猫也是很好的：晚上别的叫声都沉静了，乐得有它叫叫，解解寂寞，况且夜猫可以叫醒公鸡，公鸡可以叫明了天，天明就好了。所以人家骂我们「胆大妄为」，正是我们的长处。

那时候学生办的杂志上出现“博爱、平等、自由、牺牲”等字眼，都感到时髦、新鲜，格外吸引人的眼球。学生们相见，也半洋半中，称呼“米斯脱赵”“米斯脱李”的。

学校像春天一样，朝气蓬勃，气氛热烈、新鲜，富有幻想、浪漫，也有刺激性，年轻人心里很难平静下来，兴奋、紧张、热烈。当时风行一时上演的是易卜生名剧《傀儡之家》，娜拉果决地走出海尔茂的家庭，倒是痛快，可是她到哪里去呢？就是她人生之路该如何走？“救国不忘读书，读书不忘救国”已是当时青年人生的最高价值观。

仲春季节，草要发芽，树要吐叶，花要绽蕾，连鸟儿也忙着谈恋爱。空气中都氤氲着一种蓬勃的生机。年轻人心里都有一幅美妙的远景，或者说是幻景，大家都愿为理想献身，为国家振兴而奋斗，摩拳擦掌，跃跃欲试，一旦有一粒火星，顿时会燃起熊熊大火。

“五四”运动正在这种背景下酝酿着。

11 1918年11月11日，第一次世界大战以德、奥等同盟国的失败而告终。为了处理善后问题，协约国决定在巴黎召开和平会议。中国是协约国成员，自然属于战胜国一方。大战期间，中国虽然没有派遣正规军赴欧作战，但也曾组织二十余万华工到欧洲前线及英、法、俄等国充当军役，并且还为协约国提供了大量粮食和战略物资，中国对第一次世界大战做出了应有的贡献。况且协约国当初对中国允诺，如中国参战，战后在和平会议上以大国相待。

为参加巴黎和会，中国组织了五十二人庞大的代表团。

这次会议实际上是一次分赃会议。巴黎和会于1919年1月18日在法国外交部大厅正式拉开帷幕。按照战时协约，中国应该和美、英、法、意、日五大国享有相同的大国地位，实际上大会由上述五国操纵。

中国参加巴黎和会的具体目标有四：1. 直接收回战前德国在山东省内的一切权益；2. 取消民四条约的全部和一部分；3. 废除列强在华特权；4. 结束德、奥等战败国在华的政治经济特权。

在会议上，日本提出德国在山东一切利益不应该归还中国，应由日本接纳，甚至背着中国代表开“黑会”。德国在华利益，特别是胶东半岛，本应该由战胜国之一的中国收回，毫无理由由日本国索取，这是天经地义、不容置疑的问题。但日本帝国主义勾结西方列强，妄图吞下这颗胜利果实，并扬言不答应，将退出和会。这次“黑会”就是排除中国参加，他们召开“五人”会议，会上竟然做出极其荒谬的决定：“德国在胶州湾及山东所有权利，一概放弃，交给日本。”用列宁的话来说：“凡尔赛条约不过是强盗和掠夺者的条约……是一个高利贷者的和约……这不是和约，而是拿着钢刀的强盗逼迫手无寸铁的受难者接受的条件。”

1919年5月2日，中国外交部在《晨报》发布文告《外交警报警告国民》，向国民透露了山东问题交涉失败的消息。文章疾呼：“胶州亡矣，国不国矣！”

朝野共怒，举国大哗！

对于西方列强的无耻行径，傅斯年早已义愤填膺，他心中激荡着反抗的精神、惊世骇俗的伟大力量。连续几个月来，报章杂志不断传来巴黎和会的信息，已引起国人不安，更激起北大师生的愤慨。巴黎和会成了时下议论的焦点，而今报纸正式披露中国在巴黎和会彻底失败的消息，怎能不激起这个热血青年的满腔怒火？贫穷、落后，政治黑暗，军阀混战，国势衰败，弱肉强食的丛林法则，使战胜国中的中国不仅没有分到一杯胜利的肉汤，反而将从德国嘴里抠出来的肉交给日本，这真是荒谬至极，荒唐至极！这是弱国的难堪，这是四万万同胞的耻辱！中国啊，中国，你何时才能富国强兵？你何时才能摆脱西方列强和东洋小日本的欺侮？

傅斯年眉额紧蹙，牙关紧咬，嘴角上的线条像扭曲的钢丝，他怒不可遏，找到罗家伦、段锡朋：“政府草鸡，我们不能示弱！咱们干脆组织在北京的大中学生游行示威，反对二十一条，抗议帝国主义的霸道行为！”

罗家伦和段锡朋当场表态，应该组织反帝大游行示威！

“锡朋，你负责对外联络，通知全北京中等以上学校，咱们5月7日行动！”傅斯年说。转身吩咐罗家伦，“你起草一个行动宣言，行动前宣读一下。”罗家伦当场答应，接着对傅斯年说：“我提议你任这次游行示威的总指挥。”段锡朋也同意。傅斯年本就有强烈的领袖欲，又有非凡的组织能力，二人提议正中下怀：“我就当仁不让了，咱们说干就干，马上分头串联！”

原定5月7日，由于5月2日报纸发表外交部告国民书，使游行示威活动提前了。

5月3日当晚，十三个学校的召集人来到北大，一致推举傅斯年任总指挥，并商讨了集合地点、游行路线图，以及口号、旗子的制作等事宜。决定5月4日在天安门集结，举行反帝游行大示威。

散会后，傅斯年几乎一夜未阖眼皮，写标语、制旗子，起草向各国驻华使馆的声明。罗家伦连夜起草《北京学界全体宣言》——

后称“五四”宣言，并提出“外争国权，内惩国贼”的口号。这天夜晚，北京大学教室里、宿舍里、图书馆、会议室、走廊里灯火通明，学生们走来走去，熙熙攘攘，没有困倦之容，却有群情激愤、斗志昂扬之态。

第二天下午，匆匆忙忙吃过午饭，傅斯年便集合北大学生，郑重地宣读了《北京学界全体宣言》，便浩浩荡荡走出北大校园。傅斯年威武的身躯，肩扛一面大旗，高呼着口号，健步走在队伍之首。于是出现“五四”运动最为经典的留影。队伍走进天安门广场，从四面八方云集的北高师等十三所学校的三千多名学生也纷沓而来。学生们高举“取消二十一条！”“还我胶东，还我青岛！”“保我主权！”“拒绝在巴黎和约上的签字”等标语、旗帜。

东交民巷本是学生的游行的目的地。学生们本想向美、英、法等国公使递交“说帖”，表明誓死收回山东权益的民意。不巧，5月4日这一天正好是星期日，各国公使都不在。后来，罗家伦没办法只好将写好的“说帖”留在美国等公使馆。

学生们要求围绕使馆区游行，但遭到了巡捕的阻止，说，非得大总统同意方可入内。1901年，清政府被迫与八国联军签订了《辛丑条约》，规定这个地方为中国人不得随意通行的馆区，这就是辱国丧权的标志，此地成了“国中之国”。

巡捕打电话与总统府交涉，反复协商不得结果，三千名学生在逼仄的胡同里拥挤着，早已等得不耐烦了，他们焦躁而愤怒，在中国的土地上，中国人行走还得让外国人发“通行证”，这真是奇耻大辱。忽然人群中有人大声喊叫：“大家到外交部去，到曹汝霖家去！”

本来脾气暴躁、性情易怒的傅斯年，努力克制着自己，毕竟是总指挥，他必须具有大将风度，处事不惊，临危不乱，他极力劝告同学们不要太激动、太冲动，但愤怒的人群如火山爆发，如海啸怒卷，一股脑儿地掉转向北，沿户部街、长安街，奔东单牌楼和石大人胡同而去，浩浩荡荡，扬起一路烟尘，激起一路愤怒的声浪，沿路还散发传单。面对喧嚣的声浪，激愤中的学生，二十三岁的年轻的总指挥傅斯年已没办法掌控了，他只好打着大旗，率众人向赵家楼曹汝霖住宅的方向走去。

赵家楼并非楼房，曹宅分东西两个院，西院是中式房屋（也包括大门及门房），东院则是一排西式平房，曹住东院。

那天中午，曹汝霖、章宗祥正应总统徐世昌之邀在总统府参加宴会。散席时，京师警察总监吴炳湘来电话，说，天安门有学生手执白旗标语，为和会失败游行示威，游行队伍现已向曹总长家进发，请诸位暂留公府，不要回家。但曹汝霖、章宗祥未当回事，依然回到家中。警察厅只好派来三四十名警察前来护卫。不久，陆军部航空司长丁士源带着一名日本记者也来了。

下午四点半，愤怒的学生到达曹宅，高喊："打倒卖国贼！""卖国贼曹汝霖出来！"口号声震天动地，接着学生向院内投掷砖头、石块，砸坏窗户。曹汝霖父亲身患半身不遂，由使女搀扶着在走廊走动，一块石头飞来，正好砸在使女身上，使女应声倒下，曹父未被击中。

学生要冲进曹宅，可是大门已关，只好破墙而入，先进去的学生砸烂窗户，从里面打开大门，学生们像潮水般地一涌而进。不料学生们找遍客厅、书房、卧室均不见曹汝霖的影子，愤怒的学生把客厅、书房的花瓶、字画全都砸了个粉碎，撕个稀烂；又跑到曹汝霖两个女儿的卧室，拆下铁床的柱子和零件，乱砸一番；接着把曹汝霖的卧室家具全部砸烂，把金银首饰、珍珠玛瑙抛在地上踩个稀巴烂；余怒未息，又有一帮学生冲进曹汝霖父亲的卧室，打开橱柜，满是燕窝银耳、山珍海味，他们取出匣子摔了个满地，人踩脚踏，变成一片碎末。

原来曹汝霖、章宗祥、丁士源和日本记者躲在地下室锅炉房，学生没发现。这时警察开始抓捕学生，同时，北京高师学生匡互生取出随身携带的火柴，一把火点着曹宅。于是满院烟雾成团，火光腾腾。

躲在锅炉房里的章宗祥听到外面放火，吓得跑出来，向后门奔去。章宗祥身穿礼服，学生误认为他是曹汝霖，把他包围起来，痛打了一番，后有人喊叫"打错了"，便一哄而散。

此前，一些学生看过章宗祥的照片，北京高师5月3日晚开过一个会，决定严厉惩罚曾经签字“二十一条”的当事人曹汝霖、陆宗舆，章宗祥由于照片人像模糊，而又是驻日公使，面貌不熟悉。

混乱之中又有人传说：“曹汝霖已经给打死了！”这下子闯下大祸了，有的学生自知闹得过分了，便纷纷散去。后来军警来了，一下子抓去三十二名学生。

迫于压力，政府于5月7日上午释放了全部被捕学生。北大校长蔡元培和该校全体学生，在北大迎接被捕返校的学生，他们刚刚到门口，就被欢迎的同学和附近的居民团团围住，给他们披红戴绿，一个个被高高举起，一片欢腾。

轰轰烈烈的“五四”运动已近尾声。政府和学生一度出现对峙状态。此后，蔡元培奔走在教育厅、警察厅，保释被捕学生。5月9日，蔡元培写了一个便条：“吾倦矣，杀君马道旁儿，民亦劳止，汔可小休。我欲小休矣。”便辞去北大校长职务，之后悄悄离开北京去了天津，以后再没有回到北大。陈独秀那天跑到城南大世界高楼上，将塞满衣兜的传单，漫天撒下。传单雪花般地飘落在大街小巷。……陈独秀当场被捕。陈独秀一生五次被捕入狱，这是开端。

罗家伦像傅斯年一样是十分活跃的人物，此后，迅速进入“反思”，没有想到他们辛辛苦苦读书，读书不能救国，满腔爱国之情化为暴徒。“忽而策士，忽而监视，忽而被谤，忽而亡命”，心里极其矛盾，极其痛苦。第二年5月，由于胡适的帮助，罗家伦和段锡朋一起赴美国留学……

而总指挥傅斯年“五四”游行归来，也懊悔没有制止学生们的“暴行”，对学生们的此举也甚感不满。在和浙江籍姓陶的一位学生辩论时，被陶氏打了一拳，傅斯年气愤不过，声明不会就任学联主席，也辞去总指挥一职，没有参加第二次游行示威。

傅斯年却连夜赶写文章，揭露日本帝国主义的狼子野心，和西方列强“弱肉强食”的无耻行径，号召国人觉醒，为爱国学生运动推波助澜。

傅斯年也临近毕业，不得不准备功课，迎接毕业考试。

那时候，傅斯年、罗家伦风华正茂，血气方刚，抨击时弊，共话天下大事，指点江山，世人称“五四”健将，共同的理想，共同的追求，使他们的人生演绎出动人的华彩乐章。

5月26日，罗家伦在《每周评论》上发表文章，第一次提出“五四”运动这个词——从此，中国现代汉语大辞典便出现了“五四”运动。这是中国现代史上最灿烂的一页，是中华民族从铁屋子里发出的怒吼和呐喊！罗家伦盛赞“五四”精神：第一，学生牺牲的精神；第二，社会制裁的精神；第三，民族自决的精神。

傅斯年看了这篇文章非常激动，一天傍晚和罗家伦在校园散步又谈起来。

傅斯年兴奋地说道：“‘五四’运动以后，中国新动机大见发露，顿使人勇气十倍。”

罗家伦道：“学生是运动的先驱，最先觉悟，最早奋起的力量，他们无所依傍，赤手空拳，为国家为民族的命运奋斗，这不是可贵的牺牲精神吗？所谓社会制裁，就是全社会动起来了，对政府必生监督作用，至于民间的自决精神，我的意思是指，一向被内外反动势力压得奄奄无生气的民众，起来向外部世界宣告自己的主张，向国内统治当局抗争，对内对外喊出自己的心声，这就是民众的自决精神。”

五月的夕阳，霞光穿过洋槐树花儿，将光斑洒在他们生气勃勃的脸上。

傅斯年异常兴奋：

“经过‘五四’运动，中国社会趋向会发生改变。有觉悟的添了很多，就是那些不曾自己觉悟的，也被这几声霹雳吓得清醒，以后是社会改造的时代。”

傅斯年深深舒了一口气，“中国原是一盘散沙，未形成改造中国的强大力量，从‘五四’以后，中国算有‘社会’了。”沉思片刻，又忧虑道，“我担心‘五四’运动结了个不成熟的果子，很快又落了。”

“不会的，”罗家伦道，“思想解放，世界潮流，谁也阻挡不了，要成就一种伟大的事业，没有这种精神是不行的。”

“五四”潮涌之后，校园格外宁静，虽然同学们还不时谈起，但课照样上，书照样读，《新潮》还照样出版，“内容和见解两方面，都比他们的先生们办的《新青年》还成熟得多，内容也丰富得多，见解也成熟得多。”

连郁达夫也这样评价：“‘五四’运动最大的成功第一算是‘个人’的发现。从前的人，是为君而存在，为道而存在，为父母而存在。现在的人才晓得为自我而存在了。”

傅斯年留学欧洲时期

台灣大學校長室用牋

第三章

山平水远苍茫外

『永不满足，像火焰一样，我燃烧着自己，我发光，我攫住的一切都变得明亮，我抛弃的一切已化作灰烬。』尼采如是说。他的大脑简直像个巨大的吸盘，贪婪地吮吸各种知识和思想，这些都化为他生命的细胞，他的灵和肉。

台灣大學校長室用牋

12海水由浅蓝变成深蓝又渐渐变成墨蓝，这是大洋了。大洋神秘的语言，清晰地传来，愈加响朗，时而像大炮轰鸣，时而如钟鼓相击，时而又像森林呼啸，好一阵又出现一种长长的叹息声，或者是呜咽声，转瞬间却是猛烈的咆哮声，惊心动魄。巨大的浪头砸向船舷上甲板上，船体摇晃几下，依然我行我素地劈浪航行。

风息了。前面出现一片伟丽而宁静、碧蓝无边、像光滑的大理石一般的海域。目光所及的远处，是湛蓝色的云天相连，涟波反映着熔化的太阳。远处有岛礁，有连绵的群山，轮船已进入印度洋。傅斯年走出船舱，伏身栏杆，远眺着热带海洋壮美风光，他的眼睛一刻也不能离开这伟大而黛蓝的水的世界。

人们时常说“留学”是“留洋”，这“洋”是指浩瀚的大海大洋，还是西方的洋人之国呢？中国汉语真是蕴藉丰赡啊！傅斯年1919年6月考取山东官费留学英国。现在是1920年1月份了，他踏上英国的客轮离开了故国。他凭栏远瞩，心潮翻腾，回首贫穷落后的祖国，苦难的百姓，列强横行，国土沦丧，日本倭寇像小豺狗一样，竟然敢咬噬东方睡狮，这真是国人的奇耻大辱啊！中国的热血男儿必须奋发图强，以夷之长制夷，这是前人总结出的教训。知识分子是民族的精英，必须努力吸收人类先进的文化，占领科学的制高点，方能以图强，造福国人。作为民族精神支柱的文化一旦腐朽、衰败，缺乏创造性、先进性，这个民族的灵与肉就会沦为列强鱼肉的惨境。封建专制的禁锢，封建文化癌魔的病灶得不到根治，会毁灭一个民族的健康肌体，积而渐久，衍为不治之症，即使有再高明的医生，也难妙手回春了。民主和科学是救国救民最佳药方。西方的社会科学、自然科学是当代最先进的科学，是研究知识本源，认识客观世界的钥匙。中国苦难、落后、贫穷的根源是反人类的根源，是民族最大悲剧。重建中国文化精神，科学地改造国民性，实现中国人普遍的民主和自由，改造社会的重任就在我们年轻人身上……

放洋海外，是傅斯年多年梦寐以求的理想，他看到中国军阀混战，专制独裁，社会贫富不均，事事不如人，处处挨打，在国际上毫无地位，他只觉得国内有一种压抑、窒息感，中国这架古老的机器再不更换零件，重新组装，就亡国亡天下了。他很想到国外，吸收些新鲜空气，学点救国救亡的真本领。他曾经给他家乡山东聊城的儿时同学写信说道："我向来胸中的问题多，答案少，这是你知道的。近二三年，更蓄积和激出了许多问题。最近四五个月中，胸中的问题更大大加多，同时以前的一切囫囵吞枣答案一齐推翻。所以使我求学的饥，饥得要死，恨不得一秒钟内，飞出中国去。"

但考取山东官费留学生并不那么简单，傅斯年天资聪颖，才气过人，国学根底经过三年预科，三年本科，更加扎实、深厚，他的英语成绩出类拔萃，这次考试名列前茅，按说录取没有问题。其实那个时候也要"政审"，傅斯年何等人物？"五四"运动的健将，《新潮》主编、北大的学生领袖，这样的"造反派"，政府没抓捕算是侥幸，还要出国留学？山东教育厅有人作梗，要打入另类。这时教育厅一位科长名陈豫的站出来，据理力争，说，如果成绩这样好的同学不让出国留学，那么我们还办什么教育？据说，傅斯年在北大读书时往返聊城，结识了一位中学校长，情谊笃深。此时这位校长因受当地学界排挤，已调回省教育厅，得悉有人阻挠，也力挺傅斯年，上下打通关节，别人也落个顺水人情，傅斯年终于通过。此时傅斯年正在济南一家小旅馆焦虑地期待佳音，喜讯传来，傅斯年像范进中举一样，"啊，我的娘也！"差一点昏厥过去。

这一切都说明他出国求学心切，同时也展露出他胸怀大志的情怀。

傅斯年于同年12月16日告别北大的同窗好友，新潮社的同仁，和同班同学俞平伯赴上海，准备乘英国客轮赴英。在上海他们住在“新群旅馆”，筹办登船手续。顾颉刚正在苏州老家休假，得悉傅、俞二人在上海，便带着两瓶家乡的白酒、苏州小菜赶到上海，找到新群旅馆，为傅斯年、俞平伯饯行。傅斯年见顾颉刚来到，喜不自禁，匆匆下楼买来一只烧鸡、两只酱猪脚，三人以茶杯做酒杯，把盏话别。

顾颉刚泪眼蒙眬，举起酒杯，声音哽咽地说道：

“这里不是渭城，也没有灞桥烟柳，老同学西去留洋，我劝二君更尽一杯，异国他乡无故人！”

“颉刚情深意浓，同窗六载，我们当没齿不忘。”傅斯年呷了一口酒道，“如果说欧美的东西全是好的，那是荒谬的，但我们必须崇拜先进我们的文化。我们面对的社会太黑暗、太腐败、太落后贫穷了，我们要着手解决的问题太多。我们必须用西方的观念唤醒国民，我们必须引来西方的天火来焚烧中国的精神垃圾，清洗国人的灵府！”傅斯年一张口便是激浪滔滔，“我们的‘五四’运动、新文化运动原是思想启蒙，现在已变成了救亡运动，文化激进主义开始演化为社会激进主义了。”傅斯年呷了一口酒，语气轻下来，“颉刚你毕业后也要到国外读书，中国越混沌，我们越要有力学的耐心，非到三十岁不在社会服务。”

顾颉刚说：“现在是救亡压倒启蒙。文化斗争实质上脱离不开政治斗争。文化实践已成为社会实践。”

“好啦，不谈这些了，”俞平伯扭转了话题，“你也要多保重！睡眠有时比吃饭更重要。”他知道顾颉刚患有失眠症，因此而休学一年。他们饮酒、吸烟、聊天，谈社会、谈时局，从国粹到新潮，激动时，手舞足蹈；伤感时，泪雨霏霏。

在上海逗留期间，傅斯年在马路上看到一幢幢帝国主义大厦洋行，一面面陌生的旗帜，在上海滩明目张胆地飘扬。旗帜下便是被生活重担压得行将窒息的中国劳苦大众，背着印有洋文的沉重麻包，不时看到豪宅公园门口竖着木牌“华人与狗不得入内”，还有三五成群的“野鸡”，浓妆艳抹，招摇于街头巷尾，大街上洋人横行，奔驶着洋人的轿车，此情此景，使傅斯年怒火填膺，又真想大哭一场。又看到许多良家女子，也涂脂抹粉，模仿妓女的举止，大发感慨："上海人不管容受什么，都像流行病一样。"他为民族、国家的落后愚昧而深感痛苦。

1月2日，傅斯年和俞平伯登上去英国的客轮，一声汽笛，轮船缓缓驶出吴淞码头，烟气腾腾的上海渐行渐远了，故国渐行渐远了。

海风吹乱他的头发，也撩起大衣一角。轮船犁开的波浪，像两道水墙。向外倾覆，逶迤而去……已经夕阳西下了。暮色从大洋的远处渐渐升了上来。

客轮在颠簸动荡中前进。前面苍苍，后面茫茫，苍苍茫茫，全是水的世界，白茫茫的海洋在惊人的远处发出光辉，好像有一个幽魂在变化无常。这是神秘的海，深不可测的海，它是灾难的渊薮，它的残暴是难以预知的。海是显露的，又是隐秘的。风似乎停止了，天地间一片枯涩的静寂，浪也停止了喧哗，晚霞把船桅、船舱染得通红，无边的沉寂笼罩了整个空间，在大自然的交合中，一切都静默了。

同船有一位英国音乐家，每到傍晚都坐在甲板一把铁椅子上，怀抱小提琴，拉一曲德彪西的《大海》。这是一部典型的印象派作品。这首曲子分三部分：海上从黎明到中午；浪花游戏；风与海的对话。优美动人的旋律像海涛般的起伏跌宕，阳光在海面上跳跃，风和浪花絮语，海是一群活跃的生命。

傅斯年和俞平伯乘坐在一个船舱里。俞平伯是国学大师俞樾的重孙子，而俞樾和李鸿章是曾国藩最得意的两个门生。曾国藩说李鸿章一生拼命做官，俞樾一生拼命读书，写书；一个是朝廷重臣，一个是国学大师。章太炎、吴昌硕都是出自俞樾门下。俞平伯出身这样的书香世家，家学渊源，国学根底像傅斯年一样扎实深厚。但俞平伯性格与傅斯年恰恰相反，温和、持重，甚至胆小，过于谨慎、荏弱。他个头不高，但头颅很大，也就是说瘦小的个子顶着一个大脑袋。此人颇有江南才子的书卷气。他脸面血色新鲜，皮肤白净，线条清晰而柔顺，不高不矮的鼻梁，恰如其分地挺立着，脸上泛着温暖的苍白，给人一种高贵、文雅，不同流俗的气质美。

他是书斋里长大的一棵嫩苗，除了书本上的东西，他似乎什么都不知道。风未吹过，雨未淋过，苦未受过，难未经过，是典型的贵族少爷，是一个老实憨厚、很有教养的少爷。

俞平伯完全是“被”留学的，他的出国是傅斯年凭三寸不烂之舌说服的。他是懵懵懂懂地跟着傅斯年上了船，刚刚离开上海，还觉得新鲜、好玩，一望无际的大海，蓝湛湛的水面，激溅着阳光的浪花，海鸟围着轮船飞翔，远海深处露出岛屿或者陆地。船越走越远，已进入热带海域，那壮丽的热带风光扑面而来，高大的椰子树，浓密的橡胶林，老远看到西印度洋的岛民在劳作……一切都陌生、新奇。但天天是海，是茫茫无际的一成不变的水，他梦幻般地行驶在如梦的海洋。俞平伯厌倦了，困惑了。他随身带着一部善本《红楼梦》，倚在床头静静地阅读起来，时而在小本子写着什么，不管舷窗外风怒浪起，他已走进大观园，和贾宝玉、林黛玉，还有贾府里男女老少共语了。

他话语很少，傅斯年主动与他聊天，他也只有嗯啊地被动地应付。傅斯年滔滔不绝地大谈《红楼梦》，从“北风图冷魂难返，白雪歌残梦正长”的创作历程，谈到“传神文笔是千秋，不是情人不泪流”的艺术感染力量；从《脂砚斋重评石头记》的残本讲到高鹗的后四十回续本，傅斯年精辟的论述，渊博的知识，鲜明的观点着实令俞平伯佩服。有时他们也发生争论，但各不相服，也就自动偃旗息鼓，自以为是罢了。

13

傅斯年在这远行的新鲜过后，却对往事反刍深思起来。晚上睡不着觉，北大三年预科，三年本科生活又历历在目了。特别是这几年跟胡适大力提倡白话文，倡导文学革命，推动新文化运动，自己像个马前卒一样摇旗呐喊，但是这个老大的中国虽已腐朽，但根扎得很深，很难晃动，原因何在？关键是国民的劣根性，傅斯年曾在《新潮》发刊词中指出“中国人本无生活可言”，更无什么社会真意可说，若干恶习，若干无灵性的人生规律，桎梏行为，宰割心性，以造成所谓蚩蚩之氓，国民思想麻木，愚昧无知，他们犹如牛羊任人驱使，任人宰杀，对自身的生死地位，茫然无知。他认为中国人根本不懂得人生的价值、意义，更缺乏理想和如何把握命运，改造命运。国人明明生活在牢笼里，反不觉得这是牢笼，而且还要一代一代过下去。傅斯年哀叹中国苍生的悲惨命运，又怒其不争的茫然之状。

不到两年的时间，他发表了四五十篇文章，这些文章一个大主题就是改造中国，剖析中国国民的劣根性，以新文化、新道德、新思想、新风俗改变中国国民的精神面貌，唤醒一个民族的觉悟。他剖析了中国人安于现状，不求进取的心态："中国人只懂得'好'，'最好'，不懂得'更好'，总是拿着'好'当成'最好'，却不知道天地间其实并没有'最好'的，也不知道现在'好'以外，还有未来的'更好'。"他还批评道：中国人不懂得"理想"，不知道"理想"的真正意义，安于现状，安之若素，谁也不愿意当出头鸟，谁也不敢越雷池一步，这样的民族岂不挨打，岂不贫穷落后？为什么东洋小日本明治维新后能迅速崛起，其原因就是日本人善于吸收先进文化。

引起傅斯年深思的是中国的知识分子，过去称士大夫，这些民族精英，大概接受了屈原、司马迁和历史上一切仁人志士的反面教训，而变得圆滑、老练、成熟了，个个变成一介腐儒，心气薄弱，志行薄弱，既没有主义，又没有远见，更无理想，在专制时代，只学会三叩九拜"吾皇万岁万万岁"，再就是看风使舵，趋炎附势，随波逐流。这是中国自鸦片战争以后走向衰败的又一原因。

傅斯年深深感到中国人好以识时务为上策，好以时髦为荣耀。这是一个病灶，大家明明知道，谁也不挑破。唐朝的时尚是作诗，宋朝的时尚是制作工艺，明、清两朝是八股文，现在的时尚是学英文。民国元年，遍天下都是革命党，过了四年，遍天下都是官僚派。袁世凯要称帝，就有人赶紧上表劝进；取消帝制，又是这些人急忙上表劝退。他们的眼光尖，眼皮薄，心眼儿活，随风飘转得比什么都快，目的只有一个"荣华富贵"，千里做官，为了吃穿，这就是他们的主义、理想。这个腐朽不堪的国家机器，就由这些庸俗不堪、平庸至极的人操纵着，国家怎能够兴旺发达？

中国文化是鼓励中庸，反对竞争，反对标新立异，如“枪打出头鸟”“出头的椽子先烂”“树大招风”“木秀于林风必摧之”，谁出头，创新，就被舆论视为不安分，属于异类，于是便施之于迫害、打击。历史上许多天才就是这样死于中庸的棒下。一个没有鼓励创新机制的民族，是没有出息，没有作为，因循苟且的民族。

傅斯年还抨击了中国人缺乏责任感，缺乏事业心的缺点。傅斯年早已批判过“丑恶的中国人”，说：“我以为中国人的无责任心，真要算达到极点了，除自己外，无论对于什么都不负责任。”他曾一针见血地指出：中国人“单独的行动，百分之九十九是卑鄙的”。他说：“中国人没有民族的责任心——就是不怕亡国灭种”，“一人得，或一团体得，而国家失的事，屡屡得见。”傅斯年在《中国狗和中国人》一文中，把传统中国人缺乏责任感的劣根性描述得淋漓尽致。他叙述说：“有一天，我看见一位北京警犬学校的人，问他道：‘你们训练的狗，单是外国种呢，或是也有中国狗？’他答：‘单是外国种的狗。中国狗也很聪明，它的嗅觉有时竟比外国狗还要灵敏，不过太不专心了，当教它去探一件事，它每每在半路上，碰着母狗，或者一群狗打架，或者争食物的时候，把它的使命丢开了。所以教不成材。’我听了这一番话，很有点感触，何以中国狗这样的像中国人呢？不是不聪明，只是缺乏责任心——他俩一样。”

关于中国人没有责任心，无事业心种种劣迹，傅斯年指出出现这种病灶的根本原因是专制独裁。中国人两千年来只有一个脑袋，那就是皇上君主的脑袋，中国人只有一种思维，那就是孔孟之道，谁有奇思妙想，就是邪说异端，必大加挞伐，置于死地而后快。孔孟之后中国再没有产生影响社会、人生的大哲学家、思想家、科学家，这不是最大的悲哀么？儒家文化体系是农业文明的产物，同时，农业文明又同愚昧、专制、礼教、等级，最缺乏民主和科学的社会体制相依存的。四大文明古国之一的中国，近百年一直落后于西方国家，其根本原因是儒家文化的制约，儒家文化压抑人的创造性和生命的宣泄、个性的张扬。

中国历史发展进程中，儒家文化、孔孟之道，恰恰适合富有皇权思想的农业文明的需要，正中小农经济法权思想的下怀。两千年前汉武帝听了董仲舒的话“罢黜百家，独尊儒术”，其实汉武帝只把孔子学说，当作一种“术”，并没有至圣至尊。术，权术，治国之术，帝王之术，“术”的含意既有褒也有贬，但封建专制社会的逐渐走向成熟，孔子学说越来越成为治国的理论基础，总而言之，汉武帝是把孔子学说用作思想工具，来教化人民的。

这些年来他跟着陈独秀、胡适大喊大叫，到处演说，发表文章，其目的是唤醒民族的责任感、事业心，振兴中华，必须以此为基石，“五四”运动不单单是一场爱国运动，反帝反封建运动，而是唤起中华民族责任心的运动，是一场伟大的思想启蒙运动，后演化为救亡运动，也是初始未料的。

傅斯年在做反思，检阅几年来的言行和实绩，他对中国人的人生观、生命价值观进行了全面的剖析，批判了“达生观”，这是“一种非人性的人生观”，同时也批判了“出世观”。实际上中国历代隐士都有逃避现实的消极处世哲学，中国传统的士大夫得志时做官，居庙堂之高，出车入辇，钟鸣鼎食，尽享人间荣华；不得志时则隐居泉林，放浪山水，诗俦酒侣，抑或走进梵天净土，落发为僧，不食人间烟火。其实，中国的隐士大多是封建独裁的失败者，专制本身就是反人性的，它要消灭个性，怎容得你独立思想？没办法，这些棱角分明、个性彰显的士大夫被打压排挤，不得不远走江湖，隐身避世。精神的出世，是印度传来的佛教思想，是对受伤灵魂的一种按摩，认为“人生只有罪恶，只有苦难，所以超脱人生”。

傅斯年深深感悟到，挽救中国，我们必须普及新的思想，要用思想的力量改造社会，然后用社会的力量改造政治，这才是最根本的政治。

夜色浓了，湛蓝空旷的天宇布满星星，海空的星光特别明亮，格外繁多，海浪海涛似乎平缓了，浩渺的大海是一望无际的幽暗。墨色的海面上跳跃着梦幻般的星光的斑点。星光是神秘的，它能使海波激动，能使人悲绪潮生。

傅斯年白天放眼大海，是那么苍茫和浩瀚，夜晚仰望星空，又是那么深旷和寥廓。人生是短暂的，海和天却是永恒的，如何用短暂的一生拥抱浩瀚和苍茫。傅斯年目光迷蒙……

轮船正穿过一个热带海域的夜晚。

他又回忆到创办《新潮》短短数月的酸甜苦辣，心头感慨万端。傅斯年主张文学革新，以新文学为武器，改造国人的思想，重塑民族之魂。他不仅仅求得思想的变革，更期待政治上的变革。“五四”运动四个月过后，还发表了一篇《<新潮>之回顾与前瞻》的文章，那时《新潮》问世已经八个月。八个月对人来说正是婴儿时期，对一个刊物也属于童年时期，它还很幼稚，但他认为“为着昏乱的政治反响，种下了一个根本大改造的萌芽”。像清朝末年，革命运动、立宪运动的时代一样，中国又出现平民运动。他也痛苦地感悟到：中国的政治，现在是最糟糕的，就是将来，更是糟糕的。傅斯年在文章的末尾带着伤感或惋惜的心情，向《新潮》告别：“我不久要往英国走了。我在《新潮》杂志里多半年，跟着三十九位最坚决、最透明、最可敬爱、最有希望的同学，办些事件，满足不了同人和自己的希望，很抱歉。我只盼我去英国以后，新潮社日日发展。我的身子虽然在国外，我的精神留在北大里：因为我觉得我的一生最有趣味的际会是在北大的几年，最可爱的是新潮社，最希望的是北大的文化运动。”并发誓，要为人类的缘故，培养一个“真我”。

这是傅斯年为《新潮》写的最后一篇文章，伤感中透着一种凛凛的悲壮。

14 经历了四十多天的颠簸和动荡，穿越了印度洋的惊涛骇浪，穿过波滚浪涌的地中海，轮船在阵阵的汽笛声中渐渐靠近了英伦海岛，远远地看到冒着浓烟的林立的烟筒，那红色的顶尖的哥特式楼房，城市的轮廓愈发清晰了，人群拥挤的码头，整齐的街道，林荫浓密的公园。傅斯年和俞平伯带着一身海腥味走下舷梯，踏上异国的大地。

这是英吉利帝国。

英吉利是欧洲最强大的国家，早在17世纪初叶，由于英格兰的强大，逐渐向威尔士、爱尔兰和苏格兰扩张，1801年组成联合王国，这正是英吉利如日中天的时代。1921年，爱尔兰南部二十六郡脱离英格兰，只有北爱六郡留在联合王国之内。

早在15世纪，英国的海上霸权活动便铺张开来，哥伦布发现新大陆后的第五年（1497），英国人就横渡大西洋到达纽芬兰，开始殖民活动。1588年英国打败西班牙的无敌舰队，夺得海上霸权。从此，它到处实行炮舰政策，四处出击，侵占殖民地，成为占据全球四分之一的面积的“日不落帝国”。大英帝国演变成由五十多个国家组成的松散的英联邦。这是英吉利在世界史上创造的辉煌，也是英吉利给世界带来的巨大灾难。

办完入关手续，傅斯年便赶赴伦敦，进入伦敦大学学习。这所大学也被人称为“红砖大学”，哥特式、诺曼式、古典主义的建筑，全是赤红色的砖垒砌，绿树掩映，这里真是求学者的天堂，花园般的校园。高大古老的橡树，绿草茵茵的草地，树荫下，花园里是木质的连椅，一群群蓝眼睛、高鼻梁、金黄色长发的姑娘，和留着金黄色胡髭的男学生，三三两两，说说笑笑，走来走去。有些男女生牵手拥肩，大大方方，潇洒自由。还有一尊尊大理石雕像，雕像大多是毕业于这个学校的政治明星，科学巨擘，艺术大师，当然还有造型奇形怪状的写意派、荒诞派的杰作，使整个校园弥漫着浓烈的科学和艺术氛围，你深深呼吸一口便是满腔的科学、民主和自由的空气。

刚到英国两个星期，谁知一同赴英求学的俞平伯突然回国，不辞而别。傅斯年大惑不解，他惊慌失措，俞平伯哪根神经出了毛病？据悉现已到了法国马赛，准备由马赛登船回国。傅斯年心急如焚，匆匆赶到马赛，要截回俞平伯。简直是胡闹，神经病！疯子！傅斯年嘴里一路骂着。他找到了俞平伯，劈头盖脸地训斥：

你这是唱的什么戏，刚来，屁股还未坐下，就开小差，你这是留的哪门子学？你就不怕人笑话？你这不是让令尊大人失望吗？老师和同学都盼你学成归国，你却半途而废？一个男子汉对自己、对家人、对国家要有责任心，有使命感！傅斯年时而咆哮如雷，风雨大作；时而又和风细雨，流水潺潺。然而批评和劝慰毫无作用，俞平伯满脸忧郁，眼泪汪汪，只是低头不语。半天才冒出一句：我想家，我在这里不习惯，过不上来。傅斯年气得真想扇他两耳光！太不像话了！但转念一想，俞平伯从小衣来伸手，饭来张口，没有独立生活过，他性格又孤僻、固执，做事从来不与人商量，任性而为。傅斯年这里气得肚子一鼓一鼓的，俞平伯那边却归心似箭，他船票已买好，只等汽笛拉响，便向欧洲“拜拜”了。

傅斯年无可奈何，只好把俞平伯送上船，直到轮船渐渐远去，他才怅然只身返回英国。此后便进了伦敦大学研究院，开始了漫长的求学生涯。

后来，傅斯年写信给胡适：

> 平伯忽然于抵英国两星期后回国。这真是再也预想不到的事。他走得很巧妙，我竟不知道。我很怕他是精神病，所以赶到马赛去截他。在马赛见了他，原来是想家，说他下船回英，不听，又没力量强制他下船，只好听他走罢。这真是我途中所最不快的一种经历。
>
> 一句话说，平伯是他的家庭把他害了。他有生以来这次上船是第一次离开家。他又中国文先生们的毒不浅，无病呻吟的思想极多。他的性情又太孤僻，从来不和朋友商量，一味独断的。所以我竟不曾觉察出他的意思来，而不及预防。他到欧洲来，我实鼓吹之，竟成如此之结果，说不出如何难受呢！平伯人极诚重，性情最真挚，人又最聪明，偏偏一误于家庭，一成『大少爷』，便不得了了；又误于国文，一成『文人』，便脱离了这个真的世界而入一梦的世界。
>
> ……

他担心俞平伯的“人生会枯寂下去”，一生平庸，无所造就。谁知傅斯年不幸言中，俞平伯一生无论学术或文学创作都无什么成就。一辈子写了一本《红楼梦研究》，还有几篇散文，若不是毛泽东点他的名，把他的《红楼梦研究》当大毒草批判，怕他连“反面教员”的名气也没有，的确枯寂了。

傅斯年像头饥饿的小牛犊，一头扑在丰茂的草地上，见什么草都想吃，那种贪婪，那种噬读的快感，实在难以诉诸笔墨。他先是跟着史培曼教授攻读实验心理学，同时又兼学物理学、化学、高等数学。这简直不可思议，一个国学、史学功底深厚的学生，忽然心血来潮，投身自然科学的研究中，岂不是像俞平伯一样有点“精神病”？这风马牛不相及的学问，对他原有的史学、文学有何帮助？再后来，他又广泛阅读英国文学、历史、哲学、政治学、地质学，五花八门，凡是人类的知识他都拼命地学习，他的双目像吸盘似的吮吸知识的乳浆。他有一副坚强的胃，能熔钢化铁，能消化人类几千年蓄积的精华。傅斯年如饥似渴，浑身如潮水般地涌动着激情和力量，这是他的性格。他富有宏大的气魄，有海纳百川的胸怀，他要横扫大英图书馆。他不想当半个学问家，他要做个“通才”，大学问家，他的大脑是吞噬知识的黑洞。他的生命不能承受其轻，他的每根神经变成虹吸管，恨不得将西方一切先进的文化席卷而去！

15 中国历史上的西汉王朝、大唐帝国曾是世界上最强大的帝国，即使到康、乾时代，中国仍不失泱泱大国的风范。道光以后中国衰败了，落后了。欧洲经过文艺复兴、工业革命，迅速崛起，一个二十四万平方公里的岛国，竟然称霸世界，它的殖民地面积相当于本国国土面积一百五十余倍。整个19世纪俨然成了英国人的世纪，竟敢欺侮国土面积大于它几十倍的中国，这岂非是咄咄之怪事？“读书不忘救国”，中国必须在自然科学上迅速赶上去。傅斯年认为“自然科学的方法具有普遍意义”，用自然科学的理论，更有助于去探讨、研究历史学、语文学。

傅斯年在科学的山径上攀登，巉岩峭壁，峡谷深渊，莽林野藤，荆天棘地，每登高一层，便有一道陌生的风景，一路林木的葱茏，山花的烂漫，野草的芳菲，云雾缭绕，涧水叮咚，流泉潺潺，他尽情饱览知识的重峦叠嶂的无限风光，一种征服的快感，一种攀越的愉悦，“胸中荡层云”，那是一种大自在，一种大醒悟，一种大境界！

傅斯年非常崇拜伏尔泰。伏尔泰是18世纪法国启蒙运动的领袖和导师，他多才饱学，博大精深，既是哲学家、史学家、政论家，又是诗人、小说家、剧作家，他的成就遍及人文科学的所有领域，而且每一个领域都成就斐然，成为才华横溢的巨匠。傅斯年读伏尔泰主编的《百科全书》，这是人类文化遗产里最辉煌、具有纪念碑价值的巨著，他撰写的《哲学辞典》就是其中的条目。傅斯年对这位思想巨人、文化巨擘，一往情深，如果他健在，挤破头，也要当他的学生。德国波茨坦无愁宫就有一尊伏尔泰雕像。1924年，蔡元培去德国，傅斯年、罗家伦等几人陪同游览波茨坦无愁宫，去瞻仰伏尔泰雕像。

这是波茨坦最著名的一座宫殿，这是普王弗里德里希二世（1740-1786）建的宫殿，周围是一片偌大的花园，与北京的颐和园差不多，宫殿里模仿法国的凡尔赛宫，只有一层，巴洛克式建筑。美丽别致的宫内有十二间客厅，还有琴室、卧室、书房、图书馆、贵宾室，其中有一间是法国哲学家伏尔泰的居室。室内有伏尔泰的雕像，这尊雕像似乎不是石头雕刻的，没有人工的染料，他永远是动态的，鲜活的，有情感的燃烧，有脉搏的跳动，有气息的吐纳，有神色的变化。傅斯年呆呆站在雕像前，他想握握巨人的手，吮吸他毛孔渗出的气息，他想与他对话，亲聆謦欬，可是巨人双唇紧闭，嘴角的棱线清晰而冷峻。他面色忧郁，眉额紧蹙，沉思，和诗一样沉默，可见他用精神之液滋养你，用灵魂之光照耀你，略使个眼色，你便会热血沸腾！傅斯年心里暗道：这就是历史！这就是人类的伟大！他的神圣使你不得不脱帽致敬！

伏尔泰浓密的长发，睿智的眼睛，高高的鼻梁，深思的目光，极富有洞察力、穿透力。雕像的下端有一行用法文书写的文字："他教导我们走向自由。"这是在伏尔泰极其隆重的葬礼上，送葬群众在这位大启蒙思想家的柩车上，大书的标语。傅斯年在雕像前徘徊流连，大脑里翻卷着伏尔泰沸腾壮丽的一生，他心里暗暗下决心，要用西方现代科学知识充实自己，成为"通才"，"文化巨子"。

中国需要中国的伏尔泰、中国的狄德罗、中国的卢梭，开启民智、唤醒民众、改造中国，变愚昧为聪慧，变野蛮为文明，变黑暗为光明，变贫穷为富强，中国应该站起来，大踏步地赶上去！傅斯年想到：中国需要一种思想，思想的力量能改变政治，政治能改变中国！思想是现实的产物，它的价值在于参与现实的改造！任何思想的诞生都会经过疑惑、迷惘、憬悟、觉醒的骚乱，与旧的一切决裂的痛苦。傅斯年心里涌动一种力量，像潮水一样翻卷，他已沉浸在寥廓的遐想中……

蔡元培、罗家伦等人走出无愁宫，却不见了傅斯年。罗家伦又回到宫里寻找，见傅斯年站在雕像前，如痴如醉地观看。他上前一把拽住傅斯年的胳膊："哈哈，我当你失踪了呢！"赶上人群，蔡元培问傅斯年在后面干什么来着，罗家伦眼睛一眨，当即编了一个小故事：傅斯年站在伏尔泰像前，深深鞠了一躬，口中念念有词，先是说道："弟子来迟，弟子来迟！"接着又背诵李义山的诗句："词客有灵应识我，霸才无主实怜君。"傅斯年听罢，挥起老拳要扑打，罗家伦身子灵巧，轻轻一转，傅斯年扑了一个空，惹得大家一片笑声。

其实在罗家伦眼里，傅斯年就有点像伏尔泰，有号召力和攻击精神。"孟真，你就是伏尔泰的传人，为自由和开明而奋斗，爱打抱不平，对黑暗和顽固有强大的摧毁力！"傅斯年对罗家伦的评论并无反感，反而深感自豪，拍着肚子哈哈大笑："我傅斯年没福气成为伏尔泰的学生，下辈子托生当他的弟子吧！"

无论在英国还是德国，乃至整个欧洲，到处漫布着、矗立着一些对历史做出贡献的人物雕像，政治家、军事家、科学家、思想家、文学家、艺术家……青铜的、大理石的，肃穆、庄重。站在这些雕像前，你的灵魂会感到震撼，精神会升华，生命在更新。这些从黑森林走出来的黑格尔、康德、歌德、海涅、尼采、贝多芬、舒伯特、马克思、爱因斯坦……傅斯年不关心花草，却注重这些雕像。这些星辰般的大师，在年轻的傅斯年心中投下庄重的倒影。每看到一尊雕像，他都认真地阅读墓志铭。尽管风雨已漫漶了字迹，他却一丝不苟地辨识。

1923年9月，傅斯年由英国转学德国，当时傅斯年听说陈寅恪与俞大维正在柏林大学就读，德国虽遭第一次世界大战失败，但德国的教育事业并未摧毁，反而生机勃勃。爱因斯坦和勃朗克像两颗巨星，闪烁在近代物理学的上空，德国的语言文字比较学、考据学也领先世界，柏林大学的学术空气十分浓厚，环境也优美。此时在柏林读书的有他的同学罗家伦、毛子水、何思源，还有金岳霖、姚从吾、段锡朋、周炳森、宗白华、徐志摩等人，柏林形成中国留学生部落。

那个时代学术空气很浓，不像中国现在的学界，研究唐诗的不懂得宋词，研究苏东坡的，不了解辛弃疾，研究汉书的不熟悉魏晋南北朝，学科的单一，知识面的狭窄，都源于学人的浮躁和急于求成的实用主义。民国初期的留学生们向往博学。学问是贯通的，一专多能是当时的风气。后来成为傅斯年内兄的俞大维初学数学、数理逻辑学，嗣后研究古典学术、史学、法理学乃至音乐；后来意识到史学界出了傅斯年，我辈永无出头之日，方弃之史学，又攻读军工器械学；傅斯年的朋友、同学毛子水，初学经济学，后来学数学，到德国留学时爱上地理学，进而又攻读希腊文，最后又归结中国文学考据学。傅斯年后来写信给胡适，他又爱上弗洛伊德精神分析学，并说下学期要集中精力攻读“医学”，信中还讲道：“我想若不于自然或社会科学，有一二种知道个大略，有些小根基，去学哲学无着落。”言外之意，他学自然科学是为了更好地学习哲学。

还有一个后来成为中国天字第一号的大学问家、国学泰斗陈寅恪留洋十六年，却没有拿到任何文凭、学位，出国时是高中生，回国后仍是高中生，但却被聘为清华大学教授，名列梁启超、王国维、赵元任之后，成为清华学府四颗巨星。傅斯年留学英国时，他正留学美国哈佛大学。他十二岁随家兄留学日本，1909年又赴欧洲，在柏林大学等学府深造。他出身名门望族，书香官宦世家，祖父陈宝箴是大清名臣，曾任湖南巡抚，父亲陈三立是清朝晚期著名诗人。

陈寅恪家学渊源，藏书丰富，他幼年便对经史子集之书有涉猎，“十三经”绝大部分章节能背诵，他掌握的中国文史资料达到常人难以想象的程度。他在哈佛大学随蓝门教授学习梵文和巴利文，在柏林又随鲁斗继续研究梵文和巴利文，除了东方古文之外，还旁及希腊、拉丁，以及英、德、法各国的文字，他的专业是音韵训诂，其兴趣并不在于语言文字。语言是他治史的工具。所谓“学贯中西”，对有些人来说，只是隔靴搔痒，对陈寅恪来说，他自由地出入中西文化的典籍。但他既不攻读硕士学位，更不去拿博士学位，有人问他，你留学这么多年，怎么没有得到博士学位？陈寅恪说：“博士帽子很容易拿到手，但两三年被一专题束缚住，就没有时间学其他知识了！”在他看来攻读学位实在是浪费时间。

傅斯年至尊至敬的师友就是陈寅恪，他与陈寅恪的感情、友谊并不亚于胡适。他也像陈寅恪一样，从不把硕士、博士放在眼里。只顾埋头读书，也记了大量的读书笔记。他和陈寅恪被留学的学友们称为“贾府门前的两尊石狮子”。那意思说：心无杂念，目不旁顾，练就一种过硬的静功夫，像雕塑一样。

那时候同来英国留学，后又转到德国的还有徐志摩、邵洵美、刘叔和、俞大维、赵元任、金岳霖等一大批中国学生。

徐志摩原在美国哥伦比亚读博士，但他抛弃哥伦比亚博士学位的诱惑，买票漂过大西洋，拜倒英国剑桥大学的罗素门下。伏尔泰是法国1789年大革命时期改变法国思想的人，罗素也像伏尔泰一样，凭着他的思想之光改变历史。徐志摩非常崇拜罗素——来到英国剑桥大学，方知罗素因为第一次世界大战时期，极力主张和平，反对战争，被学校除名，徐志摩大失所望，只好改读政治经济学。在英国两年政治经济学没学好，却结识了一些名流大师、诗人、作家，他阅读了世界上所有著名作家的作品，特别是那些浪漫主义诗人的作品。拜伦、莫里斯、汤普森、丹乌雪农、弗莱克、威尔戴维斯，还有罗曼·罗兰。如果他们都活着，他会一一拜访，求他们签字、合影、留念。他有强烈的名人情结，有强烈的英雄崇拜意识。有研究者说，徐志摩这样虔诚向往名流，是因为他出身商人世家，社会地位低下，为了炫耀自己，抬高自己，将他人的羽毛插在自己的素冠上。其实也不尽然，这其中的一个原因，是徐志摩性格活泼、爱动、天真，富有幻想。

一天下午他乘马车专门到乡下去拜访诗人哈代，短短一两个小时，高傲的哈代，吝啬的老头连一杯茶都没有请他。他回到寓所，却极尽生花之妙笔，刻画哈代的形象，赞美他的高贵，简直像见到宗教领袖一样，心底全是幸福感、荣耀感。

他对女作家曼珠斐儿更是像对待女神一般崇敬，就差三叩九拜而行大礼。

那天是阴雨天，光线暗淡，连问带找，好容易寻到曼珠斐儿居住的公寓。在踽踽独行中，冷雨浇面的街巷里，他显得孤寂而寒碜，但脑子里却热烈地翻腾着这个充满魅力的女作家，他非常喜欢她的感情细腻、文气精致、结构新颖的小说，在他的想象中，她一定是个不凡的人，简直是一尊女神。

然而谈话仅仅二十分钟，我们这位诗人竟然这样如痴如醉、神魂颠倒。二十分钟的时间里，他在女作家面前，显得才气横生，额头发亮，眼睛放光，侃侃而谈。同样撰文记录这不寻常的会见：

> 我那晚和她同坐在蓝丝绒的榻上，幽静的灯光，轻笼住她美妙的全体，我像受了催眠似的，只是痴对她神灵的妙眼，一任她利剑似的光波，妙乐似的音浪，狂潮骤雨朝我的灵府泼淹……

真是诗人！通篇是这些华丽辞藻，极尽阿谀之笔，赞美、讴歌、颂扬……

徐志摩留欧两年除了拜访名流，包括拜谒名人坟墓，就是和张幼仪离婚，追求他的朋友林长民的女儿林徽因。林氏是官宦贵族之家，怎能让女儿嫁给一个商人的儿子，他必须让女儿嫁给名门望族。林长民对于徐志摩的聪慧灵敏，风流潇洒，才情横溢，并不认为是优点，对择婿的标准，依然是传统的稳健、精明、干练。还有一位诗人名叫邵洵美，简直是再版的徐志摩，也曾来剑桥留学，志摩喜欢的，洵美也喜欢；志摩厌恶的，洵美也厌恶。人和徐志摩一样天真、善良，一样豪爽，一样感情四溢，一样热情，富有浓郁的浪漫气息，追逐爱、美和自由。

傅斯年没有那心思，既不盲目追慕名流，更不分心追逐女性，他不会像徐志摩一样崇尚大自然和个人主义，他们身上似乎缺乏一种责任感、历史使命感，缺乏人生的担当。

傅斯年除了上课，就是泡图书馆。傅斯年坐在阅览室尽头，身旁像小山似的堆满了书，他埋头书堆里。穿着咖啡色套装的女图书管理员用手捂着鼻子走过来，低声说："你一个人不能借这么多书，还有期刊资料。"傅斯年头也不抬轻声说："Please forgive me（请原谅我）！"傅斯年，翻阅着一大堆尚未见到的书，像淘金者发现了金矿，那种贪婪和力气饱满使人震惊：疯子！

阅览室里的人很多，他始终不抬眼睛，也不左顾右看身旁是印度人还是俄罗斯留学生。

窗外的太阳移动着，一束光线射在书案上，晃眼，女管理员拉上米色窗纱。

伦敦的冬天很冷，风吹得人骨头发疼。但图书馆却温暖如春，水暖气包发出嘶嘶的声响。他脱掉大衣，坐在宽大的橡木桌子旁，从书架上取下一本精装书，便埋头读起来，一边翻书页，一边在笔记本上飞快地抄录着。图书馆庞大，像教堂似的，穹顶宏阔、庄严至极。书架排列缜密，分类细致。看累了，他揉揉眼睛，抬起头，从高峭的窄窗望去，风日晴好，有几只鸽子咕咕地叫着，飞过去，落在对面的屋檐上。

英国包括德国大学都有学术自由的传统，教授们并不高踞在学生之上，而是引导学生一起拓展真理的畛域；学生不仅自由选择专业，也可自由地选择教师，对学生来说，大学更重要的是一段休养和思考的时间。欧洲的大学坚持浪漫和自由是通则，"大学自治""学术自由"和"教学与研究相统一"的原则。才气、青春、浪漫弥漫着整个校园。只要你有精力，就可以疯狂地学习，疯狂地玩，疯狂地收获，疯狂地快活。

傅斯年也不像诗人邵洵美一样，和一些缪斯女神忠诚的儿女成立什么"天狗会"（蒋碧薇、徐悲鸿、常玉、刘海粟……），他们相信世界绝对的真和美，绝对的善，人生就是研究一种学问，学习一种文学，爱一个女人，哪怕犯罪，哪怕闯祸……他们生活在浪漫和想象里，用审美的眼光审视人生和社会，同时，他们热爱自然，天空、大海、山野、树林、鲜花、芳草……还有诗和美女。徐志摩留英两年，结果是"悄悄的我走了，正如我悄悄的来……不带走一片云彩"。

傅斯年却如牛负重，他是铮铮铁骨的汉子，他要带走的是科学、民主、自由、博爱，更要带走西方的先进文化，丰富的知识。因此别人不进地狱，他必须进地狱；别人可以沙滩嬉戏，捡些五光十色的贝壳，在浅水里游弋，与浪花共舞，与海鸟对话，他必须潜入海底，与千奇百怪的深海水生物结伴同旅。有时他又像一匹孤独而饥饿的狼，在旷野上奔突，每每闻到一缕缕猎物的肉香，必须迅猛扑去……

他无暇观赏英吉利海峡蔚蓝的风景，无暇在白金汉宫附近海德公园的树荫下散步，吟一首小诗，聆听枝头上的蝉鸣鸟韵，更无暇荡舟泰晤士河，去游览胜地旖旎风光……他往往是刚从物理课教室出来，又急匆匆走进实验心理的课堂。他腋肘间夹着黑鹿皮书包，包里塞得满满的，有好几门功课的教材参考书。

有一次，傅斯年、毛子水相约到一家中国餐馆吃饭。傅斯年夹着那只很大的黑色提包来了，有人翻开他的提包，大家不禁惊讶，原来是三大本地质学书籍，继而哈哈大笑。毛子水平素不苟言笑，此时也幽了傅斯年一默：傅胖子，你读它劳而无功！气得傅斯年五官挪位，暴跳如雷。

傅斯年不浪漫，不小资，却生活得充实，充满理想，志存高远，野心勃勃的他走起路来，就像踩在鼓点上一样，雄壮有力，轻捷劲健。

暑假里，傅斯年决定游历一次欧洲，他从伦敦乘船进入德国，沿着阿尔卑斯山到了瑞士，然后又乘车到了意大利，文艺复兴的发源地。古罗马的教堂、斗兽场、水城威尼斯、米开朗基罗的塑像、达·芬奇、拉斐尔的绘画、但丁《神曲》里的人物和景物的模特，14世纪，文艺复兴的先驱，像一匹匹雄狮，高举着火把，奔突在黑暗的原野，吼叫呼啸，唤醒麻木沉睡的欧洲。教堂里的天顶画、壁画，街头的雕塑，是那个时代的火种，是照亮欧洲的最初曙光。他在意大利、法国的荒原和田野上奔驰，起伏跌宕的原野、草场，茂密的森林，闪烁着蓝光的湖泊，还有湍急的河流，残破的栅栏，废弃的农机，公路不算宽阔,也不笔直，但硬化的路面很坚实。汽车行驶一两个小时，看不到一个人影。他在巴黎住了几天，拜谒名人故居、墓地，参观他们的纪念馆、陈列馆，感到文明的欧洲是人类历史最壮美的篇章。他离开法国又去了奥地利，贴着波罗的海海岸游历了波兰，一千多公里的海景，美不胜收。到了格但斯克，他站在海岸礁石上，眺望着浩瀚的大海，波涛汹涌，涛声盈耳，蓝天碧海，一望无际。白色的风帆在洒满碎银的海面上漂荡，夕阳如金黄的柠檬，一道道金光在波涛上跳跃，煞儿明、煞儿暗，变幻莫测。散落在岸边的礁石上，涛浪涌来，击溅出簇簇浪花。

从山崖上淌下一股流水，银蛇似的在沙滩上蠕动，又渐渐游进大海，转眼间融入浩瀚和苍茫。他徘徊在沙滩上，心想，这就是世界的尽头吧，如此一次远游，他拓宽了视野，扩大了胸怀，社会制度、风土民情、人文地理、文学艺术、风景名胜，这是一部立体的欧洲，是一部鲜活的欧洲。他面对着空旷的海滩，寥廓的海空，伸开双臂，像野兽一样大声吼叫着。

1926年7月，胡适出席中英庚款顾问委员会全体会议，在欧洲滞留十个月之久，这期间和傅斯年多次相见，畅谈几年来分别之情，倾诉各自见闻，国家的、社会的、朋友的、私人的、欧洲的、中国的、学术的、政治的，无所不谈，胡适称赞傅斯年的真知灼见。知心知己，常常谈到东方既白，胡适要去法国巴黎国家图书馆查阅敦煌卷子，傅斯年全程陪同，左右不离。晚上在巴黎旅舍又是滔滔不绝，畅谈起来。

傅斯年说：“我希望中国出现个有能力的独裁者，唐明宗每夜焚香，愿天早生圣人以安中国……德国可学、美国可学，它们的基础是靠知识与学问。此途虽迂缓，确是一条大路！”

胡适道：“要救中国必须有强有力的好政府，中国是一盘散沙，要凝聚成山，必须有一股强力。”

“我这些年留欧学习，最深一点体会，中国需要‘野蛮主义’，一学得其野蛮，其文明自来。”

“这叫不破不立，破，就要有点手段，甚至野蛮，我说过，西洋近代文明不从家教出发，而结果成一新宗教，不管道德，而结果同成一新道德。”

胡适同意傅斯年的观点，但没孟真说得痛快明白。

胡适白天在图书馆查阅资料，一天晚上傅斯年约人在万花楼中餐馆吃饭，胡适因事迟到，当他来到饭店门口，店老板张楠对胡适说：

“楼上有人骂你。”并告诉有骂他的传单。

胡适大笑：“不碍事，随他们，好餐我自吃之。”

到了楼上，胡适见傅斯年、梁岱宗等人都坐在那儿等他。胡适到来，大家又嘻嘻哈哈说笑起来，也夹杂着寒暄，胡适想要一份骂他的传单，一份未见，颇感遗憾。吃完饭，傅斯年又拉胡适到街对面的咖啡店聊天，说，他们怕先生生气，把传单都藏起来了。胡适依然笑道：“你把传单给我看看，也明白他们骂的什么。”傅斯年掏出一张，只见上面写道“请注意孙传芳的走狗胡适来欧洲的行动”，落款是“中国旅欧巴黎国民党支部”。

胡适哈哈一笑：“我保留一份，感谢他们的警告。”

16 德国是哲学的故乡，黑格尔、尼采这样伟大的哲学家出生于德国，这是日耳曼人永恒的骄傲。柏林大学出现了近代物理学大师，爱因斯坦的相对论，勃朗克的量子力学，都是震撼世界的学说，对后世产生深远的巨大影响，另外还有柏林大学传统的、久负盛名的语言文字比较考据学。傅斯年没有学习德国哲学，没有成为黑格尔、尼采的信徒，却一面听相对论，一面听比较语言学，当然傅斯年并不限于这两科，上节我们提到的地质学，就是他在德国柏林大学攻读的一科。

战后的德国百废待举，到处是残垣断壁，到处是废墟，坍塌的房屋，荒芜的土地，甚至连动物园也空空如也。但也在新生，新辟的街道，新建的旅馆，新建的剧院，新装的路灯。工业区步履匆匆的女工，林荫道上的“野鸡”，酒店里的醉汉，踽踽独行的老人，衣不遮体的乞丐，还有嬉皮士和小偷，柏林大街小巷都充斥着“发财赚钱”的吆喝声，散发着新鲜的铜臭味。

那个时代的留学生大多都是这样，先博后专，他们在国内学的专业，到了国外往往暂放一放，而读其他专业，甚至与原在国内学的专业风马牛不相及。陈寅恪是为学术而学，“究天人之际，通古今之变”，以学问、教育为救国之本，也是他们最神圣的使命。当然大部分青年学子是在某一领域有深邃造诣，掌握精尖的专业技术，弄得一顶博士帽，回去好以报国。陈寅恪不像傅斯年涉猎如此之广，他始终在文、史、哲领域遨游，再就是佛经翻译，最终归宿到唐史和亚细亚研究，他掌握了十六种语言，东洋、西洋，留洋十六年。中国历史上只有两位留学生留学时间如此之长，一是唐朝的玄奘和尚，一是民国的陈寅恪。而今人不解，他留学十六年，既没有取得硕士学位，更没有取得博士学位，他归国时依然是“秃头和尚”。

无独有偶，傅斯年留欧七年，学问学了一大堆，硕士、博士帽却没有一顶。

傅斯年要做真学问，不像一些学生，急功近利，心浮气躁，弄一顶洋博士帽子，神气得不得了，回国后，西装革履，金丝眼镜，胳肢窝里夹着几本洋文书籍，口叼雪茄，一副洋绅士派头。梁实秋被鲁迅骂为西崽儿，怕是沾染了这种洋气。他们张口是希腊，闭口是人文主义，其实儒家思想就是人文主义哲学。孔子的“克己复礼”，道家的人法道，道法自然，释家的“内照反省”，实际上就是人文主义的解释。

傅斯年在伦敦写信给当年《新潮》社朋友徐彦之说：“我宁可弄成一个大没结果，也不苟且一个假结果。”他所说的结果就是硕士证书、博士学位。他眼里根本瞧不起这闪烁着光环的桂冠，他崇慕真才实学。在“五四”疾风暴雨之后，人们纷纷标举桀骜不驯的拜伦，推崇鹤立鸡群的尼采，崇尚反抗社会的易卜生，醉心个性张扬的卢梭，傅斯年却孜孜不倦把自己锻造成“究天人之际，通古今之变”的通才、大才。他只觉得肩头上的责任感、使命感特别重大。“地覆天翻指顾间”，民族的命运，国家的兴亡，好像在他的“指顾”之间。

人生境界按法国哲学家白壁德之言，划为三种：自然的、人性的、宗教的，后来的中国哲学家冯友兰则划分四等：自然境界、功利境界、道德境界、天地境界。傅斯年显然进入了天地浑茫、浩瀚的大境界！

柏林大学云集着来自北大的留学生部落，除了上面提到的几位，还有“五四”健将、傅斯年战友段锡朋、周炳琳、宗白华、曾慕韩……他们经常聚会，在小咖啡店，在小酒吧，相邀某公园，高谈阔论，评骘古今，纵论天下，商讨国是，从历史、哲学，谈到文学、美学，从自然科学谈到改造社会，他们热血沸腾，言之滔滔，神采飞扬，淋漓尽致地展示青春的激情和生命的活力，人人都有修身齐家治国平天下的鸿鹄之志！他们是一群盗火者，要带回民主和科学的天火，使我们古老的民族和国家，像凤凰涅槃般地浴火重生。

那时留欧学生成分很杂，有的是官费，有的是半官费，有的是自费，还有的靠勤工俭学，参差不齐，志不同道亦不同。后来成为职业革命家、一国总理的周恩来也在德国学习。陈寅恪经常邀几位朋友到一家华侨开办的饭店聚餐，无意中遇到周恩来、曹谷冰等人，他们同桌共餐，他们议论国是，争论得不可开交。周恩来雄辩滔滔，言词犀利，曹谷冰辩不过他，便抡起皮包打周恩来，周恩来眼疾手快，急忙跑到老板娘屋里，幸亏老板娘还在房间，而陈寅恪却替周恩来挨了几下打。老板娘出面调解，双方又和好如初。

傅斯年留学德国最大的收获之一，便是结识了俞大维。他是通过北大同窗毛子水结识的，俞大维原来也是攻读文史专业的，接触了傅斯年，便深感到自己国学根底浅薄，在文史方面再怎么下功夫也不会超过傅斯年，便改换攻读军事，包括兵器制造。他逢人便说："史学上出了傅胖子，我等别想有出头之日了。"而傅斯年和陈寅恪家学渊源相似，又自幼苦读了十三经，这是他们心灵沟通的桥梁，这也成为他们的终生相交的根本所在。但傅斯年极为尊崇俞大维，称他和陈寅恪是真正的两颗读书的种子。俞大维也确实具有超人的才气，触手成春，无论数学、数理逻辑或是西洋古典艺术；无论历史、法理、音乐还是弹道学、兵器制造都有造诣。

这是民国一道最亮丽的风景！

话又说回来，傅斯年留德期间，对他未来学术影响最大的，应该首推朗克学派的史学观点。朗克是19世纪德国著名的实证主义学派的创始人，西欧"科学的史学"的奠基者。他的基本观点，就是一部有功力的史学著作，也是不可靠的，要明白历史的真相，只有穷本溯源，研究史料。他说：史料高于一切，把历史学变成史料学。他的著名论断：人们一向认为历史的任务是判断过去，并且为了将来的世代利益而教导现在，本著作不指望有这样崇高的任务，它仅仅希望说明真正发生过的事情。

傅斯年深受这种理论的影响，以至于回国在史学领域里打出旗号："上穷碧落下黄泉，动手动脚找材料。"这种实证主义，也遭到学界的嘲笑，说傅斯年拾人牙慧。但傅斯年不予理睬，他不相信书本，更注重实证，历史著作是人写的，都带着作者本人的思想倾向、喜好憎恶，或受当时政治集团的抑制，或避皇权之大讳。历史事件，历史细节，都受到一定的歪曲。傅斯年接受朗克的观点，无疑推动了中国的学术研究——从此中国学术领域里多了一门考古学。

此照片拍摄于德国，时值1922年夏

其中包括

陈寅恪（立排左二）

章士钊（立排左四）

陈西滢（立排右四）

傅斯年（立排右二）

何思源（前排右二）

台灣大學校長室用牋

第四章

历史天空的五彩石

有人说：一个历史学者研究真正的历史，如同一个画家画一幅真正的艺术品、一个作家写一部真正文学作品一样，贯之的『义』『理』，寄托他们苦心孤诣地用以警世醒世，和救世的责任和希望。傅斯年就是高举这面大旗向新的历史学开拓前进的。

台灣大學校長室用牋

17

1926年，又是冬天。

傅斯年学成归国，他乘德国的客轮，穿越大西洋、印度洋，来到太平洋的东海岸——香港。古老的哥特式建筑出现在视野里，维多利亚港湾在阵阵的汽笛声中，越来越近了，街道、树木、楼房，码头上拥挤的人群、车辆，越来越清晰了。傅斯年本来是性情中人，七年阔别回归故国，不禁泪水涌流，他掏出手绢，擦拭眼镜，又擦眼睛。他手提皮包，两眼四顾这个殖民城市，心头又涌出对西方列强的仇恨。海风吹卷着轮船上的"万国旗"呼啦啦地响着，像张牙舞爪的魔鬼，正眦目盯着对岸的一块肥肉……

南国的冬天，也常常是湿淋淋的，细细的雨丝从早到晚地飘洒着，天空时常灰蒙蒙的。这天却出乎意料，天气异常晴朗，蓝湛湛的天空，有几朵白云悠然飘过。太阳明亮而慈祥，风也很温柔，阳光照在平静的海湾里，海面上飞金点银，几只海鸟纵情飞翔，在空中划过无痕的弧线；海，故国的海，多么温馨而迷人啊！他真想冲着对岸，对大海，对着港城，高呼几声："祖国，我回来了！——回——来——了！"

傅斯年所乘的客轮还未靠近港口，广州中山大学已派人来迎接他。他早就接到中山大学的聘书。

七年的欧风欧雨的沐浴，七年的西方文化的熏陶，傅斯年脑袋里几乎装满了大英博物馆图书馆的图书，他没取得任何学位，像陈寅恪，是个“光头”海归，但他是个通才，上至天文，下至地理，博古通今，学贯中西，用胡适的话说，这是世上少有的天才。

傅斯年不再是北大青年学生那种孟浪和孤傲，他反而变得有点虚怀若谷，思想也深沉了。但江山易改，本性难移，他天才的组织才干，他舌枪唇剑的雄辩，他耿介刚烈的性格丝毫没有受到英国绅士风度的浸濡，变得温雅，谦恭，他依然天马行空，纵横捭阖，一身书卷气大增，一身霸气也随之陡涨。他在中山大学担任文科长，并兼文、史两系主任。

中山大学副校长是朱家骅，他拟聘一位在新文学方面有造诣，对治新史亦有时名的学者主持国文系和史学系，朱家骅和校长戴季陶、校务委员顾孟余商议，决定聘傅斯年来此任职。“五四”时期傅斯年曾鼓吹文学革命，推动新文化运动，名噪学界。他赴英、德留学七年，虽未有皇皇大著，亦无光环耀眼的博士头衔，但他学识渊博，学养浩瀚，担此重任也是最佳人选。

1926年12月，傅斯年携弟弟斯严赴广州应任。次年3月1日新学期开始，傅斯年开了《尚书》《古代文学史》《陶渊明诗》《心理学》等五门课程。这些课程在读北大时就已精通，他讲《尚书》，既无讲义，也不拿《尚书》原著，全凭记忆，一段一段地在黑板上书写，然后一段一段地讲。他背得滚瓜烂熟。他开《古代文学史》也没有现成的课本，他一边编写，一边刻钢板，有时干脆在蜡纸上起草稿，稍事修改，然后付印。他发给学生的教材，涂涂改改，全是他的手稿。

傅斯年在编写《诗经讲义稿笺注》中写了篇叙语，他说：“日中无暇，每晚十一时动笺写之，一日之劳，已感倦怠，月之夕矣，乃须抽思，故文辞不遑修饰，思想偶涉枝节。讲义之用本以代言，事既同于谈话，理无取乎断饰，则文言白话参差不齐之语，疏说校订交错无分之章，聊借此意自解而已。”傅斯年相当繁忙，身兼数职，除担任繁重的行政事务，又要从事科研，还要挤出一切时间备课，坚持给学生上课，而且兼课之多，每晚夜阑人静，他才能伏案编撰教材，第二天天亮又起床，匆匆吃点早点，便又开始投入忙碌紧张的工作。他常常嘴含烟斗，一手握着手绢，一手挥笔疾书，来了客人也照样眼不离开书刊，笔不离开稿纸，嘴不离烟，烟不绝缕。他练出一种本领，嘴含烟斗照样侃侃而谈，在乱草似的浓密的头发下面，额头像雕像一样，保持着一种永恒的高贵和刚毅。

他的学生说："他似乎永远那么满头大汗，跟他说不上三句话，便要掏出一方洁白的手巾揩抹他的汗珠，他老坐在中大出版部附设的民俗学会内，埋头伏在室中央的一张大方桌上写什么……"尽管时值而立之年，精力旺盛，但也时常感到"倦意"，这是超负荷劳动，在透支生命。

傅斯年就任文科长，便努力从全国范围聘请一些名教授、名学者，以壮阵容。他开了名单，很快聘到吴梅、丁山、罗常培、顾颉刚、杨振声等人，这都是当年的学界名流。1927年暑假期间，傅斯年不顾江南炎炎盛夏，乘车跑到上海，想聘用一代词宗朱祖谋，但朱氏已垂垂老矣，不堪任用，朱氏推荐新会人陈洵以自代。陈洵以词作显重，素为朱氏尊崇。但陈洵穷老林泉，远在穷乡僻壤，不为时人所重，早为六旬老人，但傅斯年又车马劳顿，赶至新会乡下，亲自将聘书交给布衣陈洵。陈洵激动万分，自己身为老迈，竟为大名鼎鼎的中山大学文科长如此器重，知遇之恩，三生有幸。他宰鸡杀鹅，招待傅斯年，席间双方侃侃而谈，纵论唐诗宋词，陈老先生果然造诣深厚。陈洵随后更换一袭青布长衫，随傅斯年赶赴广州，就任中山大学教授。陈洵既无学历，又无学衔，一乡村野老，本不应登大雅之堂，但傅斯年不拘一格，唯才是举，唯贤是用。傅斯年新会之行，成为佳话，传遍学界。

但聘用他当年的同窗顾颉刚却出了麻烦。此时，鲁迅在中大任教务主任兼中文系主任，傅斯年与鲁迅的友谊在《新潮》时就开始了，但七年的海外留学，交往疏淡了，鲁迅对当年的傅斯年留下美好的印象，傅斯年是位思想敏锐、非同凡俗的青年，与鲁迅是一条战壕的战士，新文化运动的一员战将。二人有过一段不平凡的交往，如今又都在中大执教，真是他乡遇故人了。傅斯年新来乍到，处处请教鲁迅，在一块儿吃饭，一块儿聊天，连吸烟也是你递我接，不分彼此，这种友谊，亦师亦友的情感弥足珍贵。

傅斯年道："我在留学欧洲期间，曾以'贪多务得，细大不捐'的态度学习自然、社会各科的理论、观点和治学方法。所有这些对治我们中国的传统之学都很有用，例如朗克的历史学观点认为，历史学的根本任务在于说明‘真正发生过的事情’，在于反映历史的真实情况，要实现这一任务，最根本的是要得到第一手的材料。我觉得这一方法，对治我们中国的史学十分有用，我们应该建立起我们中国的历史史料学。”

鲁迅对这种治学态度大加称赞，说道：“我们对于外国先进的东西，就要学习，要去其糟粕，取其精华，用一句话说，就是勇于‘拿来’！”鲁迅哧哧吸了一口烟，又道，“过去我们吃了亏，像你刚才说的，我们放出自己的眼光去拿，这才有用。”鲁迅除了行政事务还要创作，忙得也是一塌糊涂。

但事情并不按照固有的逻辑发展。两人交往一段，思想反而产生龃龉，特别是政治观点出现严重分歧。“1927年初，国共关系破裂，国民党于3月下旬在广州‘清党’，有不少共产党人被捕。对国民党这种做法，鲁迅坚决反对，而傅斯年却站到国民党一边，表示理解和支持。4月15日，国民党在广州发动政变，大肆捕杀共产党员，中山大学的学生也有不少被捕。鲁迅闻知，义愤填胸，冒雨到校召集会议，组织营救。而傅斯年由于和朱家骅交厚，更由于政治上货于国民党，因此站到了鲁迅的对立面去。”李泉在回忆傅斯年在中山大学的文章中如是说。这是以后傅斯年与鲁迅几十年分道扬镳的根本原因，而聘用顾颉刚加剧了鲁迅与傅斯年友谊的决裂。

其实，鲁迅和傅斯年在政治中有分歧，同是新文化运动的闯将和斗士，鲁迅思想属于左翼，倡导政治革命，而傅斯年和他的老师胡适则主张“改良”，这是源于“五四”的两条背向而淌的河流——以陈独秀、李大钊为首的革命派两年后终于成了中国共产党的创始人，鲁迅不党不群，但思想体系是附会“左翼”，而胡适、傅斯年、罗家伦、毛子水等，成了国民政府的精英，他们是改良派，甚至从不关心政治的梁实秋也是右翼河流里一朵浪花。鲁迅对傅斯年深为不满，两人之间关系由此分裂。

顾颉刚的出现加剧了这种分裂。

傅斯年要调顾颉刚来中山大学，鲁迅得悉后，剑眉一扬，十分恼火：“他来，我就走！”傅斯年其实不了解鲁迅与顾颉刚的恩恩怨怨，他极力挽留：“先生息怒，我调顾颉刚，也是为了壮大中大的力量！”

鲁迅哪里听得进去。他和顾颉刚如同冰炭，毅然决定辞职。

鲁迅和顾颉刚有一桩文案积怨甚深。缘起顾诋鲁迅的《中国小说史略》剽窃了日本人盐谷温的成果。鲁迅震怒，对顾颉刚大加攻击，并在他的小说《理水》中毫不客气地进行了嘲讽。文人最怕是说抄袭、剽窃，鲁迅怎能容得这般诬蔑？

傅斯年为了挽留鲁迅，和朱家骅商量，先让顾颉刚在外边为中山大学采购图书，推迟来中山大学报到。当顾颉刚完成采购任务来到中大，鲁迅毅然而去。

鲁迅走了，从此他再没有回过中山大学。

鲁迅走了，从此再没有与傅斯年联系过。

傅斯年非常喜欢学生，尤其聪明、学习成绩优秀的学生，他视若掌上明珠。有一个学生名叫陈槃，是中文系二年级学生，傅斯年讲授中国文学史课，要学生做一篇关于《离骚》的作文，傅斯年发现陈槃同学的文章颇具新意，写了一大段评语，称赞这篇文章。课后，傅斯年又到学生宿舍找到陈槃谈心，鼓励他。谁知没几天，被一位险恶歹毒的同乡告密说，陈槃是共产党员，被警察局拘捕。傅斯年得悉，亲自跑到警察局交涉，同时又拿出一百块大洋，打点狱卒以免陈槃受皮肉之苦。后来，校方多次交涉，陈槃被释放，对于傅斯年救命之恩，陈槃感激涕零。傅斯年又得知陈槃家庭拮据，不断资助他，使他顺利完成学业。1927年秋天，傅斯年成立历史语言研究所，调陈槃来研究所做助手，每个月补贴二十五元。

18 大凡有创造力的人都是充满激情的，个性鲜明，棱角凌厉，干什么都信心十足，意志坚定。性格是生命的原动力，它既能创造辉煌，也能制造命运的悲剧。“五四”之后，二十年不谈政治，二十年远离政治，这是胡适的话。傅斯年受胡适影响，与民国的知识精英们筑起一道学术的风景。他们破除旧的传统思想的束缚，建设新的学术。时下，风起云涌有志有才的中国自由知识分子，挥汗如雨，焚膏继碁，翻译哲学、史学、经济学、文学，用新理论、新方法、新思想来阐释中国的实际问题。它已超越了学术范围，辐射到政治、经济、哲学、道德诸多领域，实际上是"五四"新文化运动的拓展。"西学之热"，欧风美雨，正是这批"五四"后出国留学归来的学子们挟裹而来，给古老中国污浊的世界吹来一般新鲜之风。

傅斯年的史语所应运而生。

早在1928年3月，傅斯年、顾颉刚、杨振声等人便被聘为中央研究院历史语言研究所常务筹备委员。4月10日，国民党政府公布，改中华民国大学院为国立中央研究院，为一独立的研究机关，蔡元培任院长。经过几个月的努力，历史语言研究所宣告成立，傅斯年以专任研究员兼所长职务。傅斯年怀着极大的热情开拓史语所未来的道路。他撰文《历史语言研究所工作之旨趣》，明确指出中国在这两门学问发端最早，但至今很落后，他提出判定这两门学问进步与否的三条标准：一是能否研究直接材料，二是能否扩张研究材料，三是能否扩张研究工具。他的口号是：

"我们不是读书的人，我们只是上穷碧落下黄泉，动手动脚找东西！"

他更明确地提出要照着材料出货，"一分材料出一分货，十分材料出十分货，没有材料便不出货。"那意思把考古学从历史学分离出去，过去的史学家研究历史都是从书本到书本，在浩瀚的古书典籍中，去搜集有关文献加以考证，从来不把目光移向窗外，更不会往田野上扫描一眼。而傅斯年则主张不要完全相信史学家的文字记载，要用科学的方法，取得大量的物证来重新研究历史。

傅斯年认为人类活动的一切遗迹都是历史，至于历史学，他的观点大致有两个方面的内容：一方面是客观历史进程的研究，记述历史知识的传播，即所谓人类历史"寻根因果，考其年世，即其时日之推移，审其升沉之概要，为历史之学"的观点；另一方面是历史的观念，全部是史料学，史料的考订，即所谓"史学本是史料学"。他这种观点主要来源于西方史学界特别是德国史学家朗克的思想。后来，他又发表文章《史学方法导论》，将史料在历史学中的地位和作用，强调到无以复加的地步，公开地声称："史学只是史料学""史学便史料学”，引起史学界极大震动。这是对传统史学研究的一种颠覆，是史学界的巨大的裂变。

在历史语言所成立大会上，傅斯年激情满怀，言辞铿锵，他挥动着烟斗，手势强而有力，脸上的线条急剧地变幻着，话语掷地有声：

> 语言学和历史学在中国发端甚早，中国所有的学问比较成绩最丰富的，也应推这两样。但为历史上种种势力所束缚，经历了二千余年还不曾打好一个坚实的基础。我们生当现在，既没有功利的成见，知道一切学问，不都是致用的。又打破了崇拜偶像的陋习，不愿把自己的理性屈服于前人的权威之下，所以我们正可承受了现代研究学问的最适当的方法，来开辟这些方面的新世界。语言历史学也正和其他的自然科学同手段，所差只是一个分工。
>
> 我们要实地搜罗材料，到民众中寻方言，到古文化的遗址去发掘，到各种的人间社会去采风向俗，建设许多的新学问。

这无异于中国现代史料学派早期活动的宣言书。

傅斯年是盗火者，把西方的史学观、西方的自然科学精神之火种带到中国，给古老陈旧的历史语言学以新的生命，中国的现代历史学、语言学犹如凤凰涅槃似的浴火重生。他把历史学从书本上解放出来，放逐田野，过去人们把历史和考古搅和在一起，中国没有独立的考古学，也根本不重视田野扫描、地下发现，历史学家的目光只盯着发黄的线装书，把古代历史学家的笔记作为金科玉律、判断是非的唯一标准。傅斯年思想活跃，观点新颖，无论演讲，还是撰写文章，言词之间，常常迸射耀眼的创造性火花。他批判地接受传统史学之优点，又批判地吸收西方历史语言学之新观念，采撷中西之长，融会一起，发展中国式的历史语言科学。

历史学和语言学是两门独立的人文科学，傅斯年为什么把这两门科学搅和在一起，美其名曰“历史语言研究所”？是别出心裁，还是有意标新立异？把二者置于一所，傅斯年认为：一是语言学和历史学都是中国有着悠久的历史和良好的传统，又是比效落后的学科，必须用科学的治学方法加以改造、扶植和培养。二是语言学和历史学关系比较密切。早在学生时代，傅斯年就强调说，语言文字是读一切书的门径。后来他在欧洲努力研读比较语言学，就想借此方法以治史。他的代表作《性命古训辨证》，就采用了由语言学入手进而讨论思想史诸问题的方法。

傅斯年对创办史语所信心十足，也很乐观，他给胡适的信中豪情满怀地写道："中央研究院之语言历史研究所，业已筹备，决非先生戏谓狡兔三窟，实斯年等实现理想之奋斗，为中国而豪外国，必黾勉匍匐而赴之。现在不吹，我等自信两年之后，必有可观。"

史语所的创立和发展，是傅斯年毕生为之呕心沥血、立下汗马功劳的事业。傅斯年是史语所之父，也就是说，没有傅斯年就没有史语所。史语所以后二十多年的研究工作，在中国近代学术史上有重要的地位。

傅斯年是性子急躁的人，是中山大学和史语所的拼命三郎，他立马拟定出研究的组织计划：初定设九个组，其中五个是历史组，分别为：文籍考订组、史料征集组、考古组、人类及民物组、比较艺术组。语言分四个：汉语组、西南语组、亚细亚语组、语言学组。后来又来了大合并，为历史、语言、考古三个组，并分别聘请国学级大师陈寅恪、赵元任、李济为各组主任——这是1928年6月，史语所迁移到北京之后的事。

但是在中山大学与顾颉刚相处不到两年，两个北大同窗的好友却出现了断交的悲剧。

读者已经知道，傅斯年和顾颉刚虽同窗数载，但性格迥然不同，治学方法、学术追求也有别。傅斯年有山东人的豪爽、仗义，甚至为朋友两肋插刀，待人以诚，与人为善，也希望得到诚与善的回报。傅斯年干什么事情都大刀阔斧，气势磅礴，他创办史语所，就希望组织一帮志同道合的学人朋友，组成学术团体，齐心协力，把现代史学研究推向新的高度！同时傅斯年又有很强的领袖欲，想驾驭别人，时常表现出一种霸气。顾颉刚对傅斯年非常感激，老同学为了自己不惜得罪鲁迅，顾颉刚刚来到中山大学，也确实处处服从傅斯年的指派，协助傅斯年处理了很多事务性的工作，仅外出采购图书就花费几个月的时间。顾颉刚毕竟是颇有名气的青年学者，他需要安静下来，按照自己的计划从事读书、研究、写作。可是来到中山大学这么长一段时间全荒废了，连一篇文章也没有写成，心里又急躁、又苦恼，傅斯年让他干这干那，也出现顶撞现象。傅斯年你霸气什么？人家顾颉刚已出版《古史辩》，盛名从天而降，顾颉刚三个字一跃而起，连胡适也拱手把他让到了古史学第一把交椅上去。在国史学研究上，崔述是第一次革命，顾颉刚是第二次革命，一时学者纷纷称赞："《古史辩》影响于青年心理甚大，且足以使我国史学发生革命之举动也！"你傅斯年在留学德国时不也来信称赞吗？顾颉刚在北大是助理教授，调到厦门聘为教授，《古史辩》出版两个月后，便提成"研究教授"，比教授还高呢，你傅斯年再霸气也不能把顾颉刚当个小卒子，吆三喝五，东指西派，为你打杂跑腿？在许多学术问题上二人也有分歧，矛盾渐渐浮出水面。顾颉刚不愿受傅斯年所掌控，他独立人格和独立精神必然与傅斯年由篪埙相应到不欢而散。

傅斯年并不理解顾颉刚，只求相同不知存异。他认为史语所刚刚成立，万事开头难，他有很多工作要顾颉刚来做，筹建史语所离不开顾颉刚，顾颉刚在关键的时候撂挑子、辞职，这无疑是拆他的台。他觉得顾颉刚这个人太自私，帮朋友做事，不尽心尽力，甚至有些忘恩负义，想当初为他进中山大学自己所做的努力，更是恼火。他对顾颉刚斥责道：你走吧！你给我滚！少了你这个屠夫，我们还能吃浑毛猪？你走到天边，我也毁坏你的声誉，忘恩负义的小人！

顾颉刚的脸气得煞白，他还想还击，又难以启齿，更不愿意用脏话激怒他，起身离去。他们的矛盾越发激烈。

顾颉刚在与傅斯年吵架之前，就有燕京大学聘他为教授的信息，他曾一度放弃此机会的念头，目的是为维护傅斯年的工作。没想到他们的关系闹僵，先是语言不合，后是破口大骂，虽有朋友出面调解，但是不起作用，双方无法沟通，顾、傅只好分道扬镳。

走了一个鲁迅，又走了一个顾颉刚，傅斯年心里不免有点怅然、懊悔。是否自己太霸道了？不能尊重别人，体贴他人？他恨自己脾气暴躁，恨自己不能宽容他人。广州的秋天也是很闷热，傅斯年用破蒲扇使劲地扇着，似乎想驱散心头的不快之事，他咻咻地吸着烟，陷入一种痛苦的深思。这一夜他失眠了！他给远在北京的胡适写信：“日下颉刚闹得我心上颇发身世之思，昨晚益此不及眠矣。”

后来，顾颉刚也写信给胡适，倾诉心中苦衷：

> 我和孟真，本是好朋友，但我们俩实在不能在同一机关作事，为的是我们俩的性质太相同了：自信心太强，各人有各人的主张而不肯放弃；急躁到极致，不能容忍。又有不同的性质亦足相佛戾的，是我办事太喜欢有轨道，什么事情都喜欢画了表格来办；而孟真则言不必信，行不必果，太无轨道。又我的责功之心甚强，要使办事的人都有一艺之长，都能够一天一天地加功下去而成就一件事业。孟真则责人服从，爱才之人没有使令之心强，所以在用人方面，两人的意见便时相抵触。

傅斯年并没有和顾颉刚断交，也没有到处败坏他的声誉，虽然疏于往来，但仍然保持友谊。傅斯年依然关心他的学术研究，对他发表文章怕惹出麻烦，产生负面效应，曾写信给朱家骅、杭立武给予关照，停止讨论，实际上保护顾颉刚，完全表现出一种大家风度。以至于抗战胜利后，中央研究院评选院士，胡适提供的名单中没有顾颉刚，是傅斯年极力举荐，使顾颉刚当选为中研院院士——这是后话。

傅斯年凭着非凡的组织能力，广泛的人际关系，他上至民国政要，下至平民教授，八方联系，四面沟通，呼朋唤类，很快组建成一支兵强马壮的史语学术研究班子，全是一流的学者，一流的人才，风云际会，群贤毕至，展示了傅斯年帅才风采。史语所成为中央研究院最大、人气最旺的研究所。

19

傅斯年毕竟有大将风度，损兵折将乃兵家之常事，与鲁迅的决裂，顾颉刚的“背叛”，给他带来短暂的落寞和凄凉，但他没有颓丧，他依然充满激情，大气磅礴地开拓进取，继续网罗人才。他深知从事任何一项事业就要有一种宗教精神，一种献身精神。他不愿意这辈子过得平庸、灰暗，他要铸就人生的辉煌，就要奋斗，没有痛苦的奋斗，人生就没有光彩，没有幸福。创办史语所，既无前车之鉴，又无后事之师，完全是创新的事业。史语所成立三周后，傅斯年便写信给在清华大学任教的陈寅恪说："此研究所本是无中生有，凡办一事，先骑上虎背，自然成功。"信中洋溢着一种志在必行的信心，一种不成功便成仁的决绝气概。

他果决地逢人便讲：

"把那些传统的自造的仁义礼智或其他主观同历史学和语言学混在一起的人，绝对不是我们的同志！"

"要把历史学、语言学建设得和生物学、地质学同样，乃是我们的同志！"

"我要科学的东方之正统在中国！"

这就是史语所的宣言，这就是傅孟真为史语所制定的纲领！

他有文人的气质、艺术家的激情，又有历史学家的睿智，还有哲人的清醒，期望他的目标能够在激情的燃烧和狂热的追求中开花结果。

他那一副暴躁的形象，贪得无厌的欲求，闪烁不定的眼睛，一张涨得通红的面孔，挥动着的手势，他的精神时常处在亢奋状态。

傅斯年在治史方法论上有自己独到的见解和丰富的内容，既然他把史料学当作历史学的一个重要组成部分，以扩充史料，运用新工具处理史料为己任。他认为研究历史必须占有史料，史料是历史研究的出发点。他号召同事"上穷碧落下黄泉，动手动脚找东西"，也就是说，史学家要走出书斋，目光不能老是盯在发黄的纸页间，要到田野上去，到民间去，去发掘地下的史料，民间的史料。他主张历史问题首先进行单个研究，然后进行总体选择，他认为历史上的每件事都是单体的，本没有什么规则和先例，历史上没有两件相同的史事，正如世界上没有两片相同的叶子。所以历史没法归纳，因果也难下结论，也就无法进行抽象和概括。同时，他还提倡从自然环境与人类生活相互关系中考察历史。他不同凡响地提出"历史凭借地理而生"——这一观点又震惊了史学界，他常常用地理知识来说明历史问题。

其实，傅斯年倡导的“史学便是史料学”既有积极的意义，也有消极的因素。从积极方面讲，言必有据，对历史态度的严谨，史料的详实确凿，不能有丝毫的虚假和泛泛之论。他强烈地批判那些从文献到文献，从资料到资料，人云亦云的史学家空洞的史论。他主张历史研究是一门综合学问，是地质学、地理学，考古生物、气象天文等学科都是史学研究的对象和工具。但从消极方面，傅斯年只注重了历史的细节，却忽略了“究天人之际，通古今之变”旷达的历史视野，也缺少对人类命运历史的总体把握和博大的历史情怀。

历史是什么？“历史”就是人类行为和发展的轨迹，是一个民族的记忆。一个国家可以灭亡，但不能失去历史记忆，否则这个国家不可复兴，民族失去了前进的方向，因为历史代表一种理念，是非标准。国亡仍可复，史亡不可寻。

中国是一个历史大国，文明赓续性很强，其原因就在于这个民族有强烈的历史意识。

他为组建强大的团队，又写信给远在北京的陈寅恪、赵元任分别任历史组组长、语言组组长，聘任李济为考古组组长，这是当代中国天字第一号专家，他全收入彀囊！他心情更加振奋，情绪昂扬，从早到晚，忙得手脚不沾地，别说写文章，连书也没时间读，不是开会就是出差，还身兼中山大学教职，忙于上课，有时直到深夜，方能静下心来，给朋友写封信。

赵元任与顾颉刚是老乡，江苏苏州人，他被傅斯年聘为史语所语言组主任，同时还兼任清华大学中国文学讲师，他毕业于美国康奈尔大学，哈佛大学博士。他1909年考取美国官费留学生，同榜有七十二名学生，他名列榜眼（第二名），胡适名列五十五名。1925年回国任教清华大学，曾教数学、物理学、中国音韵学、普通语言学、中国现代方言、中国乐谱、西方音乐欣赏，他也是通才。梁启超、王国维、赵元任、陈寅恪被称为清华大学四大国学之师。

赵元任一生到过世界许多地方，许多地方称他为“老乡”，他有驾驭语言的天赋，他每到一处，就很快掌握继而精通当地语言，并用当地方言与人谈话。有一次他去湖南，途中向湖南人学湖南话，到了长沙便用湖南方言与人聊天了。他会三十三种中国地域方言，他掌握语言的能力非常惊人。

赵元任学识渊博，艺术造诣很深，他还是一个音乐家、钢琴演奏家、数学家、物理学家，以语言学家著名于世。

赵元任性格敦厚，重道德，富涵养，不多言，不多语，对人和蔼可亲，说话幽默风趣，凡事三思而后行。

傅斯年能聘任这样的大师，的确使中研院其他研究所人士感到震惊。

有了人才就有了一切。

傅斯年聘李济担任考古组组长，这也是史语所的光荣和骄傲，是支撑史语所的栋梁之材。

李济与傅斯年同庚，家世虽不如傅斯年的名门望族，也是书香浓郁的小康之家，四岁启蒙，十五岁考入清华学堂。1918年以官费生的身份，漂洋过海来到美利坚合众国，同班五十多名同学，还有自费生徐志摩。后来他进马萨诸塞州乌斯特市克拉克大学就读，1920年李济获硕士学位，同年转入哈佛大学攻读人类学专业。哈佛三年，他以《中国民族的形成》论文获得哈佛大学哲学（人类学）博士，成为中国获得此项殊荣的第一人，时年二十七岁。

这真是天之骄子！

1923年，神采飞扬、气宇轩昂的李济告别美丽的哈佛校园，乘轮船穿过浩瀚的太平洋，回到大洋彼岸的故国，当他双足一踏上家乡的土地，止不住泪水潸然而下："苦难的祖国，你的孩子回来了！"他受聘于张伯苓创办的天津南开大学，任人类学、社会学以及矿业学科教授。民国二年又任文科主任。任教期间结识了中国著名的矿物学家、地质学家翁文灏，并通过翁结识国际级地质学大师丁文江，这对他的人生具有转折意义。一个人的命运往往取决他周围的人，好的师友会给他带来好运，交往恶人，也会带来厄运。在丁文江、翁文灏这些大师中间，李济如春苗得雨。那几年他真是春风得意，在学术上，风帆高扬，接着他又遇到一个美国代表团来中国进行考古发掘和研究，鉴于李济此前曾到河南新郑进行过田野考古发掘，美国代表团邀他加入他们北京的考古工作。此举开创了“既维护主权，又公平合作”，利用外资搞科研的先河，这为傅斯年的殷墟发掘打下基础，至少解决了资金问题。

从1923年到1928年，短短五年，李济精神抖擞、斗志昂扬，迎着西部的烈日和风沙，赴山西，沿着汾河流域到晋南做考古调查，发现了一些可供发掘的新时期文化遗址，同时又利用美国弗利尔艺术馆的经费对山西夏县西阴村进行田野考古发掘——双方有协议，发掘的文物必须留在中国。此次发掘，成果颇丰，共获七十六箱出土文物。山西夏县西阴村的考古发掘拉开了中国现代考古学的序幕，也标志着现代考古学在中国古老的大地上生根发芽。裸露的黄土，干旱的田野，简陋的帐篷，夜晚的蚊蚋，白天的烈日，简单粗糙的饮食，李济风餐露宿，奔波劳作，人瘦了，皮肤晒黑了，嘴唇上曝出裂纹，渍出血迹，但作为考古界的一位大师级青年考古学者正在风雨中拔节成长。

1928年10月底，李济以清华大学研究生导师的身份到美国讲学归国，路过广州来到中山大学。

香港的客轮还停在码头，过几日方能启航北行，李济无聊，便下船闲逛。他过去并未来过广州，南国名城对他还有巨大的诱惑力。一日，他无意来到中山大学门口，谁知在门口遇到曾在清华大学一同执教，现已调入中山大学的老教授庄泽宣先生。

庄一见李济很惊喜：

“你什么时候来的？有人正找你，快、快去！”庄泽宣握着他的手，情绪甚是兴奋。

“什么人要找我？”李济心思，自己是个名不见经传的小人物，比不上梁、王、陈、赵清华大鳄。他发愣了。

“这个人你可能知道，大名鼎鼎的傅孟真！”

李济大吃一惊：“傅先生怎么知道我？”李济久仰傅孟真，“五四”健将、《新潮》主编，大名如雷贯耳。他虽与傅孟真同庚，学业成就自愧弗如，心中总把傅先生当兄长尊重，但他们一个清华，一个北大，同居一城，却缘悭一面，以后留欧留美，天各一方，更是鸿爪雪泥，踪影难觅。

庄泽宣把李济领到傅斯年办公室，傅斯年一见如故，伸出厚墩墩的双手攥住李济的手摇晃着，哈哈大笑道："你来了，就别走了，先住在我这里……"李济丈二金刚摸不着头脑，傅斯年便滔滔不绝地讲起他的史语所，欲聘他为研究员，又激情洋溢地介绍史语所宏伟的发展计划，并说，我们已聘得陈寅恪、赵元任两位大家，如你加盟，我们史语所那可是威震天下了！李济打断他的话："不行，不行，我乘的船是从印度加尔各答转过来的，后天就要开拔今天就得走！"傅斯年很执著，口气又很大："不行，你的船票可以延期，我马上跟你去香港交涉，至少延期一个星期！"听那口气，权力比香港总督还厉害。

傅斯年爱才如命，对人又关怀备至，让你无法拒绝他的延揽。对于傅斯年的热情、诚恳，求才心渴的心情，李济颇受感动。傅斯年极力欢迎李济加盟史语所。傅斯年一直认为史语所大多是本土派，要增加欧美派学者，尽快实现与国际"接轨"！把史语所办成国内第一流研究所，堪与欧美同类研究所比肩。如果李济加盟，有了赵、陈、李这三员大将，当代中国顶尖级大师的参与，史语所岂能不出现硕果累累的丰收景象？史语所将会在中国人文科学史上写下最辉煌的篇章！傅斯年兴奋异常，信心倍增。

午宴是傅斯年私人招待，酒逢知己，觥筹交错，两个人话语滔滔，一拍即合。李济当即决定辞去清华讲师和美国弗利尔艺术馆职务，投奔傅斯年的山头。

下午傅斯年要了一辆黄包车，邀李济到白云山"中央研究院历史语言研究所"参观。

史语所初建时，在东山租得一房。这里风景甚佳，前临大江，有三角洲，背依白云山，四围皆园林田野。白云山自晋朝便闻名于世，山上有寺院，晨钟暮鼓，朝雾夕岚，清幽雅致，十分静谧。这里林木蓊郁，花草芳菲，山顶松涛稷稷，山涧流水淙淙，空谷鸟鸣，真是一片梵天净土。中研院院长戴季陶就居住在此。

李济站在山腰放眼四顾，感叹道："这里真是读书做学问的绝佳之地！"

傅斯年带领李济参观史语所的办公室，和刚购进的一些图书，说道：

“我们这里庙小，有了你和陈、赵三位‘大法师’，荣幸之至，蓬荜生辉!”

“你是住持，我们不过是化缘的贫僧，跟着敲敲木鱼罢了。”

“否，否，斯年是洒扫庭阶的小僧，泡茶提水，侍奉左右。”

傅斯年对史语所像对儿子一样，倍加爱护，关心备至，现在聘得陈寅恪、赵元任、李济三位正处盛年的大学者，如虎添翼，如获至宝，兴奋异常，激动不已，当晚写信给罗家伦、杨振声、冯友兰，说，我这个小研究所要挑战清华，并在信中列举了自己的优势，清华的劣势，欣喜之情，跃然纸上。原来筹办的中山大学历史语言研究所，现已更名中央研究院历史语言研究所，不但升格为“国家级”，架构宏伟，现在又聘得三位“神仙”，这不再是庙小和尚小，而是庙大有高僧。傅斯年顿感底气十足，精神振奋，除了在中山大学按时上课，他的主要精力已经转移到史语所。正是年富力强的创业时期，精力超人，他浑身涨溢着一种潮水般的力量。他是个通才，而且富有非凡的办事能力，人气又旺。他高举史语所的旗帜，就像“五四”时他高举反帝反封建的爱国大旗一样，唤醒中国学者的民族意识、创新意识、成就意识。

李济担心，傅斯年把架子搭得很大，口号提得很响，他已沉醉于大呼小叫的兴奋中，纸上谈兵容易，但行起军就难了！便对傅斯年说：“如何实行，若是这进一步的问题不能圆满解决，口号将止于口号，热忱终要消散的。”

傅斯年哈哈大笑道：“山再高，没有人高；路再长，没有脚长。相信自己，路在脚下。”

言必信，行必果，这是傅斯年的作风。

办事，大之如江河滔滔，小之则不遗涓滴，这是傅斯年的风格。

傅斯年和陈独秀有着相同的性格，是属于那种开天辟地的人物，敢走前人没有走过的路，敢干前人没干过的事，他有一种责无旁贷的历史担当。他分别任命陈寅恪、赵元任、李济为历史、语言、考古三组组长后，便制定了史语所的计划、科研选题。

摆在他面前的两件大事：一是殷墟发掘，二是清理清“大内档案”。这是两项浩大的工程。

傅斯年伟大的人格魅力，不仅表现在他正直、耿介，疾恶如仇、仗义执言，更多地表现在他个人立身方面的谦恭、朴实、严谨，克己的态度和精神。他刚毅、坦率，傅斯年人格魅力最集中地表现在素养，学识敏锐、识力深睿、亢爽深情、沉着干练、敢承大任、敢创大业的伟岸气魄。

20

1928年9月，傅斯年由广州出差来到北平。从1919年离开北京，已整整十年了，北京依然老旧，古城墙、古牌坊、古老的四合院，院子里有老榆树，巷子里有老槐树，街道跑的多是黄包车、马车，新添的公交车不多，新建的楼房也不多。哪里像伦敦、柏林那样繁华而喧嚣。没有高高的烟囱，也少闻机器的轰鸣声。一个静寂而神秘的古城，一个缺乏生命原动力的古城。

北平的秋天却是十分讨人喜欢的，走在大街上，只觉得风凉了，空气爽了，树上的蝉声疏了，还不时有几片黄叶飘落街头，青砖白灰抹缝的墙壁上，爬山虎的叶子变红了，像枫叶似的，煞是好看。秋把她的诗意和幽静调得匀匀的，向大街小巷弥漫开来。街头上一些大小商店、百货公司都挂出“秋季大减价”的招牌。

中央研究院院长蔡元培有意将史语所迁到北平，史语所作为学术中心，不能偏居南国一隅。傅斯年这次来北平为史语所选址，同时也打探一下清“大内档案”的处理情况。

这天傅斯年邀了胡适、陈寅恪在西四牌楼一家酒馆相聚。三十二岁的傅斯年正值盛年，但身体已发胖，胡适、陈寅恪已穿上长衫，他却依然穿一件ABC汗衫，红扑扑的胖脸上，沁着汗粒子。

酒店“小二”端上菜来，傅斯年启开一瓶“西凤”，给胡适、陈寅恪满满斟上一杯，随后自己也斟上一杯。

“胡先生，寅恪兄，早就听说北京‘大内档案’闹闹攘攘的，不知处理后果怎样?”傅斯年端起酒杯，开门见山，直奔主题。

胡适呷一口酒，道：“这样宝贵的历史资料不能任其失落，我们应该买下来。孟真，你不是口口声声‘上穷碧落下黄泉，动手动脚找材料’吗？材料就在眼前。明末清朝的史料是直接的历史，我们必须加紧收藏保管，然后慢慢地整理。”

陈寅恪夹着一箸菜，停在半空：“这些材料丢失毁掉，是我们对前人后人的犯罪呀！”沉思片刻，又说，“此物如落入燕京之手，殊不佳妙，且有八千麻袋之多，将来整理明清史必不可少之资料。若此项档案归于外国教会之手，国史之责托于洋人，从旧式感情言之国之耻也！”陈寅恪认为，这些档案史料“与彼辈异趣，我以为实，彼以为无用之物”，这和傅斯年“近代”之历史学，只是史料学观极为一致，傅斯年甚为高兴。

“陈兄言之有理！”傅斯年兴奋地说，“天时地利，只缺孔方兄相助。我们史语所刚成立，别说几万元大洋，就是几千大洋也没有，我砸锅卖铁也凑不够呀！据说，大内档案有七千多麻袋，十五万斤，储存保管，也是笔大开销啊！由谁出面购买呢？”

傅斯年当晚便给蔡元培写信：“午间与适之及陈寅恪兄餐，谈及七千（实为八千——笔者注）麻袋档案，本是马邻翼时代由历史博物馆卖出……其中无尽宝藏。盖明清历史，私家记载，究竟见闻有限；官书则历朝改换，全靠不住。政治实情，全在此档中也。自明末清初，言多忌讳，官书不信，私人揣测失实。而神、光诸宗时代，御虏诸政，《明史》均阙。此后《明史》修改，《清史》编纂，此为第一种有价值之材料。罗振玉稍整理了两册，刊于东方学会，即为日本、法国学者所深羡，其价值重大可想也。”最后又急切地说，“历史语言研究所有此一得，声光顿起，必可吸引学者来合作，及增加社会上（外国亦然）对之观念。”其意就是向中研院申请购买之资金。

清“大内档案”是指清政府存放在“内阁大库”中的诏令、奏章、则例、贺表、移会、三司案卷、实录、殿试及各种簿册。这些材料内容包括四类：明朝天启、崇祯两代档案；清初旧档；顺治至乾隆四代档案；嘉庆以下至光绪档案。其中以揭帖为最多。清朝前期，内阁是国家最高政务机关，雍正、乾隆以后乃掌制诰典册之所，因此这些档案具有很高的史料价值，正是傅斯年梦寐以求的直接史料。这些档案有可靠性、真实性，像敦煌卷子、长城汉简、殷墟甲骨一样，同等重要。若史语所购得，并进行分类、整理，乃是史学界的一大盛事。史语所也“声光顿起”了。

宣统元年(1909)，大库房坏，乃临时将这书籍、档案搬放在文华殿两庑，两庑容纳不下，剩下的便堆放在大库垣墙内。露天堆放，风蚀雨淋，并非长久之计，于是管学部事务的大学士、军机大臣便奏请，将大库书籍、档案存放在学部图书馆(北京图书馆前身)。大内档案、书籍则是无用之物，内阁召开会议，决定焚毁。学部官员罗振玉是古文物学家、古文字学家、甲骨学大师，偶尔从堆积如山，准备付之一炬的档案中抽出一册，不禁大吃一惊：它们都是价值连城的原始历史资料，万万烧不得，他立即建议张之洞收回成命，将这些书籍、档案分别存在国子监和学部大堂。

辛亥革命中这些档案资料又转移到午门端门中。北洋政府教育部曾派鲁迅和另一主事去午门整理这些资料。后来教育部又派人去整理，这哪里是整理，他们拿着一根棍子拨拉了几下，发现整洁的案宗便拿出来，其余的任其散乱。经过这两次整理，这些档案资料更加零乱，鲁迅还写文章，说有借整理之名，偷盗珍贵的档案资料。

1922年历史博物馆经费紧张，有人打这堆档案的主意，他们装了八千麻袋十五万斤，以四千大洋卖给北京的“增纸店”，即现在的废品收购店。“增纸店”打算转给定兴、唐山造纸厂。罗振玉闻讯后，急忙找到店主，以三倍的价格，又收回这些档案资料，已经运往唐山的改运到天津，先存放在“库书楼”。罗振玉又聘请十数人开包整理。罗振玉何许人也？后为伪满洲国大臣。他请的十数人费尽心血，整理出《史料丛刊初编》十册，事后罗振玉盘算，照这样速度整理，十年方可完成，不仅这些整理人员费用开支很大，就是整理出的资料，也无钱租房子存放。罗振玉无奈也想转售。1924年寓居天津的李盛铎闻知此事，便以十万大洋购买，买到手中也发愁这些资料的存放和管理，此时日本人也盯上这些弥足珍贵的“废品”，想购买，他们知道这些档案资料的价值。

前些时，考古学家马衡致函傅斯年，要求他想法抢救这些历史资料。傅斯年心头大喜，他成立历史语言研究所的目的，就是搜集历史资料，他把史料分为“直接的史料”和“间接的史料”，这大内档案就是最珍贵的“直接的史料”，是原汁原味的历史元素，是最生动最真实的历史细节。现在得到胡适、陈寅恪的支持，傅斯年兴奋不已。

完全出自一个知识分子的良知和知识精英的远见卓识，这封信言辞恳切，心情急迫，一种高度的历史责任感和民族的自尊自重情绪弥漫字里行间。傅斯年又向蔡元培讲，这些资料如果买到手，交由史语所整理有三重意义：一、此一段文物不致失散，于国有荣；二、明清历史得而整理；三、历史语言研究所，有此一得，声光顿起，必吸引学者来合作。

蔡元培一接到傅斯年来信，便致函杨杏佛，商议购买“大内档案”之事。杨杏佛欣然同意，筹足款项，由史语所派人与李盛铎洽谈。此时，史语所还在广州，即便买到“大内档案”，也难运至广州，还得租房暂时保存在北平。

北海静心斋是皇家禁苑的一座水榭楼台，临水而建，飞檐翘瓴，金砖碧瓦，煞是壮观。周围曲廊回旋，林木葱茏，花草繁茂，一湖碧波，春天柳丝冉冉，夏天红荷点点，秋天金菊丛簇，至于冬天，雪压琼枝，花落叶凋，草木萧瑟，墙角依旧有数枝寒梅绽放。这是人间仙苑。乱世年代，这里还保留一角静谧。

1929年早春，傅斯年的史语所就搬迁到这里。

傅斯年安置好史语所，很想静下心来，写一篇文章，关于清“大内档案”的重要性，以示国人尊重历史，重视历史文物的保护。他没有时间，他还要寻找存放大内档案妥善之地，还要把现存天津的一部分档案运来，与原在北平的部分合并在一起，选择一个理想的仓库，踏遍北平，唯有博物馆午门楼合适。

他请示教育部，将此仓房批给史语所，他跑上跑下，今天给这个人写信，明天又致电那个人，整天忙得一头汗水。史语所经费紧张，他舍不得雇黄包车，便骑着一辆破旧的自行车，一天到晚在外面奔波，几经折腾，上面总算答应，他组织工人整修仓库，购买家具用品，组织搬运工将堆积如山的“大内档案”搬进库房。

一切尘埃落定，他又筹备“明清史料编刊会”。

编刊会离不开陈寅恪，陈寅恪是傅斯年最尊重、最要好的朋友。陈寅恪的拿手绝活儿是对历史的研究。1925年，吴宓向清华大学校长曹云祥推荐陈寅恪。曹打听梁启超有关陈寅恪的情况："他是哪一国的博士？"梁启超说："他不是博士，也不是硕士。"曹又问："他有什么著作？"梁答："他没有什么著作。"曹云祥听罢摇摇头，表示婉拒，梁启超有点生气地说："我梁启超也没有博士学位，著作么，也算等身了。但总共还不如陈寅恪先生寥寥数百字有价值……"曹云祥见梁启超着急的样子，勉强答应："试试吧！"

傅斯年对陈寅恪道：

"陈兄呀！咱们把大内档案弄到手，下一步准备成立一个'明清史料编刊会'，还有朱希祖、陈垣、徐中舒，再加上你我，五个人。你是我们史语所主任，堪当大任。"

陈寅恪虽为委员，但他是清华大学研究院导师，清华的教课任务很重，他无暇照应编刊工作，而陈垣曾任故宫博物院理事、北平师范大学教授、导师，领导过故宫中的档案整理，朱希祖是傅斯年的老师，时任北大教授，除教学外，还肩负一些北大自身的档案整理，也没有精力照管史语所"大内档案"之事。这三人有名无实，实际上只领了个"顾问"空衔，大量的工作全靠傅斯年主谋策划，徐中舒是他的助手。总之，值得庆幸的，清"大内档案"历经多年，其损失惨重，而今总算物归其所，一场浩大繁琐的整理工作拉开了序幕。

陈寅恪任史语所历史组组长，除费心地收购李盛铎藏明清内阁档案外，又建议延揽陈垣先生负责的有关敦煌文物搜集研究工作。他向傅斯年推荐陈垣，陈垣时任辅仁大学校长，又与政府有旧关系，得以掌握北平图书馆及故宫博物院等机构，使史语所能迅速同这些机构建立关系，更利于史语所开展工作，也利于史语所的壮大。中华民族是以历史为"宗教"的民族，他们不在乎天堂，却愿意"青史留名"。其实写在纸上的历史鲜有真实性，也鲜有对失败者的宽宏大量，胜者王侯败者贼，是中国人的历史情结。重重叠叠的历史，滔滔不绝的恩怨情仇，构成一卷卷博大、浑浊、芜杂的历史！

傅斯年聘了二十多位人员，分成六组进行整理。他们夜以继日，焚膏继晷，常年埋头案牍。到1931年，两年间已硕果累累，他们先后编辑出版了十册《明史资料》，称之为甲编，以后陆续整理乙编、丙编各十册。这些资料包括郑成功、李定国、洪承畴等历史人物的史料，还有边疆战事文献，以及沿海内陆农民起义的文献，更多的是大清的档案资料，降清的明将洪承畴的奏章，顺治朝的奏章，康熙帝戡平三藩的历史文献、诏书、奏折、密札。这简直是弥足珍贵的国之“瑰宝”，这鲜活的历史细节，是明清两朝国史的血肉。

中国知识分子像牛一样忍辱负重，出于良心和责任感，他们往往不计报酬，不讲条件，只要利国利民，便一往情深地投入，最大限度地释放自己的智慧和才能。

傅斯年这些年来，像胡适一样，“远离政治”“不问政治”、埋头学术。他驾驶一叶小舟，纵横驰骋在历史的汪洋大海，波涛、浪花、阳光、风……茫茫大海，水色迷蒙，他却坚守信念，斟满信心，朝乾夕惕，废寝忘食，一颗赤诚的爱国之心，把激情、精力、心血倾泻在那些发黄、一动便碎的故纸堆里。他大气磅礴，又精细如丝，不苟、不躁，不左眄右顾，领导一班寒儒，孜孜不倦，攀山越岭，劈风斩浪，摭拾历史的残简断章，打捞祖宗先人的吉光片羽。一个不热爱民族历史的人绝不是爱国者。

高度紧张的工作，复杂的人际关系，棘手的事务，事业本身就在重峦叠嶂的困厄中，傅斯年没有青春的欢乐，没有生命的浪漫。西山红叶年年秋斑斓，他无暇采撷一叶寄托他的情思；陶然亭的春柳秋花，如诗如画，他没有时间携妻将子去领略。动荡的十年哪，国内战乱不止，强寇入侵华夏，一腔悲愤和忧患，点点心血洒在汗青竹简……

21

傅斯年回到北平，就像漂泊在外的游子又回到了母亲的怀抱。更令人心情怡悦的，又可以和他至尊至敬的胡适先生在一起了，还有许多北平的朋友。蒋梦麟先生任北大校长，北大依然阵容强大，这是北大历史上最好的时期。而意气风发、肩挂国民党少将军衔的罗家伦，换去一身戎装走进清华大学，任清华大学校长，这一切是何等令人愉悦啊！

全国著名的历史学家、语言学家都在北平各大学任教，中华民国的人才库不在首都南京，而在北平，史语所所需的资料，也分布在北平各处。

北平是属于傅斯年的，或者说傅斯年是属于北京大学的。如果说他在南国边城三年“潜龙在渊”，那么回到北平犹如“亢龙在天”。这里人熟、地熟、衙门熟，在这个偌大的舞台，任他纵横驰骋，咆哮呼啸，凭着他的才气、霸气、雄气、大气——这种“气”，既有辐射作用，又有一种震慑作用——任性淋漓地唱独角戏，又能导演出群雄逐鹿的威武雄壮的大戏。正值盛年的傅斯年，身躯高大肥胖，或者用文雅的词“魁巍”“伟岸”也不妨，他往你眼前一站，就感到一种力量，一种分量。他一开口就言辞犀利，雄辩滔滔，有谁能不被“虎”住？再加上他与上面关系极熟，大有“挟天子以令诸侯”之势。史语所原是中研院不起眼的研究所，经他一两年的折腾，一跃而成中央研究院的龙头——人多、名气大，资金雄厚，科研课题繁多。现在又掌控最为丰厚的研究资源——“大内档案”，而北大、清华各得一小部分，远远不及史语所。

静心斋是治学读书的绝佳之地，这里距离北京大学很近。

傅斯年亦师亦友的胡适时任北京大学文学院院长，他到处搜罗人才，到北大讲授中国文史课程。胡适将目光盯上傅斯年。傅斯年本已名闻学界，且是北大新文化运动的拓荒者，早已誉满北大，再加上胡适三番五次地相邀，不得不去兼课。

谁知傅斯年第一次登上母校的讲台，就讲砸了。那是北大二院的大礼堂，北大历史系主任陈受颐聘傅斯年讲商周史，但陈受颐并未交代清楚，傅斯年就被请来讲课。傅斯年本是胸藏丘壑、腕底波澜之大才，他出口成章，文采风流，富有天才的演说能力，学养又兼融百家，天文地理，三皇五帝，讲起来犹如长江大河，滔滔不绝。傅斯年一上讲台，便自我介绍：鄙人留洋六七年，进过三个大学，读了好多门学科的书，我却没有戴上博士帽，连硕士帽也没有，我是光着头回国的，你们要学真本事，要有真才实学，不要追求什么博士，硕士也不必。

课堂哗然。那时的大学生，人人以博士为荣，能在国外戴上博士帽，回国后身价倍增，也荣耀门庭。谁知这位傅先生却肆意大贬博士学位，他们听了，顿时产生反感。傅斯年并未注意到学生情绪，继续兴致勃勃谈起他在国外如何学习物理学、化学、实验心理学等等，东扯葫芦西扯瓢，只字未提历史学，商周历史更无从谈起。后来他思路就乱了，语无伦次，杂乱无章，座无虚席的大礼堂开始静若幽谷，现在已风满谷壑，学生开始骚动起来，有的夹上书本，离开座位，怅然而去，接着礼堂的门吱吱呀呀响个不停，很快学生走了一大半，大家嘟嘟囔囔，“盛名之下，其实难副”，“原来如此，不过尔尔。”

下课后，傅斯年感到非常窝囊，原来陈受颐请他来，他并不知道讲课，更不知道讲周史。傅斯年见到陈受颐好生埋怨道：“唉，你这不是丢我的人吗？你咋事先不说清楚呢？”

陈受颐只得抱歉地解释。

傅斯年再来上课，有了精神准备。凡是听过傅斯年讲课的学生谁也不会忘记他学识通古博今、左右逢源，一会儿用流利的英语，一会儿用优美的汉语，文白夹杂，讲《中国古代史专题研究》《中国文学史》等课程，他既不带讲义，又不带卡片，在黑板上写上讲课的题目，便如涛如浪，汹涌澎湃地讲起来。激动处，若惊涛裂岸，卷起千层雪；讲到细微处，如风动涟漪，细波澹澹，一堂课下来，满堂喝彩。他们感到震惊，他的学问之大，一般教授所不及，听课的学生越来越多。许多学生称赞傅斯年“才华纵横”，他讲课大气磅礴，“上天入地，无所不及，是一位渊博而富有开创性的学者”。

所里那些有点水平的副研究员们见傅斯年、陈寅恪、赵元任等大家们都到北大、清华兼课，研究所倒成了他们的客店，也不安心枯守这清水“寺庙”了，都到北大、北师大甚至一些中等学校兼课，一来可挣点外快聊补生活之炊，二来也锻炼另一种生活能力。傅斯年的助手徐中舒也不安分了，也找到一所学校兼课。

傅斯年一看这些人只当“和尚”不撞钟，便下令不许研究人员去兼职。他原想兼任北大历史系教授，目的是发现史学苗子，以扩军史语所，没有想到自己正带了个坏头，决定自己首先辞去北大兼职教授，又动员陈寅恪、赵元任也要辞去。陈寅恪根本不予理睬，照样去清华授课，赵元任也不服从。傅斯年不得不召集史语所全体职员开会，宣布本所除陈寅恪、赵元任二先生可以兼课，其他任何人不得有兼职工作，否则严惩不贷，轻者停发薪水，重则开除，永不叙用。傅斯年“虎威”上来，这种霸王条款确实控制了局面。

陈寅恪在北平有两处宅院，一所在城里，一所在城外，傅斯年力劝陈寅恪常住城里，以便按时上班，城里城外两处宅院，都安装了当时很少见的电话。好在傅斯年与陈寅恪联系并不困难，傅斯年家中没有安装电话，但胡适家里有电话，溥仪未被冯玉祥将军驱逐出故宫时，还跟胡适通过电话呢。傅斯年常借用胡适的电话跟陈寅恪联系。

陈寅恪也不是吃张家的饭干李家活儿的人，只是一时离不开他辛苦培养的学生，课余他总是跑到静心斋，埋头故纸堆，整理资料，写文章，编会刊，尽职尽责地做好史语所的工作。

傅斯年天天早去晚归去静心斋上班，与同仁们整理大内档案，分类、编目，受损的纸张要粘贴、修补。傅斯年满腔热情投入这绣花针般精细的功夫中，倒过得很充实、很愉快。

他日夜苦耕，集中精力整理明清史料。他的办公室面临湖水，水光草色映窗，花香鸟语入室。北海不是海，清人夸张了，实则是一个湖，湖面不大，却具备湖的资格，岸柳彳亍，蒹葭苍苍，湖心有亭榭，湖岸有游廊，金砖碧瓦，雕梁画栋，一派皇家园林的富贵豪奢。

傅斯年读书写作，整理国故疲累了，便去湖边幽径散散步，清风徐徐，水波不兴，水鸟飞翔，莺语燕喃，好不愉悦爽心。

他往往是最后一个离开静心斋，回到自己的住宅——米粮库胡同1号的家中。

米粮库胡同南倚景山，北面靠近什刹海和钟鼓楼，是一截短短的胡同，也不出名，闹中取静。民国时期这里却是“巨星”荟萃之地。1号宅院住着陈垣和傅斯年两家。这宅院舒阔宽敞，有假山、游廊，还有亭子，藤萝满架，花木葱茏，一墙的爬山虎，红艳艳的叶子，炫示着秋色的亮丽。陈垣是宗教家、宗教史家、教育家，研究元史颇有造诣，与陈寅恪并称“二陈”。20世纪20年代，中国国际地位很低的时期，他就被中外学者公认为世界级学者之一，与王国维齐名。鲁殿灵光，独陈君也。傅斯年十分推崇陈垣先生说："幸中国遗训不绝，经典犹在，静庵先生驰誉海东之前，先生（陈垣）鹰扬河东于后。"陈垣客厅里总挂些名人字画、古代拓片、清人手迹，案桌、茶几上、沙发上也到处堆满字画、手札墨迹，或书籍。1934年，傅斯年回山东老家东昌府与爷爷和母亲为他包办的妻子丁氏离婚后，便与俞大维的妹妹俞大綵结婚住在此院。3号宅院是梁思成和民国才女、大名鼎鼎的诗人、建筑学专家林徽因夫妇住宅。其弟弟梁思永便在史语所考古组。

4号宅院居住着"大名垂宇宙"的胡适，"小脚太太也随之"。这宅院更是宽阔。坐北朝南的是一座别墅式的小楼，雕梁画栋，廊庑轩窗，十二栏杆，都是圆明园的旧物。院里假山真水，树木葱郁，花草繁茂。地面全是平整精致的八砖铺砌，异常整洁。中间还有一方小小的水池，水中荷花已凋，残梗横逸，左右是两棵罗汉松。

主人案牍笔耕之余在此小憩，逍遥自在，不亚于神仙。靠窗是一方花圃。春有兰花秋有菊，香飘四季。寂静的院子，悄然不见人影，几棵怒放的金丝菊，花瓣纷披下来，犹如一帘帘金色的瀑布，引蜂招蝶，点缀了寂寞。

胡适待人热心诚恳，恺悌慈祥，明亮宽阔的前额，一副阔边眼镜，一张微笑的脸庞，好像从来没有忧虑和烦恼的事。只要他在家，不管什么人来访，他都接待。客厅里布置得非常简朴，还是老式的桌、椅、茶几，没有什么豪华的陈设。他的书房是治学的工作室。南窗摆一个大桌子，桌子上铺着白桌布，中间放着毛笔、砚台、陶瓷笔筒等文具，两侧是成摞的线装书。有的书已经打开，有的书卷放着，有的书翻扣在桌子上，看起来还未用完。桌前一把藤椅，书桌几乎占了房间的一半，另一半空荡着，地上没铺地毯。他对谁都很客气，除一般寒暄之外，谈话不多。这些与他大名鼎鼎的学者、博士身份极不相称。

胡适的书房书籍、资料、报刊堆积如山，他写东西时，只好将两旁的书往外推一推，留一方"峡谷"，铺上信笺或稿纸，在那里笔飞墨舞起来。他的书房、书桌、书橱最怕别人整理，一动便乱套了，不动，他能很快查到自己要查的图书资料。好在他的小脚太太江冬秀是个不识文墨的村姑，从不管他的书，甚至也不进这方神圣的领地，她的特长就是会做一手地道的徽州菜。

胡适人气旺，常有人请他吃饭，晚上回来很晚，读书写文章，都是全家人入睡后，他方集中精力进入另一个世界。他常常熬夜到三四点钟，甚至到凌晨五六点钟。

他抽屉里有一大堆大大小小的图章，其中他最喜欢用的“只开风气不为师”。

傅斯年回到北京没少吃正宗的徽州饭菜。师徒天各一方，十年未见，那种亲昵，那份深情难以诉诸笔墨的。他们闲暇时，聊天、品茗、博弈、谈诗论画、说古道今、指点江山、抨击时弊，兴来挥毫泼墨，情来吟诗作词。

傅斯年几天不到胡家像缺了什么，胡适几天不见孟真就有惘然若失之感。

一个星期天的下午，秋雨霏霏，寒意萧瑟。傅斯年吃过午饭，便来到胡适家。胡适也刚刚吃过饭，问道：“你吃了吗？”

“吃过了。”

“来，来，孟真，我老家来人，刚捎来两斤‘黄山毛峰’，味道好，你就拿去两包。”胡适忙着给傅斯年斟茶。

傅斯年一屁股坐进沙发里，并未饮茶，先从茶几好烟盒里抽出一支“大刀牌”纸烟，撕开，将烟丝装满了一锅，哧哧地吸了两口，问道：“先生最近有何大作？”

胡适道：“哪里有时间啊，新学期刚开始，文学院开会，校务会也多，还有新生入学一些杂事，静不下心来。”胡适把茶杯往傅斯年身边推了推。又问，“你忙什么呢？”

傅斯年道：“整理‘大内档案’，哎呀，这真是个宝库呀！”傅斯年吐口烟，两眼放光，“天赐我也，送给我们史语所一大富矿！陈寅恪、李济先生披挂上阵，日夜奋战，成果很大，我们的会刊第一期近日可望出版。”

傅斯年兴奋地谈到他一个庞大的出版计划，准备一边进行清理、分类、编目，一边刊布印行。他对外声称，公布这批档案，最完美的办法，就是整理刊印，“详加别择，以类相从，附加考证，”只要集中精力、人力，“完工不可期之于十年之内。”他又对胡适说：国内学人近年已甚注意档案一类直接史料，不早刊布，无以回答祈求者之望。不待全部整理完工，必须先分期刊行。近期史语所正在编辑《明清史料》甲编十册。一至六册大都是明朝边情、有关骚乱、反叛的奏章、题本及沈阳旧档，尤其顺治奏章为多，涉及到郑成功、李定国、洪承畴等重要人物的史料。第七册为朝鲜史料，第八册至第十册为明清边情文献。以后陆续整理，随时出版。傅斯年兴致勃勃大谈自己的宏伟规划，激动时，两眼放光，情绪热烈，胡适不停地点头称赞。

胡适道：“此事任其失落，实为文化学术上的极大损失，《明史》《清史》恐因此搁笔。”

“明清历史，私家记载，究竟见闻有限，官方则历朝改换，全靠不住。政治实情，全在档案中也。此后这些都是最有价值的材料。”

“此一段文物，不致失散，于国有荣，史语所拔了头筹，功莫大焉。”

“先生过誉，先生过誉。”傅斯年又露出孩子般的天真，却也不无自豪地说，“史语所因此而声光顿起。”

胡适含笑问道：“安阳殷墟发掘准备得怎么样了？”

“我已派董作宾先生前去调查，回来后再做决定。”傅斯年兴致极高，“不过我信心很足。”

傅斯年热烈的话语、响亮的笑声，使这古老的房屋充满生机。一缕阳光从屋门射进来，正好投在傅斯年那张胖胖的脸上，孩子般的灿烂。这些日子一直忙碌，但从未像今天这般兴奋。他来到北平一切都那么顺利，照此发展下去，他的史语所几年后将是硕果累累，令世人刮目。

谈到安阳殷墟发掘，傅斯年更激动不已，这是他们史语所第二大成果，可以彪炳史册的壮举。傅斯年知道早在二十多年前，中国就有人搜集刻有文字符号的龟甲兽骨，《老残游记》的作者刘鹗曾收集五千余片，后来罗振玉搜集到三万多片，并利用做历史研究，编印出版了《殷墟书契》等著述。但过去的研究仅限于金石学，很少联系到历史，历史学家的目光只盯着有文字记载的资料，文字以外的东西，几乎无人问津。

傅斯年成立史语所，彻底改变了这种状况，他强调必须扩张使用历史材料的范围，就是要扩到史籍材料以外的东西，譬如地下出土文物，彝器、甲骨、简牍、冥器等等。傅斯年主持史语所第一件大事就是筹备安阳殷墟的考古发掘。他将用现代田野考古方法，进行大规模的殷墟发掘。他有胆有识，有卓越的组织才能和领导才能，选拔优秀的考古专业人才，采用科学先进的方法，对安阳殷墟开始全面的、系统的、震惊世界的考古发掘。

22

董作宾沿着洹河河岸行走，正是八月，中原天气是火辣辣的热，太阳如火，烤炙着大地，河滩里庄稼叶黑油油的。董作宾戴一顶草帽，背一个帆布袋，像个古董商人似的串村走巷，口问笔记，每进一村，便有孩子、老人围上来，他们对这个“上边”来的人，又惊奇，又感到神秘，还有些敬畏，有些妇女躲在墙角里，瞪着大眼睛，呆呆地望着，手里的活路也停下来。董作宾拿出一块刻有文字的龟背和一块牛骨片给大家看，问家中有没有这种骨头。

董作宾就是河南南阳人，他比傅斯年长一岁，却在傅斯年麾下研究殷商史、文字学、甲骨文，是傅斯年成就了他的一生。虽然，傅斯年时有在这位兄长面前大吼大叫，甚至训斥，但董作宾秉服孟真的人格和渊博的学识。他性格忠厚，做事认真、严谨，又有敢说敢为的作风，始终和傅斯年保持着深厚的友谊。他曾被傅斯年聘为中山大学副教授。中央研究院史语所挂牌成立后，又被傅斯年调入史语所。正因为他是河南人，傅斯年派他去安阳小屯调查。他沿途所见，触目惊心，且不说安阳城里不少古董商人倒卖甲骨片，还坐庄收购一些殷商古董，明目张胆，挂牌张扬，成为一种很“兴隆”的生意。由于利益驱使，一些人弄些牛骨刻字作伪。他沿着洹河一路走来，发现田野上到处是滥挖的土堆土坑，斑斑驳驳，像大地的溃疡。乡下人更是疯狂盗挖、盗掘。一些土豪劣绅，甚至招募农民在田野上安营扎寨，肆意滥采，争抢械斗的事情，屡见不鲜。作为一个考古学者，董作宾痛心疾首，又无力制止。他悲伤地望着疮痍满目的古文化遗址，只有叹息流泪。他想，回北平一定向傅斯年汇报，由政府出面，发布通告，禁止盗采国家文物。

他到安阳小屯村，找到几位中学校长和私塾先生，进行调查后，又到村里查访。其实那些食不果腹的农民并不懂得这些甲骨片是文物，他们认为是一包治百病的“神药”，那上面奇奇怪怪的字迹是神符，可以祛病禳灾。董作宾给大家解释，这甲骨片不是药，也不是神符，是老祖宗刻的字，那时没有笔和纸，就刻在骨头上。农民们开始半信半疑。因为当地的张尚德校长跟着，也有的从家里拿来，送给董作宾，有的领着董作宾到家里看那些甲骨片，一连几天，董作宾收获不小。他收购一些甲骨片，认为安阳小屯村的甲骨片并没有发掘完，有必要继续挖掘。他回到北平给傅斯年做了详细汇报后，又返回安阳，在本地开明人士的帮助下，获取数百枚甲骨片和十多件殷商器物，满载而归。傅斯年见到这些宝贝，大为振奋，几乎跳起来：“好好，作宾兄，咱们的事业大有干头！明年春天，我们动手正式发掘，我立马筹集经费，组织人员，你是否选购一些工具？”又拍着董作宾的肩头，“中国田野的考古从我们手下开始了！”

“好吧。”董作宾被傅斯年的热情感染，眼里闪动兴奋的火花，也很激动，“这是一项上对得起祖宗、下对得起子孙后代的事业！”

傅斯年首先想到李济。李济曾留学美国，精通人类学、社会学、古器物学和考古学，是难得的专家。傅斯年要李济任考古组长。李欣然答应下来，便率队来到安阳。史语所在安阳设立办事处，地方政府派部队来保护，这对考古工作带来极大的便利，发掘工作进展得十分顺利，成果也惊人，短短两三个月便出土六百八十枚甲骨片，古器、兽骨、蚌壳、陶片甚多。李济和董作宾与地方关系搞得很融洽，他们怕文物丢失，保存在安阳高中和十一中校舍里，几位校长和老师也非常认真负责保管。

当时正值多事之秋，中原大战以蒋介石胜利告终，但不久国民党新军阀又出现混战。各种派系斗争日趋激烈，河南军事形势也很紧张，后来保护殷墟发掘工作的部队撤走，这下子就乱了。当地的老百姓在文物贩子、不法歹徒的唆使下，找考古队不断滋事，阻碍发掘，抢走器物。后来，河南政府又派河南省图书馆馆长来安阳，宣布不许中央考古队“越俎代庖”，制止他们发掘。河南一度群情不平，指责、斥骂史语所考古队的文字充斥报端，甚至有人到处散发传单，使事态不断扩大。

傅斯年得悉后，立马由北平赶往南京，向国民政府中央研究院报告，还托人求助蒋介石。蒋介石下了一道手谕，傅斯年如获得尚方宝剑，直奔河南开封。他四处奔走，到处宣讲，殷墟发掘是促进我国史学发展的重大项目，这是用来研究历史的原始材料，并说，这些出土文物一俟整理完毕，让学人和民众了解我们民族的历史。傅斯年邀请河南各界官员和河南学术界、高校教授，召开座谈会，反复讲述发掘动机，并欢迎河南学术界、高校共同参与发掘，同时也为河南培训一批考古专业人员。河南是文物大省，中国十几个王朝都建都河南，河南未来的考古也亟须一批专家、学者和专业队伍。

中央研究院历史语言研究所借殷墟发掘之机，对河南学术界做出帮助，为河南史学研究培植人才，史语所学者充当河南研究工作顾问等等。他的坦诚得到河南各界人士的谅解，误会也渐渐消除。傅斯年在河南期间，下榻河南中山大学。晚上则常常在大礼堂演讲。傅斯年一贯保持他的演讲风格。他援桐引凤，出经入史，言语激浪翻腾；他裹欧携美，中西融通，其势汹涌澎湃，一番演讲，震撼全场，鸦雀无声。当时有记录：“上至天文、下至地质，科学、哲学、文学、史学等无不涉及，谈锋犀利……学问的渊博，深为员生们所钦佩。尤其于考古学、古生物学精辟的发挥，一讲两三个钟头，毫无倦容，并且让大家提问题，当场给予解答。”（石璋如语）那正是寒冬腊月，窗外大雪纷飞，礼堂内却人头拥挤，几乎不能容纳。一次次演讲，双方的纠纷得到圆满解决，河南人成了史语所的同盟军。傅斯年回到北平，写了《本所发掘安阳殷墟之经过》的报告，刊登在《史语所辑刊》上，给社会一个解释。

1931年3月，李济率全体考古人员又赴安阳，同时，河南方面亦派人参加发掘。我们后面章节里提到的尹达，当时是河南中山大学历史系学生，也参加了这次考古发掘。由于以往的误会已消失，双方合作甚为融洽。4月底，发掘进入高潮，傅斯年亲临现场，进行具体指导。

眼下国事混乱，内战不休，科研条件极差，经费紧缺，困难重重。史语所同仁餐风露宿在河南安阳的原野，挥汗如雨地忙碌。他们为了学术，为了民族，为了国家的历史，默默地做着奉献。当时日本就流传着一种说法：尧舜禹都是传说中的人物，实无其人，他们只是天地人拟化的产物。还说，大禹是一条虫，秦朝以前的历史都是传说，甚至说，屈原查无此人，《离骚》也是后人伪造。显然这是对中国历史的亵渎，是对有着五千年厚重历史的中华民族的侮辱、蔑视。“历史是一种经验，是一个生命，更透彻一点讲，历史就是我们的生命。”（钱穆语）傅斯年的十五论殷墟发掘，大量的甲骨文的出现，不仅痛斥了日本人的无耻谰言，也有力地将中国历史纪年往前推进了一千二百二十九年。

1932年秋，考古组在小屯北部进行发掘，发现此地有明显的殷人居住的遗迹，还出土各种文物近百箱、甲骨数十片。傅斯年又一次来到安阳小屯进行现场指导，可喜的是这次发掘出卫国大墓，还发掘出宏大的车墓，和殉葬的马、狗的骨殖。傅斯年喜不自禁，不顾体胖和眼疾，跳进墓圹边沿仔细考察。

1935年5月，傅斯年偕法国汉学家伯和等人又一次来到安阳，这是他第四次亲临现场。这时安阳发掘场面非常壮观：四个大墓和四百多个小墓同时发掘且已近尾声，出土文物又十分可观。大牛鼎、大鹿鼎、大国鼎，这些国宝级的青铜器，各种兽形的石雕、玉器、宝石，还有数十套车器，武士用的头盔，弓矢、戈、矛、刀、戚、斧、钺；炊食用具的爵、觚、卣、鼎、彝等，还有车坑、马坑、条坑、鸟坑、人头坑等，规模宏大，简直是一个地下博物馆，一个三千年前王朝的古文明完全展现在世人面前。面对这么众多的灿烂的文物，傅斯年兴奋不已，这对一个有强烈民族意识爱国意识的史学家，有什么能比这些文物而使他幸福、自豪和喜悦呢？那一件件沾满泥土的周彝夏鼎，那秦汉残简，隋唐卷子，明清文明的碎片，在历史学家眼里不是一种符号，不是象征，是穿越千年历史时空的古人生活的留影，是鲜活的人生画面。傅斯年沉浸在激情中，上穷碧落下黄泉，那是真实的世界。

想想这些年奔波、呼号，跑中央研究院要钱、要人、要物，跑河南省府州衙，费尽口舌，饱受冷眼，求神拜佛，好话说了三大车，鼻子碰扁了，舌头磨出茧子，现在终于出成果了！傅斯年用颤抖的手指抚摸着那些锈迹斑斑、泥渍点点的古器物，眼泪涌了出来……

历史的主体是什么？是帝王将相，是英雄，还是劳苦大众？傅斯年深深感到这个问题的严峻：过去的历史就是英雄创造历史，精英创造历史，历史成为思想家的历史，成了帝王将相的历史，人民群众被边缘化了，成了跑龙套的角色。傅斯年特别强调民间的作用，“历史是万民与自然的合力造就。”

史语所的创建，殷墟的发现，大内档案的整理，敦煌卷子的梳爬，北大历史课的教授，写不完的文章，发不完的信函，还有没完没了的争吵、辩论、演讲，他紧张、热烈，永远充满着激情。火是他的属性，烈焰是他的行为，傲岸的精神山岩，周围呼啸着无穷的浪花和泡沫，幸福的船帆向远方飘去……

这是史语所的春天，也是学术研究的黄金时代。

这十年间，傅斯年组织和领导对殷墟进行了大小十五次发掘，这是中国知识分子对自己祖国历史的考察、翻检、阅读，殷代帝王、将相、侯臣，已沉睡三千年，是傅斯年们唤醒了他们，复原了这个时代的文明碎片，填补了中国考古史上的空白，展示了中华文明的灿烂，龟甲兽骨文字的发现，遂使殷商史事，由隐晦而趋显明，中国之信史，因此向远古推前一千二百九十年。殷墟的考古发掘犹如20世纪70年代西安秦始皇兵马俑的现代发掘一样，震撼世界，外国人也不得不承认，殷墟的考古发掘是20世纪田野考古最为重要的成果之一。

史语所多达八十四人，是其他所数倍，甚至十倍。他们跃马横戈，厮杀在学术疆场，战果累累，规模之宏大，学术气氛之浓郁，学术精神之独立，堪称一绝，不能不令人敬畏、钦佩。陈寅恪、赵元任、李济、陈垣、顾颉刚、岑仲勉、刘半农等当代学术界的巨星大鳄，都云集他的大纛下，听他调遣，这本身就是一件震撼学界的壮举。傅斯年唯才是用，不仅重视学界名流，更注重从名牌大学中选拔青年学子，他还特别提倡拔尖主义。后来，这批青年学子也成为学界一代骄子，如夏鼐、张政烺、梁思永、胡厚宣、郭宝钧、石璋如、陈述、劳干、凌纯声、丁声树等，都是当年史语所的年轻人。史语所不仅积累了学术资料，开拓了学术领域，也为国家培养了大量人才。史语所实际上成为名副其实的学术中心。陈寅恪的魏晋隋唐史研究，陈垣的宗教史研究，董作宾的甲骨学研究，李济的考古报告，李光涛的明清史研究，赵元任的比较语言学研究，芮逸夫的中华民族史研究，严耕望的中国政治制度史研究等代表了中国学术界的最高水平，在世界学术研究中也堪称一流。傅斯年的代表作《性命古训辩证》也是在这个时期撰写并出版的。

女娲补天。

历史的天空，不能忘记傅斯年补缀的一颗颗五彩石。

傅斯年

台灣大學校長室用牋

第五章

铁笔淬火化为剑

他具有强烈的民族意识和国家观念，他是狂热的爱国者，书生报国就是化笔为剑，呼魂唤魄，重塑国魂。所以他的笔下有雷鸣电闪、惊涛骇浪。他的文字带着子弹呼啸的灼热，他是没有战壕的冲锋陷阵的战士。

台灣大學校長室用牋

23 1931年9月18日，觊觎我国东北三省多年的倭寇悍然打响第一枪，日本关东军炸毁了沈阳附近柳条湖的南满铁路路轨，然后嫁祸沈阳北大营中国驻军，破坏南满铁路，并以此为借口，发动了对中国大规模武装侵略，史称“九一八”事变。

东北三省迅速沦陷在日寇的铁蹄下，硝烟、炮火、杀戮、强奸、血泊、尸首，撕肝裂胆的惨叫，绝望和无奈的哭泣，整个东北三省是一片血与火的焦土。大批的难民逃往关内。

沦陷是一种彻底的毁灭。

东北三省是大清朝发祥之地，是中华民族几千年汗水伴着血渍开发的黑土地。漫山遍野的大豆高粱，莽莽苍苍的原始森林，星罗棋布的铁矿煤矿，是我们民族的财富，这一切转眼间成了日本帝国主义的战略物资。也就是说，日本强盗吃着中国的大米白面，用中国的煤炭、铁矿锻造杀人的武器，来屠戮中国人！

这就是倭寇宣扬的“以战争养战争”。

这是最残酷的幽默。

从“九一八”事变到哈尔滨沦陷，短短四个月零十八天，东北三省全部沦为日本殖民地。

噩耗传来，北平大小报章杂志，纷纷披露日本倭贼野蛮行径，惨无人寰的屠杀，无恶不作的兽行，这些侵略军大多是日本北海道的蛮夷之人，未经开化，野性十足，五短身材，凶残无比，见人就杀，逢房就烧，是一群没有驯化的两条腿野兽。

北大的教授和北平各高、初等学校师生纷纷上街游行示威，抗议日本帝国主义的暴行，北平各阶层民众集会、罢工，抗议日本帝国主义的侵略，哪个有良知的中国人能不义愤填膺、怒火中烧？谁能忍睹国土沦丧，同胞生灵涂炭，任其蹂躏？国家兴亡，匹夫有责。位卑未敢忘忧国，他们报国心切，蹈海而死！他们不在其位却谋其政，身处清流却勇赴国难。

傅斯年夜不能寐，他一次次爬起来，披衣在室内急切地踱步，昏黄的电灯光摇曳着他伟岸肥胖的身影，他口叼着枣木烟斗，烟雾缭绕，眉额紧蹙，嘴巴上的线条攒聚在一起，形成有力的交会，他深深地悲叹，心里道：我们落后挨打，第一次鸦片战争失败，第二次鸦片战争又失败，甲午战争失败，八国联军进北京，一国之都的沦陷，这一次“九一八”事变，中国军队又遭惨败，近几十年来全是辱国丧权的条约，割不完的地，赔不完的款，这是为什么？这不仅仅是我们的武器落后，是我们的社会制度落后！民族精神的倾圮，灵魂的倾圮！连年不断的内战，耗尽国力民力，国之元气已不足。我们必须唤醒民众，朝野同心，军民同力，社会各阶层团结一致，救国救亡，同日本侵略者血战到底，泱泱中华，四万万同胞，岂能让东洋这只小豺狗，任意撕咬、啖噬？

他从书柜寻出一本地图册，打开中国地图——一片多么美丽的海棠叶，多么辽阔苍茫的大地！广袤的蒙古大草原，白山黑水间的莽莽大森林，黄河长江巨流大川滋润着神州赤县，昆仑山、天山、喜马拉雅山，巍峨在祖国边陲，美丽的华北平原，如诗如画的江南水乡……凡有爱国之心的中国人谁不为国家民族生死存亡而忧心如焚？而今外蒙要求独立，东北三省又被日本倭贼撕去，一片美丽的海棠叶已残缺、破碎、萎缩，如此下去，怕是北平也成为日寇的一块肥肉！国将不国，国将亡矣！傅斯年站起身来，心在滴血，眼在喷火，破口大骂道：我日你妈，小日本！一拳砸在桌子上，震得书本稿纸溅落下来。怎么办？傅斯年爱动感情，不是情绪大起大落的诗人，也不是粗莽缺乏理智的一介武夫，社稷安危，民族兴亡，紧系在一个具有传统士大夫思想、现代知识精英的心头，弃笔从戎，征战沙场，将一腔忠烈的情怀，倾泻在奔逐的马蹄？换得马革裹尸的悲壮？这是不现实的，知识分子唯一派场，化笔为剑，唤醒民众，为国效忠。想到此，他不由得吟咏陆游的词章：

秋到边城角声哀，烽火照高台。悲歌击筑，凭高酹酒，此兴悠哉。　　多情谁似南山月，特地暮云开。霸桥烟柳，曲江池馆，应待人来。

他吟着吟着，声音变得呜咽，两行泪水潸然而下。

夜已深沉，冷风萧瑟。1931年北京的秋天来得特别早，窗外的梧桐树叶被风撕掳下来，满院乱舞。

第二天，学校教授自发聚会，傅斯年虽辞去兼职教授，但常参加北大活动，毕竟他是老北大嘛！

聚会地点：北大图书馆。20世纪30年代的知识精英们，他们的心扉已被“五四”新文化运动的曙光照亮，很少再沉没在之乎者也之中，更没有沉浸八股文的腐酸之中。他们的身心已从旧文化堆积如山的尘埃中挣扎出来，新文化鲜洌的空气已涤荡在他们的胸间，他们不再是笈笈于功名利禄，耿耿于荣华富贵。他们胸襟寥廓，情怀萧远，面对多灾多难的祖国，爱国之情油然而生，历史的担当奋勇承起。

参加这次集会的全都是著名学者、名流、知识分子：胡适、蒋梦麟、方壮猷、徐中舒、萧一山、钱穆、丁文江、蒋廷黻等近百人。大家义愤填膺、同仇敌忾，声讨日寇侵华的滔天罪行，呼吁民众觉醒，呼吁政府奋起抗战，朝野同心协力，共赴国难。

学人深知亡国恨，手执竹笔剑三尺。傅斯年大炮脾气爆发，拍案而起，慷慨陈词，提出“书生何以报国”的问题，让大家讨论这个命题，既是爱国知识分子发自肺腑的呐喊，也是对那些处于困惑茫然和麻木中的知识分子，提出发人深思、促其解答最迫切、最现实的问题。会场上群情激昂，议论、争论、辩论、讨论，异常热烈，人人血脉贲张，有的发誓，弃笔从戎，血战沙场，抛头颅，洒热血，与倭贼拼个你死我活；中老年教授则表示，化笔为剑，奔走城市和乡村，唤起民众，口诛笔伐，声讨敌寇，在全国形成抗日救国的一条战线。傅斯年自然是在这条战线上呼啸、奔波、冲锋陷阵的勇士。会上，初步形成一条意见，决定编一部中国通史，以唤起民族之魂，并一致同意由北大历史系承担这一艰巨任务。傅斯年又提议聘请自学成才的钱穆主讲这门课程，激励国人的爱国情怀。

同时，还决定要编一部《东北史纲》，目的指出东北三省自古属于中国领土，白山黑水与黄河长江血脉相连，批驳日本帝国主义“满蒙在历史上非支那领土”的谬论。还有人提出联络世界各地华侨，有钱出钱，有力出力，凝聚全民族的力量，以血肉之躯，投入反抗日本侵略者的战场。

傅斯年在会上激情澎湃，滔滔大论，振聋发聩，言辞极富有宣传力、鼓动力，激荡着一腔热血和爱国忠烈浩气，闻者无不受到感染。会后，他便与方壮猷、徐中舒、萧一山、蒋廷黻合作编撰《东北史纲》，强调东北各民族自古以来就是中华民族大家庭一员。

傅斯年夜以继日，翻查资料，考证文物，引经据典，奋笔疾书，铿锵陈词：“即就历史而论，渤海三面皆是中国文化发祥之地，辽东一带，永为中国之郡县，白山黑水为中国藩封，永乐奠定东北，直括今俄远东海滨阿穆尔省。满洲本为大明之臣仆，原在职贡之城，亦即属国之人。就此二三千之历史看，东北之为中国，与江苏或福建之为中国又无致也。”

傅斯年痛恨小日本豺狼般地大口大口地、连骨头带肉侵吞中国的领土，他更恨沙皇和苏俄这只北极熊凶残和贪婪：从乾隆帝后期，我国力日渐衰弱，特别是鸦片战争以后，在欧洲列强的压榨下，国力每况愈下，乘人之危，北方强盗沙俄、后来的苏俄巧取豪夺，挖空心思肢解中国，侵占我领土，驱逐、杀戮我百姓，大片山河划入强盗的版图。左宗棠说：“终为中国患者，其俄罗斯乎！”一部中华现代史，西方列强和小日本使我国遍体鳞伤，俄罗斯又断我国手足。

北平的夏夜，酷热难当。傅斯年挥汗如雨，笔飞墨舞，他的神经腱十分灵敏，他睿智明达，他因激情而战栗。他借来一张大清域图，悬挂于墙，写一阵儿，便口叼烟斗，面对海棠叶状巨大辽阔的版图，一种民族自豪感，伴随对东洋倭寇的愤怒，在胸中激荡咆哮。他像跃马横戈的将军，驰骋疆场。他在歇斯底里的狂怒中写作，他的文章好像狂风怒吼，雷霆大作，因强大的大气压力冲出来的爆炸。这是他的思想、性格的展示，一种男子汉的血性。

他又负责统筹全稿，经几个月酣战，1932年10月《东北史纲》（第一卷）终于脱稿付梓。他在该书的序言中指出："国人不尽无耻之人，中国即非必亡国之。"那种对政府的无能和官宦的无耻，对国人的哀其不幸、怒其不争的扼腕之叹，声穿书页，直击读者心怀，它激励着中国人民为正义战争而献身的精神。这是一部饱蘸火焰的巨灵之笔在黑暗的大幕上写下的悲壮战书。这部书的撰写和出版表现了傅斯年作为一个历史学家、爱国志士鲜明崇高的人格和国格。

该书出版后，傅斯年又让李济连夜译成英文，以备国联五人调查组来华后作为重要参考材料。

数学给人以聪慧，历史使人深沉。卓有成就的历史学家，都是系民族命运与国家前途于一身，具有强烈的社会责任感。郑天挺（北大教授、后任北大秘书长）也发表文章，痛斥日寇的谎言谬论，如《清代皇室之氏族与血系》指出："满洲本作满珠……言妙吉祥也，今汉字作满洲，……实则部族而非地名。"满洲"乃部落名称，与国无涉"，日寇强以满洲为地名，以统关外三省，更"以之名国，于史无据，最为谬妄"。他用具体的历史事实说明，满、汉、蒙等各民族，在漫长的历史中，在政治、经济、文化、婚姻、风俗相互融会中，共同发展，形成不可分割的共同体。

这些精英们都是民族的脑袋，他们像丹柯一样，将自己的心化为火把，高举着，给这个国家的夜晚带来一点光亮。

倭寇的炮声、枪声吓坏南京民国政府，刚刚结束中原大战，本应该休养生息、发展经济、改善民生，日本鬼子又发动了"九一八”事变，国民党政府采取不抵抗政策，把军队撤回关内。敌寇进攻东北，如入无人之境。为了蒙骗人民，国民政府又发出《告全国军民书》，要求国人镇静忍耐，说是要把事变经过诉诸国联，让国联说句公道话，出面制止日本。“国联”是空架子，对任何国家都没有约束力，何况被西方列强操纵着，帝国主义的本质就是扩张、侵略，让他们说服就等于老虎劝狼：别咬人。这是天大的笑话。他们只在争夺肥肉、发生冲突时才会出面干涉。国联实际上是帝国主义殖民统治者的工具。

国联会议上听取了中国代表施肇基的报告，经过理事会的讨论后，授权大会主席、西班牙外长勒乐向中日两国下发了不分曲直的通牒，劝告中日避免事态扩大，由两国协商撤兵：并于1932年组成以李顿为首的五人调查组，到中国和日本进行调查。最后的调查结果，国联做出有利于中国的评判，这其中《东北史纲》所起的作用是不可忽视的。

24

平静的北平不平静了。

平稳的书案不平稳了。

傅斯年不是俞平伯、梁实秋那样的文人，也不是徐志摩、邵洵美那样的诗人，也不是林语堂、陈西滢那样的“西崽儿”，他是亦学亦政、忧国伤时的学人，他不会“躲进小楼成一统，管他冬夏与春秋”，似乎他每条神经都联系着社会。构成他伟大人格的是立身行道，忠义忘我，无私爱国，这精神的元素是儒家思想的内核。

1932年5月的一天，傅斯年邀丁文江、蒋延黻一起来到胡适家里。

傅斯年往沙发上一靠，开门见山：“胡先生，我有个想法，书生报国就靠手上一支笔，咱们必须办个刊物，有了阵地，我们也好为国家尽一分力。”

胡适依然是一脸微笑，无论是国难家苦，那抹笑总也抹不去：“我也有这个想法，作战没阵地不行，有了阵地就有用武之地。我的意见办个刊物，什么观点、立场、意见相左的人都可以畅所欲言，目的是宣传国人，提高民族自信心、自信力。”

丁文江道：“对，不期望完全一致的立场，只求有公平的态度来研究当前中国的问题。”

蒋延黻也附和道：“只要对抗战有利，就是最高标准。”

傅斯年啪啪磕掉烟灰，抬头道：“那刊物名字就叫《独立评论》吧。”虽然他不完全同意诸位的意见，也没有提出相反的观点，只要能起到唤醒民众、共同抗日，目的也就达到了。

傅斯年劲头十足，也是很活跃的人物。他们从创办刊物的方针、宗旨、出版经费、发行事宜，又议论到当前国际形势，日寇侵略者的战略意图，以及国民政府的态度，民众的情绪。谈到倭寇的狼子野心，傅斯年慷慨激昂，怒气冲天，大有壮士断腕、烈火金刚的将帅风度。

刊物定下来后，大家分头写文章，傅斯年像冲出战壕的士兵，像驰骋沙场的战将，他文思泉涌，笔起风雷，满纸血与火的燃烧。他的文章如寒光凛凛的利剑，刺破日寇觊觎平津、鲸吞中国的图谋，揭露侵略者在东北三省的种种兽行；他的文章像号角，唤醒民众，举全民族之力，奋起抗战，反对投降，反对妥协，怒斥汉奸言论，大骂亲日派。一篇篇裹雷挟电的文章与读者见面了，引起社会巨大反响，傅斯年又把文章的主要观点，能引起读者共鸣的重要片断，刊登在封面上，醒目、简略。

他们手无寸铁，书生报国，只能化笔为剑，为冲锋的战士摇旗呐喊、助威，为麻木的芸芸众生敲敲惊堂木，唤醒他们的灵魂。他一连发表了二十多篇文章，这些文章题旨分为三类：一是揭露和声讨日本对中国的侵略；二是反对和批评任何形式对日妥协投降；三是动员全国人民抗日。

制造抗日舆论。傅斯年伟岸的风格，和燃烧的语言，确实给读者醍醐灌顶般的清醒。他在《日寇与热河与刑事》一文中，分析了当时整个形势，他尖锐地指出：

日寇必定要进攻华北，中日必然要进行全面战争。

这其中原因：

第一，中日问题决无和平解决之望，而在今日希望与日本和平解决者，真是做梦……若要中日和平，非日本人满意不可，而日本军阀之满意，其最大限度是中华民族取消其独立，而为所谓“大日本帝国”之顺民，其最小限度也要：（1）承认伪满之“独立”并奉送热河与滦东；（2）在东北弄出一个政府对日本能受指挥的；（3）全国不得有任何的排倭之举，并且力助推倭货，以便压倒西洋各国；……日本军人的行动，及其外交口号既已为此明明白白表示对中国取宰割的政策，中国人民还要做“和平解决”的甜梦吗？第二，倭人不放弃热河，“而平津是必不能免的”。

傅斯年文章言辞灼灼，条理清晰，剖析日寇之野心真可谓入木三分。当时国内舆论界弥漫着求和派、妥协派、亲日派、恐日派等乌七八糟的言论，傅斯年痛斥汉奸卖国贼，明确指出：“中国人之力量，在三四万万农民的潜力，而不在大城市的统治者及领袖，中国的命运，在死里求生，不在贪生而就死。历史告诉我们，中华不是个可以灭亡的民族，事实告诉我们，倭人不是能成大器的国家。”

傅斯年的文章发表，引起大哗，那些亲日派、汉奸、日寇恨之入骨，唤醒了那些被日寇所谓“大东亚共荣圈”言论所迷惑的人们。

这篇文章发表在8月14日《独立评论》第十三号上。

果然同年10月，日本侵入关中，威胁平津。中华民族岌岌可危，日寇的装甲车和飞机隆隆的马达声已逼近北平，从1931年“九一八”到1932年10月，仅仅一年，大片国土已沦落在日寇的铁蹄之下，怎能不引起爱国志士之共愤？而平津一些文人却发起“文化城”，幻想北平成为“中立”，这荒唐可谬的言论，是幼稚还是天外奇谈？傅斯年的史语所还在北平，他召集史语所同仁开会，大讲大批这种可笑幼稚的幻想，你问问豺狼能放弃嘴边的肉？本来中华民族是一个整体，在强敌入侵之际，只有上下一心，精诚团结，戮力御敌，怎可保持“中立”？这就是说，人家杀我们的同胞，侵占我们的大地，只要屠刀尚未指向我的脖子，就站在旁边高喊“中立”，这和汉奸卖国贼有何区别？傅斯年严厉批评了这种不切实际的言论，他旗帜鲜明，他高举民族主义大旗，他视“人格和国格”比生命更重要。

谁说傅斯年是“清流自由”的知识分子，眼里没人民？在这篇文章中，他寄希望中国三四万万农民，真正的伟力蕴藏在广袤的农村。他厌恶城市，他痛恨城市的党阀、军阀、学阀、流氓、地痞、混混、官僚、遗老、阔少、太太、小姐，这些人贪生怕死，醉生梦死，他们看不到“中国现在的危机是有史以来的最大危机”，什么国家，什么民族，什么国格、人格都没有，只知道吃喝玩乐，男盗女娼，花天酒地，得过且过，他们:

> 一群群军阀官僚、学阀学棍，土棍地痞、无赖青年男女摩登，花他们抢来摸来要来的钱住着。一个个的根本没有办法徒耗国家钱财的大学设着。一排排的开扎彩铺主义的学术机关放着。一户户与掘坟的土匪外国的奸商合作的古董铺子开着。一队队的醉生梦死的人们在享乐着，无限的穷苦人在大杂院中坐地待死着。试看自北海公园到先农坛，哪里有国难的气味？走遍五城的大街小巷，哪里有忧国的声息？听听人们谈吐，哪一个想到东北的患地？自上至下，在领袖地位者，离不了灯红酒绿的生活，脱不了醉生梦死的人生。青年人只有一事，便是“爱”。老年人只有一事，便是钱，学生们照样弄他那闹学式的学潮，教员照样防范他自身地位的利益，商人照看买卖他的日货，时髦的少爷小姐姨太乃至大人们还是非日货不用……

傅斯年元气饱满，酣畅淋漓，激情与理智，仇恨和怨怒，悲情和愤慨，始终交织在一起。他热血沸腾，在无限的悲情中，奋笔疾书，血脉贲张地痛斥汉奸、投降派、妥协派、卖国贼，如雷贯耳般地唤醒那些浑浑噩噩之人、庸庸碌碌之辈。傅斯年甚至提出“持久战”的思想，他举例上海淞沪之战，十九路军在敌强我弱的情况下，硬硬抗击，坚持一个多月，得到全国人民的同情和支持。东北三省的抗日义勇军，马占山部队长期跋涉白山黑水、林海雪原，浴血奋战，得到世界人民的同情和支持。他说，中国人民抗战一时不可能战胜，但要长期坚持下去，胜利必将属于中华民族。

傅斯年写信劝宋哲元、韩复榘等军阀要以民族大义为重，拥护国民政府，不要与西南两广实力派相呼应，而自行独立，以便被日寇各个击破，要把矛头对准日本侵略者。一个目标，一个政府，这在当时是有着积极意义的。那时只有国民政府代表国家，各路军阀如果不统一到蒋介石的麾下，会出现更可怕的后果。傅斯年不是无政府主义者，当然也不是马克思主义者，他深知，没有国家，没有政府，哪有知识分子的自由？

在傅斯年看来，虽然当时的国民党政府有弊端，但它毕竟是名义上的中央政府，而且当时还没有别的力量、组织、政党可以取而代之。为了对日寇的入侵进行有组织的抵抗，中国必须有一个领导核心，即统一的国家政权。也就是说，在当时的局势下，中国必须存在一个统一的政府，领导全国人民抗敌御寇，才有可能免遭亡国灭种之祸，一旦失去统一的国家政权，再次陷入四分五裂之中，其后果不堪设想。

傅斯年是狂热的民族主义者、爱国主义者，国家有难，匹夫有责，勇赴国难的传统士大夫思想像基因一样奔腾在他的血脉之中。他是胡适的门徒。傅斯年既是破坏者，又是建设者，一手攥着爆破筒，一手挥舞着泥瓦刀，两种武器交替使用。

傅斯年对于异族侵略者，似乎有着天生的刻骨铭心的仇恨，这不是他性格偏激，是根深蒂固的民族情结。中国传统士大夫最讲究气节，“情操气节”是他们最崇高的人生价值观。历史上他最崇拜的两个历史人物，一个是南宋末年的文天祥，一个是大明黄昏的黄道周。前者读者耳熟能详，是碧血孤忠之士，后者怕是有点陌生了。黄道周，明末学者、书画家，任吏部兼兵部尚书，抗清失败，被俘、殉国，谥号“忠烈”。徐霞客评他：“字画为馆阁第一，文章为国朝第一，人品为海内第一。”《明史》赞曰：“学贯古今，所至学者云集。”连清乾隆皇帝也不得不佩服：“不愧一代宗人。”黄道周人品高洁，至大至上，很多事情“明知不可为而为之”，敢于犯颜直谏，是严冷方刚、不谐俗流、天地奇节、慷慨激昂之士。

但傅斯年并不赞赏一代清吏于成龙，尽管于成龙被誉为“天下第一廉吏”、全国领导干部的楷模，但与文天祥、黄道周相比，却是另一种境界了。因为你于成龙是大明朝的贡生，你不能为故国殉身，也不应该参加异族统治者的科举考试，更不应入仕为清政府效忠尽力。而对自己的七世祖、大清开国状元傅以渐，傅斯年从来不提这位祖爷爷，他不仅不感到“天下文章第一家”的骄傲、自豪，反而“以此为耻”。因为这位祖爷爷是大明朝的人，他考入清朝进士已三十七岁了，你不殉国，反而卖身投靠异族，这是大节有污，为国不忠，即使贵为相府，又有什么值得炫耀的呢？

有一天，傅斯年兴致勃勃地告诉罗家伦：

“我老婆怀孕了，要生个男孩就叫仁轨。”

罗家伦问他：“何讲？”

傅斯年瞪大眼，道：“你连唐朝的大将刘仁轨都不知道吗？在朝鲜战场上打败倭寇的中国第一位将军。”

罗家伦嘿嘿笑道：“有犬父必有虎子。”

傅斯年挥起老拳要砸去，罗家伦机灵一闪，傅斯年扑了空，差一点摔倒，罗家伦急忙扶住他，两人哈哈大笑。

25 日本法西斯歇斯底里地叫器：“日本是大地最初成立的国家，所以统治万国是日本的天命！”日本侵略者继占领中国东北三省后，又于1932年1月28日，突然进攻上海，想从上海撕开一个口子，为的是下一步吞并江南，使大江南北全部掌控在日寇魔爪之下。国民政府十九路军奋力抗日，官兵纷纷表示：“尽我辈军人守土御侮的天职，与倭寇决一死战。”但国民政府吓破了胆，何应钦、朱培德以“忍辱求全，避免冲突”为由三次火急电令十九路军即日后撤。淞沪之战以失败而告终，接着日本扶持的伪满洲国宣告建立，日本法西斯加快了吞并中国的步伐。

1933年5月，日寇包围了平津，冯玉祥积极抗日，通电全国，宣告察哈尔抗日同盟军正式成立。通电中指出："日本帝国主义对华侵略，得寸进尺，直以灭我国家，奴我民族，为其决无变更之目的。"并且痛陈，"握政府大权者，他不抵抗而弃三省，以假抵抗而失热河，以不彻底的局部抵抗而受挫于淞沪平津。"

5月31日，熊斌受蒋介石、何应钦之命，与日寇和谈，缔结丧权辱国的《塘沽协定》。傅斯年看到报纸上刊登的"塘沽协定"，雄狮般地咆哮大骂，一把将报纸撕个粉碎，抛出窗外。他的手颤抖着，他要吸烟，因为用力过猛，却连着划了几根火柴没点着烟。他胖大的身躯起来又坐下，坐下又起来，不知如何是好。

几天后，他又看到《独立评论》发表胡适的《保全华北的重要》，其观点赞成停战，公然支持国民党政府与日本签订的《塘沽协定》。胡适在文章中说："如果与日军交战，就会使华北糜烂。"傅斯年大炮脾气爆发了，脸气得发紫，头发根直立，一拳砸在桌子上，接着又把刊物撕烂，踩在脚下，连跺了几脚。他怒吼道："我退出《独立评论》，我退出，我退出！与胡适断绝关系！"

这事发生在北海静心斋史语所的办公室，同行们惊呆了，想劝说傅斯年，但又惧怕他那牛脾气，谁也不知道如何是好，陈寅恪、赵元任又不在现场，谁也压不住阵脚。

这不啻是学界的一声惊雷！

胡适极为尴尬。多年的友谊毁于一旦，他懊悔、痛心，不该在大是大非面前如此糊涂，孟真一腔烈火般的爱国之情，岩浆般炽热的民族意识，是多么可贵的品格！国家有孟真这样的赤子忠臣，任何强敌都可战胜，在民族生死存亡之际，自己不能苟且，不能妥协，不能丧气，只有鼓起斗志，与民族共存亡，与国家共患难，气可鼓而不可泄！

孟真从广州迁移北平，与胡适同居一个胡同，往来极其方便，交情更加深厚。此时的胡适已是名满天下的学者，傅斯年也不是头脑发热、思想偏激的学生，而是成熟的思想家、领导者，他主持史语所、任中山大学文科长，样样干得出奇的好。他大气磅礴，学识渊博，有卓越的组织才干，和富有煽动性、鼓动性的演讲，足可堪大任！怎么自己一时糊涂，说了些有损民族自信心的话呢？自己提倡的“独立精神”哪里去了？

夜里，傅斯年躺在床上，辗转反侧，他脑海里过电影般出现他和胡适交往、言谈，在大是大非面前的观点、立场，但他怎么也想不到天下第一学人胡适竟然糊涂如此。胡适性格温和、儒雅、谨慎，从不履险，在新文化运动中是呼啸呐喊的大将，在学界是“圣之时者也”的人物。但胡适又是胆小之人，不惹事，不闹事，本本分分，文化上的激进主义，政治上的保守主义，他走的是政府的路，他只希望有个“好政府”，既然政府签订《塘沽协定》就支持、执行。去年（1932）1月，他被邀请出席国难会议，出发前，与丁文江等人多次交换意见，达成共识：不对政府采取敌对态度，以非革命的手段求得政治的改善。早在1931年9月，他就写诗道：“几支无用笔，半打有心人。毕竟天难补，滔滔四十春。”

胡适是典型的“补天派”！

他要同胡适决裂不是友谊的决裂，而是强烈的民族主义与“胆虚体弱”、鼠目寸光的思想境界的分道扬镳！

胡适夜里躺在床上，也难以成眠，他陷入自责和反思。

胡适这位新文化运动的开山鼻祖，在大是大非，在民族生死存亡之际，竟向倭寇妥协了，表现了那种温和派苟且偷安的姿态。胡适既非思想家，也非政治家，充其量是个“伟大的书生”。他不雷霆震怒，不横眉冷对，像他家门前的溪水，潺潺湲湲，从不惊涛裂岸。他儒家思想的内敛、谦恭和抱残守缺，他满脸堆笑的性情，不论达官贵人、三教九流，他都很热情相待，这和他的好脾气有关，对穷凶极恶的倭寇也是“和为贵”。

他想向孟真道歉，又不知道孟真那种牛脾气是否谅解，只好求助于丁文江进行调解。

胡适认为丁文江是一个有干才的人，绝不像我们书生放下笔杆子就无事可干，他很有替国家做事的能力。他最恨“那些靠政治吃饭的政客”，他的名言：“我们是救火的，不是趁火打劫的。”

在丁文江的影响下，胡适也改变了二十年不谈政治，二十年远离政治的想法，他和丁文江、蔡元培大张旗鼓地宣传“好人政府”，也就是选好人做官，只有改良政府才能改造社会，他提倡有才干的知识分子要当公共知识分子，要积极参政。

丁文江对胡适说：

你的主张是一种妄想，你们的文学革命、思想改革、文化建设，都禁不住腐败政治的摧残，良好的政治是一切和平的社会改善的必要性条件。他常对朋友们说：“不要上胡适的当！”

胡适接受丁文江的批评。

丁文江则提倡一种“新式的独裁”，所谓新式无非增加一点专家型人才的条件。他甚至指责：“目前的中国这种独裁还是不可能的。但是我们大家应努力变为可能。放弃民主政治的主张就是这种努力的第一个步骤。”

丁文江留着德国皇帝威廉似的八字胡，瘦削的脸庞，一双不大的眼睛，却炯炯地发光，精明、干练，一副实干家的气质，又有英国绅士的气质。他先后参与胡适等创办的《努力周报》及《独立评论》，后任北京大学教授、中研院总干事。

他对于不喜欢的人，总是歪着脑袋，从眼镜的上方斜睨他，眼白多，黑眼珠少，他说，阮籍能做青白眼，“白眼对人”。

丁文江“精于科学，长于办事”。

胡适、丁文江、傅斯年之流，“既关心政治，又厌恶政治，既想通过实际从政改善中国政治、中国社会，又爱惜羽毛，生怕自己的清白被政治污染”，这是自由知识分子“清流”思想与现实冲突的复杂态度。

傅斯年对丁文江接受北洋军阀孙桂芳的委派，就任淞沪商埠总办一职，依附军阀极为愤慨，大骂丁文江是小丑、无耻，可杀！

丁文江曾是傅斯年扬言“非杀不可”之人，可是一见面，便成了莫逆之交。他深知孟真贫于财，而富于书，富于学，富于思想，富于感情，尤富于一股为正气而奋斗的斗劲。他嫉恶如仇，他是非明断，他淋漓的生命元气之中，包含了天地正气和人生的生机！

“九一八”事变后，傅斯年在十分艰难的情况下，除了继续主持殷墟的发掘，还要保存几年来发掘的重要文物。日寇不是蚕食，而是鲸吞中国，由于日军侵略日益扩大，北平、天津、华北已不是安全之地，他要将这些国宝迁移到南京、长沙、昆明，他四处奔波，寻找安全之地。他肩负着救亡图存的重大责任，他往返于北平、南京、安阳、庐山、长沙各地，发表演讲，举办讲座，呼啸奔号，唤起民众，凝聚力量，鼓舞士气，激奋人心，批判亡国论，批判日伪谬论，并团结良知未泯的知识分子，口诛笔伐，展开对当局尖锐的批评。

傅斯年1935年3月发表文章《中日亲善??!!》，对日本军国主义者的无耻谎言进行刀劈斧砍般的批驳：“最近两个月是‘中日亲善’走运的时代，也许这个口号将来更时髦，更成国事，更了不得，本未可知，不过现在走到这个地步，已够忧心如煎了，仿佛这番热闹是为了纪念‘一二八’的第二个周年，这真是历史上最残酷的幽默。”日本鬼子屠刀上的中国军民的血污还未来得及擦去，中国大片国土沦丧，日本的坦克车、炮车轧在中国母亲肢体上，中国大地在流血，在呻吟，在痛苦的痉挛，白骨蔽野，血流成河，日本鬼子竟然喊出“中日亲善”，真是无耻谬论！更可恨的是国民政府的高官和汉奸、卖国贼打着小旗，也跟着吆喝“中日亲善”，这不是黑色幽默吗？最冷酷的幽默吗？一方面残酷地掠夺，血性地屠杀，一边高喊“中日亲善”“共存共荣”，岂非咄咄之怪事！

傅斯年发疯般地到处演讲、发表文章，揭露日伪谎言，揭露汉奸、卖国贼。日寇疯狂推行“华北五省自治”，那就是日本占领了东北，日后要占领华北、华东、华南，整个中国都划入日本的版图！野心比天大！傅斯年的言论，必然引起这些丑类的忌恨，许多朋友劝他，要慎言、要谨行，傅斯年依然我行我素，身处险境，毫不畏惧，这是不拿枪的战士，这是化笔为剑的壮烈之士！他那颗爱国之心，炽热如火，国家安危、民族生死存亡的庞大沉重的历史使命，仿佛全落在他的肩头，他不能驰骋沙场，只能以三寸狼毫横扫妖氛！

傅斯年与胡适在许多问题上如学术、人权等保持一致，而对日本侵略问题上，却迥然不同。他旗帜鲜明，立场坚定，属于抗战派，哪怕流尽民族最后一滴血，决不妥协，决不言退！而胡适恰恰相反，求和、妥协、求稳，和平共处、和为贵，几千年来使中华民族只能做鱼肉，不能做刀俎，这是文化的悲剧。

傅斯年也在反思对胡适的认识。他想起胡适对待“一二九”学生运动的态度。前些时，日寇猖獗至极，像野兽一样残忍，传来什么“冀东防共自治政府”“冀察政务委员会”“华北要独立”的叫嚣声。一些日本浪人横行霸道，寻衅闹事，公开贩卖鸦片，到处充斥日货，东单市场，西单市场，到处排满日本人的商店、摊点，满街挂满血斑般的膏药旗，一时北平变成了东京……中日亲善、共存共荣已成了日寇鱼肉中国人的遮羞布。

中国亡国了吗？

中国人民成了亡国奴了吗？

国民党忙于打内战，攘外必须先安内，置日本侵略者于不顾。

北京大学和北平各高校、中等学校的师生也冲出校门，行动起来。师生们怒不可遏，如海啸怒卷，如岩浆奔突，他们自发联系，高呼“全国武装起来，保卫华北！”“立即向日本宣战！”“驱逐日寇！”“打倒日本法西斯！”，掀起声势浩大的“一二九”游行示威，世称“一二九”运动。

12月16日，黄敬、江凌又策划进行更大规模的游行示威。两次声势浩大的游行示威，在全国造成巨大影响，迫使日伪“华北自治”阴谋破产。江凌又发表演讲，号召学生深入广大的农村，宣传抗日救国，唤醒民众，又组织宣传队南下南京请愿，敦促政府，停止内战，枪口对外，朝野同心协力，抗击日寇的侵略。

胡适对学生运动很冷漠，看到红楼理学院的学生在进门的楼梯上站岗，他斥责道：“这是爱国？简直是胡闹！”同学们也不示弱：“这就是爱国，你才是胡闹呢！”胡适一看不对头，扭头便向楼上走去，一边走，一边说：“真是对牛弹琴！”同学们大声回应：“你才是牛！”

胡适还写了《告北平各大学同学书》，他力劝同学们莫蹉跎时光，埋头读书，今天游行，明天示威，荒废了学业，你们将来以何报国？报国之事绝非赤手空拳撒传单，训诫学生，你们这是“自己破坏国家将来之干城！”

傅斯年和胡适观点相左，他承认国民政府是全国唯一合法的政府，但对国民党政府消极抗日不满，他极力反对对日妥协，更反对胡适的“日本侵华带来先进文明”之说。他简直不相信亦师亦友的胡适先生竟然脑袋注水，糊涂到如此地步。他愤怒、他焦虑、他痛苦。他忧心忡忡，担心国家沦亡，担心国家四分五裂，担心民族灭种！胡适虽然批评学生爱国运动，学潮依然汹涌澎湃，抗日的浪潮，风起云涌，全国已成烈火干柴之势。北平的学生联合起来，乘火车直下南京，在总统府门前游行示威，静坐绝食。他们高声大唱：

同学们！
大家起来！
担负起天下的兴亡！
听吧！满耳是大众的嗟伤；
看吧！一年年国土的沦丧。
我们是要选择战还是降？
我们要做主人去拼死在战场！
……

国民政府左右为难，安抚劝告，毫无作用。昔日皇都西安的学潮也是一浪高过一浪，最终酿成“西安事变”，蒋介石被关押，“逼蒋抗日”成了这一事变的主题。

傅斯年和胡适有一个相同的观点，好政府主义，他们都是改良派，希望政府清除腐败，倡导民主和自由。现在大敌当前，只能矛头一致对外。

通过丁文江的调解和批评，胡适的态度有了很大转变，师徒二人的关系和好如故，依旧山清水秀。

西安事变半年之后，1937年7月7日，一个平静而充满恐惧的北平夏夜，相距北平百里之遥的卢沟桥传来枪声，凄厉的枪声划破了冀中平原的夜空。日本法西斯发动了全面的侵华战争！

1935年5月，傅斯年（左一，前者）和梁思永（右二）在一起。

台灣大學校長室用牋

第六章

山河破碎风飘絮

朱自清说：那是让人心酸不尽、悲愤不已的日子，腥风血雨，天崩地坼。骨肉分离，撕肝裂肺的哭声，呼号惨叫，古老的中国陷入越来越深重的灾难当中。大江南北，长城内外是一幅车辚马啸、牵衣顿足，民族大逃难、大流徙、震撼千古的悲戚画图。

台灣大學校長室用牋

26 从1931年“九一八”事变，到1937年“七七”事变，前后不到六年，日本不仅侵占了东北三省，又迅雷不及掩耳，侵占华北，接着是华东，大半个中国沦陷了，被日本肢解了，想想这几年中国“国民的人格立场到什么田地了？政府的对外态度得到个什么正义？真是要掉泪也不知为谁掉的！”东北有个“受命于天的新帝国，华北有亲善和平的新政权，蒙古向外归化，西域对内分崩……”日寇的吞并，汉奸走狗的出卖，他一向尊重的国民政府对日妥协，国家政府机构腐败不堪，民族危机日益加重，有人卖国求荣当汉奸，国家政权竟然充耳不闻，熟视无睹，一言不发，傅斯年看到国将不国，真是肝胆俱裂，忧心如焚！

“七七”事变第二天，南京急电，邀请北平的胡适和南京的傅斯年等飞往庐山，参加国民政府召开的各党派领袖及文化教育界名流的庐山谈话会、国防部参议会。要求献计献策，团结御侮，共同抗日。

早在1936年，傅斯年的家已由北平迁往南京，住在南京新住宅区北平路中英文化协会。

这大半年傅斯年忙得不可开交，他往来南京、北平之间，参加各种会议，筹备“钢和泰的葬礼”，又筹备召开中研院评议会，迎来送往，安排食宿，陪伴招待，购买飞机票、火车票，他都要亲自忙活。还要准备发言，撰写抨击时政、宣传抗日的文章，常常一天只睡三五个小时。他日夜操劳，而又常常怒火攻心，傅斯年病了，伤风未愈，又生中耳炎，苦恼，焦急，焦虑，痛苦，但病情稍好转，又是风风火火地奔波。

现在国民政府邀请来庐山开会，傅斯年轻官轻财轻诸侯，他历来不愿从政，这次政府开会，是抗日“应征”，自己不能厮杀沙场，但能为抗日出份力，就不惜身骨。“国家抗战，义等于征兵”。梁实秋也参加了庐山会议。庐山风光旖旎，草木华茂，松杉参天，虽是七月酷暑，这里依然风清气爽，如春如秋，山泉飞瀑，流水潺潺，早晨，雾起山坳，黄昏，岚生幽谷，真是风光绝佳之地。

在庐山会议上，蒋介石发出全面义正词严的抗战动员令：

> 卢沟桥事变的推演，是关系中国国家整个的问题，此事能否结束，就是最后关头的境界。
>
> 我们固然是一个弱国，但不能不保持我们民族的生命，不能不负起祖宗先民所遗留给我们历史上的责任,……如果放弃尺寸土地与主权，便是中华民族的千古罪人！那时候便只有拼民族生的命，求我们最后的胜利。
>
> ……地不分南北，人不分老幼……
>
> 全国应战以后之局势，就只有牺牲到底，无丝毫侥幸求免之理。

7月8日中共中央发出通电：平津危机，华北危机，日本帝国主义武力侵占平津与华北的危机，已经摆在每一个中国人面前，“只有全民族的抗战，才是我们的出路。”

毛泽东高度评价蒋介石的演讲：“确定了准备抗战方针，为国民党多年以来，在对外问题上第一次正确的宣言，因此，受到我们和全国同胞的欢迎！”

从鸦片战争、中法战争、中日战争，到八国联军攻陷北京，一次战争就是一纸不平等的条约，割地赔款、丧权辱国。倭寇狂妄地叫嚣：“欲征服中国必先征服满蒙；欲征服世界必先征服中国”——这就是臭名昭著的田中奏折。从“九一八”到“一二八”，“还我山河！”东方巨人发出声震山河的怒吼！“工农兵学商，一齐来救亡！”

傅斯年带着一腔对倭贼的愤怒和仇恨，匆匆登上庐山，献力献策，在国家危亡之际，表现了儒家知识分子浩然之气、赤子之心。他早就说过：

> 中华民族自有其潜藏的大力量，三千年的历史告诉我们，中华民族是灭不了的，而且没有天造草昧之形势，民族是复兴不起来的。
>
> 宋明的道学先生尚能以四书五经养其浩然之气，我们不能以近代知识养我们的浩然之气吗？

“国破山河在，城春草木深”。中华民族四万万“草木”，一片浩瀚苍茫的森林，什么风暴也摧不垮我们！

自庐山会议后傅斯年以空前的热忱投身抗日运动。8月17日，国防参议会、最高参议会在南京召开，傅斯年作为社会名流应邀参加。会议性质和庐山会议大体相同，政府邀请各民主学派、人民团体、社会贤达，畅所欲言，提出建议和措施，振奋民族精神，团结各阶层、各党派，停止内战，共同抗日。并要求政府清除腐败，肃清贪污，并成立各级民议机构，彻底改变当下崇洋恐日，因循自私，萎靡不振，散沙一盘的社会现象。

这次会议，大家推举胡适去美国，蒋百里出任法国，孙科去苏联，加强与国际之联系，争取国际的援助，广造舆论，广结朋友。

“八一三”淞沪会战爆发，傅斯年参加南京国防参议会，在会上，他依然慷慨激昂，宣扬团结抗日，鼓舞朝野士气，浴血御敌。“八一三”后，日寇开始轰炸南京，国都危机，傅斯年托人将母亲送到安徽避难，他独身留在南京。

这时中研院和史语所计议迁移，茫茫中国，何处是安栖之地？日本倭寇吞并中国的野心已达到歇斯底里，几乎是天天狂轰滥炸，国军节节败退，甚至望风遁逃。傅斯年一边大骂政府无能腐败，国军是一堆饭桶；一边操持中研院和史语所的迁移，任务十分繁重，器材、图书、文物、资料、标本、档案，需要数以千计的木箱装盛，兵荒马乱，定做木箱连木材加工厂的工人也纷纷逃难。傅斯年拖着疲惫的身躯到处奔波，催促家具厂打造木箱，跑上级部门要钱，跑运输部门索求车皮，装运货物。

连日以来傅斯年没日没夜地忙碌，脚不沾地，脸不消汗，他显得疲惫、憔悴，脸也瘦了一圈，眼圈发乌。他常常不能按时吃饭，饿了，跑到街上包子铺，蹲在店门口，吃几个猪肉白菜大包子，喝碗白开水，填饱肚子，又投入紧张的迁移组织工作。由于失眠心急、心燥，内虚上火，他的嘴唇、嘴角起了燎泡。

12月13日，南京沦陷，傅斯年被迫离开南京。同年冬天到达江西牯岭，见到爱妻幼子。他随即挈妇将雏乘船经汉口，抵达重庆。

27 1937年10月30日，蒋介石宣布将国民政府迁都到重庆。日寇以迅雷不及掩耳之势，迅速攻陷华北、华东一些重要城市，“八一三”上海淞沪大战爆发，张治中率第十九集团军抗击日寇疯狂进攻，“我海陆空三军的火力可以尽量发挥。我军等于陷入一座大熔铁炉，任其焦炼……淞沪之战，简直以我们的血肉之躯来入敌人的火海。”上海沦陷后，日军兵分三路，向南京进军。12月4日，日军先头部队与中国军队接触，此后几日，国民党军外围阵地尽失，12月9日，日军发起总攻，光华门被敌军攻破三次，大胜关失陷。10日，日军向雨花台、光华门、紫金山冲击，光华门被敌突破两次，雨花台阵地动摇，11日，日军突破雨花台的右翼阵地，一度突入中华门，银花山失守。当晚蒋介石曾指示：如情势不能久持时，可相机撤退。12日，雨花台阵地失守，日军突入中华门。

南京陷落。

早在1935年3月蒋介石就暗示：“就四川地位而言，不仅是我们革命的一个重要地方，尤其是我们中华民族立国的复兴根据地。”蒋介石后来又表示国府迁渝并非临时才决定的，而是三年以前奠定四川根据地时已定。

11月20日，国民政府正式颁布迁都令：

为国家生命计，为民族人格计，为国际信义与世界和平计，皆已无屈服余地，凡有血气，无论不具宁为玉碎不为瓦全之决心，国民政府兹为适应战况，统筹全局，长期抗战起见，本日移驻重庆。此后将以最广大之规模，从事更持久之战斗，以中华人民之众，大地之广，人人本必死之决心，以其热血与土地，凝结为一，任何暴力，不能使之分离，外得国际之同情，内有民众之团结，继续抗战，必能达到维护国家民族生存独立之目的。

12月13日，南京陷入日寇魔掌，一场血性的惨无人道的大屠杀开始了。

日本近代社会学家福泽渝吉则说："不幸之有邻国曰支那……论教育则云儒教主义，论教者则曰仁义礼智，由一至于十，仅以虚饰为其事。其诚实际，则不惟无视真理原则，……若不改革，于今不出数年，必亡其国，其国土必为文明世界，诸国分割无题"，又说，中国"自尧舜以来四千年间，上下皆习惯于专制独裁的恶劣风气，陶醉于阴阳五行的空论"，所以，日本应该"以疾风迅雷不及掩耳之势，勇敢果断地直攻要害地区，蹂躏四百余州，加速其亡国"。

南京大屠杀的罪魁祸首之一的谷寿夫在海军大学讲课时，就叫嚣："打了胜仗之后和追击敌人时，掠夺、抢劫和强奸妇女，反而可以鼓舞士气。"……日寇人道观念缺乏，自认为"皇军的任务就是杀掉一切不服从天皇或不承认天皇的家伙"。

日寇初入城时，逢人即杀，遇屋即烧，朱雀路、中华路、太平路、中山路，一切繁茂之区，烟焰障天，炮弹枪弹，爆炸之声，不绝于耳。国军留城不及撤退者，趋挹江门，欲夺门而出，至江边，抱木板浮水而过，溺死者不可数计。日寇飞机，低空盘旋，疯狂扫射，死者也不可数计。浮水之木板，取之商店，不足则拆民屋之梁柱，仓皇拥挤，渡者陷溺者不免。

日寇兽性大发，在中山码头，将我五千余难民用机枪扫射：在宝塔桥和鱼雷营一带，屠杀我军民万余人；在煤炭巷，用机枪扫毙三千二百余名；在草鞋峡，将我军民五万七千余人，以铅丝绳捆绑，用机枪扫射，复以刺刀乱戳，并以煤油焚化尸体；在花神庙、凤台乡，将我难民五千余人和被俘士兵二千余人全部屠杀，在燕子矶矶头三万余解除武装的士兵，两万多平民，求渡北逃，遭日舰封锁所阻，旋受大队日军包围，继之以机枪横扫，被害五万余人，尸横荒滩，血染江流，罹难之人，情状之惨，乃世所罕见。日军罪恶累累，罄竹难书，中华民族永远不能忘记这惨无人寰的血腥岁月。

在疯狂屠杀同时，日寇展开世界历史上空前未有的集体奸淫，从幼童到老妇，概不能免。日寇占领南京后一个月内，他们用木棍、树枝、杂草、高尔夫球杆、啤酒瓶，甚至鞭炮对准妇女下身施虐，他们随处强奸，反复强奸，强奸孕妇，强奸尼姑，轮奸幼女，在丈夫面前强奸妻子，在父母面前强奸女儿，并强迫我同胞奸污女尸，翁奸其媳，父奸其女，子奸其母，僧奸民妇，种种不齿的人类丑恶行为，闻所未闻。而且强奸以后全部杀死，一放开手，女人拔腿就跑，日寇从后面砰的一声就毙了。

初入城之寇军，类多短小凶悍，虬髯满面，大都是北海道未开化之虾夷，及朝鲜浪人混合组成烧杀先锋队。这些人狠毒贪婪，兽性十足，借以表现皇军之淫威，纵火者，则施以化学液体药品，倾门窗上，即能燃烧，虽泼水不能熄灭。

后来，国民政府总结归纳了日寇十五种灭绝人性的残杀手段，仅仅是其中一部分：

> 将人民捆绑，用枪击毙后再用刺刀连刺数刀或者数十刀。
>
> 将人民捆绑，用刺刀连刺数十洞，令其忍受无限痛苦而死。
>
> 将人民衣服剥光，赤身露体，用绳紧缚，以物塞其口，推进坑内活埋，并用刺刀向其背刺数次，刀刀穿透而死。

将数十人或数百人关闭屋内，周围洒以煤油将其全部焚毙。

用木棍或铁锤将难民击毙后抛入河中。

将青年男子捆绑，用卡车装赴野外用机枪扫射而死。

将人民投入麻袋内，从高处向下猛摔，故意使其粉身碎骨而死。

强奸妇女后，用刺刀破其腹，将其心肺挖出。

将妇女轮奸，并用花露水玻璃瓶塞入其阴户之内致死。

将难民剥去衣服，赤身露体绑于十字架上，叫素有训练之军犬将其咬死。

置一铁椅暗通电流，使难民坐于椅上，扭动电钮，此人即受电击昏倒，用药使之复苏，再施该法凡四五次或十数次，乃将其杀死。

将难民绑在十字架上，日军在距离十数步之地，以刀斧表演武士道之技术，使受绑之人百孔千疮血肉横飞而死。

以煤油强迫灌入腹内，再以易燃烧之纸投入口中，使其火力直达腹部，立时将其烧烂毙命。

以两桶冷水灌入人之腹，使其卧于地上，日军在上践踏，令五脏崩裂而死。

将难民强迫集合，关闭暗室，不给饮食，全部饿死。

整个南京都化为一片废墟。

南京陷落之后，随之而来是日本的商贩、浪人、僧侣、娼妓，文化侵略者，如风之飙，如浪之涌，各显其魔手。且不说，断壁残垣间，他们架屋设摊，全是日本货，从香烟到酱醋油盐，连扫帚、水桶都是从日本运来。日本报纸、画报，满街乱飞，强行贩卖。日寇在鼓楼附近设立慰安所，大批日本娼妓结队云集，整个南京一片乌烟瘴气。血迹未干，残烟未熄，日寇又对南京进行疯狂的文化侵略。南京是六朝古都，地上地下，历史文物，极其丰富，他们盗挖盗掘，将国之瑰宝，装箱打包，连同书籍、仪器、字画、古董等价值连城的文物，用货轮运往日本。

金陵虎踞龙盘，形势天成，自建都以来，道路广阔，市廛宏开，公私建筑，不知若干亿万，蔚成大观，乃遭夷寇一炬，半成焦土，连华丽堂皇的国民政府的各部委、军事机关的大楼全夷为平地。

这是中华民族自鸦片战争以来，遭受的最惨重的悲剧，这不能不引起中国有识之士的深沉思考。

28 随着南京的沦陷，整个华东成为日寇“所向披靡”的攻略之地。中华民族六千万儿女，政府官员、教职员工、工商老板、小商小贩，他们扶老携幼，从沿海大小城镇奔向内陆；从富饶的江南逃向荒莽的西南山区，从富庶的中原走向皱褶叠叠的黄土高原，为了生存，为延续民族血脉，坚持长期抗战，进行史无前例悲壮的大迁徙。

逃难的人群，像黄河决堤般汹涌奔腾，车站、码头，全是挑担推车，肩扛背驮的难民，人声鼎沸，混乱不堪。哭声、叫声、喊声、争吵声，搅成一片蛤蟆坑。1937年下半年至1938年是中华民族灾难最沉重的岁月。轰炸、饥饿、疲惫、死亡，天上纵飞着敌寇的飞机，地上横行着日寇的坦克，空中炸响的是敌寇的炸弹，到处积尸如山，血流成河，生灵涂炭，哀鸿遍野。中华民族自盘古开天地，浑蒙初开，未遭如此之劫难，这是五千年历史上最耻辱的一页，也是最黑暗、最血腥的一章。

在硝烟炮火的战乱中，偌大的中国没有一席之地安放课桌，“七七”事变，日寇攻陷北平、天津，清华大学、北京大学、南开大学，纷纷南迁，迁至长沙。傅斯年的史语所也在长沙暂时落脚。

罗家伦那时任南京中央大学校长，他从庐山开会回来，虽预感到南京不测，但仍非常镇静地组织中央大学、浙江大学、武汉大学三校联合招生考试，考完之后，催促教授们赶快阅卷，又限定大家在两个星期内把重要图书、仪器一齐装箱，学校准备迁移。不出所料，8月13日，上海战争爆发了，8月14日，日寇开始空袭了光华门外的飞机场和军事目标，连大学也不放过，中央大学的男女宿舍楼被炸塌，图书馆被炸。教授们在此阅毕试卷，分数统计好，敌机又来空袭，在图书楼的上空盘旋，“忽而听见一声剧烈的爆炸，像天崩地坍一样，屋顶上的水泥纷纷像暴雨般的掉下来”（罗家伦：《抗战时期中央大学迁校》），接着是敌机天天来轰炸，化学楼、大礼堂也被炸毁，其中一颗炸弹就落在图书馆书库的外面，弹坑距外墙仅三米，幸运的是图书馆没有被烧毁。

当时，中央大学没有接到国民政府的迁移通知，选校址也众说不一。卫戍区司令怕动摇人心，不希望中央大学外迁，教育部希望中央大学能选择一个安全的地方。胡适参加完庐山座谈会后暂留南京，没有回北京大学，他建议罗家伦将中央大学迁至他的家乡九华山，还有的主张迁移到庐山牯岭，学校的教授们都知漂泊、迁移之苦，都不主张远迁，最远就是武汉。最后决定迁移到安徽屯溪。

罗家伦直到9月底将学校图书、仪器搬完后，才最后一个离开中央大学。罗家伦携带的生活用品很简单，一只小提箱，只放了几件随身替换的衣物，连书桌上的文房四宝都没带，却带了一瓶香槟酒，这是他任清华大学校长请客时没用完，带到南京的。他拿起这瓶香槟酒上汽车时，发誓说：“不回南京我永远不会开启这瓶酒！”当汽车驶出中央大学校园时，回首坍塌的楼房，罗家伦眼泪潸然而下。

空袭的警报又拉响了。在敌机的轰炸中罗家伦乘车向安徽驶去。

北大学生马伯煌，在南迁途中见满眼是日寇士兵，天上有日机轰炸，大家眼睁睁地看到日机俯冲、投弹，他们乘坐的江轮险些被炸，他感慨悲叹，回想我们中华民族的祖先们，披荆斩棘，平土安民，创造出大好锦绣山河，落到现在不肖子孙的手中，弄得东北裂土，华北陆沉，中原板荡，三吴烽火，九夏蜩螗。我们青年学子竟然累累若丧家之犬，遑遑如漏网之鱼，前途茫茫，流亡何处？

北大、清华、南开三所大学迁移到长沙，且不说饮食住宿条件十分糟糕，由于南京的失守，人心更是惶惶，武汉战事紧张，一旦失守，武汉距长沙三百公里，日军会溯江而上，长沙沦陷，指日可待。长沙非久留之地，茫茫九州，浩浩华夏，何处能安放几张课桌？长沙暴露在敌寇视野中。傅斯年虽然不是北大正式教授，是挂名的兼职教授，实际上他比北大校长蒋梦麟还着急，他提议由北大、清华、南开三校合一，成立联合大学南迁昆明，长沙已不是久留之地。其实，三校从北平、天津迁来刚刚一个学期，混乱状况尚未安定，现在又要迁移，好多师生并不满意，大发牢骚：国破山河在，庸人自扰之，正期弦歌不辍，今又劳师兴众，南迁昆明，这样躲来逃去，何时是头？

在临大校务委员会商议迁校事宜之际，中央研究机构和史语所同仁们，也惶惶不可终日，中央研究院院长蔡元培远在香港，傅斯年随中研院迁往重庆。群龙无首，梁思永、李济召集史语所主要人员开会，商讨去留问题，一番争论，智者见智，仁者见仁，最后达成共识：同仁家庭没有沦陷的可跟所走，若不想跟所走的，也可自便。只是所迁往之地未定。李济是考古组主任，不能走，手头工作还待理出头绪，董作宾是甲骨文专家，安阳出土的所有甲骨文，都需要他负责保管，梁思永是中研院长沙站管委会常委，诸多事务由他处理，也暂时不能走。

但是战争是残酷的，常常出乎预料的。日寇的飞机时时在武汉上空盘旋，距武汉不足三百公里之遥的长沙岂能安静？

三校决定南迁，组成校务委员会，三校校长为常务委员，另有多名委员，傅斯年兼任联合大学的校务委员。男女师生，老弱病残，从长沙到昆明，山高水远，迢迢几千里，陆路水路，皆不畅通。三校师生共有一千五百余人，还有家属、孩子、保姆、用人，这么庞大的队伍的行动转移谈何容易？更何况经费不足，车船不足，组织力量不足。傅斯年协助梅贻琦、蒋梦麟、张伯苓三位校长，为他们出谋划策，把年老的教授和教职员工挨个体检一次，让体弱多病的同志，乘坐学校统一组织的车辆，一部分身体较好的同志，按指定的路线或步行间或乘车、乘船，另外一部分身强力壮的小伙子和姑娘全程步行，路上发给大家给养。

张治中将军委派黄师岳中将领队，大队长由另外两位军训教官邹振华、卓超中分任，每个大队下设三个中队，每个中队下设三个小队，全团军事化，师生均发一套黄军装，打绑腿，穿草鞋，像准军人。学校发给旅行团学生每人二十元，教授六十五元，其中数十位教授将钱捐助给体弱和学习成绩优秀的学生，许多年轻力壮的教授放弃乘车，随从学生跋山涉水，徒步而行。中文系闻一多、许维遹、李嘉言，生物系教授李继桐等，化学系教授曾昭伦，地理系教授袁复礼等，参与长途跋涉的学生有三百余人。

那些青年学生，以弱冠之龄，壮志凌云，豪情万丈，不避蛮烟瘴雨之苦，南迁路上，情绪高昂，他们称为“小长征”，从长沙到昆明一千七百五十公里，历经两个多月，经历一番苦难的洗礼。他们在老军人的带领下，兴致勃勃地跋山涉水，地质专业的学生路上采集地质标本，学植物专业的学生采撷植物标本，学中文的学生一路记日记、写游记，把这次“小长征”当成课外实习。但路途的难险，生活的困苦，难以言表，特别晚上住宿，在南国少数民族老乡的茅草土屋里，跳蚤、蚊子、臭虫、小咬，还有老鼠，甚至还有蛇，晚上被蚊叮虫咬，根本睡不着，不少老乡家里，人畜同居，牛粪、牛尿，腥臊味重，熏得不能入睡。

他们一边翻山越岭，涉水过江，一边高唱他们西南联大的校歌：

万里长征，辞却了五朝宫阙。
暂驻足，衡山湖水，又成离别，
绝徼移栽桢干质，九州遍洒黎元血。
尽笳吹弦涌春城，情弥切。

千秋耻，终当雪，中兴业，须人杰。
便一成三户，壮怀难折。
多难殷忧新国运，动心忍性希前哲。
待驱除仇寇复神京，还燕碣。

这沉雄浑厚的歌声，伴着流亡学者的青春激情和热血洒遍南国山山水水，给苦难的大地带来一种沉郁的力量。这首歌歌词，是后来成为哲学家的冯友兰教授撰写的，一直伴随西南联大走过八年的战乱岁月。

在战火未燃烧的地方，这山村原野倒是一片和平景象，虽是早春时节，花木依然葱茏，向阳的山坡上有劳作的男人和女人，薄薄的晨雾中隐约传来声声山歌：

哥呀放牛西山巅，
妹呀浣衣西水边；

西山倒影西水里，
哥恋妹来在心里。

男子对唱：

清早起来放早牛，
妹在后园梳早头；
郎在高山招招手，
妹在后园点点头。

这里的山民们并不知道，远方国土大片沦丧，金瓯破碎，倭骑纵横，战争似乎离他们还那么遥远。

越往南走，道路越艰难。

湘南、贵州一带，重山叠岭，山势险峻，道路崎岖，天无三日晴，地无三尺平，人无三分银，是莽莽一片穷山恶水，只有山坳里飘零着几户人家，几座不大的村落，鸡鸣犬吠，传来一缕大山的生命气息。行军不分晴日和雨天，当集合的哨音一响，师生们立马行动起来，哪怕下着倾盆大雨，也得撑开雨伞，挣扎在泥泞不堪的山路上。冬水寒波，荒山草莽，错杂水路，乱荆拦道，时有雨雪交加，一把油纸雨伞怎能抵挡横风斜雨，衣服湿透，寒气砭骨。有的学生感冒发烧，同学们搀扶着，带病赶路。行路难，行路难……通过镇宁至关索岭的盘山路，二十四个“之”字，其险其难，不可言状。一路上他们爬过多少险峻的山峦，涉过多少湍急的江河？

史语所随临大南迁，几年来史语所也是漂泊不定：先是由北平静心斋迁到上海曹家渡小万柳堂，接着不久迁到南京钦天山北极阁，“七七”事变后，迁到湖南长沙东边的“圣经学院”。图书、古籍、文物六百多箱，车载船装，几经周折，谁知在长沙落脚不久，喘息未定，又要迁移。

将作别三湘，史语所代所长李济召集随所南迁的员工和家属，男女老少在长沙最好的酒馆举办了最后的晚餐，气氛悲壮，一片哭叫声，人人喝得酩酊大醉，有的高喊“史语所万岁！”“中研院万岁！”

“中华民族万岁！”……他们站起来，两腿发颤，趔趔趄趄；端起酒杯哆哆嗦嗦，酒浆泼泼洒洒，泪水酒水混在一起，像疯子一样狂呼乱叫，多灾多难的史语所，多灾多难的中国读书人，多灾多难的国家和民族！他们互相抱着头，号啕大哭……那情景犹如走向刑场，是悲壮的诀别。（参见岳南《南渡北归》）

史语所人数多，所载资料、图书、仪器多，战乱期间，一切混乱不堪，车辆紧张，舟船紧缺，这些“货物”租用了二十多辆汽车，由石璋如等人负责押运。经过几番努力，先运至桂林，再往越南转道抵达昆明。

中研院机构、史语所职员和临大师生一样，穿一身湖南省政府赠发的土黄色制服，裹绑腿，背干粮袋、水壶，外加一件黑大衣，雨伞一柄，犹如一支出征的队伍，开始跋山涉水的远征。

从长沙到昆明一千七百五十余公里，一路经湘西，穿越贵州，翻山越岭；夜宿晓行，风雨兼程。

南国早春，虽不像北方酷寒，但时常雨雪纷纷，潮湿而寒冷，再加上道路泥泞，阴雨连绵，南国山多水多雨多，西南联大和史语所分三路迁移，车辚辚、马萧萧，一幅悲壮的流徙图。史语所搭汽车先到桂林，再到龙州，经镇南关，到越南凉山，然后搭火车经河内转窄轨火车到昆明。战时的公路失修严重，坑坑洼洼，坎坷不平，车速很慢，公路常出现时断时续的状况，泥路、土路、山路，更是“行路难”。

到处是逃难的人群，扶老携幼，饥饿困顿，草绳蒿衣，孩子哭，大人叫，悲惨之状，难诉笔墨。当时有记者记述道：“铁路两旁猥集着数不清的等车的难民；有的从长沙撤退下来的，有从衡阳逃亡出来的，这些来自各种地点和各式各样的人，在几个月长途的流浪中，每个家庭和每个个人，都有着辛酸的经历遭遇，用来编织成一篇篇不忍卒读的故事。”

破旧的村舍，荒芜的田野，湍急的河流。

步行队往往从拂晓就开始上路，翻山越岭在荒无人烟的山林里行走，忍受饥饿和疲劳，直到夜色苍茫，才找到村庄，有时只能夜宿荒郊破庙。步行队还要沿途散发宣传抗日的小册子，对群众进行抗日宣传。

夜晚，史语所的同仁们睡在山野上，早上醒来，用溪水洗洗脸，刷刷牙，在老乡家吃点早饭，又开始了跋涉。

天空传来巨大的轰鸣声，大队的日寇飞机从北方飞来，向南、向西飞去。南国冬天的阳光很明媚，照着机翼上的膏药旗，像一摊污血一样令人恶心。

最可怕的不是饥饿、劳顿，脚上磨出血泡，膝盖磕破，他们忍着疼痛，截一节树枝做拐杖，挣扎着前行。最让人害怕的是土匪，那时湘黔一带土匪群结，出没山林村寨，抢劫财物，杀人越货，大股土匪有上千人，不但有鸟枪土炮，还有新式武器，来复枪、手枪、盒子炮，甚至还有重武器、迫击炮，可以抗衡正规军一个师，土匪为争夺地盘，抢劫财物，时常与当地驻军发生冲突。临大师生和史语所人员常常处在紧张和尴尬的境界。秀才遇到兵，有理说不清。一位学生向闻一多汇报，他搜集的民谣，就有描述这些剪径强盗的：

> 吃菜要吃白菜头，跟哥要跟大贼头。
> 睡到半夜钢刀响，妹穿绫罗哥穿绸。

这个学生名叫刘兆吉，临大中文系二年级学生。后来，闻一多在他的《西南采风录》序言中悲壮地写道：

> 你说这是原始，是野蛮了。……如今人家逼得我们没路走，我们该拿出人性中最神圣的一张牌来，让我们在那人性的幽暗角落里蛰伏了数千年的兽性跳出来反噬他一口……还好，还好，四千年的文化没有把我们都变成“白脸斯文人”！

好歹湖南省主席张治中事先警告各州县，这些大学师生、科研人员都是国家宝贵财富，是民族光复的希望，他们手无寸铁，只是借道迁往昆明，望各路乡亲予以照顾、关怀，要以民族大义为重，倘若有抢劫、骚扰者，将严惩不贷。张治中命各州县张贴布告，果然奏效，一路还算平安。当迁徙的师生们、学者们进入贵州腹地时，一些山寨竟然敲锣打鼓欢迎他们，并宣告商贩们不得哄抬物价，确保客人食宿安全。有的县派出中学生到郊外列队欢迎，他们手持彩旗、鲜花，向这些大哥哥们、大姐姐们欢呼致敬。

当这支逃难的队伍进入贵州省城贵阳时，大街两旁站满欢迎的群众，他们鼓掌，高呼口号："打倒日本帝国主义！""全民一条心，抗战到底！""日本必败，中国必胜！"大街小巷是一片热气腾腾的景象，不用师生们宣传，民众的抗战情绪十分高涨。

史语所的同仁们又上路了。虽然有些疲倦，大家依然精神昂扬，他们高唱着抗日歌曲：

中国锦绣江山谁是主人翁？
我们四万万同胞。
强敌入叩逞凶暴，
快一致永远抗敌将国报！！
家可破，国需保，
身可杀，志不挠！
一心一意团结牢，
努力杀敌誓不挠！！
……

歌声雄壮有力，激荡在群山万岭。

歌声悲壮，音韵凄婉，史语所的老少研究员唱得激情满怀，唱得涕泪交流。

青年学者满腔热情，强烈的爱国之心，激发着他们的勇气。一路上他们和青年学生高唱自编的歌曲。

他们在南国茅草屋、土坯房，铺着稻草，度过了一个个夜晚。

战争最能锻炼人、考验人。这些白面书生，在和平年代享用的是面包和奶粉、咖啡、香茗，而在这兵荒马乱、硝烟弥漫之中，别说面包牛奶，连粗茶淡饭也吃不饱，常常奔波一天，汤水不进，啃个硬饼子充饥。晚上宿在老乡家里，即使住在自带的帐篷里，往往半夜下起大雨，帐篷被风掀起，雨水溅进来，衣被全被淋湿，临大师生、史语所这些国之骄子也个个变成落汤鸡。

两个半月后，他们到达昆明。

潮水般的难民涌向边陲春城，物价暴涨，房屋爆满，人群如蜂如蚁挤成一团，整个城市陷入一片混乱。西南联大困难尤甚，校舍无着，校长蒋梦麟亲自赴蒙自寻租房屋，当地政府欢迎西南联大落户蒙自，并协助选房，经过一番考察，银行有处闲置房屋可容纳九百人，这下解决了燃眉之急。校舍仍然不能满足，在昆明总算租到昆华农校和几家会馆，以解决师生需求。

南国多雨，到了雨季，接日连旬下个不停，暴雨、大雨、小雨，云翳低垂，雨脚如麻，道路积水，泥泞不堪。有的房屋漏雨，他们用锅碗瓢盆、搪瓷缸子接雨，屋里边响起叮叮当当芜杂的打击乐，教授们披着黄油布挤在一起，平时文质彬彬的读书人此时也变得粗莽，无法读书备课，苦不堪言。晚上被子上盖一张油布，枕头上支一把油纸伞，方能高枕无忧。

陈寅恪随身带出北平的两箱文稿、照片拓本、古代东方书籍，以及多年批注的手册《蒙古源流注》《世说新语》《五代史记注》，书页空白处都有他密密麻麻的小楷批注，稍加整理就是一部学术专著，但由长沙经香港、安南至滇时，交由铁路托运，到达昆明住处，打开箱子却是一堆砖头瓦块，那珍贵的资料不翼而飞，陈寅恪顿时惊愕，几乎昏厥过去，好半天才哭出声来。手稿失窃，陈寅恪悲痛至极，茫茫世界，离乱人生，绝望和悲伤击倒一代学人！

清晨，阳光明媚而温暖地洒在院里，风依然柔和，树木呈铁青色，几只小鸟醒来在枝头上吱啾吱啾地鸣叫着，篱笆上的野花依然笑盈盈的，敷着几粒晶莹的霜花。

青年研究员劳干坐在一块石头上，膝盖上垫一本书，书上面是一页信笺，正在写信，小伙子陈槃走过来：

“写情书吗？相恋了？”

“去、去，给傅所长写信，汇报我们的情况。”劳干嗔怒道。

陈槃捣了劳干一拳，坐在旁边抢过劳干的信笺，只见劳干写道：

傅所长斯年先生台鉴：

学生等三月十二日到滇，……此次千里长途运公家要物来此，李启生、高晓梅诸君费力甚大，梁思永先生尤卖力气，生等亦随料理，不敢分一、三组域，也不敢辞事务工作也，唯房屋至今无着落，故一切均未进行，……好在宿舍现已整理完毕，学生及那廉君用煤油箱作书桌工作，亦示范动作甚运用。此地天气甚为暖和干燥。空气清澄，唯每日在外吃饭，稍感生活不安定。

陈槃和未婚妻一起逃难来到昆明，小伙子精明，高挑儿，白面皮的脸颊，有南方人的才气，书卷气颇浓。未婚妻吴富燕，一路风餐露宿，饥渴劳顿，漂泊异乡。他们想请傅斯年当证婚人，可是傅斯年远在千里之外的重庆，他们多盼着尊敬的傅所长在身边为他们主持婚礼，那该多幸福啊！

看完劳干的信，陈槃也匆匆给傅斯年写信：

生带婚妻吴富燕由北到滇，只身住此，食宿多不方便，生拟聊备点酒，介其一祥诸师友，就可算结婚了。为法律上之郑重，谨制婚纸两份，敬恳吾师证之……际此非常，不敢铺陈也。

年轻的学子，离开他们的老师傅斯年，像失了娘的孩子，精神上孤苦伶仃，只能向远方的亲人倾诉。

史语所成立后的新成就就是殷墟发掘出大量甲骨文和殷商青铜器皿，清“大内档案”和购买的二十万册图书，还有刘半农搜集的歌谣、杂曲、戏曲、说唱、鼓书八千余册，这是史语所的家珍，镇所之宝，每次转移，既是沉重负担，又须大量的经费。那廉君是图书管理员，他不仅组织全所人员包装图书，还要联系汽车、火车、木船、轮船，风一程，雨一程，山一程，水一程，迢迢千里，车转车，站转站，终于押送到昆明。

29 早在“九一八”事变之后，中国最高统治集团中就有一种对日妥协、投降、求和的悲观情绪。1938年底，以汪精卫为代表的汉奸投降派叛逃出去，沦为民族的败类。汪精卫是12月18日飞抵昆明，受到云南省主席龙云的热情接待，他只在昆明住了一宿，第二天便带着周佛海、陶希圣、陈璧君、曾仲铭、陈春甫等人飞往河内，另一个大汉奸陈公博也追随而去。汪精卫的叛变，影响极坏。中国人民抗日战争正处在最艰苦岁月，且不说社会早存有求和、妥协、投降的消极论调，身为国民党副总裁的汪精卫的出逃，必然引进社会上投降、妥协、求和论者的嚣张。将如何看待形势，如何坚持抗战，是战是和的严峻问题，摆在每一个人面前。

1939年1月1日，国民党中央执行委员会常务委员会召开会议，做出开除汪精卫国民党党籍的决议。

次日，西南联大一千零十九名同学联名致电蒋介石，要求通缉汪逆，并处以极刑，该电文又发给中央通讯社，请转告全国同胞。

1939年7月8日，汪精卫发表声明，“宣布与蒋介石绝缘，进行和平救国运动”，坚持“中日提携”，接着又从上海飞往青岛，与伪维新政权梁鸿志、王克敏商议成立新傀儡政权之事。不久，他又在《中华日报》上发表文章，极力宣扬投降卖国论调：“战争初期，南京有三种观察：一是战必大败，和必大乱；二是和必大乱，战未必大败；三是战必大败，和未必大乱。”对这三种观察，他认为第三种是对的，他主张妥协求和。

投降论再度甚嚣尘上，这无疑是瓦解中国人民抗日意志和信念的消释剂。西南联大八位国民参政员罗文斡、陶梦和、张奚若、杨振声、周炳琳、傅斯年、罗隆基、钱瑞升，对此论调非常愤慨，他们联名致电蒋介石，发表讨汪通电。

通电痛斥汪逆兆铭出逃后，“行动如魔狂奔”，亲口广播，“以诬中山先生始，继之以诬死节之将士，在役之官兵，受灾之士民，凡我国家民族，彻上彻下，尽为所诬。”而对倭寇“备至其称颂”，是“集无耻之大成”，并重申：“侵略愈甚，和平愈无望，倭寇一日不放弃其侵略，即一日不能和平，以侵略中求和平，全非和平，而是投降也。”通电强烈要求政府“应迅速将其捕获，以泄普天之愤”。

1940年3月1日，西南联大三千师生齐集新校舍大操场举行本月国民动员月会，同时举行声讨汪精卫大会。会上，傅斯年做了“汪逆之罪行”演讲。

傅斯年义愤填膺，言辞犀利，痛斥汪逆汉奸卖国贼罪行。说，汪贼“是一个彻底的汉奸，甘心的卖国者，只有一个不可一天不做大官的欲望，而不惜断送他的四万万同种人”，他用心理分析的方法，解剖这个大汉奸、大卖国贼卑鄙苟且的心理，揭露他灵魂深处的阴暗、险恶，连他的丑恶发迹史，卑劣的人格，他满腹是“妾妇怨妒心理，发而为偏要作‘人上人’的要求”。

傅斯年在演讲中，条分缕析地痛批《日汪协定》，说，汪贼不仅“卖了中国的整个平面，并且卖了上苍天下黄泉之立体，无所不包，即无所谓限，政治经济军事文化乃至思想，无所不证明使我永为奴隶”。最后指出：“倭贼二者都是一种犯罪心理，不过一个是孤兽，一个是狼群。”

汪精卫的倒行逆施遭到西南联大师生的口诛笔伐，报端纷纷出现讨逆的文章，更多是激励中国人民紧密团结，坚定信念，日寇必败，中华民族必胜。傅斯年的“两乔”俞大綵的丈夫曾昭伦也到云南公署举办的政训班演讲，痛斥汪贼，强调“一个意志很坚强的民族，决不会失败”，但我们必须有“必胜的信念”和“坚强的意志”。

冯友兰、王迅中、钱端升、蔡枢衡等教授也到处演讲，发表文章，揭露《日汪协定》是卖国协定，痛斥汪逆的汉奸嘴脸。一时，讨逆风暴席卷大江南北。

西南联大师生和中研院各研究所，还有梁思成的营造社，寻遍昆明全城各个角落，迤西会馆、江西会馆、全蜀会馆、盐行仓库、寺庙道观，大小旅社都安排为学校办公、老师宿舍、学生宿舍、教室和食堂，一向平静的南国春城，一时间扑土飞天，喧嚣不已。秩序甫定，早来的梁思成、林徽因家又迎来他们昔日的高朋金岳霖、张奚若、钱瑞升等人，大伙儿又到梁家相聚，离乱之人相见，一路风尘卸下，悲欣交集，热泪潸然。林徽因依然不减北京太太的风度，热情招呼大家，一度飘零的知识分子在这风光秀丽、阳光明媚的边城并未找到昔日的温馨和梦幻般的记忆，离乱的苦难和饥饿的阴影笼罩着他们。

这边城不是物埠繁华的名都大邑，物质的紧缺，食品的短缺，日益呈现出主人的尴尬和捉襟见肘的狼狈，物价飞涨，饥荒现象日趋严重。且不说，这成千上万的知识分子突然来到边城，那大批的难民也如涛如潮地奔涌而来。街头巷尾，犄角旮旯，到处是流民、乞丐、老人、孩子，没吃没住，流浪街头。

这样的“好景”仍旧不长。日寇的飞机开始“光临”这座边城了。1938年9月28日，日军为堵截破坏滇越铁路和滇缅公路极具战略意义的交通线，开始对昆明的轮番轰炸。宁静的后方春城再无宁日，战争的威胁和残酷降临南国边陲。成群结队的飞机，三架一小组，九架一大组，排成小品字形、大品字形，飞掠城市上空，一颗颗炸弹在阳光下极其耀眼，像水球、冰坨般落下来，接着地面一片烟火，土崩石裂的爆炸声。炸弹碎片四飞，死者尸横遍野，幸者呼天号地，惨叫之声不息。有一年轻的妇女头被炸掉，尸体朝下，血流不止，而身边的孩子已被炸死，破头断足，血肉狼藉……当时有记者记述其惨状，目不忍睹。

当史语所、中研办迁到长沙后，傅斯年送走他们离开长沙迁往昆明，又在长沙总办事处留守到最后，同年冬天见到爱妻幼子，随即将妇携子乘船到了重庆，那里有中研办总办事处临时住处。1938年夏，蔡元培同意朱家骅辞去总干事一职，因朱家骅已担任湖南省主席，无暇过问中研院，蔡元培本想聘任傅斯年担任总干事一职，傅斯年坚辞，他挂念的是一手带大的史语所。对昆明的兄弟们念念在心，急于到昆明主持史语所工作。

1941年8月间，日军对昆明进行了连续十一天的大轰炸，丧心病狂的日寇扬言要消灭昆明高校，以西南联大、云南大学、同济大学为目标的狂轰滥炸，频频而来，一次同时出动二十七架飞机，投弹一百五十六枚，内有重磅炸弹多枚，顿时，八百余间房子夷为平地，伤亡五十余人，西南联大的教职工宿舍、女生宿舍全被炸毁，图书馆被毁，内有清华名贵图书甚多，悉成灰烬，其余学校、各级办公室均被夷为平地。

“二战”中，据说希特勒和丘吉尔有过“君子协定”：战争爆发，德国不炸牛津大学、剑桥大学，英国不炸海德堡和哥廷根大学，以保护知识分子和历史文化。而日寇却如同野兽，专炸手无寸铁的学人、学子，以达到“精神征服”，灭绝文化之目的。

1940年9月30日，日寇又对西南联大进行大轰炸，闻一多又一次在轰炸中死里逃生，那时，他与弟弟闻家驷（西南联大外文系教授）两家住在城东节孝巷，附近则是外文系教授冯至一家。闻一多家后就是山坡，坡下有一座防空洞，当警报响起时，冯至跑到闻家，三家一起躲进防空洞。

华罗庚也险些被炸死。那天，华罗庚与同系青年教师闵翩鹤在闵家防空洞里谈论数学问题，日本飞机来了，一串串炸弹倾泻而下，整个山谷黄土飞溅，大树也被炸弹削倒一片，其中一颗炸弹就落在洞口附近爆炸，落下的土几乎把洞口掩埋了。

费孝通的邻居一家五口全部被炸死，另一家的女儿也惨死在轰炸中。

西南联大与云南大学被炸后，社会各界一致谴责日军暴行。

“跑警报”一时成了西南联大及昆明市民中频率最高的词汇了。只要警报一响，联大的师生和市民扶老携幼，仓皇离开市区，拼命向郊外逃去。

开始无论市民还是联大师生很恐慌，后来，习以为常，情绪镇静，也有秩序了，家家挖个防空洞，学校机关也有较大的防空洞。警报一响，他们迅即进入防空洞，学生们甚至在防空洞里背诵课文，教授们在防空洞里讨论问题。

联大流传着中文系刘文典教授“替庄子跑警报”的故事。刘文典是“狂狷之士”，其“狂傲”与辜鸿铭齐名，他讲课常常口出癫言狂语。他曾撰写《庄子补正》一书，受到陈寅恪高度评价，成了“庄子专家”。每上《庄子》课时，开头第一句总自负地说：“《庄子》嘛，我是不懂的喽，也没有人懂！”意思说，他不懂，更没人懂。他口吐狂言：“在中国真懂《庄子》的只有两个人，一个是庄周，一个是我刘文典！”

一日，警报又响起了，刘文典见沈从文也跟着人跑，他从来看不起作家，认为真正有学问的是教授而非作家。沈从文以创作闻名于世，深受学生尊重，他却嗤之以鼻，便对学生说：“陈寅恪跑警报是为了保存国粹，我刘某人跑是为了庄子，你们跑是为了未来，沈从文替谁跑啊？”

史语所迁到昆明后，一、二、四组住在东拓路，三组住在青云街靛花巷3号。这是一所四合院，有三层小楼，也有平房，这里曾住着梅贻琦、蒋梦麟、陈寅恪、傅斯年、赵元任、李济、董作宾、李方桂、罗常培、汤用彤、罗庸、冯友兰、朱自清、闻一多、魏建功、王力、沈从文、游国思、邓广铭、老舍等教育、文化界国宝级名流大家。一时间这里星光璀璨，光彩耀眼，这是小巷最辉煌最值得炫耀的一页。

由于敌机频频轰炸，史语所和联大师生根本无法正常上课和工作，云南省政府要求驻昆明学校和科研机构迁移乡下，在大山褶皱间安身立业。史语所还携带大量的出土文物及图书标本，负荷沉重，搬一次家十分困难，他们想寻找一个既安静又不跑警报的地方。石璋如曾到一个叫龙泉镇的龙头村调查，那里有座古寺庙，可安放这些“国宝”，征得地方同意，史语所搬进离昆明十多里的小山村，一条土路，经过城市，穿过乡镇，走进林木葱茏茂密的小村落。晴天天尚好，红土胶泥路，硬邦邦的，雨天就麻烦了，道路积水，泥泞不堪，去一趟城里，要花费两三个小时，极不方便。村子不大，村居大多是土坯茅草房，破烂陈旧，几座砖瓦房颇有鹤立鸡群之感。村里有座古寺庙，还算“宏大雄伟”，主持僧人因战乱迁移到大山深处的寺庙去了，只剩下几尊泥胎菩萨留守。村民们朴实热情，帮忙铲除院子里的杂草、垃圾。打扫寺庙和禅房，史语所人面对“留守”泥胎菩萨念起“经文”来。

同济大学校舍很分散，缺桌少椅，同学们上课也很困难，周均时校长考虑，昆明地区早有云南大学，又有从北方迁来北大、清华、南开组成西南联合大学，同济大学没必要留在昆明，这里空间狭窄，条件简陋，物资紧张，不如另寻他址，再加上日军的轰炸，学生已无法安心读书，周校长决定迁校入川。

学校向同济大学学友、宜宾中元造纸厂厂长钱子宁发电报联系求援。钱子宁多方联系，后得到南溪县李庄镇士绅罗伯希、王云伯和国民党李庄区党部书记、区长罗南陔的支持，同意接纳同济大学。于是这漂泊不定的流亡大学，又开始跋涉滇桂川群山万岭之中，这是抗战以来第六次迁徙。

史语所安置好不久，傅斯年来了。他和李济等人商量，决定与同济大学一起入川。

30 从1937年7月到1947年6月，国民会参政会一共举行过四届十三次大会。每次会议闭幕期间，要设驻会委员，由参政委员重新选举产生。傅斯年连续四届都被选为参政委员，而且十三次大会，会会必到。每次到会，他必定热烈地发言，或献计献策，或批评政府，政策失误，官员失职，或抨击腐败现象。他善言辞，长雄辩，一针见血。人们说，他底气足、嗓门高，便有了傅大炮的称号。

针对当时政府机关和民间仍残存着投降、妥协、求和等谬论，在会上，傅斯年慷慨激昂地发言："中国抗战需要从每一个有良知、有骨气的人做起，政府和统治集团和无数利益既得者醉生梦死，使广大民众失望绝望。"

他说，浅看来是绝望；深看来是大有希望，这希望不在天国，不在未来，而在我们一身之内。他清醒地意识到，中国人之力量，是三四万万农民的潜在力，而不在大城市的统治者及领袖，中国的命运，是死里求生。傅斯年极力批驳妥协、求和，主张把抗战的希望和力量寄托在广大农村和农民，着实高人一招。

傅斯年反对国医，他认为国医危害国计民生。一次他在南京参加国民参政会上发言，大肆批评国医：什么"神农尝百草"，那是神话传说，《黄帝内经》《本草纲目》都缺乏科学性，是经验主义的，愚昧落后的，它们常常和封建迷信、画符念咒联系在一起，是违背科学的。我们应打倒误国害民的国医，提倡文明进步的西医。他的朋友刘半农就是由于中医误诊，耽误了最佳治疗时间而病亡的。那个时代，一些知识精英们，特别海归派学者大都反对国医，视国医如同八股、文言文、辫子、小脚是中华民族的丑陋，应该批判、淘汰。傅斯年学过医学、精神分析学、生物化学、心理学，这些庞大丰富的知识，使他谈起西方医学来，如数家珍，论点鲜明，具有强大的说服力。“五四”运动，新文化运动提倡科学和民主，就是反对封建迷信和专制制度。他说西方医学已经发明血液循环三百年了，我们的医学还念叨什么上焦、中焦、下焦，这简直是对人类知识的亵渎。他言辞愈发激烈，气势咄咄逼人，一时全场愣了。

谁知参加会议的还有位老中医孔庚，这位老先生的议案被傅大炮轰得体无完肤，他非常愤怒，大骂傅大炮无知妄说，数典忘祖，喝了几瓶洋墨水，把老祖宗的传家宝当尿罐子一脚踢得粉碎，是败家子、混蛋。他在会下更是极力污辱谩骂傅斯年。傅斯年知悉，雷霆震怒：“好，老小子敢骂我，会后我同他决斗！”

散会后，傅斯年早早跑到门口，单等孔庚出现。

“你是孔庚吗？”

“正是。你是傅大炮吗？”孔庚并不怯场。

傅斯年冷笑两声，只见孔庚已年逾七十，满头华发，一脸清癯，又瘦小，不觉顿生怜悯之心：“你这样老，这样瘦，搁不过我的一拳，算了，不和你决斗了，骂就骂吧！”说完扬长而去。

傅斯年事后给罗家伦说，罗家伦听罢哈哈大笑：

“你这个大胖子，浑身虚肉，怎能和人打架？”

傅斯年脸一沉，认真地说道：“我这么大的块头，体积乘速度，会产生一种巨大的力量，是可以压倒一切的！”

罗家伦看他那种认真劲儿，更是笑个不已：“算了吧，你还是把劲儿用在史语所上吧！”

傅斯年“五四”以后，受他老师的影响，不谈政治，远离政治。他以后也闭口不谈“五四”运动曾经叱咤风云的辉煌，他只想埋头书案，探珠学海，或以教书匠终其身。“九一八”事变惊醒了他的爱国心和民族责任感。风声、雨声、读书声，家事、私事、国家事，他的书案不平稳了，他的书斋不平稳了，他握笔的手颤抖了，他要化笔为剑了，他要怒吼了！今天国民政府邀请他当议员，不是被“招安”，也不是“入伙”，而是以“战士”的身份，勇赴国难，驰骋沙场。虽不披甲执锐，血染战袍，他觉得自己就是一介武士。

清末民初，在大时代交替的时期，在中国像傅斯年这样的知识分子，不是个案，而是群体。他们出身高贵，传统的书香世家，仕宦贵族，最差的也是富贾巨商，他们人生哲学的底色是传统文化，这是冲洗不掉的“胎记”，在这急遽变革、社会板荡的大时代，他们又有机会接触西方文化，欧风美雨的浸濡，铸塑了他们的民主、自由、博爱的人生价值观和独立的文化人格。资本主义先进的社会制度和古老的封建专制体制迥然不同。他们对中国传统文化保持清醒的批判意识，他们有独特的思维方式，有独立的精神理念，既有强烈的爱国意识，匡正时弊，指点江山，又有反叛精神，不阿谀权贵，不慕权势，不趋炎附势，攀龙附凤，他们峻峭卓荦，孤傲狂放，但又自命不凡，不会同民众混在一起。他们像运动场上的裁判，高居其间，敢于大胆批评政府，抨击时政，却并不是由衷地出自草根阶层的利益。

他们是自由的知识分子。

他们以清流自居。他们视官场为浊流。

傅斯年有一次对弟弟傅斯严说：“爷爷生前所教我们兄弟的，净是忠孝义节，从未灌输丝毫不洁不正的思想。”生性耿直倔强的他虽不参政却议政，他心里想什么就说什么，闸门一打开，就激浪滔滔，一泄而尽，这样也常常得罪于人，有人会反感。但傅斯年光明磊落，真诚纯正，也不怕飞短流长。

傅斯年绝意仕途，与其说受胡适的影响，不如说直接源于爷爷傅淦。傅淦痛恨黑暗的政治，疾恶如仇，一身正气。关于这方面的故事很多，傅淦不仅精通经史，还懂医术。有一次外游山西介休，有两个被充军西北的宦官，其中一人忽染重病，求傅淦诊治，他拒绝：“生平不为无鸟之人看病。”另一宦官长跪在地，乞求不止，傅淦动了恻隐之心，给病宦诊治。病愈后，宦官赠他银两，他把银子甩出去：“生平不要无鸟者之钱！”原因是明清两朝宦官干涉朝政，弄得朝廷政治腐败、社会黑暗。傅淦对傅斯年讲述二十四史的故事时，对历史人物的褒贬，忠奸善恶，也带着自己的感情，直接影响了傅斯年。

蒋介石对国民政府宣传部长王世杰说：你找胡适，让他到美国和欧洲走一趟，替国家做些宣传工作，现在国际宣传工作很重要。于是王世杰找到胡适谈了两三个晚上，但是胡适书生气十足，抱定决心与南京共存亡，因此拒不应允。没办法，王世杰只好求傅斯年去劝说胡适。傅斯年听罢，用鼻子哼了一声：

“你们谁都没资格骂胡适，只有我傅斯年有资格。”说罢，起身离去。

傅斯年来到中央研究院，找到胡适。

胡适见傅孟真驾到，赶快递茶，又把一架破旧的台式电风扇移到傅斯年近处。傅斯年热得满身是汗，只穿一件背心，肩膀被晒得黑黑的，他盘踞藤椅上，有了电风扇还不满足，他又抓了一把破蒲扇使劲地扇着：

“先生，最近王世杰找过你吗？”傅斯年开门见山，直奔主题。

胡适如实说出王世杰找他谈过几次话，说蒋公要他出任驻美大使，他严词拒绝了。

傅斯年道：“这是你的不对了，出使美国这是为了国家、为了民族，在这生死存亡之际，每个正直的中国人都应该奋不顾身为国家、为民族而战！我们不是为哪个党派效力，一切为了抗战！”又补充道，“我们不是去做官，而是去作战！”声音很重。

胡适有点尴尬，一脸赧色：“那好吧，既然孟真支持，我就义不容辞了！”

傅斯年三言两语竟然说动了胡适。

胡适当场答应，出使美国，为抗战尽心尽力。

胡适出使美国不久，1937年10月11日，傅斯年又写信鼓励胡适，一方面介绍国内抗战情况，一边要求胡适多做工作，争取更多的外援，特别是美国，外援愈早愈好，愈多愈好。由于胡适在美国的人际关系和他本人的声望，写文章、演讲，揭露日本帝国主义侵华的罪行，表达中国人民抗日的决心，更多地介绍中国战时的困难，取得了美国人民的同情和支持。对外宣传效果很快见效，用傅斯年的话说：“两星期中，国外一般空气为之转移，其速度非大家所及料，尤其是美国。”

傅斯年任台大校长期间

台灣大學校長室用牋

第七章 国破山河在（上）

他有高度的责任心，办事极端认真，这是他的天性。无论做学问或是做事，他都是绝对的不苟且，他公正无私，悲天悯人，大恨大爱融于一身。他代表的是天地间一种混茫浩瀚的元气，这淋漓的元气之中，包含了天地的正气，和人生的生气！

台灣大學校長室用箋

31 重庆，这片土地是长期闲置的中国历史的后院，静悄悄的，她埋在雾里、云里，若隐若现。这里山高皇帝远，黄桷树无法无天地狂长，高大粗壮；竹林也十分放纵，茂密得像一堵堵墙，把外面的世界遮得严严实实，连野茶花也开得任性恣情，一副泼妇式的大大咧咧。

嘉陵江奔腾在川西北绵延的山脉间，一路闯关夺隘，一路恶战呐喊，来到重庆，又一头扎进长江里，如两条蛟龙，厮杀、咬噬、翻腾、咆哮，最后又像达成什么协议，拥抱言和，携手相融，水势浩大，江面宏阔，然后一起奔向东方，浩浩荡荡，汹涌澎湃。

重庆地处长江与嘉陵江交汇之处，襟带双江，控驭南北，素有天险之称，乾隆简志："全蜀四塞之险，甲于天下。故渝城能守，坐安和会。"

重庆是山城，山有多高，楼房就有多高，层层叠叠的房屋，像叠罗汉似的，从山脚漫到山腰，从山腰又漫到山顶。街道是狭窄的，有的小巷简直呈梯形，一阶一阶地蜿蜒盘旋而去。重庆又是雾都，雾像海涛、海啸，无声地弥漫开来，席卷而来，奔腾而来，霎时间，楼房、街道、山峦全淹没雾海里，有时雾一连几天不散，人们走在街道上，像走进无边无际的梦里。

雾，是一种大自然病态的分泌，说雨不雨，似雨非雨，似梦非梦。但它呼唤自由和平等，无论高贵与卑贱、善良与邪恶、纯洁与肮脏，它不分青红皂白，统统诗化、朦胧化。

重庆半城山色、半城江涛，它是山城、雾城，还是水城，户户山岩，家家涛声，使这座西南名城更添一种神秘感，一种深邃和蕴藉。

蜀是一条虫，虫冲出夔门就变成一条龙。现在恰恰相反，龙潜故渊，正是亢龙有悔时期，一旦“亢龙在天”，中华民族必定胜券在握，啸傲天下，中国巨人钢铁般屹立在东方古大陆。

巴蜀是一个巨大的子宫，她曾孕育大汉帝国的胚胎。刘邦一度蛰伏巴蜀，励志图强，三年间明修栈道，暗度陈仓，一朝出剑关，闯夔门，龙骧虎啸，纵横中原，驰骋大江南北，短短几年扫荡西楚霸王项羽百万大军，逼得一世枭雄饮恨乌江，在《大风歌》的雄浑旋律声中，一个具有四百年历史的皇皇大汉王朝奠基定鼎。它的名字成了一个民族的称谓。

大唐帝国的中兴也得益于巴山蜀水的力量。唐明皇晚年纵情淫乐，腐化堕落，奸佞当道，宵小处堂，最后酿成“安史之乱”，大唐帝国的繁荣和辉煌，帝都西安的崇楼桀阁，顿时化为一片残垣断壁，瓦砾遍地。中原大乱，腥风血雨。唐明皇携朝廷宫室，衣冠西渡，躲进巴蜀层峦叠嶂的山坳里，这是一条受伤的龙。唐明皇在一边痛定思痛，一边呼魂唤魄，重整人马，再次冲出剑阁，杀出夔门。唐玄宗的儿子唐肃宗率领官军，驰骋纵横，逐鹿中原，壮怀激烈，最后官军捷报频传，凯歌高奏，大唐的太阳冲出云霾，再现辉煌。

而今蒋介石和国民政府迁都重庆，背依西南十万大山，仰仗天府之国物产之丰，运筹于帷幄，决胜千里之外，对于强虏只能用大炮、炸弹，用钢刀对话。十万青年十万军，一寸山河一寸血。聚五千年民族之血脉，凝千山万水之地气，重筑我中华之长城，展开辽阔的大决战，胜利必定属于我们。

1941 年，日本鬼子吞并了大半个中国，中国人民抗日战争也进入了最艰难岁月，日寇对大后方陪都进行了连续四天九十六小时的“疲劳轰炸”，重庆一片火海，街道尽成废墟，尸陈街市，血流成河。朝天门码头，尸堆如山。几乎天天轰炸，警报声不断，往往是刚上班，警报响了，急忙钻进防空洞，学生刚进课堂，老师还未开讲，一声警报，师生纷纷遁逃。连医院也是如此，病人和医生几乎天天躲警报。6 月 5 日的空袭造成较场口防空大隧道窒息大惨案，死亡几千人，从 1938 年 2

月到1943年8月，倭寇轰炸重庆二百一十八次，出动飞机九千一百一十三架次，炸死炸伤近二万六千人。这是继南京大屠杀之后，日本帝国主义对中华民族犯下的又一滔天罪行。

战争即灾难，战争就是毁灭。日寇对重庆的狂轰滥炸，给重庆人民和城市造成了极其惨重的灾难和伤痛，大面积建筑物变成废墟，栋折榱崩，瓦砾遍地，胆断肱飞，血肉模糊，血流街衢，尸横巷头。这是二战中日本侵略者实施的“无差别轰炸”，时间之长，损害之严重，空前绝后。残暴的非人道的战略轰炸，就是不管军用、民用、学校统统轰炸，无差别的、毁灭性的、地毯式的轰炸。

每当凌厉的警报声响起时，随之而来便是蝗蜂似的日寇的机群，接着便冰雹般地投下成片的炸弹，弹落之处便是一片烟尘火海，遍地是断肢残臂，失去亲人的痛哭声，受伤者的惨叫声，呼儿唤女的叫喊声，撕肝裂肺，城市变成一座地狱。

作家萧红在《放火者》一文中写道：每当警报响起，“街上像来了狂风一样，尘土都被这惊慌的人群带着声响卷起来，沿街响着关窗和锁门的声音，街上什么也看不到，只看到跑”。

美国记者白修德和贾安娜写道：被轰炸恐怖笼罩的市民的惊慌，“潮水一样的人……涌出来……孩子的啼哭，妇人的悲泣……他们在惊慌的一刹那间，带着奇奇怪怪的东西；有的人带着活的鸡，有的人带着家用物品，褥子、茶壶，或亲戚的尸体。这一大队人很快地走入田野的黑暗中，杂乱的脚步在尘土之中翻滚，连绵不断。”

“只要有人喊一声警报”，人们就会飞跑起来，大家都随着狂奔。

梁实秋记述得更真实详细：日寇的空袭不仅对人们肉体造成惨不忍睹的伤害，尸横街头，遍地残肢断体，有的全家死尽，七八个尸体横陈河边，有的全家死得只剩下一两个，哭得不省人事，有的抱着死者的头、手臂，或半条腿，在街上乱跑，神经错乱了，疯了一般。他写道：“空袭这个战略之作用，还莫过心理上的扰乱。”有的人“每一听到警报响，就要大便，尤其女性”。“每次空袭警报发出后，各人反应不一样，有人立即紧张，非立即排泄不可，也有人要立即进食。”

斯诺也曾写过日机轰炸重庆的文章：“你如果没有钻进地洞，没有伏在田野上躲过直播下来的轰炸机，没有见过母亲寻找儿子的尸体……没有闻过被烧死的儿童的气味，你绝不能了解这种仇恨。”

但重庆人民面对大难，共尝艰辛。他们同生死，共患难，不分男女，不论穷富，团结战斗，形成铜墙铁壁的坚实。

当敌机飞去，重庆人从防空洞里走出来，用木条子钉成一座圆柱形的炮楼，称之为“精神堡垒”，象征抗战到底，在废墟上重建重庆的决心。

日军对重庆轰炸开始于1938年2月，结束于1943年8月，长达五年半，而大规模的轰炸持续三年时间（1939年至1941年）。

32

这座山城毕竟是狭窄之地，战争爆发，一下子从外地拥来数十万人口，简直把这座城市挤破了。

且不说，日寇飞机炸毁大量民房和建筑设施，即使不炸，重庆也出现了严重的“房荒”。城里房源极其困难，即使郊外乡村也是空前紧张，城乡接合部，毫无隙地，偶然闲步郊外，你会发现，许多茅舍、竹篱门前，时有雪白的衬衫、旗袍之类晒晾出来，和穷乡僻壤的山村极不和谐。

傅斯年因兼任中研院总干事，1940年至1941年底，大部分时间住在重庆市郊聚兴村。

而令人寒碜的是中研院设在重庆的办事处，只有两间房子，为外地来渝办事的人提供食宿点。这里山连着山，波澜壮阔，山上林木蓊郁，风景优美。但这个小山村却是破烂不堪，是“城中村”，房子低矮、简陋，茅篱草舍，简直是个贫民窟。没有公共厕所，街道屎尿点点斑斑。这里自来水管裸露着，洗衣、洗菜、洗尿布，刷锅、刷碗、刷马桶，都在同一水管下。污水肆流，泥浆陷脚，空气里弥漫着酸腐味、屎尿味。重庆多雨多雾，到处是积水，到处是肮脏的水洼。被褥衣物潮湿得能拧出水来，孩子哭，大人骂，乱得像个农贸市场。一批高级知识分子就落难此地。傅斯年因工作常住中研院办事处。办事处也简陋不堪，有两块玻璃坏了，用纸壳子挡一挡，没钱更换玻璃，既挡不了风，也遮不住雨。但凡来重庆办事的中研院的员工都是肃穆、热切、精神气十足，办事很讲效率。

傅斯年太忙，如果有分身术，把他分成五瓣也不够。开春二三月份更是忙碌不堪，会议有时一开好几天，短则一两天，他会会必到，会上还要发言，中研院有种种不如意的事，常常惹得他暴怒。

傅斯年病了。连续几年的操劳，他的血压水银柱噌噌往上蹿，他头晕、心慌、呕吐，左眼球视物模糊，情况严重。傅斯年实在撑不下去了，他不得不入住中央医院治疗。

很多朋友到医院看望他，安慰他，连吴晗也致函傅斯年：

“先生年来公事过忙，生活不安定，不如意事又常有，秉性又过刚直，忧国太深，为人谋过劳，病因盖不外此。”

大夫测量血压，高压二百二十，低压一百四十。奇怪的是傅斯年不管多忙多累，体重总也降不下来，肥胖不堪，属于那种喝口凉水也长肉的汉子。住院期间，血压居高不下，他心情沉重，给胡适写信道：

> ……凡遇到公家之事，每每过量热心，此种热心确出于至诚，而绝非有所为。遇急事胆子也大，非我平常办事之小心，有时急的强括不舍，简直可笑。平日好读老庄，而行为如此。……近日又读庄子，竭力自己为自己想开，何必一人怀千古之忧，一身忧国家之难。读来读去，似乎有些进步，此窍还是半通不通的。……但自己不觉之间，常在多管闲事，真把别人的事弄成自己的事。……我本以不满于政治社会，又看不出好路线来之故，而思遁入学问，偏又不能忘此生民。于是在此门里门外跑去跑来，至于咆哮，出也出不远，进也住不久，此其所以一事无成也。今遭此病，事实上不能容我再这样，只好以此著书为业也。

这是傅斯年绝妙的自画像。他心里也不时卷起矛盾的风暴：他想埋头书案，潜心学术，可国家事、天下事，事事挂念，士大夫的传统观念，强烈的责任感，使他既讨厌政治，又关心政治；既厌恶政府的腐败无能，又关注政府为其出谋划策，陈条国是。这是他的命运，这是他人格和性格的双重结果。

远在美国的胡适，得悉傅斯年患病住院，心焦如焚，火速飞邮，致函安慰：

“我真十分担心，因为你是病不得的，……你是天才最高，又担得担子的领袖人才，国家在这时候最少你不得！”并严词警告“六个月内绝对休息”，殷殷劝导，“不可忧虑气恼，也不可贪吃肥肉。”

在国家最需要他的时候，傅斯年却住进了医院。

白色的床单，白色的窗帘，白色的天使，即使战乱时期，医院也是人类生命的庇护所，是生命的驿站。但丧心病狂、灭绝人性的倭寇，却日日狂轰滥炸，病人时时惊骇，不得不拖着病体钻进狭窄、潮湿、幽暗的防空洞。

傅斯年躺在病床上，想念老母亲，母亲也患高血压，不知眼下身体状况如何。

傅斯年的母亲被安置在歌乐山比较安全的地方，由弟弟照管，但一切生活费用全由傅斯年负担。傅斯年幼年丧父，事母极孝。傅斯年母亲姓李，傅斯年的弟弟未成年时改姓李，名叫李永。南京陷落，傅斯年到了长沙。随后，他的两个侄子也被人护送到长沙。傅斯年问侄子：“你奶奶呢?”侄子看一眼伯伯凶狠的目光，嗫嚅道：“没有逃……逃出来……”傅斯年勃然大怒，抡起大手，狠狠打了他两耳光……后来母亲随着弟弟斯严辗转到重庆。斯时老太太已至古稀之年，傅斯年每言及母亲逃难之事，总感愧疚不安，他对朋友说：“母亲幸能平安转到后方，否则吾将何以面对祖宗?”母亲平时爱吃肉，身患高血压，最忌肥肉，战乱时期，常常食不果腹，傅斯年总千方百计买些猪肉给母亲吃。妻子俞大綵为照顾婆婆身体，总是劝老太太少吃肉、不吃肉，尽心尽力地做一些清淡的蔬菜。可是老太太积习难改，不让吃肉，她就大发脾气。傅斯年只得在母亲身边长跪不起，母亲息怒后再做解释。私下对俞大綵说：“这是老人家的嗜好，以后少吃点，吃点瘦肉，或吃牛肉包子，还有鸡鸭肉……”

日寇大规模侵略中国，淞沪大战爆发，南京危在旦夕，傅斯年忙于中研院内迁重庆，史语所南徙武汉，无暇照顾母亲，命两个侄儿陪伴母亲迁徙安徽和县暂住。

自己不能尽孝母亲床头，心已愧疚，哪能再让母亲牵肠挂肚？傅斯年躺在病床上，他没感到病体的痛苦，只感到心灵的悲伤。国土沦丧，生灵涂炭，山河破碎，民生凋敝，一己之躯何足道哉？

他抱病为南溪李庄诗人张访琴、张官周诗集写序，大加称赞："夫一邑之人才如此之盛，一家诗章之可传如此之多，足证今之世运在乎西南方，将翊赞国家之将兴，润色一时之弘业，岂仅为桑梓证献存哉。"

为人作嫁，感情投资。张访琴、张官周皆为李庄开明绅士，曾捐钱粮，在李庄办起全县唯一的村镇中学，张氏兄弟为史语所安居李庄，也极尽所能，奔波游说，呼朋唤友，倾力相助，这番情谊怎能不让傅斯年感激涕零？他们二人请他为其诗集作序，这些日子忙得一点空隙也没有，迟迟未有兑现，深感愧疚。现在住院，倒有了时间。傅斯年在病床上费尽苦心，字字推敲，写下感人肺腑的序言。

傅斯年为"二张"写序言，更多的是感情投资，取得地方绅士给予史语所等有关单位，以及流亡的同济大学的支持。

他病未愈，母亲病故。傅斯年从医院赶到医院，痛哭哀哉，没有亲自照顾母亲，懊悔至深。他带病连日忙碌，张罗母亲丧事，俞大綵的哥哥俞大维动用部队工兵在歌乐山上凿石开掘墓穴，棺椁落土，又水泥封顶。披麻戴孝的傅斯年率儿子仁轨、媳俞大綵、弟傅斯严、侄傅焕成……行三叩九拜大礼，安葬了母亲。

安葬完母亲，本来尚未康复的高血压又犯了，且更为严重，傅斯年不得不又重新躺在病床上。

11月中旬，重庆召开国民参政会议，傅斯年拖着病体出席会议，只参加了一半，大夫劝他退席回家休养。其实傅斯年对参政会也不感兴趣了。他这次出席会议是针对孔祥熙而来，孔祥熙在傅斯年住院期间到处散布说："傅斯年病得要不行了""傅大炮要哑火了！"言外之意是马上要断气死去了。傅斯年闻悉，怒不可遏，大骂孔祥熙贪污腐败，是奸佞，是乱臣贼子，孔祥熙可杀可诛。他带病出席会议，是给孔祥熙两个响亮的耳光，也是辟谣："我傅斯年依然活着，我没死！"

傅斯年不得不听医生劝告，中途离开会场，他只好挈妇将子回到小山村休养。他缠绵病榻，濒临危境，悲身忧世，心境极坏。那时，家境又十分窘迫，室无数日之米，幼儿又营养不良，困窘之极，不可言状。天空常有成群的敌机掠过，小山村并非轰炸目标，算是乱世中的一角安谧。

9、10月份正是重庆的雨季，几乎天天有雨，小雨，阵雨，疏雨，暴雨，满山坳云霭翻腾，满沟壑流水潺湲，山涧时有飞瀑，即使雨停下来，云还在，云层很厚，也很低，仿佛用手指一戳，雨又哗哗下起来。天气转晴时，太阳从云层里挣扎出来，光芒是很迷人的，山野一派清新。山上一层层梯田长着苞谷、晚稻，还有橘园、竹林，穿着红衣服的村姑在溪水边洗衣、洗菜，有几户人家，茅篱竹舍，错落在山坳间，炊烟袅袅，挺诗意的。可是俞大綵却心情忧郁，愁云惨淡，后来俞大綵回忆这段生活写道："孟真屡年来，因公务奔波劳碌，感时忧国，多年的血压高症暴发，头昏眩，眼底血管破裂，情形严重，不得已，在郊区山中，借屋暂居，借以养病。那时他奄奄在床，频临危境，悲身忧世，心境极坏，看不见他常挂在嘴角的笑容了。那是一段穷困悲愁的日子，孟真重病在身，幼儿食不果腹。晴时，天空常有成群的敌机，投下无数的炸弹。廊外偶尔细雨纷霏，又怕远树含烟，愁云惨淡，我不敢独自凭栏。"

静养期间，常有好友不顾山路遥远、雨路湿滑，上山探视。孟真便热情地挽留人家用餐。其实厨房里只有半瓦罐红米，案上只有一把藤藤菜。用什么来待客？俞大綵急忙求救在山下住的韩先生，借了一百元钱，买些菜蔬，几颗鸡蛋，一块豆腐。这是俞家大小姐第一次张口向人借钱。时隔一个月后，才还清债务。傅斯年得悉此事，悲叹道："这真是贫贱夫妻百事哀了。等我病愈，要拼命写文章，多赚些稿费，决不让你再觍颜向人借钱了。我很惭愧！"

俞大綵后悔不该失言，让孟真知道此事。

傅斯年心情焦急、焦虑，甚至焦躁。这时战争更加残酷，中研院、史语所、文科所，各种工作缠身，哪能容他静心休养？

窗外已是巴渝的冬天。气候虽然不像北国那样严寒，但凉意很浓，雾也很浓，天空时有细雨飘落，雨点打在窗外的芭蕉叶子上，真是大珠小珠落玉盘，一番冬籁的动人声韵。

傅斯年决定离开重庆这片是非之地，辞去中研院总干事，和妻子、儿子一块儿回到李庄板栗坳。

其实，在这之前，史语所由董作宾代理所长，各种繁杂的事务弄得他焦头烂额，疲惫不堪，他是专家式人才，不是行政上的干才。他多次写信要求傅斯年回来，致电询问“是否提前来李，当代筹备”，板栗坳为傅斯年专留一套房子在桂花院，董作宾还致电说：“兄寓修成，当弟迁入，为兄守门户，静候返所。”到了9月下旬，董作宾又致函傅斯年，告之曰，“兄之房子，装修后大致可用，弟偶工作于此，以示其屋有用。”董作宾望眼欲穿，实不堪承担史语所代理所长重负，而史语所人员也盼望傅斯年回来——他是他们的顶天柱、主心骨，几十号人的吃喝拉撒，还有中国博物院、北京大学文科研究所诸多事宜全靠他操持。

直到12月7日，傅斯年一家才乘船，离开重庆向李庄驶去。

33 李庄是南溪县一个山坳古镇，一度成为长江上游的水陆码头，上宜宾，下南溪，两头都是二十里，岷江、金沙江交汇于此。从宜宾经李庄去泸州、重庆，可直抵南京、上海。独特的位置，方便的水路运输，是天地之造化。这千年古镇又处在三面环山的深坳之中，深幽静寂。“舟行数里，寂无人声”。空山远麓，江上鸟影。这是长江第一古镇，她比云南丽江古镇还悠久、还繁华。物埠繁盛，商贾隆聚，为湖、广、云、川货物集散之地。

李庄地呈橄榄形，远处是浅浅的丘陵，镇中心也在丘陵上，坡势舒缓。东西长有八里，南北宽有一两里，房屋临水而建，镇子沿江而筑。长江在这里称为川江。川江在李庄表现并不浮躁，也不急流飞湍，水势温驯平和。浪花轻吻着斑驳的堤岸，发出亲昵的喃喃细语。大木船、小划子、小舢板首尾相接，顺流而下，这里被川西南人称为

“黄金水道”。

李庄古镇街口有几棵黄桷树，憨粗偃蹇，老气横秋，这是古镇的史志，是生长着的雕像。它是一个巨大的气场，汇聚过几代人的身影，那些熟悉的呼吸，熟悉的山歌，熟悉的梦呓，曾滞留在它的周围。

古镇的建筑是非常讲究的，整个小镇坐落在两江交汇处，街道、房屋，层层叠叠的黑瓦如同叠罗汉一般，从山脚一直叠到半山腰。那房子低矮，隆脊翘檐，明清建筑风格，既不像安徽徽州马头墙，粉墙黛瓦，又不像江南小镇精致明丽，它们似有点卑怯、懦弱。临江而建的奎星阁是李庄的标志性建筑，嵬伟壮观，无论上下航行的过往船只均在数里开外即可看见，远远望去，奎星阁像沉浮在云雾间。当建筑学家梁思成和他的中国营造社迁徙到李庄镇后，梁思成登阁，浩叹大兴，称之为长江从上海到川南二千余公里，奎星阁是最壮美的楼阁，天下第一阁。一条溪水从遥远的山谷里流出来，流到山脚下已形成小河，再流下去便成了很壮实的长江支流了。浪花飞腾，涛声拍岸，很有气势。岸畔是两排树木，黑黝黝的，是橡树吗？很敬畏地站在岸边，像哨兵，姿势很标准，没风的时候，一动也不动。

夕阳向晚了。淡蓝色的柴烟和乳白色的雾霭交织在一起，从层层黑瓦翘檐中沁出，然后蒸腾而上，逶迤飘逸，与江面的水汽集结，轻盈地散漫开来，古镇朦胧在黄昏里。

苍老的黄桷树，像一位饱经沧桑的老人，默默迎来逃难的人们。一万二千多名流亡漂泊者拥入小镇，小镇的寂然和静谧荡然无存，变得喧嚣而忙碌起来。如果不是战争，这些人甚至终生不会光顾这偏僻的小镇，也许连她的名字也不知道。傅斯年们的到来，给寂寞的古镇卷起一阵浪花，他们披一身风尘，走进经历千年风霜的古镇，走进历史幽邃的深处。

低垂的乌云，湿气浓重的黄昏，荒僻古老的小镇，还有泥路上斑斑点点的猪屎牛粪，空气中弥漫着秋天山野成熟的气息和古镇散溢出的腌咸菜的腐酸味儿、炊烟柴草味儿。街道上平静而热闹，店铺有人出来进去。有一座石桥，桥下流水潺潺，洗衣的妇人蹲在石砌的台阶上，高大的香樟树散发着青苍的香气，它浓重的倒影铺了一地，乡民们或坐或走，背着竹篓，扛着农具，有说有笑，神情平淡恬静。令人揪心的是，不少山民依然贫苦、衣衫褴褛，一张张脏兮兮的脸，一双双呆滞麻木的眼睛，含着恐惧和迷惘。三四十岁的人就显得苍老，皱纹隆起来，像五六十岁的样子。那些农舍更是破败不堪，屋瓦黑黢黢地低垂着，哪有“巴山夜雨”酿造出的“共剪西窗烛”的优雅和诗意?

黄昏时，从远处的山顶上涌来一片浓浓的雾，山峦、田野、农舍，很快模糊了。潮湿的空气，低矮的云层又在酝酿一场新的降雨。

李庄能够接纳上万名同济大学师生，全凭着她有“九宫十八庙”。九宫分别是：文武宫、紫云宫、真武宫、桓侯宫、巧圣宫、禹王宫、南华宫、天上宫、文昌宫；十八庙是土祖庙、苏家观、陈公庙、桂馨寺、关圣殿、吴天观、佛光寺、万寿寺、玄坛庙、天宫庙、东岳庙等，另外还有螺旋殿、三教堂、张家祠等空闲大宅院。为迎接同济大学的师生，李庄老百姓在区政府的领导下，对这些宫殿庙堂进行大扫除、大清理，把一切杂物清理出去，把一些泥塑木雕的菩萨、佛像或集中，或转移，腾出大量空闲房间，安置教师和学生。紫云宫的大雄宝殿成了他们的会堂，紫云宫门前的广场成为学生的操场，很多僧舍、仓库成了学校各系科的办公室，教师和学生宿舍。

中国营造社于1940年冬天迁来李庄，这时同济大学师生已占满了镇内大小宫殿，只得住在镇西约二里地的“月亮田”(地名)，月亮田实际上是一片水塘，水枯时节种水稻，水丰时节成了池塘。池塘岸边有一处“豪奢”的宅院，一所大房子用木板间开，既有梁思成夫妇的宿舍，又有绘图室、录音室，还有文献部主任刘敦桢、学人陈明达的宿舍兼办公室，新招聘的学员罗哲文也分得一间斗室，木地板，雕花木格窗，房子阔大通风，光照也明亮。周围是高高瘦瘦的楠竹、黄桷树、桂花树，月亮田秋水盈盈，天光水色，风景煞是秀丽。这里鸟语花香，环境幽静，真是读书做学问的“天堂”。

中央研究院史语所因联系较同济晚，李庄镇实在难安排这班人马，只好屈就远距李庄十里之外的栗峰山庄——板栗坳。

沉寂的古镇喧闹起来，常常看到戴眼镜、着长衫、白白净净的教授，或手执一把雨伞，或捏一把纸扇匆匆行走在石板路上，或小心翼翼地穿行在泥泞、遍布牛屎猪屎的土路上。他们操一口流利的普通话，或吴音侬语，浓郁的川话中掺杂着不少外地的乡音，这里语言也缤纷复杂起来。周钧时（同济大学校长）、傅斯年、陶孟和、李方桂、梁思成、董作宾、童第周等一大批国际国内的知名学者，也不时和那些头缠布巾，胼手胝足的村妇野老搭讪几句，那些乡民们像看外星人一样陌生好奇。

外籍教授如德国的史图博，波兰的魏特，德国的鲍克兰、史梯瓦特、韦特，美国的陈一获等，也随同济大学迁移李庄。这些洋教授一出门，行走在街道上，身后总是跟随着一些光屁股打彤彤（四川方言，裸背）小孩，像看西洋镜似的，叽叽喳喳，嘻嘻哈哈，追逐打闹。

感谢前朝，在这片荒僻沉寂的土地上建起一座繁荣的小镇。这里有九宫十八庙，有成片的青砖黛瓦的四合院，有戏楼剧院，私塾书院，有罗列成排的酒肆饭馆，日用杂货商店，有布行、盐行、油行、苇席行、柴薪石炭行、水货行、皮货行、木材行、砖瓦行、陶瓷行、鞋袜行、估衣行、大车馆，有典铺、油坊、钱庄，还有青楼妓馆，这个古老的民族所具有的，这座古镇一样不缺。

这里民风古朴、热情好客，在国家生死危难之际，古镇敞开热情的怀抱，接纳了来自四面八方漂泊的异乡人。令人感动的，他们腾出最好房子，最结实的房子，让“客人”住，自己一家老小挤在竹篱茅舍，还为他们准备好锅碗瓢勺、米面蔬菜，像迎接亲人的到来。这些来自大城市的学人们，第一次接受到“地气”，感受到大地母亲的温暖。

李庄没有电，没有现代都市的文化设施。每到夜晚便是昏暗的桐油灯，条件好的人家也是过年过节才买上一包蜡烛。

夜是幽暗的。

夜是幽静的。

在静虚之中，方能做出真学问。

当初，同济大学派人来川联系迁校事宜，几经曲折，无意中结识了国民党李庄区党部书记罗南陔。罗南陔是读书人出身，有强烈的爱国主义精神，使他在国家危难之际，必须贡献一切力量。知悉这些国家未来栋梁之材，无家可归，无处安身，他和几个地方绅士商量，果断决定接受同济大学师生，罗南陔为表决心，还致电昆明同济大学校方：“同意迁川，李庄欢迎。一切需要，地方供给。”为民族、为国家，这个普通的大西南山镇要付出巨大的财力、物力。

傅斯年那时还在重庆，从教育部得悉同济大学入川信息，立马致电在昆明龙头村史语所副研究员芮逸夫，要随同济大学一同赴川考察，争取在李庄有一立足之地。

僧多粥少。史语所联系晚了一步，李庄已无所可居，同济大学已占满了位，再安插史语所的确为难。傅斯年从重庆来到李庄，凭着他的霸气、外交能力和在学坛地位，李庄当场答应，另外选址安排史语所。他们考察了周围一些村庄，最后选定板栗坳。

史语所迁移谈何容易。从昆明到南溪县李庄，属于川、黔、滇边境之地，山高路险，莽林荒野，此处有永宁河通往长江，往南可入云贵高原，与南溪李庄还有一段距离，但同属于川南地区。

史语所人多辎重多，社会所和体质人类学所等单位，也在酝酿搬迁。于是这支漂泊的中国学人在国破山河碎的悲壮氛围中开始了漫长的羁旅。史语所物资之多是出名的，甲骨、青铜器、陶器，还有其他出土文物，更多是二十多万册图书和部分明清档案。战争爆发，其他大学都未来得及将图书、仪器的装箱转移，唯有史语所带出大量书籍，这不仅因为傅斯年嗜书如命，更是他的深知卓见，这些人要做学问啊！六百多箱图书资料，这些国宝级的“庞然物资”如何运到四川，的确是个难题。李方桂从昆明利国公司租下二十多辆汽车，每三辆为一组，分批行动。这是南国的暮秋时节。

连年战乱，滇黔公路常年失修，凸凸凹凹，又加上秋雨连绵，中途翻越沟壑纵横、坡陡路险的乌蒙山脉，还要渡过十几条湍急的河流，汽车运输非常困难。汽车路经赫章、咸宁一带山区，夜晚老虎、狼和黑瞎子要出来觅食，人不敢下车，汽车也不敢停下。到了咸宁，地势稍微平坦一些，汽车停下休息，要围在一块儿，司机不能下车，如遇老狼，打开车灯用强光驱赶。

那时的卡车用的汽油配备很少，用酒精做燃料，或用木炭，启动不易，速度很慢，路上经常抛锚。经过贵州与四川交界的赤水河，河上有一座很高的桥，车辆从山上下坡，车速较快，如果刹不住车，很容易冲下河，桥很窄，对岸若来车，彼岸的车得等候，桥又古老，多年失修，很担心会垮塌，时常看到有车掉在河里，七倒八歪，其状很惨。

史语所人员所乘车辆也是历尽艰险抵达泸州，停在长江南岸，通过当地的轮船转运，再沿着宜宾的长江水道，直达李庄码头上岸。

最苦的是梁思成、林徽因的营造社，这是所民营科研机构，若即若离地挂靠在史语所，傅斯年胸怀博大，很想收编到中研院，赖于编制和经费，在他代理中研院总干事期间也未能如愿。既然史语所迁川，营造社也无意孤身留在昆明。梁思成也雇了辆车随车队跋涉在滇、黔、川公路。一辆卡车，营造社人员和老少家属，三十几人，还有行李，满满一车，人无法坐在行李上，只能站着，一路颠簸。又是暮秋初冬，大山深处已寒气逼人，林徽因途中又患了感冒，肺炎复发，女儿梁再冰也感冒发烧，到了咸宁，母女俩进城找医生。听说，夜里有狼群围着汽车吼嗥了半宿。

史语所的货车第一批货物一百四十箱到达宜宾，后租用民生公司的船只转运李庄。这是小驳轮。出乎意料，船刚离开宜宾码头不远便发生颠覆，船上的货物悉数倾覆水中，水运局火速派人打捞，已晚矣，那些木箱装的全是图书和贵重资料，或甲骨文、青铜器，都被水浸湿。

消息传到重庆，傅斯年大发雷霆，董作宾向傅斯年发电，傅斯年大骂民生公司老板王崇武。发脾气大骂一通无济于事，傅斯年派人与重庆的民生公司交涉查验，索赔，并要王崇武立即打捞货物，晾晒，把损失降到最低。

34

1941年1月18日，傅斯年已经染上高血压症，拖着病体匆匆从重庆赶到李庄，主持各单位食宿和办公室分配。尽管板栗坳离李庄远了一点，但这张家大院位于庞大的山顶，像古城堡一样，又安全又安静，倒适合史语所的学人食宿办公。房子也很紧张，傅斯年开始找人整修房舍，着手分配。因板栗坳交通困难，要爬五百个台阶才能到达山顶上的山庄，来往异常艰苦，傅斯年为照顾李济和梁思永，把他们两家安排在李庄，其余全部“上山”，并在“山上”办公，然后按等级分配住房，单身汉当然两人一间，或三人一间，职称高的房子宽绰一点，光线明亮一点，青年助理研究员当然住房比较差，好在那时人的觉悟高，谁也不会争。

最难办、最让人头痛的还有北京大学文科研究所，这本不属于中研院范畴的单位。早在1918年北京大学成立文科研究所，是以培养文、史、哲学科研究生的学术机构，先是由沈兼士、刘半农任正副主任，后由胡适兼所长，傅斯年任副所长。抗战爆发，文科所停办，北大、清华、南开三校合并，成立西南联大迁往昆明，由于北大校长蒋梦麟的支持，所长由傅斯年代理。恢复后的文科所阵容很强大，分文学、哲学、史学和语言学四组，在昆明时曾和史语所住在龙泉镇龙头村。这次西迁入川也随之迁来。北大文科所导师有罗常培、汤用彤、郑天挺，都是学富五车的人物，因西南联大没有图书馆，文科所和营造社全靠史语所的图书馆开展学术研究，他们离不开史语所。傅斯年自顾不暇，在极端困难之际，又收留了这两个“孤儿”。傅斯年兼职过多，尽管在学术上不能具体指导，也倾注了大量心血。在板栗坳住房十分紧缺的情况下，又为文科所挤出几间房子，与史语所同仁一起居住、生活，平时各自从事自己的学术研究。

安排好文科所，漫地里又冒出一件事，使傅斯年更加头痛。陶孟和的社会科学研究所也从昆明迁来。陶孟和是傅斯年的老师辈上的人，但二人关系并不亲和，可是社科所是中研院正宗的单位，傅斯年还兼任中研院总干事，社科所如何安排，这是傅斯年分内的事。

陶孟和带着一干人马，风尘仆仆，一脸困顿、憔悴、疲倦出现在傅斯年面前。陶孟和向傅斯年求救，陶孟和他的研究员们当夜只能露宿街头，无论李庄还是板栗坳都达到极端饱和，人满为患，用现代的流行语，是蜗居、蚁居，往哪里安排这支人马？中研院社会所向傅斯年提出，史语所能否腾出几间房子安排社会所。板栗坳勉强能安排下七八十人的史语所，中央博物院筹备处又占去几间，社会所再插进来，实在困难。傅斯年非常为难，他身为中研院总干事，不能不为社会所寻找栖身之地。傅斯年连连写信求助民生轮船公司老板，凭着傅斯年的声誉和社交能力，老板答应借用几间仓库，供社会所所用，分文不取，也算老板为抗战尽几分力。

傅斯年把史语所和北大文科研究所一块迁到板栗坳，在硝烟弥漫、山河破碎的岁月，为学人们安置一个读书的环境。这些研究员们到李庄后，很快适应了外部环境的变化，这是战争教会了“适者生存”的能力。他们保持了一种强旺的精力，读书、撰写论文，昏黄的桐油或猪油灯下，孜孜不倦，潜游在知识的海洋。苦难造就人类，苦难成就天才。傅斯年为了彰显学界青春的力量，亲手书写了两个牌子，分别挂在史语所和研究所办公室门外墙壁上：“北大文科研究所办公处”“中研院历史语言研究所办公处”，醒目惹人，昭示出一种信念、力量，和对知识的敬畏。

傅斯年（左）与胡适（中）在一起

台灣大學校長室用牋

第八章

国破山河在（下）

一切都是光明和纯洁，人们尊重他的道德和人格，像尊重他的天才一样。他精神里总燃烧着热烈的火焰。富有英雄的天才而不能实现，那是痛苦的；富有激情的热望而看不到花朵和果实，那也是痛苦的。他带领他的士兵伏在另一战壕里作战……

台灣大學校長室用牋

35 傅斯年暂时辞去中研院总干事，要回李庄。

12曰7日，他搭一艘小木船，驶离重庆嘉陵江沿川江逆水而行。寒冬腊月，江风凛冽，寒风从破旧的船舱板隙里吹进来，呜呜带着刺耳的鸣叫声。傅斯年躺在船舱里，蒙上被子，他太疲惫了，他想酣睡一觉，但冻得难以入睡，儿子和夫人俞大綵也蜷缩一团。川江已进入枯水季节，江心裸露出卧牛、奔象般的礁石，水流很急。流水撞击着礁石，溅起很高很高的浪花，也激起巨大的旋涡。小木船不敢走江心，只能靠近岸边浅水处，踽踽划动。船夫用力撑篙，还不时被卷到岸边的浪涛撞得打旋。

船行很慢。

傅斯年受了风寒，感冒发烧。乍初，他还能忍受头晕头痛给他带来的烦躁，但忍受不了种种莫名其妙的骚动，他思念星散四方的学人，陈寅恪还在香港，久违音信；胡适远在异国他乡，史语所同仁们在深坳里生活得怎样？学术研究可有新的成果？他的学生王利器适应史语所的生活吗？无法排遣的是事业感，事事让他牵念的是他一手拉巴起来的史语所。……他睁开眼，向舱外去，浑浊的江水，灰暗的天空，船在江中，人在船中，风浪又急，有时还要躲避敌机的轰炸，不得不隐蔽在江湾，停上一两个时辰。他闭上眼睛，混混沌沌的脑海不时出现悲惨的画面：背井离乡的难民、漂泊的学子、敌机的轰鸣、枪炮声、哭叫声、撕肝裂胆的号叫、死尸、鲜血、白骨……惨不忍睹。日军轮番对重庆的空袭，满街瓦砾，满街尸体，满街血泊，即使远在后方的昆明，也频频遭到日寇的疯狂轰炸，凄厉的防空警报，敌机的轰鸣声，炮弹的爆炸声……傅斯年感到一阵阵钻心的疼痛……他似睡非睡，大脑时而清澈如水，时而浑然如梦。三天三夜的水上漂泊，终于到了桂花院，倒头便睡，傅斯年又是三天三夜未醒，醒来后昏昏沉沉，他却知道世界上发生了一件震天撼地的大事。

12月7日，也就是他从重庆起航去李庄的当天，日寇偷袭了美国的军事基地珍珠港。

这是个黑色的星期天，用美国总统罗斯福的话说："这是个无耻的日子。"在联合舰队司令官山本五十六的指挥下，凌晨二点，日军出动了一百八十三架飞机，穿云破雾，扑向珍珠港，发起疯狂的袭击，炸弹冰雹似的倾泻在大小舰艇上；第二冲击波，又出动一百六十八架飞机，再次发起攻击，以迅雷不及掩耳之势，将美国太平洋舰队大小舰艇炸沉炸毁，五千官兵在睡梦中丧生。这是美国19世纪中叶墨西哥战争后，第一次受到外敌对美国领土的攻击。美国损失极为惨重。

七时五十三分，日寇的飞机发出"虎！虎！虎！"的信号，表示偷袭成功。但是山本五十六听到胜利的消息，并不感到振奋，声音沉重地说："我把一个沉睡的巨人唤醒了，现在他充满了愤怒。"

太平洋战争爆发，一直隔岸观火的美国被迫卷入了这场战争——第二次世界大战。第二天，罗斯福在国会大厦正式宣布对日开战，随即英法也对日宣战。中、美、英、法、苏联合起来了，中国人民的抗日战争不再是孤军作战了。

在日军偷袭珍珠港的同日上午八时，即夏威夷时间不足八个小时后，数万日军开始进攻香港，先是炸毁启德机场，瘫痪英军的防卫力量。12月8日，日军穿越维多利亚港，开始进攻香港岛，英军节节失利，十八天后即12月25日，港督杨慕琦打着白旗代表英国殖民地，向当时总部设在九龙半岛酒店三楼的日军投降，一万五千名驻港英军被俘，香港随之成了沦陷区。

傅斯年十分挂念远在香港的陈寅恪。1939年春，陈寅恪随史语所迁到昆明，和傅斯年同在一座楼上居住，傅斯年住在一层，陈寅恪住在三层。1938年10月，日军开始轰炸昆明，每次警报响起，傅斯年总是先跑到三楼搀扶陈寅恪下楼，因为陈寅恪患眼疾，左眼几近失明。先安排好他躲进防空洞，然后再回家把大人孩子接到防空洞。因为李庄医疗条件差，他没有随着史语所来李庄，他留在联合大学教课，不久陈寅恪被英国牛津大学聘为汉语教授，并授予皇家学会研究员职称。他离开昆明到香港，拟携全家乘英轮赴英国牛津大学任教。但是第二次世界大战爆发，无奈只能滞留香港，任香港大学客座教授兼中文系主任。12月8日随之辞职，赋闲在香港。他想回四川但没有盘缠，他写信求救傅斯年汇款来。

傅斯年非常焦急，连连给重庆的杭立武、王毅侯写信设法资助陈寅恪离港。傅斯年求救国民政府，火速派飞机去香港抢运战前滞留香港的政府要员和文化界、教育界著名人士，其中就有国民党元老廖仲恺夫人何香凝，国民政府监察院副院长许崇智以及文化界名人郭沫若、沈雁冰和蔡元培的夫人。国民党政府要员孔祥熙的老婆孩子、奶妈及其一大群保镖都在香港。12月18日，国民政府派出最后一架飞机抵达香港，飞机一到达机场结果被孔祥熙的夫人宋霭龄、孔二小姐，还有一大堆随从、保镖抢占了飞机座位。据说，先上机的有陈济棠夫妇，孔二小姐让他们滚下去，将军大骂："你是什么东西，如此放肆！"孔二小姐说："孔令俊，孔二小姐！你有眼不识泰山，快滚，这是我的两只狗的座位！"于是掏出手枪，点着他的鼻子大骂，一帮保镖跟着吆喝。好汉不吃眼前亏，将军乖乖走下飞机。孔二小姐将奉陈布雷之命赴渝开会的某报总编也赶下飞机。经过一番如狼似虎的搏斗，不顾党纪国法，孔二小姐连家私、洋狗和私人用过的马桶也塞满机舱，接着强令起飞。飞机在一片骂声、喊声、哭叫声中腾空而去。甩下的国民政府要员、文化名流，捶胸顿足，大骂不止。

两个小时后，日军便占领了机场。

日军占领香港后随即成立军政厅，由酒井隆出任最高长官。

日本在港杀人无数，除了禁止使用英文，强迫使用日文外，香港的街道也改为日文名字。

日军在香港烧杀掠抢，奸污妇女，垄断粮库，全岛陷入饥饿状态。

消息传到昆明，西南联大师生联系云南各高校及中学师生举行声势浩大的游行示威活动，师生们打着旗，拉着横跨街道的巨幅标语："打倒乱臣奸贼孔祥熙！""孔祥熙不死，国家必亡！""杀孔祥熙以谢天下！"游行的队伍拥挤在省政府门前，街道堵塞，群情激昂，如怒潮狂啸，席卷春城。西南联大通电全国，国统区各大学、中学、中专师生，纷纷上街游行示威，成都、重庆的学潮更凶猛，要求国民政府严惩国贼孔祥熙。在李庄，同济大学的师生围着小镇游行三四圈，口号震天，怒潮汹涌。老百姓观者如堵，懵懵懂懂，不知何事，只是看热闹。游行队伍又行至板栗坳，傅斯年大病未愈，肝火又上升起来，脸涨得赤红，对身边的人大声吼道："杀孔贼以谢天下！"又指令，史语所及驻板栗坳北大文研所、中国博物院筹备处以及社会研究所全体人员，能爬得动的，全上街游行，并号召大家写文章痛斥孔家无耻行径。

陈寅恪陷入绝境，每天为吃饭发愁，但日本学者却给占领军司令部写信，不要骚扰陈寅恪，应给予照顾。一天，日军带着几袋面粉来到陈寅恪家，说：这是皇军的照顾，陈严词拒收。后来日本当局持日金四十万元，委任他办东方文学院，陈坚决拒绝。1942年春，有人奉日方之命，来请他到被日军占领的上海授课，他又严词拒命。他很想逃离香港，却无盘缠。奈何，奈何！

因为傅斯年在1938年就指控孔祥熙贪污腐败之事，孔祥熙恨之入骨，傅斯年病重期间，孔祥熙幸灾乐祸。昆明学生于次年1月成立"倒孔"运动委员会，组织数千学生大游行，高喊打倒孔祥熙。傅斯年得悉极为兴奋，致函胡适："'人心之所同然者，义也。'这次不能说是三千里外之病夫鼓动的罢！"

36 板栗坳是个弹丸之地。坳，按辞典上的解释，是山间平地。但板栗坳恰恰不是平整之地，是一个方圆不大的土山包，周围是起伏跌宕的大山。山包上有七处宅院，这七处宅院的主人都姓张，是早年为躲避明末农民革命军张献忠之乱，张氏家族从外地迁来。当初还筑有寨墙，用砖石垒砌起来，形成颇具川西南风味的可攻可防的寨堡。三百多年的风雨沧桑，城墙颓废。残垣断壁上的苍老的树根，像一位历史老人，默默地迎接了这批落难的学子。如果不是战争，这些西装革履的学人们，永远不会来到这荒僻的山寨，这山寨也永远不会被世人所知。山寨虽寂然淡漠，却也有她的温馨和古道热肠。

史语所在此一共租用了桂花院、田边上、朝门口、牌坊头、戏楼院、新房子六处住宅。在国土大片沦陷、硝烟弥漫的中国，李庄，还有这小小山寨，无疑是一片沙漠绿洲。

桂花院是专为傅斯年预留的一处宅院。他在重庆时，这宅院一直空着。李方桂住在“朝门口”。牌坊头是清咸丰年间修建的，虽然不大，倒很堂皇，但通风不佳，室内既闷又热。董作宾和第三组（考古组）就住在戏楼院，第二组语言组办公室就在“田边上”。西文书库和北大文科研究所在此。考古组梁思永和李济都住在李庄镇羊街。不过，他们星期一到星期六要到板栗坳上班，自然吃住也在板栗坳，只有星期天方可到镇上和家人团聚。虽是离乱之际，这些学人们仍然非常自律，如在城市上班一样。傅斯年管理非常严格，有一套严格请假制度，对无故而不按时上班者有严厉的惩罚措施。

学人们一人一桌一椅，办公条件极为简陋，连书架都没有，大家都很珍惜时间，埋头案牍，苦读诗书，钻研学问。他们生存环境狭小，但思维空间却得到扩展；生活方式简单，生命质量却有加重。

中国知识分子最值得称道的，他们不尚奢华，不慕灯红酒绿，不热衷白马红缨，他们耐得寂寞，忍得穷困，安贫乐道，即便在困厄中，青灯黄卷，皓首白发，不坠青云之志。几千年来，他们有着强烈的自悔精神。华夏民族经风历雨一路走来，既有艰苦卓绝的奋斗精神，也有忍辱负重的品格。没有前者，后者便是没有脊梁的苟且者，没有后者往往成为半途而废的失败者。

知足者常在。这些枵肠辘辘的学人倒也知足，从“庙堂之高”来到“江湖之远”，无怨无恨。他们深知，在国家危难之际，多少将士在前线浴血抗倭，用血肉之躯换取后方的安宁，他们从事的科研，并不是直接用于战争，为抗战尽力，这些学问即使推迟几十年再研究也不迟。可是国家却千方百计地保护着这批读书的种子，发给他们薪水，让他们安心读书，写文章。哪个良知未泯的学人，能不尽心尽力，奋发图强，早出成果，多出成果？文化的烛炬在无论怎样艰苦的环境中，也要点燃着，好让孑遗的人们或其子孙来接受这传统。这传统是什么？便是我们的民族精神，立国之本。

亡国，就是政权没有了；亡天下，就是文化没有了。中国既不能亡国，更不能亡天下，一个民族独立世界民族之林依靠的是文化。没有文化这个民族就没有凝聚力、创造力，也就失去了发展的动力和方向。他们在这里著书立说，拼命地做学问，一盏麻油灯照耀着书案，就像茫茫夜海的航标灯，导引他们行驶在知识的海洋。他们的背影映在墙壁上，这是倔强的灵魂和骄傲的背影，是理性的必胜信念，山河可破碎，人可打倒，但不容打败。傅斯年深知，这些“文化种子”们苦读诗书，是对文化的渴求。文明的光芒和读书人的操守，实堪赞叹。这里也是战场，这是文化的抗争，是文明的反攻。

这些学人在这“世外桃源”的安谧环境中，孜孜不倦地攻读、著述，比在都市里效果还好，少了应酬，少了尘廛的喧嚣，也少了人际关系的纠葛。大家有个共同的心志：前方战士在拼命流血，抗击日寇的侵略，国家在危难之际，仍然为我们创造一个安静的环境，读书做学问，如果拿不出成果来，有何颜面活在世上？

只是热。这是大山深处的盆地，夏天是漫长的，闷热、酷热、燠热。汗不住地流，这些学人常常湿一块手帕、毛巾搭在肩上，还要不断地擦汗，有的青年学者热得撑不住，就到桂花院崖下水井打一桶水，洗洗头、洗洗脸，接着继续挥汗如雨读书写作。如果有太阳，那简直晒得背上像烤火一样，地上像蒸笼，人走在田埂上就像蹚在热水中。

好在这里常常下雨，即使不下雨，也是连阴天，甚至一两个月白天不见太阳，夜晚不见星星月亮。雾霭、云霭、雨霭，白浪滔滔，铺天盖地，似滚雪，似翻絮，波诡云谲，变幻莫测。

这里山隐约，水隐约，树隐约，一切仿佛都在梦中，天灰蒙蒙的，地灰蒙蒙的，早晨和黄昏没有区别，今天是昨天的再版，星、月、日好像很陌生，所以古人有“蜀犬吠日”之说。一切都不那么热闹、生动，光彩炫耀，但朴素、自然，没有荒凉芜秽，又无古今征戍之地的残破和悲壮。大自然是生机勃勃的，花开花落，草荣草枯，到处充满蓬勃的生机。

板栗坳没有街道，只有坡上、坡下、沟沿、沟底。坡上坡下都长满乔楠、翠竹、柳彬，还有黄桷树、三角梅，满沟满坡绿涛翻滚。在蔚然深秀的浓绿之间，不知何时有几缕云雾从树隙中溢了出来，一会儿塞满沟壑，一会儿遮住房屋，一会儿布满田畴，一会儿侵入卧室，直闹得伸手不见掌，对面不见人。梦耶，幻耶？

牌坊头是主院，史语所占用前厅，后院厅房和配房仍由主人家住。前厅中间大厅是史语所子弟小学的课堂。左手边是小卖部，卖些油盐酱醋日用品；右手是职工食堂，没有家属的人都在这里吃饭。这是傅斯年的学生何兹全的回忆文章所述。

牌坊头有棵高大的桂花树，枝繁叶茂，树冠庞大。每天清早，史语所的男女老少都起来在桂花树下做做操，甩甩手，弯弯腰，当铃声一响，他们便进食堂吃饭，铃声再响便是上班，秩序井然，纪律肃然。

板栗坳也有清风丽日的时候，早晨虽有雾，但随着太阳升起，雾渐渐散去，沟沟壑壑，山山峁峁，全是一片新绿，露珠晶莹，霞光闪烁，漫山遍野珠光宝气，一片富饶景象。人们珍惜田土，田禾盈畴，地无隙壤，连沟沿、田埂、山窝，哪怕席片大的山土上都种满庄稼、菜蔬。这里虽然不是“百川沸腾，山冢崒崩”，但是长江在左，栗峰在右，雨后也常有溪水沸腾。坡上坡下尽是一簇簇竹林，像一个个家族似的，散落在山坳里，茂密、茁壮、葱茏，拔天扯日般向上疯长。

牌坊头又是大家摆“龙门阵”的地方。有月亮的晚上，便是大家聚会之时。这些学人们自带小马扎、小竹椅，坐在树下，天南地北，三皇五帝，谈个翻江倒海。月光穿过桂花树的枝丫洒落在地，大家有说有笑，有唱有闹，和睦亲热，颇有点“不知秦汉，无论魏晋”的味道。他们也常感伤、悲叹，回忆史语所苦难历程唏嘘不已，广州东山的柏园，北平北海静心斋，叠翠楼，罨画轩，蚕坛的东西厢，东单牌楼，洋溢胡同，上海小万柳堂，南京的北极阁，还有长沙、昆明的流徙之地。当年西装革履，衣冠楚楚，胳肢窝夹着洋书，出有舆、食有鱼，浑身浸濡着欧风美雨的学者名流，今日却落魄在这荒僻山坳，能不为国难而生悲?

史语所在这里开张后，一如既往，照样招考研究生，笔试、口试，为国家培养人才，一点也不敢马虎。每当研究生举行答辩会，正副导师都要参加。一般情况，答辩会在板栗坳戏楼上。战乱时期，导师、学生往往被战火分隔，天各一方，很难相聚，没办法，只好由副导师或教授寻找学生举行答辩，程序简化，但标准没丝毫降低。即使在板栗坳答辩会，也因缺乏导师和学术委员会成员而采取变通形式，傅斯年再忙也要亲自参加。傅斯年兼任中研院总干事住在重庆时，四川大学有一个学生王利器报考他的研究生，傅斯年认真出考题，并亲自监场。考生认真书写，谁知一道题未答完，防空警报响了，日寇飞机成群飞来，满城一片爆炸声，到处是一片火海。傅斯年拽着王利器急忙钻进防空洞。敌机飞走后，他们从防空洞出来，王利器继续书写考卷，傅斯年照样监考。午饭时，傅斯年不知从哪里买了十多个包子，师徒二人吃过包子，继续考试。谁知考题未答完，日寇飞机又来了，又一阵穷轰滥炸。傅斯年在防空洞里“阅卷”，并进行了“口试”。之后，便写了一张纸条，并说：你被录取了，你到李庄去报到吧。

李方桂是马学良、刘念和的指导教师。马学良非常崇拜自己的导师，和李方桂谈论起各地区少数民族的方言土语，常常忘了吃饭。在李方桂的悉心指导下，写出了很多有水平的论文，其中《倮文作斋译注》被收入标志着史语所流亡时期成果的《六同别录》。《六同别录》

是很高水准的论文集，内容含有语言学、历史学、考古学、人类学、社会学等多方面内容，这是史语所，也是中国学术界一颗硕果。李孝定是董作宾的高徒。后来成为国家图书馆馆长、国学大师的任继愈是北大文科所学员，实际上也是史语所的研究生，他没有具体的指导教师，自由和放任，反而使其多方面受益，他深受浓厚的治学氛围影响，又有大量的图书参考，成绩斐然。

37 “书生”“书生”，书即是生命。这是一切读书人的通好。傅斯年更是酷爱图书，购书、藏书是他人生的一大嗜好。傅斯年的秘书那廉君回忆道：“孟真先生和书，好像不可须臾离开，也好像是有不解之缘，喜欢读，喜欢买，更喜欢收藏。”节衣缩食，用省下的钱买书，对他是司空见惯的事。那廉君又说：“孟真先生自己收藏的书，很少善本，一般常用的书差不多都有，小到一折八扣的《枣林杂俎》也都好好保存着。”傅斯年创建史语所，开创新的学术之路，就非常注重图书馆的建设，他四处搜罗古今中外的图书，他在北平十年，正是他大量购买图书之时，常常跑书店，逛书摊，发现有用的书，“左手一包，右手一捆”，雇辆黄包车拉回来，他的办公室常常堆积如山。他懂版本，又请人做顾问，不辞辛苦劳累，跑到琉璃厂去“淘宝”，发现善本、珍本，喜得像孩子一样憨笑。史语所迁移到栗峰坳的图书近二十万册，绝大部分是经他一人之手买来的。这些图书的种类和图书内容极其繁富：从历史典籍、名家文集、笔记、天文历算、农业、气象、方志，到古代戏曲、小说、通俗文学等，还有大量的甲骨、金文、碑刻、陶文、玺印、封泥、古文字、古器物、图录以及各家论著等，应有尽有。连美国驻华大使馆文化专员费慰梅看了图书馆，都十分惊奇地赞叹道：“还有英文、法文、德文和日文关于亚洲考古、历史和发掘的珍稀而重要的出版物，真是再稀奇不过了。”“七七”事变后，全面抗战开始，日军有意识地毁灭中国文化，飞机专寻找大学轰炸，破坏文化教育设施，这些禽兽深知国亡可以复国，文化灭亡不可复矣，那不仅是亡国而是亡天下了！天津的南开大学图书馆毁于战火，南渡时竟然没带出什么图书，清华大学图书馆先行运出一部分图书，暂存武汉，后又迁徙昆明，一路遭遇日机轰炸，抵达昆明时，仅剩下两万多册。北京大学南迁，仓皇得根本没顾及图书馆，南京中央大学的图书馆也毁于战火。傅斯年似有预感，命人加紧整理图书，打捆装箱，人走到哪里，书到哪里。并命石璋如、那廉君、张政烺专职负责图书押运，至昆明时，因西南联大图书甚少，史语所将部分图书借与联大。1939年8月，傅斯年致函联大梅贻琦、蒋梦麟、张伯苓三位负责人："敝所既有书在此，自应供之公用。"

史语所迁至南溪县板栗坳，这大山深处便出现一座书城。那六百余箱图书及大批甲骨文、陶器、青铜器，不少是国宝级文物，由昆明运至板栗坳，其艰难困厄，不可言状，陆路、水路，穿山越岭，风晨雨夕，卡车、木船、轮船，颠来颠去，装了卸，卸了装，终于押送到目的地。这些书籍、文物有上百吨重，如果用卡车运，每辆装载四吨，需要三十多辆。战时运输十分紧张，到哪租借数十辆卡车？无奈，傅斯年只好致函内兄交通部长俞大维，乞求帮助。当俞大维答应筹措车辆时，傅斯年喜不自禁，乐滋滋地告诉朱家骅："俞部长将通行事全核准。"并说，"人与物均已开始移动。"

板栗坳的史语所图书馆成了战时最好的图书馆，有了图书馆，这些学人便有了精神的家园。图书馆是他们思想和精神的武器库。图书馆设在板栗坳最大的房子里。"大门是一排九间，门内的大厅，也是一排九间，中间的七间是汉籍书库，……再后一进是西籍书库，还有些善本分存第三院。"这些图书资料不仅供史语所同仁借阅，连同济大学、当地政府的文化人也常来图书馆借书。梁思成的中国营造社、社会科学研究所、中央博物院也常有人来板栗坳借书，更有甚者，南开大学的研究生、东北大学的毕业生都曾来到李庄、板栗坳借阅图书。在战火纷飞的岁月，这里还弥漫着一种浓郁的读书风气。那些物质生活极其穷困的读书人，一旦借到自己喜欢的书，精神便得到极大的慰藉，甚至忘了腹中枵枵之鸣，他们的精神空间只需"窗前有月，枕边有书"就心满意足了。正是这些图书伴随着他们走过了漫长苦难的岁月，温暖了寂寞孤独的灵魂，也依靠这"进步的阶梯"攀登着事业和生命的高峰。

傅斯年对图书管理非常严格，近乎苛刻，他要求具备研究员、副研究员、助理研究员职称者，方可入库选借图书，且不得乱放，否则张贴通告，以示批评。至于谁在书里折了角，或者在书页上画了“曲线”“直线”，做了标记，抑或弄脏了书，轻者批评，重者罚款。游涛是图书管理员，管理善本书库，问傅斯年：“罚款额多少？十倍？”傅斯年不假思索，口气非常强硬：“不中，尤其善本，来之不易，照原价百倍赔偿。你写个通告，张贴出去。”这是傅斯年的命令。有人借了书迟迟不还，傅斯年十分愤怒，亲笔写信追缴。后来成了史语所著名学者、国学大师的邓广铭谈起来史语所的图书馆，感慨万端，他说：“我跟随傅先生，除了求得他指导外，还有一个原因，那就是北大、南开、武汉大学南迁，都没有带图书资料去……只有史语所带了个图书馆，大家要利用它的图书资料。有了这个便利条件，我就在那里完成了一系列关于宋史的论文、著作。”

这是一座精神食粮的仓库，中国文化的宝库，取之不尽，用之不竭。图书馆犹如战壕、武器库，有图书在，人类文明就可以延续，战争结束后，他们会在废墟上重建新的辉煌。傅斯年深有远见，战前历尽千辛万苦，购得大量图书资料，为读书人保留了一批火种，使中华民族文化之火，熠熠不熄燃烧下去。

战乱时期，物资极其匮乏，板栗坳又地处偏僻，交通不便，这里一下子又拥来几十口子人马，柴米油盐，吃喝拉撒，困难重重。傅斯年便派史语所的一位工人师傅做掌柜，办个合作社，到李庄或去宜宾、泸州、南溪县城采购生活日用品。这样既方便板栗坳群众，又方便史语所同仁。

这位师傅姓魏，名善臣，人如其名，是个忠厚、善良、老实、本分之人。史语所的学人喜欢他，傅斯年更喜欢他。

魏师傅有一次去泸州采购商品，天热，老汉只穿一件背心、短裤，钱没地方放，便裹进腰带，鼓鼓凸凸地束在腰上，显然暴露了“目标”。那时，这一带山里多土匪，抢劫、偷盗现象时有发生。几个土匪早就盯住了魏老汉。魏师傅行走在山路上，为了壮胆，手里拿着一根竹棍，忽然有几个壮汉从竹林里窜出来，手持二尺长的砍刀，吆喝着冲上来。魏老汉躲没法躲，藏没法藏，他愣了片刻，大声说：“要钱给你们，不能伤人！”说着，解开腰带将钱一分不留地给了土匪，总算留了条性命。

魏师傅回到板栗坳，把遭遇土匪之事给傅斯年汇报了，傅斯年很是恼火，便给南溪县政府写信，要求抓好社会治安，打击土匪。以后，魏师傅再出外采购总是带着一位村民，并揣上一份史语所的公函：要求地方机关及军警给予保护。

战乱时期，匪盗蜂起，抢劫偷盗成风，魏老汉被抢劫后，史语所办公室又被洗劫一空。傅斯年气愤至极，又担心两千箱图书、资料、甲骨文片、敦煌卷子、汉简，还有殷商青铜器，这些国宝级文物，一旦失窃，那损失就难以弥补了。傅斯年致函南溪县第三区区公署，并将所失物品清单列上，要求彻底追查，依法严惩盗贼。

傅斯年给南溪县县长写信：

> 闻李庄镇上近曾发生抢案，不胜惊诧，敝所所在板栗坳，距镇遥远，情形堪虞，未知贵县对敝所之安全已有妥善办法否？敢乞示及。

后来，傅斯年又亲去南溪县城，找到新任县长李仲阳，说明国家文物保护之重要，来川学人生命财产必须给予保护。李仲阳也予以重视，便与军方联系，商量结果，派一个连队进驻李庄和板栗坳。

果然见效。土匪不敢如此嚣张，史语所再无失盗现象。但是连队却出了问题，一个士兵偷了农家苞谷，闹得沸沸扬扬，傅斯年知悉后，命令连长立即集合队伍，傅斯年面对连长和士兵，大加训斥，连长也被骂得狗血淋头，不敢哼声。围观的群众震惊：这个傅所长是多大的官，连军队的长官也敢训？傅斯年在老百姓眼里更加神秘了。

李庄和板栗坳都是偏僻村镇，特别是板栗坳这闭塞的山村，缺医少药是普遍现象，生死由命，福祸在天。老百姓有点头疼脑热，硬是扛着，好的人家，也是请个郎中，吃上几服草药，有不少人家请神婆巫汉念咒画符，用香灰来治病，更多的人活活地被疾病折磨而死。傅斯年对贫困落后愚昧的乡村，顿生一种忧虑感、一种悲哀。西方文明进步如此之快，科学技术包括医学在欧美硕果累累，而中国仍然处在中世纪的蒙昧之中，真是可悲可叹！他一向反对中医，几把野草熬一熬能治什么病？药理是什么？“我宁死是不请中医的，因为我觉得若不如此，便对不住我所受得的教育。”当时不仅傅斯年反对中医，凡是留学西洋，濡染欧风美雨的人都异口同声地反对中医。第一个反对中医的便是孙中山，而鲁迅先生更是旗帜鲜明：“中医不过是一种有意或无意的骗子。”至于胡适、梁启超、陈独秀、梁漱溟、郭沫若、严复等一大批社会名流都是中医的反对者。

傅斯年为使群众和史语所学人看病方便，创办了一个小小诊所，并亲笔书写布告：

“以后无论所内外人等来医务处诊疗者，均须照章挂号，并酌量回收药价，统希谅鉴。”

小小诊所的建立无疑给穷乡僻壤、愚昧落后的民间带来科学的曙光，他们的卫生常识、医学知识，也潜移默化得到提高，再加这些文化人的宣传，老百姓也逐渐远离“念咒画符喝香灰水”的愚昧行为。

但是兵荒马乱，药品十分紧缺，特别是一些常用的抗生素、消炎药在宜宾、泸州，甚至跑到成都采购不到。当时李庄一带流行脑膜炎，治疗脑膜炎奎宁药又紧缺，傅斯年十分着急，到处写信，通过各种门道购买奎宁药。其实这些深受欧美教育的学人们也过于偏激，对于几千年来已形成的中华医药体系，并被千百年来临床试验、行之有效的中草药也统统被排斥，甚至对针灸、刮痧、拔火罐这些富有科学常识的医疗手段也反对，未免有点“决绝”“过激”。

毕竟，傅斯年的诊疗所造福一方，给古老的山村带来福音。

一波未息一波又起。1941年6月李庄和板栗坳出现了一桩“震天撼地”的民乱。因为板栗坳的资料馆陈列出甲骨片、人头骨，还有腿骨、盆骨、脚趾、人体骨架，这本是用以科学研究，是珍贵的历史文物，但老百姓发现后，到处散布史语所杀人、吃人，屋子里有好多人骨头！以讹传讹，村人们惶恐不安，偏偏寄居在李庄的同济大学医学院开解剖课——把尸体大卸八块，老师手持手术刀对学生讲解心、肝、肺五脏六腑，不知什么原因被一个村民发现了这一幕，这村民惊慌地跑到大街上，大喊大叫："杀人了，杀人了，这帮外来的先生都是杀人魔王！"再加上这些日子梁思成的营造社挖掘古墓，种种行为联系在一起，确实引起民众的愤怒和恐慌，流言蜚语愈发严重，谣言四起，民愤更大。恰逢此时，一村民的孩子走失，谣言传说，他的娃娃被这帮外来人炒了炒，吃了，那白花花的骨头还在！

这下怎么得了，整个李庄和板栗坳的民众，大有驱逐同济大学师生和史语所学人之势，他们手持镢头、锄头、棍棒，敲梆打鼓。土匪们也趁机作乱。一传十，十传百，家家户户都出动了，喊声、骂声、梆子声，震动山坳，并扬言报仇，杀同济大学师生，杀史语所那些吃人不眨眼的魔鬼。

同济大学校长周钧时和傅斯年出面解释，不起作用。消息传到宜宾，传到重庆，重庆国民政府感到事态严重，当天开来两个营的兵力，保护同济大学，保卫史语所和国宝级的文物。

一场"民乱""暴动"被弹压下去。

但是矛盾并未从根本上解决，老百姓心头恐怖并未消除。他们依照当地的风俗家家户户在门上挂一照妖镜，门框上塞一把艾草，祛祸禳灾，免招致这些外来魔鬼的杀身之祸，或遭"沉塘"之害。

傅斯年深为社会治安混乱而忧虑，为了尽量减少民众的疑心，他让人摘去挂在书库外面的牌子：什么"善本书库""别存书库"等等，并嘱咐所里人晚上睡觉警惕着点，最好在枕边放面铜锣，一有事马上敲锣报警。真是风声鹤唳，草木惊心！

这样下去不行。傅斯年想，治乱先治本。老百姓从来没有见过甲骨文片，又没见过人体解剖，对人体骷髅也是避之不及，能不产生疑惑吗？责任不在于群众，是我们没有做好宣传工作，没有进行科学普教工作。

一天傅斯年找来同济大学校长，和国民党政府南溪县县长叶书麟，李庄区区长罗南陔商量一个具体办法，消除群众顾虑，也使这些学人师生更好地安心读书，进行科研。

罗南陔是本地人，是他邀请同济大学来川到李庄居住的。同时李庄区政府也热情致电国民政府内政部、教育部：同大迁川，李庄欢迎，一切需要，地方供给。当初地方政府还举行盛大欢迎会，老百姓欢天喜地，家家扫屋以待，箪浆提壶，接风洗尘，一番古道热肠的招待，同大的师生不顾一路颠簸之苦，连夜排练节目，举办联欢晚会，同济师生如鱼得水。

谁知相处一年不到，竟然出现这种骚乱？有人说，是汉奸在背后煽动，有的说，是土匪作乱。傅斯年却认为是我们自己的责任，不能只怨群众愚昧，我们要化被动为主动，开展科普教育，提高群众的文化素养，消除疑虑。罗南陔提议对群众进行科普教育。

傅斯年十分赞成此举。立即组织人马在李庄搞一场规模巨大的科普教育活动，教育活动展览馆里陈列着化石，甲骨文片，古猿人模型，人体骨骼，古代兵器，历代衣冠袍服，甲胄、青铜器、周彝夏鼎等，以及解剖尸体的图表、生物、药物。

山民们像“赶场”一样，来来往往，熙熙攘攘，人头攒集，瞪大眼睛，查看这些从没见过的物件，听讲解员详细讲解，他们昏蒙的大脑仿佛注入一道光亮，心情也极为舒畅。展览搞了好几个月，这是李庄开天辟地第一次科普教育，是一次文明和文化的洗礼。

38

这里的地形呈簸箕状，三面环山，一面临水，山愈远愈高，苍茫、深渺。中午下过一场小雨，山头氤氲着白茫茫的山岚雾霭，西斜的阳光穿过山岚变成白银般的铿亮，刺目耀眼。

树林、庄稼，依然青苍郁勃，晚稻还未成熟，三五个农人在田里弯腰忙碌着什么。

傍晚，傅斯年手握着烟斗，摇摇晃晃地沿着田间小路向北大文科研究所走去，虽然两处相隔四五里路，因为刚下过雨，红胶土路泥泞，走几步，鞋上便粘上一坨红泥，甩也甩不掉，他胖胖的身体走起路来非常吃力。

中央研究院迁到四川，院长蔡元培仍然在香港养病，实际成了“名誉院长”，朱家骅任院长并兼教育部长，叶企孙任总干事，傅斯年自1937年“七七”事变后为代理总干事。这里高端人才密集，人际关系盘根错节，且科研课题非常繁多，傅斯年感到肩上的担子沉重，如何加强管理，又要促进中研院工作的进展？傅斯年不得不深深思考。他非常怀念他的朋友，他最尊重、最佩服的“丁大哥”——丁文江。1934年，丁文江任中研院总干事，走马上任后，“夙夜匪解，案无留牍”，他为了减少开支，节约经费，进行大刀阔斧的改革，裁减人员，减少不必要的行政开支。为确保学术的独立性，他创设“评议会”——就是对科研课题按时进行评议，实际上是对科研人员的监督。他曾规定，在田野做调查工作，不允许携带家眷，遭到赵元任和李方桂的反对，他耐心做疏通工作，取得他们的支持。在安阳考古发掘的董作宾不知道规定，带女友同住工地帐篷，李济是组长也没有过问，遭到丁文江严厉的批评。傅斯年痛哭流涕地检查，说问题出在史语所，而责任在自己。李济是考古组主任，得知也来检讨：非所长之过，应受责罚的是我，我应该辞职。董作宾看到两位领导为此争先负责，更感懊悔、歉疚，决定辞职以谢全院。丁文江深感不安，李济、董作宾都是安阳殷墟发掘的大将，离开他们，工作还能进行吗？没办法，只好“留岗察看，以观后效”。傅斯年和这位“丁大哥”感情深厚，很多观点相同，连胡适对二人的评价也多有相似，都有超人的组织能力，非凡的办事才干。丁文江认为“世界上最重要的是人事，而不是物质”，他反对胡适的“二十年不谈政治”“二十年远离政治”，他说：“最可怕的是有知识有道德的人，不肯向政治上努力。”他是典型的公共型知识分子，他对公共事务、现实政治，都怀有莫大的兴致和热情，傅斯年从这位“丁大哥”身上汲取了好的品质、好的作风，他们有共同之点：热衷公共事务，关心政治，作风认真务实。可惜“丁大哥”天不假年，总干事只干了一年，便撒手人寰，卒年四十九岁，正是生命最辉煌的季节。

为了中研院的发展，傅斯年想成立一个民族研究所，专事民族问题的研究。它的课题实在是多，不仅仅民族语言，还要研究民族地区的政治、文化、历史渊源、风土民情、民族服饰、音乐歌舞、婚丧嫁娶，以及生产生活……中国是个多民族的国家，每一个民族又有自己独特的文化，其研究课题是十分丰富的。当总干事就要有开拓性、创造性。这个民族所谁来挂帅呢？谁当所长？他把手下的人拨拉来拨拉去，翻腾一遍，他觉得李方桂最合适。

说曹操曹操就到。

前面提到过一个人，是李方桂。李方桂何许人也？他是清华大学医学预科的学生，他的人生成为一位白衣天使似乎已定格。可李方桂半路着魔发疯地喜欢上语言学，决定弃医从文。1925年，他便把身上的白大褂一脱，扔进垃圾箱，走进美国密歇根大学。他在语言学这个羊肠小道急行军般奔走，披荆斩棘，闯关夺险，他披一件雨衣，手提一只小皮箱，钻进印第安人居住的热带雨林中，和那些赤身裸体的土著人摸爬滚打在一起，整理、记录、研究这些印第安人的语言，对其生命密码的解读，打开了一个民族的生命史、心灵史。

一本研究印第安牧羊人语言的小册子，彻底改变了李方桂的人生轨迹，他很快转学到芝加哥大学语言研究所，学习历史比较语言学和撰写语言学理论。“通过词语的语源和变迁可以看到文化遗存和流变；从造词心理可以看到民族文化，从措辞到文化接触，从地名看到民族迁徙的踪迹，从姓氏别号看到民族来源和宗教信仰，从亲属称谓看到婚姻制度……”

二十六岁那年，他戴上博士帽。第二年，也就是1929年回国，通过赵元任先生的介绍进了傅斯年的史语所。

傅斯年爱才如命，听完赵元任介绍，他如获至宝，亲自跑到上海，在最好的旅馆租下一间客房，迎候李方桂的到来。傅斯年与李方桂一见如故，谈笑风生。傅斯年知识渊博，天上地下，无所不晓，即使谈起音韵学也滔滔不绝，头头是道。什么高汉本、刘半农的音韵学了如指掌。李方桂一下震惊了。傅斯年问：“你学过中国音韵学么？”李方桂脸上涨起红潮：“没有，没有。”很尴尬，又补充道，“我只调查过四五种美国红人的语言。”傅斯年说：“这很好，有此基础，掌握中国音韵学也不难。”傅斯年见李方桂英气勃勃，才气四溢，甚是欢喜。李方桂受聘后，在傅斯年支持下，便去往广东、广西、海南等地进行中国地域语言调查。……

“是方桂吗?”傅斯年老远就打招呼。

其实李方桂虽在傅斯年麾下，但对傅斯年印象并不好，整天吆吆喝喝，忙得汗爬水流，不见有什么学术著作，国民政府大会小会，一有请柬，他屁股像着了火，匆忙跑去，出谋划策，陈条国是。他认为傅斯年不是搞学问的人。

“啊，啊，孟真先生吗?”李方桂应酬着。李方桂是山西昔阳县大寨人，和后来的著名农民陈永贵不仅是同村，还是隔墙邻居。

“方桂呀，最近忙些什么?”

“去年我到两广、西南做了些调查研究，正写一篇论文。”

“好哇。”傅斯年兴奋地鼓励道，“两广、西南，还有越南的民族语言极其丰富，是语言学的富矿，是应该拿出点硬货来。”

李方桂点点头。

傅斯年接着把藏在肚里多日的话道出来：“方桂，我想和你商量点事。”

既然所长有想法，那么当“兵”的必得洗耳恭听，李方桂故作涵养深厚地说：“傅所长，尽管吩咐。”

“中研院想成立民族研究所，你是民族学专家，又是语言学专家，我想请你出任所长。”

谁料李方桂像被蝎子蜇了一下子，眼睛一立愣，心想：“这不是拿着檩梁当椽子用吗?”似乎有点耻辱之感，脸色一变，话很冷：

“在我看来，研究人员是一等人才，教学人员是二等人才，当所长做官的是三等人才。”

傅斯年一听，顿时满脸通红，一头冷汗渗了出来，他掏出手绢擦拭汗渍，啊啊几声，急忙后退几步，深深弯下身，鞠躬说道：

“先生所言极是，先生所言极是，我是三等人才，我是……”他十分尴尬，一脚不慎踩进稻田，拔起脚，步履踉跄地走去。

夜里，傅斯年躺在竹床上翻来覆去睡不着，他失眠了。李方桂几句话，刺中他的穴位，“五四”运动过后，他曾发表文章《新潮之回顾与前瞻》，心情一度消极和绝望，像潮水退去裸露岸边的礁石，像沙滩被潮水遗弃的贝壳，他茫然、惘然。他感到中国的政治不仅现在糟糕，将来还会很糟糕，他曾决心像胡适一样远离政治，以教书匠生涯终其身。可是强烈的民族意识和强烈的爱国情绪，不允许他像传统士大夫一样，政治上绝望就当隐士，隐于山林，诗酒风流，放浪江湖，像飘蓬断梗，消耗自己的生命。可是今日山河破碎，民族命悬一线，自己不能跃马横戈，血洒沙场，难道不能尽其力为国家做点事，为民族救亡事业流点汗吗？他从来不把国民党放在眼里，他眼中只有政府，蒋介石是政府最高长官，只有团结在国民政府周围，万众一心，才能争取抗战的胜利！李方桂斥责我是“官”，前些时，他的老师陈独秀也误认为是国民政府的官员而拒绝接受他的资助，使他伤心不已，今又遭李方桂的嘲讽，更让人悲苦……

傅斯年几次拒绝国民党的盛情邀请，他完全有资格成为国民政府的高官大吏，但始终不应允，他以学者的身份参政，但不从政，以保持对政府批评的自由。

朋友同仁的不理解，使他倍感委屈。难道史语所所长、中研院总干事是官吗？他从来不知道为官，只知道干事……

官，这些清流自由知识分子对之是嗤之以鼻的。

39 现在傅斯年从重庆回到李庄，回到板栗坳，他要集中精力抓抓“业务”。在傅斯年的带领下，诸位学人披肝沥胆，呕心沥血，投身学术研究，这是民国学术史上最辉煌的一页。正如有人回忆录中所言：他们怀着对日本侵略者的极大仇恨，在另一个战场展开民族精神和文化博大精神的砥砺。他们是不拿枪的战士，他们是没有蹲在战壕的伏击手，搏杀，冲击，夜以继日，废寝忘食，他们手中的民族精神之剑寒光凛凛，令人胆战心寒。漫漫长夜，孤单身影，忍枵枵之饥腹，耐贫寒之困苦，依然孜孜不倦，矻矻以求，如果没有强烈的爱国主义和民族主义精神，是难以坚持，并化为钢铁般的意志和毅力的。

傅斯年在板栗坳稍作休整，严重的高血压症有了舒缓，便一一看望史语所、北大文科所、中国博物馆筹备处，还有陶孟和的社科所的同仁们。

梁思永住在罗南陔家，罗南陔待人热情、体贴又大度，他是文化人，对梁启超的公子更是关怀备至。他家院落分前后两进。前院住着罗氏夫妇，后院三间瓦房是孩子的住室，为迎接梁思永让孩子搬出去，和邻居搭伙住。罗氏大有君子之风，酷爱兰花，前后院有三百盆兰花，长长的叶子，叶片厚实，色相饱满，油光光的发亮。品种繁多，令人震惊，有草兰、山兰、子兰、蕙兰、剑兰、寒兰、墨兰等数十种。蕙兰叶片质厚，先端宽而突出；墨兰叶姿幽雅潇洒，碧绿清秀；剑兰容貌窈窕，风韵高雅，花开时节，香浓味纯，这是云、贵、川最名贵的品种。兰花喜阴，喜潮湿，最怕阳光直射。恰好，院内有两棵高大的黄桷树，庞大的树冠，荫翳着整个庭院。院子里有假山叠石，有水池，墙角还有三两株三角梅，紫红色的花朵，成团成簇，开得好不热闹。花儿正在盛期，空气里弥漫着幽幽的兰香。

梁思永一家三口的住室，罗南陔配备了双人床、单人床、衣柜、书橱、写字台、梳妆台、茶几，连炊具都一一齐全。这里环境幽雅、安静，书香伴着兰香、花香，真是读书做学问的绝妙之境。

梁思永初来李庄，情绪饱满，斗志昂扬，奋发著述，青灯黄卷，常常耕耘到夜阑更深，有时通宵达旦。那种拼命精神并不亚于当年田野考古、殷墟发掘的劲头。这里夏天闷热、潮湿，夜晚只穿一条裤衩，裸背，汗流浃背伏案撰写论文，蚊蚋成阵，咬得浑身是红疙瘩。实在不能工作时，便邀几位朋友坐在江岸边的坝子上，摆龙门阵，点燃一把晒干的艾草，驱赶蚊蚋，以此排遣生活的寂寞。

1941年，梁思永病了，先是感冒，后为气管炎、肺炎、肋膜炎，他卧床不起，仍然不忘学术研究，他要人在病榻上放一张几案，堆满需要的资料，后来他病情加重，他被送到重庆动了手术，切除几条肋骨，上身穿上不锈钢马夹，生活不能自理了，他让妻子弄来一块纸板，偎依床头，随时书写……

傅斯年摇晃着笨重的身子，走进梁思永的小院，看满庭鲜花，芳香四溢，蝴蝶飞舞，枝头鸟鸣，想起“小雨静楼台，微风动兰麝”的诗句，心情有了愉悦感。谁知进了屋内，愣了，半天才看清形销骨立的梁思永，斜倚床头，在幽暗的光线下正埋头读书，妻子和五岁的女儿都不在家，一问在李庄街头摆摊，变卖家中仅有的一点衣物。傅斯年顿时眼泪涌流出来，梁思永也有一年没见傅斯年，他移动着身子，傅斯年忙按住，梁思永紧握住傅斯年厚实绵软的大手，眼泪扑扑簌簌掉了下来。

傅斯年掏出手绢擦着泪眼，哽咽：“我没有照顾好你，你受苦了……”

梁思永强忍痛苦：“大家都一样，战乱，都很苦。”又问道，“傅所长，你血压平和了么？回来就要静养，别太忙活了……”

梁思永曾在美国哈佛大学研究院攻读考古学和人类学，1930年学成回国，正式受聘史语所考古组，是史语所资格比较老的考古人员，殷墟发掘，他自始至终奋战在田野。他曾经只身赴黑龙江昂溪遗址，“九一八”事变中断了他在东北三省的考古发掘。他随史语所由南京迁徙长沙，由长沙而昆明，由昆明又转移川西南巴山蜀水，定格这长江岸边荒古的小镇。

傅斯年看看宁静而优美的小院——实际上是“后花园”，虽然对读书做学问很有益，但这后院光照不好，常年阴暗潮湿，更不利有炎症的病人，便说道：“思永，你不能在这里住，得搬家，寻一处光照充足、空气流畅之所。”

“不，不，这就很好，住房这么紧，你别作难了。”

傅斯年跑遍李庄，跑遍板栗坳，终于给梁思永调整了住房，三间坐北朝南、居高临下的房子，光照充足，流风通畅，并责令不许写文章，不准劳累，以养病为主。

梁思永搬到词学家李郢客家，李是当地的文化人、宋史学者，两人谈话很投机，夏日在明月之下，谈古论今，闲话史学掌故；冬日，围炉品茗，评诗赏词。或躺或坐，随意自在。话题一扯开，便是秦皇汉武，唐宗宋祖，扯不完的历史，说不完的诗词歌赋。

梁思永在李家一住就是五年。

——这是后话。

傅斯年安慰了一番梁思永，深感到史语所和营造社的学人们已经穷得“吃尽当光”，只剩下一个“穷”字了。

但困难毕竟是困难。饥饿、贫穷、物质的匮乏像毒蛇一样缠绕着中国苦命的读书人。

在物价飞涨时期，国民政府却因战时经济困难，所有公务员、国家事业在职人员薪水统统裁减。以中研院为例，战前研究人员薪水最高，傅斯年、李方桂、梁思永、董作宾这样的研究员，薪水可达六百元，现在压缩为六十元，也就是战前的十分之一，其他职员高于六十元统统按六十元支付。这点薪水即使物价不上涨，也难以维持生活，现在米价飞涨，研究员们常常发愁：吃了上顿没下顿，孩子多的家庭更是难上加难，常常吃野菜，到山上采撷野果，苦度岁月。很多人家一个星期能吃上几块豆腐那就感到格外幸福。傅斯年也常常感到饥饿，有时一顿饭只能吃一碗藤子梗。吃不饱，晚上饿得睡不着觉，但又看不下书，只好瞪着眼望着黑洞洞的房顶发愁。书，能吃吗？椅子能吃吗？桌子能吃吗？他一筹莫展，最后想出法子来，靠山吃山，靠水吃水，读书人“靠书吃书”吧，他狠狠心将战前高价买的一些古籍善本卖掉，换来米菜。

他那些弟兄们呢？谁不是绳床瓦灶，三餐不继？傅斯年这位民国才子，恃才傲世的学界名流，不得不为“五斗米”折腰。他一手向中研院要钱，一手低三下四向当地政府求救，渴望他们能拉“弟兄”一把。他给四川第六区行政督察专员兼保安司令王梦写信央求：

> 请你不要忘记我们在山坳里尚有一些以研究为职业的朋友们，期待着食米……
>
> 敝院在此之三机关约需米一百石，外有中央研究院三十石，两项共为一百三十石，拟供之数如此……夙仰吾兄关怀民物，饥溺为心，而于我辈豆腐先生，尤为同情——其实我辈今日吃不起豆腐，上次在南溪陪兄之宴，到此腹泻一周，亦笑柄也——故敢有求于父母官者。

在李庄最苦的莫过梁思成、林徽因夫妇的中国营造社。

在国外，以中国为代表的东方建筑学，早已引起普遍关注，日本、德国一些建筑学家都非常喜欢研究中国的古代建筑，宫殿、寺院、园林、陵墓、碑碣、牌坊、民居等都引起他们极大的兴趣。

建筑是空间的语言，是无声的音乐，是色彩和线条组成的华美乐章。建筑是一种文化，最能体现一个民族、一方地域的心态和精神的寄托以及理念、追求。

中国现代建筑学起步很晚，1932年在朱启钤先生的倡导下，中国营造社挂牌成立。第二年，梁思成加盟营造社，担任法式部主任，林徽因为校理，随着建筑界精英不断加盟，营造社一度人强马壮。他们分工合作，对北京故宫等古建筑进行测量、描图、绘影、拍照，登记造册。梁、林后来又以河北蓟县的唐代建筑独乐寺为开端，进行拉网式普查，足迹遍及华北、中原、江南，成绩斐然，名噪学界。战争爆发，营造社星散流离，梁思成、林徽因带一支人马南迁后流落到李庄。

自离开北平南下，辗转万里漂泊、迁徙：先是武汉，又是长沙，随后是三千六百里的风云和路，来到南国边城昆明，谁知板凳没坐热，又跋山涉水历经数十天来到了川西南大山深处，林徽因本有肺病，一路颠簸，饥渴劳顿，川西南不同昆明，阳光明媚、温暖如春，这里气候潮湿，秋雨连绵，寒意料峭，她的肺炎又复发了，发烧四十度。逃难路上，本来离开北平时带了些“细软”，也丢失殆尽。梁思成却将战前调查古建筑的原始资料、图纸、照片、记录，紧紧带在身边——这是他们心血的结晶，是他们事业的根基。

即使流亡途中，梁思成在敌机轰炸、道路崎岖的状况下，一路仍不忘考察一些古建筑，唐碑，宋塔，断壁残垣，古寺庙宇。艰难困厄并没影响这批学人爱国的赤子之情。

但是来到李庄后，他们已彻底陷入经济绝境，原来的活动经费是由中英庚子赔款拨出，战争爆发一切都乱了，中英庚款停拨了经费，国民政府又没有把他们纳入政府的事业部门，资助很少，且不及时，他们已到了山穷水尽的地步。

学社因缺少经费难以开展各项工作。文献部主任刘敦桢在1943年出于经济上的窘迫，要离开营造社去中央大学建筑系任教。临离开李庄的头一晚上，梁思成和刘敦桢促膝长谈。二人朝夕相处，情同手足，为了一个共同的目标，奋斗了十一年，而今却因经费紧缺而分道扬镳，天各一方，怎能不悲戚伤感？边流泪边谈，边谈边流泪，他们泪雨霏霏，泣不成声，最后抱头号啕大哭。不久，学社的另一成员陈明达也经不住艰苦生活的煎熬，不得已离职而去。

梁思成和林徽因的办公桌，实际上是一张大木板，也是营造社的绘图案。四周靠墙是一排书架，排列着建筑类的图书。还有他们的文图资料，一个个牛皮纸袋包裹着。屋子的空间很小，梁思成只能安排一个徒弟。梁思成的弟弟梁思永是傅斯年史语所考古组的同仁，住在羊街8号罗南陔家。罗南陔的大女婿洪慰德刚从同济大学土木系毕业，罗南陔便出面找梁思成，要他收徒，虽有些难，但碍于情面还是答应了。

多一个人多一份开支，营造社本是无娘的孩子，是学界的孤儿，薪水不能及时发放，且物价飞涨，常常发下一沓票子如同废纸，更使营造社雪上加霜。

条件极其困难，梁思成和他的同仁们想写文章、编书，没有编辑部门，没有印刷厂，纸张也缺乏，他们自己动手绘图、编排、印刷、装订。先是写、画在药物的包装纸上，然后自己去石印在低劣的土纸上。装订工作是自己动手，折页子，裁齐，钉孔，裱装封面，连梁思成的老岳母也参加了劳动。他们一连办了两期刊物，向世界介绍中国古代文明，中华民族的聪明才智。

美籍华人费慰梅在所著的《梁思成与林徽因——一对探索中国建筑史的伴侣》一书中，关于当时物质极度缺乏，特别是文化人更不能缺乏的纸张做了这样的描述："李庄来信所反映的比字面上所讲述的多得多。大大小小和形形色色的信纸，多半是薄薄的，发黄发脆的，可能是从街上带回来的包过肉或菜的。有时候也有朋友给的宝贵的蓝色信纸，但共同的是每一小块空间都使用了，天头地脚和分段都不留空，而最后一页常常是只有半页或三分之一页，其余的裁下来做别的用了。而那些仍在使用的信封上贴的邮票的数目使人懂得，当时即便不出中国，通信有多贵——因此也有多仓促，这也说明为什么，一个信封常常装着多日以来为邮资的一次大挥霍积下的几封信。”

梁思成除照顾病妻幼子，还要撰写《中国建筑史》，一盏桐油灯，映照着他清瘦的身影。梁思成虽人瘦小，但多才多艺，从小学习小提琴、钢琴、美术，那时候清华大学社团活动很多，学生很自由，思想很活跃。清华对他们的教育，用现在话说是“通才教育”，踢足球他是健将，跳高是第一名，游泳、爬绳样样获奖，正是一次跳高不慎摔伤了腿，落下终身残疾。但他性格旷达、豪气，对人热忱，对学术极为认真，他血管里有着他父亲梁启超那种献身国家、勇于开拓的基因。

梁思成的续弦夫人林洙回忆说：在宾夕法尼亚大学读书时，梁思成与美国大诗人庞德还是校友呢！他非常爱好手工制作，在学校手工室，亲手为林徽因做了一面铜镜，在外边还装饰了花纹，写着“徽因自鉴”，这面镜子从北平带到昆明，从昆明带到李庄。

梁思成非常懂得生活，这点很像苏东坡，即使在最困窘的日子，他总是想法使生活有滋有味。他会蒸馒头、腌菜，更奇怪的是，他会用一种红糖糖浆、柑橘等原料做果酱。那时四川盛产橘子、广柑，他就用橘子皮、广柑做果酱。他做事情，不管大事小事，都喜欢亲自动手。那时农家窗子都是木制的。木头窗子封闭不好，他就用牛皮纸糊上一个夹层，开关不受影响，但风进不来。他还把这种保温方法教给他的学生。

但巧媳妇难为无米之炊。

林徽因整日躺在一张帆布行军床上，一双美丽的大眼睛无神地张望着这陌生的流亡之所。

贫穷、疾病不仅是身体上的痛苦，也是心灵上的折磨。她感到寂寞和孤独，有一首诗最能反映她此时此地的心境：

> 今天十二个钟头，
> 是我十二个客人。
> 第一个来了，又走了，
> 最后夕阳拖着影子也走了！

我没有时间盘问我自己的胸怀，
黄昏却蹑着脚，好奇地偷着进来！
我说：朋友，这次我可不对你诉说啊，
每次说了，伤我一点骄傲。
黄昏黯然，无言地走开。
孤单的，沉默的，我投入夜的怀抱。

傅斯年第二天又去看望梁思成、林徽因一家。

梁思成见傅所长“大驾光临”，甚是高兴，又是搬椅，又是泡茶，一阵忙碌。林徽因也很感动，她欠起身子，要坐起来，傅斯年急忙制止。寒暄过后，傅斯年在用木板间隔起来的几个房间看了看，这里住着莫宗江、刘致平、罗哲文等几人。几张简易的木桌上摊开他们随身携带的材料。梁思成正在撰写《中国建筑史》，案子上堆放着书籍，还有外文杂志、图纸、照片。在这烽火战乱、凄风苦雨的岁月，这些学人们仍然孜孜不倦地进行艰苦的学术研究。案子上还有一台陈旧的打字机，是梁思成在美国留学期间的学习工具，这时派上用场，梁思成用它绘制英汉对照注释和插图。林徽因正半躺半靠着一张破旧的行军床头，读“二十四史”。

林徽因道：“傅所长，你身体也不好，高血压，可不能累着。”

“这阵好多了，凭我这块头，病魔不敢招惹我！”傅斯年诙谐地说道。

“疾病这东西是六亲不认的，真得好好预防！”

“随它折腾吧，我还能扛一阵子。”

傅斯年问起营造社经济情况、生活状况、学术成果。

梁思成语气沉郁，轻轻叹口气：“营造社经济窘迫，我们是无娘的孤儿，前些时我去了重庆教育部想申请些款子，无果而归，现在徽因又重病卧床，大半年也干不出什么名堂。其他成员情绪也不好，刘敦桢和陈明达实在受不了这穷苦日子，自寻门路，离开了营造社。由于经费紧缺，在昆明已开始整理的佛光寺研究和考察报告也停下来，没有经费出外考察，唉，大家只好猫在家里挨日子。”梁思成说着，声音都有些暗哑。

傅斯年也暗自哀伤，徽因病重也无钱医治，李庄缺医少药，去一趟重庆谈何容易？路费呢？他们营造社数月没发薪水，饭都没得吃，傅斯年泪光莹莹，深深同情梁家的苦难，又同情营造社的艰难处境。他说，我给朱部长汇报一下你们的情况，希望上面能拨点款子。

林徽因脸色憔悴，声音细弱，依然很健谈。战前在北平，她的家是著名的“太太客厅”，每到节假日，星期天，宾客盈门。林徽因爱说话，但绝非已婚女人那种婆婆妈妈的絮叨，而是知识渊博、才华和灵气的展示和宣泄。她声音细腻、柔和，富有磁性和节奏感，像一条山溪一样活蹦乱跳地流淌。林徽因谈起当空军的弟弟牺牲之事很是伤感。傅斯年安慰一番，询问他们的经济情况，当得知梁思成最困难时，到宜宾委托商行去当衣物。梁思成还幽默地说：“昨天咱们‘水煮’钢笔，今天咱‘红烧’手表！”那意思是把派克钢笔、手表等“贵重物品”都“吃”了。傅斯年沉默不语，眼泪差点涌出来，他转身揩揩眼睛，怕引起梁、林二人的悲伤，只好改变话题。虽然营造社不属于中研院管辖，但傅斯年天生钟情于学术研究。一边翻阅着梁思成们用粗糙的土纸印刷的刊物，一边称赞，心里却顿生悲天悯人之情。

谈话在哀伤和悲戚的氛围中进行。傅斯年望着思成衰弱的身子、憔悴的神色，徽因苍白、恹恹的病容，心里像锥子扎了似的疼痛。他离开梁家，思成送出门外，徽因只是歉意地用闪着泪花的目光送行。

40

桂花院白天本来就很静，现在又是雨夜，更显得沉寂。傅斯年躺在床上，睡不着，窗外的雨点儿打在芭蕉叶上，坠落在石砌的台阶上，沙沙沙、啪啪啪的响声混合在一起，形成雨的多声部交响曲，吵得他睡意顿消。傅斯年想到营造社梁思成、林徽因夫妇的生活极端困境，心中涌起一种酸楚。营造社应该成为建筑研究所，归属中研院，由民间团体变成在编的国家事业单位。其弟梁思永也身患重病，更使他焦虑。当务之急的是求教育部救济梁氏兄弟。想到此，他起身点亮桐油灯，给教育部长朱家骅写封信，先拨点经费补贴他们：

骝先吾兄左右：

兹且一事与兄商之。梁思成、思永兄弟皆困在李庄。思成之困是因其夫人林徽因女士生了T·B·，卧床二年矣。思永是闹了三年胃病，甚重之胃病，近忽患气管炎，一查肺病甚重。梁任公家道清寒，兄必知之，他们二人万里跋涉，到湘、到桂、到滇、到川，已弄得吃尽当光，又逢此等病，其势不可终日，弟在此看着，实在难过，兄必有同感也。弟之看法，政府对于他们兄弟，似当给些补助，其理由如下：

一、梁任公虽曾为国民党之敌人，然其人于中国新教育及青年之爱国思想上大有影响启明之作用，在清末大有可观。其人一生未尝有心做坏事，仍是读书人，护国之役，立功甚大，此亦可谓功在民国者也。其长子、次子，皆爱国向学之士，与其他之家风不同。国民党此时应该表示宽大。即如去年蒋先生赙蔡松坡夫人之丧，弟以为甚得事体之正也。

二、思成之研究中国建筑，举世无匹，营造学社，即彼一人耳（在君语）。营造学社历年之成绩为日本人羡妒不止，此亦发扬中国文物之一大科目也。其夫人，今之女学士，才学至少在谢冰心辈之上。

三、思永为人，在敝所同事中最有公道心，安阳发掘，后来完全靠他，今日写报告亦靠他。忠于其职任，虽在此穷困中，一切先公后私。

总之，二人皆今日难得之贤士，亦皆国际知名之中国学人。今日在此困难中，论其家世，论其个人，政府似皆宜有所体恤也。未知吾兄可否与陈布雷先生一商此事，便中向介公一言，说明梁任公之后嗣，人品学问，皆中国之第一流人物，国际知名，而病困至此，似乎可赠以二三万元（此数虽大，然此等病症，所费当不止此也）。国家虽不能承认梁任公在政治上有何贡献，然其在文化上之贡献有不可没者，而名人之后，如梁氏兄弟者，亦复甚少！二人所作皆发扬中国历史上之文物，亦此时介公所提倡者也。此事弟觉得在体统上不失为正。弟平日向不赞成此等事，今日国家如此，个人如此，为人谋应稍从权。此事看来，弟全是多事，弟于任公，本不佩服，然知其在文坛上之贡献有不可没者，今日徘徊思永、思成二人之处境，恐无外边帮助要出事，而帮助似亦有其理由也。此事请兄谈及时千万勿说明弟起意为感。如何？乞示及，至荷。

他写完信，看了一遍，正要装进信封，准备明天一早发往重庆，忽然又想起什么，提笔在信末补充道：

弟为此信，未告二梁，彼等不知。

因兄在病中，此写了同样的信给咏霓，咏霓与任公有故也。

弟为人谋，故标准看得松，如何？

写罢，傅斯年抬眼望望窗外，窗外是黑漆漆的夜，雨点似乎大了，砸在石阶上发出骇人的声响。远山响起沉闷的雷声，晦冥的闪电划破夜的黑暗，照着静寂的室内，凌乱的物件堆放在柜子上、桌椅上，有一种疲惫和粗放感。俞大綵和儿子仁轨已酣然入梦。

清晨起来，夜雨已停，室外的空气特别清新，阳光灿烂绚丽，那远处的山峦间，仍然有雾，一缕缕、一卷卷，涌动着，擦拭着山峰。山野里翠竹、青松、女贞树，正值年纪轻轻，一片苍翠。

吃饭时，傅斯年说，我给朱家骅部长写了封信，应该救济梁氏兄弟，梁家真是贫病交加，极端困难。妻子说："是啊，徽因也病了，瘦成一把骨头，真可怜人。我想，朱部长会答应的。"

谁知，事情远没有这么简单，教育部没有拨来救济款，傅斯年十分着急，又三番五次地找中研院总干事叶企荪，先从中研院拨点经费救济二梁一家。这件事一直拖延了几个月才落实，拨来四千元，虽然杯水车薪，但傅斯年大慈大悲的菩萨心肠，却使梁思成、林徽因感激涕零。

林徽因看到傅斯年信的原件，热泪盈眶，心情激动，在病榻上给傅斯年写了封感谢信：

孟真先生：

接到要件一束，大吃一惊，开函拜读，则感与惭并，半天作奇异感！空言不能陈万一，雅不欲循俗进谢，但得书不报，意又未安。踌躇了许久仍是临书木讷，话不知从何说起！

今日里巷之士穷愁疾病，屯蹶颠沛者甚多。固为抗战生活之一部，独思成兄弟年来蒙你老兄种种帮忙，营救护理无所不至，一切医药未曾欠缺，在你方面固然是存天下之义，而无有所私，但在我们方面虽感到LUCKY终增愧悚，深觉抗战中未有贡献，自身先成朋友及社会上的累赘的可耻。

现在你又以成、永兄弟危苦之情上闻介公，丛细之事累及咏霓先生，为拟长文说明工作之优异，侈誉过实，必使动听，深知老兄苦心，但读后惭汗满背矣！

尤其是关于我的地方，一言之誉可使我疚心疾首，夙夜愁痛。日念平白吃了三十多年饭，始终是一张空头支票难得兑现。好容易盼到孩子稍大，可以全力工作几年，偏偏碰上大战，转入井臼柴米的阵地，五年大好光阴又失之交臂。近来更胺着于疾病处残之阶段，体衰智困，学问工作恐已无分，将来终负今日教勉之意，太难为情了。

素来厚惠可以言图报，惟受同情，则感奋之余反而缄默，此情想老兄伉俪皆能体谅，匆匆这几行，自然书不尽意。思永已知此事否？思成平日谦谦怕见人，得电必苦不知所措。希望咏霓先生会将经过略告知之，俾引见访谢时不至于茫然，此问

双安

林徽因

41从李庄到板栗坳不足十里，在平原，即使步行也用不了一个时辰，但这是山区，山峦丛丛簇簇，山路崎崎岖岖，一个年轻的汉子，走到半途也会汗流浃背，气喘吁吁，不得不坐在路边岩石上，树荫下歇息，然后再转三道弯。长江被山隔住了，涛声远去了，张家祠还在山那边。

这张家祠院是明清建筑，祠堂供奉着张家祖宗的牌位，逢年过节，张家后人祭祖拜宗，香烟缭绕，供品列案，张家老少几代人行三叩九拜之礼。木柱上悬挂着张之洞书赠的木质抱联："宏我汉京。"

这处大院子，除了"张氏宗祠"大殿外，还有几处小房子，均是楠木门窗。窗雕精致，仙鹤、彩云、百鸟、松树、莲花，栩栩如生，富有一种质感和动感。据说，这张家祠与禹王宫的九龙石雕、奎星楼、旋螺殿并称李庄四大名胜。

板栗坳有栗峰书院，这山坳学堂曾培养出一代代叱咤风云的人物，张家高官大吏层出不穷。

这张家大院，是一个庞大家族的聚栖之地，前后分"四进"，都是青砖黛瓦的房舍。史语所办公室安排在"头进"，后"三进"分别是图书馆、青年研究员宿舍，还有老研究员的宅舍。院内有两棵茶树，枝繁叶茂，生机盎然，可遮住大半个院子。傅乐焕、陈槃就住在后面的一个小院。

这里风光旖旎，山清水秀，如屏如锦的四周山峦夹着一方原野，平畴的田里插满稻秧，山坡种满果树，茶树，芳草野花，古木老藤，葳葳蕤蕤，茂茂腾腾，不管山外炮火连天，硝烟蔽空，这里鸟在唱，虫在吟，牛在哞，犬在吠，一切生命都按照时节的律令，次第展开。

晨起，薄雾弥漫，朝霞初上，山峰缭绕着白烟，霞光渗透，红白交融，分外妖娆；小溪从山涧淌来，淙淙潺潺。傅乐焕、劳干、罗常培、何兹全、陈槃……便用茶缸舀一杯清澈的溪水漱口。战时物资短缺，连牙粉都难买到，只好用盐代替，有的干脆连盐也不用，只是清水漱口。

这里的水真甜，还带有晨露野花的清香。

板栗坳这个地图上难以找到的山寨，却荟萃了数以百计的学人，有些还是大师级学者，这真是中国学术史上辉煌的亮点。文研所的王明、任继愈、马学良、刘念和、逯钦立、胡廷钧、王叔岷、李孝定等，史语所有向达、丁声树、岑促勉、张政烺、王崇武、董作宾、李方桂、陈槃、劳干、石璋如、董同和、高去寻、凌纯声、屈万里等等，他们朝夕相处，相濡以沫，在穷乡僻壤，食不果腹的苦难岁月，依然孜孜不倦地钻研学问，探索历史，梳理国故。

中国知识分子是个非常奇怪的群体，他们天生一种苦难意识，物质的匮乏，生活的困厄，米珠薪桂，并不影响他们的创造，他们秉承了传统士大夫为国吐握的强烈责任感。

王利器是史语所助理研究员，个头不高，瘦瘦巴巴，但精明伶俐，一副近视眼镜架在鼻梁上。小伙子有股钻劲。晚上饿着肚子在昏黄的桐油灯下研究《吕氏春秋》《淮南子》《新语》《盐铁论》。有一天，傅斯年从重庆回到李庄，王利器拿出自己刚完稿的《文学古训辩证》，傅斯年匆匆看了几页，便热情鼓励道："好啊，做学问就应该敢想他人不敢想，敢言他人不敢言，人云亦云，算什么学问？大胆地走自己的路！"又问道，"我可以带去看吗？"王利器道："请先生指教。"王利器在南溪县政府旧仓库无意中发现段玉裁的手批公牍，如获至宝，他捧给傅斯年，傅斯年读罢感慨万端。段玉裁曾任南溪知县，他是乾嘉大师，名著一时，他的外孙就是大名鼎鼎的龚自珍。一代学人流离荒山野坳，尚能在大山深处发现文明的残简，不禁眼热鼻酸。他拍着王利器的肩膀，声音凝重，说道："我们漂泊天涯多年了，云南滇池，四川巴渝，不遑宁居，现在听其雅正之音，观其甲部之学，才感到，今日之西南对于中国比两千年前巴蜀对汉朝还重要矣！"

在板栗坳这静寂深幽的土地上，在兵荒马乱的岁月里，当年的考古学之父李济先生仍然冒着生命危险，头顶烈日，面迎风沙，忍饥耐渴，带领西北考察团去甘肃敦煌进行考察，搜集资料，拍摄照片。李济是傅斯年最倚重的史语所考古组主任。早在史语所成立之初，李济离开清华国学院，应聘加盟傅斯年的史语所。李济为何离开梁启超、王国维、陈寅恪、赵元任等这些名流大师，迢迢千里去南国就任刚刚成立的小小史语所的研究员？是经济利益的驱使？还是事业广阔前景所吸引？抑或是与傅斯年志同道合的缘分？这些因素也许都有，但最吸引李济的是傅斯年的人格魅力。傅斯年为人公正、耿介，心中只有事业、国家、民族，毫无利己之心。傅斯年干事大气磅礴，富有天才的组织能力，卓越的办事才干。傅斯年虽然霸气、雄气、傲气，但他最懂人情，最有人道主义，也最宽容人，心胸大海一般宏阔……李济作为唯一的富有近代考古知识和发掘经验的学者，主持了河南安阳殷墟及山东滕县、城子崖、辛村等地考古发掘，突破了王国维的考古研究方法，摆脱了考古学是历史学的附庸地位，作为一种独立的人文科学屹立在学术之林。

傅斯年很喜欢李济渊博的考古学识，扎实的学风以及主张考古学的课堂在田野。

李济学术著作颇丰，《殷墟器物甲编：隐陶器》《西北阴村史前遗存》《李济考古学论文集》等都是考古学的经典著作，奠定了中国考古学的发展里程。

由于战乱，颠沛流离，生活艰难困厄，李济家连遭不幸，二女儿鹤徽于1940年6月患胰腺炎在昆明病逝，17岁的大女儿于1942年初患伤寒，因缺医少药，又病逝李庄。三年痛失两位“千金”，李济悲痛至极，原来热闹攘攘的家庭，忽然空落落的，只有老伴泪流满面的哭泣。李济每到清明总要到女儿凤徽的墓前祭祀，老伴有时昏厥在女儿坟前。

傅斯年对李家不幸深表悲痛，他常常到李济居住的李庄羊街七号探视。李济一见傅斯年便禁不住眼泪涌流出来。傅斯年也声音哽咽，安慰他，照顾他。李济悲戚交加，万念俱灰，痛苦不堪，精神出现萎靡塌陷状态。

“唉，我仰不足以事父母，俯不足以畜妻儿，我枉活在天地间！我还算什么大男儿？”

傅斯年道：“生老病死是谁也免不得的，眼下兵荒马乱，缺医少药，不是我们个人力量能所为的。”又说，“李先生，人死是不能救活的，再悲痛也无济于事。我们只有拼命工作，把痛苦忘掉，要振作精神，找事情干。你是否带几个人去大西北考察，那里还安全一些，日本鬼子还未侵占新疆……说不定，学术上又有新的成果！”

傅斯年走后，李济辗转失眠，自从痛失双女，他患上失眠症，失眠已成习惯。这天，他又难以入寝，便爬起来，点燃桐油灯，在破旧的木桌上给傅斯年写信，那意思，他确实需要生活来一番大调整，排除悲痛，投身事业，但西北之行也未必不愿，能否生效也未可知？他信中言辞切切，情谊殷殷，感念傅兄知己知心，念史语所成立久矣，成就人才多矣，自己有负兄的苦心，深感不安云云。

傅斯年接到李济的信，立马回信，由于性急，字写得大大小小，犹如狂草：

> 惠书敬悉，深感，深感！大约四十为一大关，过此不能不宝爱时光矣……安阳报告因为种种原因一事，此处尚须有一大工作，方可对得起此生，弟所以劝兄，往西北者此也。

傅斯年信中言辞恳切，中心意思，正值人生壮年，莫蹉跎时光，要干一番大事业，以不负此生。李济接到傅斯年的信，心情有些好转，只有事业能挽救自己，只有事业能成就自己。

果然，不久李济组织西北考察团，前往大西北荒原、戈壁、沙漠、绿洲进行遗存考古，这是其一生又一辉煌的事业。

李济和傅斯年事业上相帮相助，融洽合作，是畏友、诤友、密友。但他们在1943年夏天，两人爆发了一场势不两立的“内战”。

巴蜀的夏天是酷夏。这个川西南小盆地，四周高山如屏。没有风，一轮毒日喷火吐焰，山上的石头都晒得滚烫，田坝上树林里，蒸腾着一缕缕蜃气，热辣辣的，如进桑拿浴室。心脏不好者，会中暑，甚至死亡。

事情简单而又难缠，史语所和中央博物院是下级与上级之关系。

而中博院又是在史语所的基础上发展而成。中博院筹备处先由傅斯年兼主任，后由李济接任，李又兼史语所考古组主任，就是两个牌子，一人负责。过去在田野上考古时是一家人，一个锅里搅勺子，现在来到李庄，便自立门户。一个在板栗坳，一个在山下张家祠堂，这就牵扯经费，往往因一些材料费在何处报销而发生争执。在一次所务会上，李济大发脾气，指桑骂槐，控告管理员汪和宗冒领米贴，有损史语所名誉，要求查办。

傅斯年一听李济冲着自己而来，顿时火冒三丈，大发雷霆：

“这是我的授意，你告我本人吧！”

两个人都有知识分子那种倔强和孤傲之气。其实是鸡毛蒜皮之小事。因为博物院筹备处西北考察团在敦煌拍摄了一些照片，李济用史语所照相室的药料洗印，傅斯年可以睁一只眼，闭一只眼，但他却较起真来，李济大为不快，便抓住史语所管理员汪和宗的事来批驳傅斯年。

傅斯年霸气毕露，扬言要把此事闹到朱家骅那里。后来，事情越闹越大，傅斯年竟然在图书资料上来卡李济的博物院筹备处……李济性格毕竟柔弱，不愿与傅大胖子闹下去，软了下来。一次次致函道歉，傅斯年也顺坡下驴，消了气，双方和好如初。

曾昭燏是曾国藩的曾孙女，她舍弃在伦敦大学考古学院助教的优裕条件，从香港经越南到达昆明受聘于国立中央博物院筹备处。当中央博物院筹备处的牌子迁到四川李庄后，田野考察由发掘到了整理阶段。一盏桐油灯，蚊蚋成群，她伏案笔耕，孜孜矻矻，辟邪去伪，梳爬整理。1941 年秋天，她和博物院同仁参与川康古迹考察，在成都发掘前蜀王建之墓。这是考古界迁到李庄后又一大成果。

在傅斯年的指挥下，这些考古界的精英，李济、梁思永、郭宝均、石璋如、胡厚宣、曾昭燏、夏鼐、吴金鼎等，肩扛镢头，手拿铲刀，身背考古包，风餐露宿，奔波在巴山蜀水，行走在大西北茫茫戈壁。天苍苍，野茫茫，他们披风卧沙，寻找中华文明的断章残简，打捞历史的遗珠弃贝。日寇侵略者这些年来从中国掠夺去多少珍贵的古董、文物、字画，尤其是周口店发掘的北京猿人的头盖骨。傅斯年和他的同仁个个悲愤填膺，这简直是人类最无耻的罪恶行径，是中华民族永久的痛……

李方桂虽然无意间嘲讽了傅斯年，但他十分懊悔，他对傅斯年的人格和无私的精神是十分敬佩的。傅斯年并没有丝毫的报复，反而对李方桂关怀备至，提供各种方便，让他专心从事业务，傅斯年为李方桂献身事业的精神所感动。李方桂在日寇飞机轰炸声中，在遍地硝烟炮火中，带领语言组同仁们，冒着生命的危险，在云贵高原崇山峻岭中，在瘴气弥漫、荆棘丛生的原始森林里跋涉，进行汉语方言、傣语、壮语、藏语及泰国语的调查。板栗坳没有听音设备，没有听音室，李方桂便组织年轻人记录。

还有马学良，当年的青年学生，毕业于北大文科研究所语言专业，师从罗常培、丁声树，后转从李方桂，日后成为语言学家。他在战乱中也独自一人去云南蛮夷之地，去搜集富有人文价值的倮文经典，包括祭经、占卜、天文历法、谱牒、神话诗文、译述、语言文字。他走乡串寨，考察当地的风俗习惯，收集民族歌谣，神话传说，行程千里，筚路蓝缕，与土司头人交朋友，得到他们的支持和帮助，搜集到大量的经卷古籍、秘籍。在土司的藏经楼上，马学良如获至宝，心头狂喜，这简直像童话中的阿里巴巴的藏宝洞——这是民族文化的宝库。马学良如饥似渴地抄写，整理，夙兴夜寐，手不释卷，——这些文化人虽不能持枪舞刀征战沙场，却在另一个战场上拼搏厮杀。中华民族五千年的历史血脉，是任何强敌不可战胜的力量，它是一柄魔剑，锋利无比，能刺穿任何强盗的心脏。傅斯年们就是这柄魔剑的砥砺者。

42

在战乱中，一些青年知识分子仍然不忘读书救国，许多青年学者是奔着傅斯年而来求学的。他们尊崇傅斯年的人格，歆羡傅斯年的学识。李庄在抗日战争的艰难岁月成了中国的学术圣地，只有这里还飘扬一面被风侵雨蚀都永不褪色的旗帜。许多有志青年千里跋涉，冒着生命的危险，向着李庄走来。在敌机的轰炸声中，他们参与考试，在饥饿中钻研学术。苦难中，十万大山赋予他们坚强的本色，长江流水给他们锲而不舍、滴水穿石的精神。人是环境的产物，四川人的坚韧、刚毅，特别能吃苦的性格、气质，就是这峰峦跌宕的大山养育的，同样，这些漂泊者也受到潜移默化的熏染和滋养。

他们是大山的儿女。

短短几年，不说中研院，单史语所就累累硕果、成就斐然。石璋如的《小屯后五次发掘的重要发现》《小屯文化层》《河南安阳后冈的殷墓》，周法高的《切韵鱼虞之音读及流变》《广韵重组的研究》，李济的《研究中国古玉问题的新资料》，董作宾的《殷历谱后记》，屈万里的《甲骨文从比二字辨》等三十篇著作，填补了中国古史研究的空白，开创了史学研究新的领域。

文化是一个民族的血液，只有血气丰沛，一个民族才能精神强旺，身强力健。史语所规模之宏大，气氛之独立，平静而坚韧，堪称第一流，研究成果之丰硕也是其他研究所不能同日而语。无论战前国事蜩螗、军阀混战之时，或是全面抗战爆发、兵荒马乱之际，国破家亡、民族危难之中，这批貌似柔弱、儒雅矜持的知识分子，却依然顽强地赓续着中华民族的文脉，点燃着民族精神的圣火，鼓舞着多灾多难的民族在泥泞中挣扎，在血水里摸爬滚打，在黑暗中前进。而今他们的生命已化为云烟，但他们的精神雕像依然屹立在民族英雄的画廊，他们是不拿枪的战士，没有“光荣证书”“纪念章”的英烈！

中华民族之所以屹立在世界民族之林，正是东方古大陆文化板块没沉沦，没有被世界上任何强暴力量击溃！不老的楚辞汉赋，不老的唐诗宋词，不老的甲骨文、方块字，永远是中华民族飘扬在前哨的旗帜！

春天了。板栗坳的春天常有毛毛雨，这里树多花也多，农人也爱花，但不像城里人种在精致的花盆里，而是将花种在房前屋后，既不剪枝又不整形，一丛丛，一簇簇，长得茂茂腾腾，花开得浓浓艳艳。漫天的雨丝淋淋漓漓，似烟若雾。空气里弥漫着花香、草香、泥土的清香。街头巷尾也有三角梅，花开得火一样热烈鲜艳。时而有一些花瓣静静地飘落在街头，贴在泥地上。农人们披件蓑衣或戴一顶斗笠，劳作在山野里。

桂花院在“田边上”，田边实际上是一个崖头。房子盖在崖头上，崖下边是一簇高大粗壮的楠竹，婆婆娑娑，楠竹旁有一眼水井，很浅，弯腰可以用瓢舀水，井水极其清冽。崖下本是一道山沟，多年来农人们把它平整成一方稻田。房前是一块晒坝。

其实傅斯年并不喜欢竹，这大概受他的生死之交“丁大哥”丁文江的影响。丁文江是怪人。怪人有怪语。他讨厌竹，说：“竹是伪君子，外坚中空。成群能蔽日，独立不经风。根系成攒穴，腰柔惯鞠躬。文人多爱此，声气想相同。”这种独特的思维，正是他对人生大千世界哲理般的认识。

傅斯年又在门口的晒坝四周，围上水竹编织的篱笆，外人是不允许随便进来的。这一来，院子宽阔多了。傅斯年的霸气处处流露出来。傅斯年居住在这里，没有避世之隐逸，没有寄情遣兴之心态，国难当头，这里是他的战场，不过在周围百姓眼里，傅斯年很神秘，谁也不知道他是多大的官。

女主人俞大綵，瘦瘦巴巴，个头不高，也不算很漂亮，但白白净净，娴娴静静，举止端庄，气质高雅，一双明亮的大眼睛总是若有所思地望着，闪烁着一种睿智聪慧的光。她说话音质清纯、温文自信，她也有丰富的感情世界，也富有浪漫主义色彩。她大门不出，二门不迈，用今日时髦的话来说是“宅女”。她在家里就是专心辅导两个孩子读书：一个是儿子仁轨，一个是李方桂的女公子。初来乍到，板栗坳没有小学，俞大綵只好担起家庭教师的角色。

傅斯年与俞大綵结合，是其哥哥俞大维做的媒，傅斯年原配夫人纯粹是母亲找的儿媳妇，是母亲一手包办的，那时傅斯年才十六岁，正在天津读书。他和丁氏结婚，双方毫无感情，傅斯年对自己的婚姻不满，终于于1934年协议离婚。他比他的老师胡适要决绝得多，胡适和小脚女人江冬秀结婚，也是母亲一手包办的，双方性格、志趣、文化素养，格格不入，相差甚远，一个是洋博士，西服革履，一个是文盲村姑，穿着蓝布大襟褂子的小脚女人。胡适一手高举民主、自由、科学的大旗，一手牵着小脚太太，行走在中国二十世纪初叶的士人舞台上，简直是一幅绝妙的幽默画。胡适一生受到许多才貌双全的女子的追慕，却不敢越雷池一步，不敢与这个乡下女人离婚，直到白发丛生，直到终老归于道山。胡适是反封建的闯将斗士，又是封建宗法制度的孝子贤孙。

俞大綵也是名门望族家小姐，祖父俞明云甲午战争时，曾协助唐景崧据守台湾。俞明云曾任南京江南水师学堂督办。母亲曾广珊是曾国藩的嫡亲孙女。俞大綵毕业于上海江沪大学外语系，在大学期间生性活泼，举止言谈，潇洒端庄。业余爱好也丰富，骑马、溜冰、打网球、跳舞、社交，往来穿梭，灵性、慧性，十分显露。“她长于文学，尤擅英文，写一手好字，作得一手绝妙小品文章。”但结婚后，这一切全放弃，为了更好地照顾傅斯年，照顾年迈的婆婆，她已退到一个贤妻良母的位置上来。但她依然爱好历史和哲学。也喜欢中国古典文学和外国文学。晚间空余时间，常与傅斯年讨论外国作家的作品，托尔斯泰、哈代、华斯华绥，有时争得面红耳赤。

俞大綵对傅斯年十分崇拜，她总感觉到在丈夫面前抬不起头来，傅斯年知识太渊博了，他是一颗太阳，自己永远是月亮，或者是一颗不惹眼的小行星，追随他，陪伴他，帮助他。虽然生活困苦，但她很知足，感到生活的充实和快乐。

俞大綵和儿子在李庄待了将近四年，直到1945年8月才又回到重庆。

傅斯年在板栗坳安家后，雇了个保姆龙嫂。她是一位典型的川西南农家妇女，时年四十岁。丈夫去世后，没有再改嫁。龙嫂身板硬朗，头脑聪慧，人又贤惠，常年穿一身洗得干干净净的阴士林土布裤褂，头脚也收拾得利索。她不多言，不多语，眼里有事，手上有活儿，一天到晚忙个不停。有事，只要喊一声“龙嫂”，她会麻利地应声而来。由于龙嫂的勤快、辛劳，给这个贫困的家庭生活带来不少温馨和充实的气氛。傅斯年、俞大綵和龙嫂是同代人，却对龙嫂像长辈一样尊重。史语所撤离李庄，龙嫂和傅斯年一家迁回南京。南京即将被中共接收，又随俞大綵乘船来到台湾。奇怪的是，这位普通的农家妇女，由于不识字而长寿，一口气活了一百零六岁，其生命长度几乎是傅斯年的两倍。

傅斯年回到李庄，李庄的学人们立马长了精神，有了生机。傅斯年是他们的主心骨。他坐在那里，像一尊雕像，脸上的线条凝聚着哲理性的思索，疲惫、慵倦、病态的面色，目光虽明亮，却少了炯炯的神采。他外表给人一种粗豪印象，但他的精神内涵无比丰赡，思维活跃，心中有座岩浆喷发的火山，走近他，或被他的激情所感染、熔化，甚至化为那岩浆的一部分。

时人称“李庄精神”，不能不说这种精神灌注了傅斯年大量心血。李庄精神，实际上就是知识分子忧道不忧贫，生命的意义在于创造，在于不断的追求中。每个人都是长夜的火种，星星之火，照亮李庄深处，也点燃中国人的抗战精神。

这些学人虽然身体并不健硕，骨头却很硬，他们赓续前贤之节操，继承先哲之遗风，无论整理国故，或是张扬民主与科学，治学问政，在“传统与现代接榫”中，在民族危难之时，漂泊流亡之际，仍抱赤子之心，自强不息，救亡图存，为中华民族血脉中注入最强健的基因。

傅斯年的桂花院，就像旗舰，他是舰长，率领着中研院、史语所、北大文科研究所，有时还要关照李济的中央博物院筹备处，毕竟是他亲手开创的，还要照顾梁思成、林徽因的营造社，同时他还兼任国民参政会的参政员，国事、学术事、同仁的事，事事都由他来操心。傅斯年每次去重庆参加参政会，会上慷慨激昂，陈条国是，但回到史语所，他只字不提会议事，也不谈政治，他一头扎到学术研究和事务中。

傅斯年回到李庄名为养病，实际上他一会儿也闲不住。“他忙着督促指导各部门的研究工作；他忙着审核论文，编印集刊，他已编成了集刊五大册六十万字的论文；他忙着和同事们讨论每个人跟他自己要研究的问题；他忙着替朋友和同事买药，请大夫治病；他忙着和朋友们‘摆龙门阵’，讨论天下大事，或者写信和朋友吵嘴；他忙着到大厨房去打苍蝇，或者叫人锄路旁的野草，往茅厕里多撒石灰；他忙着为同事买米、买布、买肥皂”，这是董作宾回忆傅斯年在李庄的日子，傅斯年仍然像皮鞭下的陀螺，这“鞭子”便是责任感、事业心。史语所、北大文研所、中央博物院筹备处，还有中研院其他研究所，甚至连同济大学的事儿他都操心，吃喝拉撒，内政外交，他不仅是这支学术大军的指挥长，还是一位后勤部长。他也有清闲的时候，一闲下来，“又忙着找人下盘象棋”。

当然，傅斯年清闲时，也和俞大綵聊聊家长里短，也时常发生“龃龉”，多为评论某位作家的作品而争吵，观点对立，各不相让，时有风雨交加，雷鸣电闪，转眼又雨过天晴，艳阳高照，用俞大綵的话说：“我们仍然过得很美满快乐。”

“无情未必真豪杰，怜子如何不丈夫。”用鲁迅的诗句来概括傅斯年性格的另一面，也是恰如其分的。他曾对妻子俞大綵说：“儿子名仁轨，乃仰慕唐代朝鲜对日本打歼灭战的大将刘仁轨。”傅家下一辈，应以“乐”字排行，他却破了例。孩子生下来在外婆家度过，后来随着大人辗转漂泊，不到五岁，行程一万多里了。每念及至此，傅斯年怜子之情，涌上心头，两眼泪汪汪的。每当清闲，傅斯年便给五岁的儿子讲故事，大多是历史上的英烈先贤的生平事迹。不是岳飞英勇抗金的英雄故事，“还我山河”的豪情壮志；便是文天祥的“人生自古谁无死，留取丹心照汗青”的骨气，浩然之气。还讲三国、水浒的故事，名人刻苦读书的趣闻轶事，有时兴之所至，他在屋子里一边踱步，倒背双手，摇头晃脑，用满口的山东腔背诵岳飞的《满江红》，辛弃疾的词，陆游的诗，小仁轨不懂，瞪着亮幽幽的小眼睛在一旁静听。

日军围困湘中重镇衡阳，战事异常激烈，国军精锐部队第十军全军覆没，其他战场上国军频频失地丧师。消息传到李庄，傅斯年脸色阴沉起来，眉头攒聚，心情异常沉重，坐在椅子上半天不说话，只是哧哧地吸烟，忽然他研墨挥笔，抄录文天祥的《正气歌》。

傅斯年对儿子寄予深切的厚望，在他幼小心灵里灌输强烈的民族思想，爱国思想，前些天在孩子九岁生日时，为儿子书写文天祥的《正气歌》，并作跋，曰：“为仁轨儿书文文山先生正气歌，衣带赞，并以先生他诗补全福，甚曰日数行，期以成诵，今所不解，稍长必求其解。念兹在兹，做人之道，发轫于是，立基于是。若不能看破生死，则必为生死所困，所以异于禽兽者几希矣。”

傅斯年托人裱好，挂在儿子房间。

仁轨生日那天，他在送给儿子的纪念册上写道：“做人的道理不止一条，然最要紧的一条是，不可把自己看重，凡事要考虑别人的利害，千万不要自己贪便宜；做人要为人，不是为自己。自己为众而生存，小时养成节俭的习惯，大了为众服务。”

傅斯年身居深山坳里，不忘洞察天下风云。他依然挥动如椽之笔，写下惊星撼月的时政文字，阐述抗日救国的政见。他的《地利与胜利》《抗战两年之回顾》等文章一经发表，便产生强烈反响，读者称赞他的文锋犀利，见解深刻，是位有军事知识的文人。

1943年，国民政府发起了全国知识青年的从军运动，蒋介石也发表了《告知识青年书》，号召广大知识青年从军报国，各界知识青年纷纷响应，积极入伍。连史语所的研究生们也摩拳擦掌，要求应征。傅斯年要求侄子傅乐德入伍。傅乐德毫不迟疑，当场报名，远征印度抗日，分别时傅斯年对侄子说：

> 你这次从军，实在的好事。此时青年总当以爱国第一，立起志气来，做于国家有益的事。我们这一辈的人，大多自暴自弃，或者懒惰无能，把这样的局面交给你们一辈的手中，实在惭愧！只盼中国在你们这一代的手中，成一个近代的安乐国家。

川南雨天多，常常是连日阴雨，雨脚如麻，淋淋漓漓，没头没尾，村街、道路，一片泥泞。夜晚更难熬，闷热、潮湿，蚊虫成团。没有蚊香，只有艾草，蚊子也有适应性，对艾草烟雾丝毫不惧怕，照样飞来飞去。白天，傅斯年袒胸裸背地坐在小书房里，埋头案牍，肩上搭一条湿毛巾，没有桌子，就着一只樟木箱子写文章，另一只手还握着一把破蒲扇，扇个不停，蒲扇开裂，也兜不住风，只是驱赶蚊子。黄昏时到村街上与村夫野老摆龙门阵，或到江湾上散步，抑或到山野里看树木林禾，夕阳落霞里坐在阶前吹一袭凉风。他的血压渐渐稳定下来，情绪也好起来。

俞大綵深居简出，相夫教子，陪伴着傅斯年在这里度过人生最艰难的岁月。

从板栗坳到长江岸边的李庄唯一的交通工具就是滑竿。

这里流传着一件生活轶事，虽然版本不同，但故事情节大致一样。说，有一次傅斯年、李济、裘善元一同参加宴会，主人好意备了三乘滑竿，第一个出来的是胖子裘善元，六个抬滑竿的，你看我，我看你，谁也不想抬；第二个走出门是李济，又是一个胖子，剩下四个抬滑竿的你推我让，也不想抬；最后出来的是傅斯年，哈呀！这个简直是个花和尚，站在那里像半截塔，两个抬滑竿的吓了一跳，丢下滑竿便跑！

这故事在陪都重庆流传很广，傅斯年就是心宽体胖，无论有多少压手的事，烦心的事，缠身的事，该睡觉时倒头就睡，头一着枕，便鼾声如雷。

其实傅斯年心细如丝，特别体贴人，从板栗坳到李庄是好长一段坡路，傅斯年坐滑竿去李庄办事。抬滑竿的汉子，只要轻轻一颠，他便马上叫停，他要下来，自己步行，但劳务费一个子儿也不少，那时抬一趟滑竿，其费用足够买十五斤大米。

傅斯年为人正派，大公无私，宅心宽厚，他的学生都知道他的脾气暴躁，大都有敬畏之心。其实时间一长，都感到他是温和慈祥的长辈。

傅斯年最挂念也痛感史语所失去两位大将，一是赵元任被美国某大学聘去做教授，远走他国异乡，他三番五次做李方桂的思想工作，李方桂才担任了史语所语言组代理主任。二是陈寅恪战乱流离失所，现在沦落香港，香港没有逃脱日寇的轰炸，好容易才转徙到昆明，陈寅恪一只眼已经失明，傅斯年几次写信给陈寅恪让他来四川李庄，但路途艰险，陈寅恪身体又弱，难以行程。傅斯年为此焦躁、焦虑，也发过脾气，但没办法，这么一大摊子事，一大堆人，吃喝拉撒，全是他一个人操持，他确实感到疲惫。

傅斯年像陈寅恪一样，狷介、耿直，但傅斯年没有陈寅恪的孤傲，如果把陈寅恪比作悬崖峭壁上的一棵孤松，傅斯年便是林中一棵高大挺拔的乔木，他的办事能力，组织能力，天才的领袖气质，和开创精神，是陈寅恪所不及，连胡适也自叹弗如。

43 傅斯年个性鲜明、棱角分明，有人说，他发起脾气来，像大炮，像虎豹，霸气十足，温柔起来，他又像羊羔，像猫咪，像小鸟依人。他出身官宦世家，却无心仕途；他不是“帮闲”文人，也不是“帮忙”文人，而是唯视民族为重、国家为重。他常常得罪人，却更爱人。

“孟真贫于财，而富于书、富于学、富于思想、富于感情，尤富于一股为正气而奋斗的斗劲。”

傅斯年不仅敢于批评国内的贪官污吏，即使对萧伯纳这样举世闻名的大文豪鞭辟入里的批判，可谓惊心触目。他在《我对萧伯纳的看法》一文中，尖锐指出：

> 他在政治上，是看效能比人道更重的。
>
> 他在思想上，是剽窃大家。
>
> 他在文章上，是滑稽之雄。
>
> 他在戏剧上，是一人演说。
>
> 他在艺术上，是写报纸文字。

言辞之犀利，观点之骇俗，胆量之惊人，不亚于清朝初年那位敢腰斩《水浒》、刀劈《西厢》的文学评论大师金圣叹。

凡是敢抗上者，凡是侠胆义骨的人，都有一种菩萨心肠，一种同情怜悯之心。性格愈刚烈者愈温柔，愈豪放者愈婉约。傅斯年对腐败分子、汉奸、卖国贼以及有损于国家民族利益的事，深恶痛绝，恨之入骨，大动肝火，他对于弱者却寄予无限同情。在昆明最艰难的岁月，饥饿、贫穷如大山般地压在他身上，不得已他“以书易米”，把珍藏的明清善本卖掉，换些大米。而且换得的大米又救济史语所的同仁。一天，他发现一孤儿，头上长满癞疮，衣裳破旧不堪，浑身上下脏兮兮的，还散发着刺鼻的臭味，这孩子饿得小脸像枣核，只有两粒黑白眼珠转动时，方知是活物。他赶紧让黄包车夫停下，弯下身子看看孩子还活着，命黄包车夫抱上车，他扶着孩子到家，先给孩子洗个澡，找了件旧衣服，又用卖书的钱到街上割了块肉，给孩子吃了一顿饱饭。下午他又带孩子到医院看病……这孩子在傅斯年家住了一个多月，头疮治好了，便让人送回他老家，一个大山深处的乡村。

傅斯年横眉冷对高官大吏，但从不敢怠慢做后勤的师傅，他同情这些“下人”。他爱发脾气。在南京史语所，后勤师傅最摸清他的脾气，上午发了脾气，下午某杂志社寄来稿费，他准会分文不取，给了后勤师傅买酒去。连看大门的师傅都喜欢他们的傅所长发“脾气”。

在用人上，他打破人情、地域观念，不讲背景，唯才是举。他有句名言；“总统介绍的人，如果有问题，我照样随时可以开除。”他对部属管理甚严，大学毕业生到研究所，先关门读三年书，第四年才准发表文章。一次他发现一位年轻助研，冬天好晒太阳，不刻苦。某日，他有意堵在门口，不让其出门，不客气地说：“你昨日已晒够了，今天就不要晒了。”弄得那位助研很尴尬，以后再也不敢贪懒了。他对人非常严格，从来不用公家信笺信封写私信，见属下用公笺写私信，他要点名批评，并张贴布告：不准假公济私。

傅斯年不拘小节，头发老长也忘了理，常常由夫人提醒再三，他才去理发，他性子急，理发师傅要“精雕细刻”，尽展手艺，他劝师傅免了，说还有急事，还抬抬手腕看看手表，以示师傅不必“慢工出细活儿”。在北平，在南京，他书房或小小会客厅里从不准备香烟和茶水的，来访客人，坐在那里，他只顾侃侃而谈，言语滔滔，有时腿跷到桌子上，既不让烟，也不上茶，若不是俞大綵照料，显然慢待了客人，使人想起“不迎客来，不送客往，有酒且酌，无酒且止”两晋南北朝时期的名士清流风采。

他对下头很好，不管是“轿夫”、司机、炊事员、勤杂人员，他都平等相待，从不当着下人，喝来吆去，批评训斥。有一次到李庄，区长、镇长招待他吃饭，饭碗摆好，他一坐下来，刚拿起筷子又刷地站起来，看看轿夫桌子上的菜是否一样，不一样他立马走人。

傅斯年喜欢唐诗宋词，常常一个人在书房朗诵，声震屋瓦。漂泊到昆明，面对烽火连天、硝烟弥漫、满目废墟的故国山河，傅斯年更是愁绪如麻，真有点“试问乡关何处是，水云浩荡迷南北”。傅斯年悲伤至极，秋雨西风，征鸿云水，远山一抹，对故都山河无限眷恋，能不缠绵悱恻，泪水潸然？

若是高兴时，傅斯年吟咏唐宋诗词，俞大綵学着那鲁西腔调，逗得他哈哈大笑。

来到板栗坳，他也时常怪腔怪调地哼些诗词。这天又是雨天，窗外秋雨潺潺，雨点打在芭蕉叶上，打在黄桷树叶上，沙沙啦啦，一种肃清悲凉的气氛，傅斯年心中顿生一种浩然之气，他抬起头，隔着窗玻璃远望，远山烟雨翻卷，满眼迷茫，触景生情，不禁仰天长啸岳飞的《满江红》：

怒发冲冠，凭栏处，潇潇雨歇。抬望眼，仰天长啸，壮怀激烈。三十功名尘与土，八千里路云和月。莫等闲，白了少年头，空悲切。

靖康耻，犹未雪；臣子恨，何时灭？驾长车，踏破贺兰山缺。壮志饥餐胡虏肉，笑谈渴饮匈奴血。待从头，收拾旧山河，朝天阙。

傅斯年反复吟咏，声音由慷慨而喑哑，圆胖的脸，有热泪流淌下来。山河破碎，生灵涂炭，泱泱中华大国，竟然任区区东洋倭寇，任意蹂躏、践踏，能不悲愤填膺，能不有切齿之恨，切肤之痛？

抗战前后他在南京那些日子里，由于阅读北宋刊本《史记》《敦煌卷子》等珍贵资料，因为年久而纸发脆，无论天气多么燠热，他不开电扇，怕风一吹，吹毁了纸页。他烟瘾极大，却不吸烟，怕万一火星、烟灰掉落在书页上。

傅斯年喜欢下象棋。那是事变之前，他们在北平，一天下班回来，看见两个人博弈，他棋瘾上来，竟然代替另一棋手，乒乒乓乓，楚河汉界地干起来，对手赢了，他不服输。他恋战，非要赢过来，你来我往，杀得难分难解，杀得天昏地暗，结果傅斯年仍然输了，他像个赌徒一样输红了眼，非要第二天此时此地再战几个回合。

在板栗坳，他自制一副象棋，用包装箱纸板做棋盘，闲暇时便和棋友下起来，兴致来了，如临战场，嘴里呼叫着“跳马”，“出车”，不绝于耳。

这里生活条件极差，衣食紧缺，史语所的家属们也常常闹些小摩擦，傅斯年身兼数职，整天忙得跟头骨碌，可他连妇人吵架，婆媳姑蹊之事也插手过问，说和、调解，梳理关系。有一次遇到两位研究员的妻子不知因为什么争吵谩骂，他去拉架，唾沫星子溅了一身，他劝东家，说西家，最后双方和解。

板栗坳没有小学，山里孩子不仅没有学上，史语所的孩子也没地方读书。傅斯年决定办一所小学，腾出“牌坊头”一间大厅做教室，从李庄聘来一位女教师罗筱蕖任课。

罗筱蕖是罗南陔的女儿，二十多岁，长得十分漂亮，白皙皙的瓜子脸，一双聪慧的大眼睛，像两汪秋水，清澈明亮，两条长辫子系着蝴蝶结，上坡下坡辫子飘来飘去，楚楚动人。这是巴山蜀水养育的川妹子，她走进竹林里就是一棵婷婷翠竹；她站在茶花树下，就是一朵最艳的花。但她毕竟出身书香家庭，言谈举止既有淑女的端庄，又有知识女性的文雅。她的到来引起一个小伙子心灵的骚动。他叫逯钦立，西南联大、北京大学文科研究所研究生，去年毕业被傅斯年招聘进史语所任助理研究员。由于忙于学业，战乱漂泊，已经三十多岁了，尚未找到对象，属于大龄青年。

罗筱蕖和逯钦立在一个食堂吃饭，一来二往，罗筱蕖对逯钦立产生好感，但是李庄的女孩，不愿也不敢嫁给他们，他们是过路的鸟儿，说飞就飞，靠不住。罗南陔也不同意女儿嫁给逯钦立，一是男方岁数大，怕他在家有妻室，战争一结束，他们拔腿就走，到那时闹离婚。男大当婚，女大当嫁，这也是傅斯年的一桩心事。他也不希望看到，这种中国古典式“公子落难，小姐相救”，和西方的“乱世佳人”现代版的家庭悲剧的出现。傅斯年左右为难，逯钦立不能老当“王老五”，还得为弟子牵线搭桥，撮合这桩姻缘。

逯钦立是山东巨野人，出身也是书香门第。小伙子个头高高的，脸面清秀白净，为人老实、本分，性格内向，一身书卷气，来到史语所埋头研究汉魏六朝文学。婚姻大事本应自由自主，但他脑子里仍残存着“媒妁之言，父母之命”的陈旧观念，父母不在，只好托付自己老师。傅斯年便通过罗南陔的侄儿罗伯希——也就是罗筱蕖的堂兄说合这事。

罗伯希是退役军人，在地方上有德望。傅斯年极力“推荐”他的学生，说，逯钦立现在是助理研究员，相当于大学的讲师，中央研究院人员的学识，比一般大学还高一等，在战前，这一职业，“颇为舒服”。那言外之意，罗筱蕖找到这样的好女婿，也是福分。

罗伯希和他叔叔罗南陔一样，担心逯钦立另有家室，傅斯年信誓旦旦告诉罗伯希，“已经查照逯君并未婚娶”，并说，查了他在北大的档案，和入史语所的填表，均未婚娶。史语所一群研究人员都争当证人，劳干、李济、董作宾等纷纷立下字据。罗南陔心里一块石头落了地，同意了女儿的婚事。

逯、罗喜结良缘，是史语所一件大事，全所男女老少为之忙活，在住房极其紧张的情况下，又挤出一间作为他们的“新房”。婚礼好不热闹，既遵守川西南古老的婚嫁风俗，又增添了新的内容。傅斯年以证婚人的身份，宣读了证婚辞。

逯钦立成家后，更专心致志埋头编辑《先秦汉魏晋南北朝诗》选注，资料浩繁，工程浩大，直到1962年才完成三大册的编撰工作。逯钦立没有跟随他的傅老师去台湾，抗战胜利后，因故离开了史语所。

傅斯年与蒋介石

台灣大學校長室用牋

第九章

漫卷诗书喜欲狂

朱自清云：抗战欢呼胜利闪电似的过去了，接着是一阵阵闷雷响着，变化太快了，幻灭来得太快了。一般人失望之余，不由得感到眼前的动乱局势，比抗战时期还动乱些。

44 上帝说：欲使之灭亡，必先使之疯狂。一条豆虫般的蕞尔小国，猖狂达到登峰造极，不仅要吞噬比自己大三十多倍的中国，还要吞噬东南亚，称霸亚洲，更猖狂到轰炸美国的珍珠港，倭寇的末日已经到了！

1943年年底，第二次世界大战已经进入最后阶段，日、德、意败局已定。1945年2月在苏联克里米亚半岛召开雅尔塔会议：一是解决欧洲问题，二是苏联出兵对日宣战。但苏联助华抗日的条件很苛刻的。傅斯年不仅是历史学家，还是国际时政评论家，他非常敏感，多次发表文章，指出苏俄的野心，但又碍于“友邦”。更重要一点，苏俄是对日宣战的“友邻”，此外，美国“对中国作战能力颇失信心”，转而期待苏俄参战，以致造成斯大林的乘机勒索。蒋介石很清楚这一点，傅斯年也清楚这一点。

1945年7月26日，中、美、英三国发出敦促日本投降的波茨坦公告。公告指出：“吾人通告日本政府立即宣布所有日本武装部队无条件投降，并对此种行动诚心实意实行，予以适当及充分保证。除此一途，日本即将迅速完全毁灭。”

8月14日，有线广播传来日本天皇沙哑低沉的声音，宣读《日本天皇颁布的投降敕令》：

朕深鉴世界大势及帝国之现状，欲采联非常之措施，收拾时局，兹告尔等臣民，朕已饬令帝国政府通告美、英、中、苏四国愿接受其联合公告。

盖谋求帝国臣民之康宁，同享万邦公荣之乐，斯乃皇祖皇宗之遗范，亦为朕所眷眷不忘者。前者，帝国之所以向美、英两国宣战，实亦为希求帝国之存于东亚之安定而出此，至如排斥他国之主权，侵犯他国之领土，固非朕之本志。然交战已阅四载，中陆海将兵勇敢善战，百官有司励精图治，一亿众庶克己奉公，各尽所能，而战局并未好转，世界大势亦不得于我。加之，敌方最近使用残酷之炸弹，频杀无辜，惨害所及，实难逆料。如仍然作战，则不仅导致我民族之灭亡，并将破坏人类文明。如此，则朕将何以保全亿兆赤子，陈谢于皇祖皇宗之神灵乎！

此朕所以饬帝国政府受联合公告者也。

朕对于始终与帝国同为东亚解放而努力之诸盟邦，不得不深表遗憾；念及帝国臣民之死于战阵，殉于职守，毙于非命者及其遗属，则五脏为之俱裂：至于负战伤，蒙战祸，失家业者之生计，亦朕所深为轸念者也。今后帝国所受之苦固非寻常，朕亦深知尔等臣民之衷情，然时运之所趋，朕欲忍所难忍，耐所难耐，以为万世之太平。

此朕所以饬帝国政府接受联合公告者也。朕于兹得以维护国体，信倚尔等忠良臣民之赤诚，并常与尔等臣民同在。若夫为情所激，妄滋事端，或者同胞互相排挤，扰乱时局，因而迷误大道，失信义于世界，此朕所深戒。宜举国一致，子孙相传，确信神州不灭。念任重道远，倾全力于将来之建设，笃守道义，坚定志操，势必发扬国体之精华，不致落后世界之进化。望尔等臣民善体朕意。

昭和二十年八月十四日。

这是经过十几次修改的投降诏书，是以天皇为代表的投降派与日本法西斯顽固的战争狂，历经血腥搏斗而取得的成果。怕遭战争狂们的破坏，日本天皇录制了两份录音，在极端保密的情况下向全世界宣布了无条件投降。

消息传到国民政府的陪都重庆，山城是一片欢腾的海洋。大街小巷，满墙是花花绿绿庆祝胜利的标语，饭庄店铺门前挂满红旗、红花、红灯笼、红彩带，鞭炮、礼花齐放，锣鼓、喇叭，满世界奏响，游行的人们倾城而出，载欣载奔，狂欢沸腾。八月炎炎烈日下的重庆本来就像火炉，这喜庆更加重热烈的气氛。晚上，划旱船、扭秧歌、踩高跷、打腰鼓、舞狮舞龙，一队接一队，路人自动加入游行队伍，人山人海，山呼海啸！

一些饭店敞开免费供应饭食，游行的队伍走过来，老板亲自送茶、送水、送饭！常年不出门的老人也被孩子搀扶着走到大街上，几岁的娃娃也手摇着小红旗，哇哇地喊叫！

八年了，八年，多少志士的热血，换得今天的胜利！

八年了，八年，中华民族熬过了多少血洒泪淋的苦难日月……

八年了，八年，多少财产、财富，我们民族几千年的文明和璀璨的文化被倭寇践踏得面目全非，或掠夺一空！

八年了，八年来，黄河怒吼，长江饮泣。……中华民族对倭寇侵略者血海深仇永志不忘！

8月15日之夜。

傅斯年一手拿着一瓶郎酒，一手握着拐杖，摇摇晃晃走到大街上。傅斯年因为这年又担任了中研院总干事，前些日子携妇将雏，离开李庄，再次住进中研院设在重庆的办事处。大街上男人们大都赤膀裸胸，打光彤彤。重庆八月的夜晚也是热浪翻腾，没有风，湿热得令人窒息，但人们心情畅朗，游行的队伍如同白昼，有的点燃火把，口号声、鞭炮声响成一片……

傅斯年光着脊梁，摇曳着肥胖的身躯，随着游行的队伍又舞又跳。浑身上下汗爬水流，还不时对着酒瓶饮几口，继而又高高举起酒瓶把酒泼出去……他的高血压并没康复，他蹒蹒跚跚，如痴如醉，如癫如狂，口里嘟嘟囔囔吆喝“自笑狂夫老更狂”，不时又悲愤激越，引颈高歌……

直到他累得倒在街头，手里还攥着空酒瓶子，手杖不知落在何处……他却在街头鼾声如雷，直到夜阑更深，直到东方既白，傅斯年才被友人搀回去……

45 抗战胜利，举国上下，一片胜利的欢呼声中，国民政府连夜开会，一是研究各路大军如何迅速分赴各地受降；二是国民政府官员调整、补缺；三是研究如何迁回故都南京。争论、争吵、辩论、演讲，兴奋而忙乱。

傅斯年被教育部长朱家骅任命为北大校长，傅斯年坚辞不任，他不愿意当官，现在抗日战争胜利了，国泰民安的前景即将出现，他愿静下心来，从事史学研究。人生苦短，八年战乱，他已进入中年，日夜操劳，白发已从鬓生，晨起梳洗，对镜自叹："唉！我是没有壮年，是从青年一下子跳进老年！"不觉悲从中来。

北大校长原由蒋梦麟担任，他和新任行政院长宋子文皆是留美派人物，宋子文拉蒋梦麟入行政院任秘书长，这也在情理之中。蒋梦麟这位学识渊博、举足轻重的宗师级人物，"飞来飞去宰宦家"，在学界引起一片非议，实为悲哀惋惜，但人各有其志，无奈由他而去。

傅斯年甚为不满，对蒋这一举动，长叹曰："人必自侮然后人侮之。"那时自由知识分子也叫"清流"，清高古雅，对出仕为官不以为荣，反以为耻。傅斯年曾力劝蒋梦麟：不要置名节之不顾，成为宋氏门下的帮闲。傅斯年与蒋梦麟情深意厚，多次规劝，却无回头之意。蒋梦麟心志已定，没有给傅斯年面子，而朱家骅又不愿意胡适重返教育界，这其中原因怕是有几分嫉妒，几分排挤吧。他极力向蒋介石推荐傅斯年。

就担任北大校长一事，傅斯年始终没有答应，理由：

昨日朱骝先先生，以遵命见示，谓蒋梦麟先生之北京大学校长出缺，即以斯年承之。骝先先生勉之再三，云出于钧裁，强为其难，……斯年赋质愚憨，自知不能符合世务，三十年来，读书述作之态，迄不可改。徒以国家艰难，未敢自逸，故时作谬论。今日月重光，正幸得遂初志，若忽然办事，必累钧座知人之明。兼以斯年患慢性血压高，于兹五年，危险逐年迫切，医生告诫，谓如再不必听，必生事故……旨盼适之先生为校长……

傅斯年言辞恳切，情致殷殷，为国为民一片精赤之心，读之令人心酸鼻涩。蒋介石看罢，喟然长叹：孟真，真君子也！国民政府改弦更张，遂任命胡适为校长。在胡适未回国前，由傅斯年代理北大校长，并聘为西南联大校务委员。

傅斯年甚为满意。北平沦陷后，北大成了日伪举办的大学，一些汉奸亲日派当了教授，把他们清理出去，是一件难事。作为西南联大校务委员，将北大从联大分离出去，迁到北平又谈何容易？人事纠纷，物资累重，事务繁多，教师学生数千余人，迢迢万里，山高水阔，如何迁徙？

狂热的爱国主义、强烈的民族主义的傅斯年眼里容不得沙子，那些伪北大教授、汉奸教职员工，必须彻底清除出来，还国立北大之清白，还国民高等学府之纯洁，还国民教育之肃穆、神圣。傅斯年重民族气节，性命为小，气节为大。作为一介文人，他身上流淌着传统士大夫的高贵血液，更不容国难之际苟且生命、变节事敌的日伪汉奸、走狗之类，与之水火不相容。他未到北平，信息传来，北大的伪教授、伪教职员工心已惶惶不可终日，不知这位雷神爷怎么处置他们。他没有离开重庆时，就有人跑到重庆套近乎。那时傅斯年还是中研院总干事，北大伪教授容庚求见。傅斯年一见到容庚，怒火中烧，大声骂道："快滚，快滚，你这个无耻汉奸，民族败类。不许见我！"他一边大骂，一边把容庚架了出去，扔到泥水遍布的大街上。

9月20日，傅斯年以北大代理校长的身份出席在重庆召开的全国复员后教育工作会议。傅斯年情绪激昂，十分活跃，指手画脚，慷慨陈词，并公开为朱家骅出谋划策，"沆瀣一气"。一些与会人员十分恼怒，骂他霸气，骂他猖狂，公开叫他"太上皇教育部长""太上皇北大代理校长"。傅斯年气得鼻眼挪位，脸色铁青，以牙还牙地批驳、痛斥，对方怕傅斯年心脏病或脑溢血突发，没有再予反驳，偃旗息鼓，任傅斯年叫骂。

傅大炮虎威倾泻殆尽，一切回复如初。不久，便飞往北平，走马上任北大代理校长。当他如塔的身躯出现在北平南苑机场时，前来迎接他的是陈雪屏等人。他下了飞机，第一句话便问：

“你们有无和那些汉奸贼子接触过?”

陈雪屏如实回答：“见过面，握了握手!”

傅斯年大怒：“汉贼不两立，握手实不该!”

陈雪屏颇为难堪，支吾嗫嚅几句。

傅斯年神色肃穆，一副黑脸包公的决绝气概：“伪北大教职员工一个不用，全他妈的滚蛋！这些民族败类玷污了北大的声誉，对于罪大恶极者，我要向法院指控，杀无赦，斩立决!”

那口气简直像黑旋风李逵，挥动两把板斧，横劈竖砍而来。

陈雪屏诺诺不敢言争。

傅斯年以北大代理校长身份坐镇北大，开始了大扫除式的整顿。不久，他亲笔起草声明，发表在《大公报》上，言辞铿锵，斩钉截铁，大有冰炭不同炉、薰莸不同器之气概。

> 北大将来复校，决不延聘伪北大之教职员工，……至于伪北大学生，应以其学业为重，现已开始补习，俟学习期满，教育部发给证书后，可以转入北京大学各系科相当年级，学校将予收容。

日寇占领北平后，日伪政府征调教职员入北京大学，当时有不少人劝周作人离开北平，南渡，但周作人却坚持不肯，他当时幻想留在北平，远离红尘，埋头著述、教书、翻译，在乱世中寻找一安静角落，打发日月，他称他的寓所“苦茶庵”。南下北平的朋友还有多次写信、写诗规劝他脱离北平，以免落入日寇囊中，可周作人自比手持汉节北海牧羊的苏武。但周作人太天真了，1939年元旦周作人在家遇刺，子弹打在他铜纽扣上，幸免于难，于是怀着惶恐不安之心情，老老实实去伪北大上班了，后又被委任伪北大文学院筹备员、北京大学图书馆馆长。自此，他就堂而皇之出入日伪北平政府大小教育会上，再以后他又官升为“伪华北政务委员会教育督办”“南京汪伪政府国府委员”“日伪华北综合调查所副理事”等等。

周作人不折不扣地成了铁杆汉奸。

其实周作人满以为自己超脱凡尘，不闻人间是非，进入了佛家境界，好像谁主宰中国都无所谓，什么民族主义、爱国主义都无所谓，何况日本又是他老丈人家，固有的日本情结促使他死心塌地地效忠日伪政府。在这期间，他还写了《岳飞与秦桧》《关于英雄崇拜》之类的文章，冒天下之大不韪，为秦桧翻案，否定岳飞为忠臣，他居然讽刺文天祥的殉国，只是气节良好，既然国亡了何必再死？因此他提倡大家不要学他！简直满嘴喷粪，一派胡言乱语。

傅斯年发表声明：“对北大伪教员，赌咒发誓不肯录用，对这些民族败类义愤填膺，不共戴天。”

有记者问他，对周作人、钱稻孙之类汉奸如何惩办，傅斯年愤愤地说：“我不管汉奸的事，我的职务是叫我想尽一切办法让北大保持一个干干净净的身子。”

这个声明发表两天后，周作人被捕入狱。

日伪时期的北大成了日本帝国主义殖民细菌的温床。连日以来，傅斯年请来环卫工人，组织留校学生来了一番彻底的大扫除，粉刷墙壁，清理垃圾，凡是日伪的残迹一律清除，还一个干干净净的北大，重新擦拭“国立北京大学”这块牌子，重振北大教育大业！

这天午后，连日的奔波，紧张的劳作，傅斯年感到疲惫，头痛、心跳过速、血流加快，浑身无力，他自知血压升高了，赶紧吃了一片随身携带的降压药。在办公室小憩，想睡个午觉，却睡不着；想看书报，又有些慵倦，只好闭目养神。

秋天的阳光，这是1945年北平秋天的阳光，久违了！北国的天空高远空旷，秋阳温暖而慈祥，奶油色的光芒像流水一样清澈，像锦缎一样柔和，像诗像音乐一样美妙动人。照射在墙壁上，满室明朗温馨。窗外的洋槐树、梧桐树、槭树叶子，锯齿形的边缘晕出淡黄、橘黄，对面屋墙的爬山虎，色彩变得红艳起来，几只鸟雀在树枝上兴奋地跳上跳下，颉颃、歌唱，弄掉几片黄叶，飘飘摇摇，落在树下的草丛中。

他想，这些日子，北大整顿还算顺利，该开除的日伪教授正在清理，学生正忙于补习功课，一切即将就绪。胡适是个好好先生，满脑子温良恭俭让，让他扫荡这些汉奸卖国贼，下不得狠手，用不得狠心。我必须替他完成，扫屋以待，他就任后是个干净的新北大。

北大，傅斯年在这里读书六年，30年代还做过北大兼职教授，今天又坐在这艘舰船的舵手位置上，深感肩头之重任，更感到一个民族的未来和希望就落在自己肩头。强烈的国家使命感、民族责任感，使他不敢有半点疏忽懈怠。北大是中国学术的摇篮、中国教育的中坚，北大孕育着中华民族的希望，是民族精神的高地，也是新文化运动的策源地！

想当年，红楼灯火，未名湖畔，大沟河岸，草地上，树荫下，同学少年，三五成群，争论、辩论，激昂慷慨，热血沸腾，针砭时弊，痛陈国是，抨击列强，人人像披坚执锐的战士，大有"舍我其谁"的英雄气概。语言与语言的撞击，思想与思想的融会，他们个个都是大时代的弄潮儿。他和罗家伦、顾颉刚等人创办《新潮》，追随陈独秀、胡适，投身新文化运动，口诛笔伐，向旧传统、旧道德、旧文化发出一次次进攻！不到两年时间，他傅斯年竟然发表了四十多篇文章，笔锋犀利，思想睿智，奔腾呼啸，叱咤风云，现在看虽显幼稚、孟浪，但他们没有辜负那个大故迭起、风雷激荡的大时代，是他们点燃了启蒙主义的大火。"五四"运动，他扛着大旗走在前面，身后是浩浩荡荡的大军，多么壮观的一页，他们的行动撬动了沉重的历史，唤醒了一个民族的觉醒，而今已成为历史的插图。多少年过后，他方感到遗憾："启蒙"成了"救亡"，"救亡"代替了"启蒙"。"五四"运动倒成了人文主义启蒙的历史绝唱，中国文艺复兴的大潮终未席卷华夏大地！

最令人欣慰的是在北海史语所度过的岁月，那真是民国学术的黄金岁月，没有日寇的侵略，他们能干成多少震古烁今的大事，硕果累累，成就皇皇！八年战乱，民族危亡，流徙、逃难、死亡、流血，这是中国鸦片战争以来最悲惨的时期，中国现代化的进程被日寇的战刀拦腰切断。

前几天他重回西斋4号宿舍，房屋依旧，同窗好友，已星散四方，还有他的老师黄侃、刘师培、陈汉章，他们虽然思想守旧，但人人都是学富五车的国学大师，曾给我傅斯年多少知识面的营养，又寄托着几多厚重的希望！

十几年的漂泊，八年的离乱，老校长蔡元培已魂断港岛，而黄侃、刘师培、陈汉章老师又在何方？还有那个怪老头辜鸿铭老先生可在人世？音信杳无，一代学人，命运若何？

不堪回首！

现在我代理胡适主持北大，就要发扬老校长蔡元培的传统，建成国家最高档次的学府，还要扩充，要扩建三个学院：农学院、文学院、医学院，北大要成为名副其实的综合性大学。

下一步该如何开展工作？傅斯年点燃一锅烟，哧哧地吸着，好一阵，磕掉烟烬，烟灰缸仍有红红的余烬，像一朵鲜艳的小红花。傅斯年沉思间，门外响起笃笃的敲门声。

"请进。"

傅斯年应声，门开了，是校秘书长郑天挺：

"孟真先生，这是今天的《正报》，上面有容庚的一篇文章，是写给你的。"秘书长把报纸交给傅斯年，便退下。

傅斯年把烟斗扔到一边，读起报来。就是那位在重庆被傅斯年赶出门的容庚，他是古器物学家、伪北大教授。他发表《答傅斯年书》，为自己辩护，言自己原任燕京大学教授，后北平沦陷，南京又岌岌可危，无路可走，便进入北大。几年来只埋头学问，不闻敌伪之事，学术成果有目共睹，有《重订全文编》《商周彝器通考》等著作。最后，言辞极为哀切："艰苦卓绝，极人世悲惨之境，果为何乎！固知吾国之不亡，教育之不当停顿，果为何乎？固知吾国之不亡，教育之不当停顿，做忍受而无悔也。汉奸乎？汉忠乎？事实俱在，非巧言所能蒙蔽者……"

傅斯年的声明一见报，便招来一片非议，那些伪北大教职员工惊恐万状，怒恨交加，他们联名上书时任北平行营主任的李宗仁。

傅斯年读完，哧哧地把报纸撕个粉碎，抛在字纸篓里。"什么汉奸、汉忠？此人非除不可！"傅斯年毫无怜悯之心，还要绳之以法！

傅斯年气急败坏地在屋里来回走着。无耻！无耻！他原以为文化精英们会忠于国家，忠于民族，谁知敌人一来，竟然投怀入抱，成了不齿于人类的汉奸、走狗！什么民族气节、人格操守都哪里去了？一肚子孔孟之道都哪里去了？一看这些败类，他气得发疯！

然而不几天，苦雨庵主周作人跳将出来，看到傅斯年的声明，此时他正在吮吸着苦茗，用毛笔蝇头小楷写童年的《石板路》那种不咸不淡，清汤寡水，既无审美价值、更无思想价值的小品文，看完傅之声明，愤愤在心，在篇末署上一笔："时正闻驴鸣。"

周作人和傅斯年是师生关系，他办《新潮》，周作人是积极支持者，不仅写文章投稿《新潮》编辑部，还和青年学子侃论天下大势，纵横古今，指点江山，抨击时政。那时的周作人是新文化运动的主将，鼓吹文学革命，思想解放。可是，八年抗战，他却投靠日寇怀抱，成为伪北平的教育总署督办、文化汉奸，岂能容忍？傅斯年怒不可遏，要求政府捉拿汉奸，绳之以法。何况，战前周作人就写《岳飞与秦桧》《关于英雄崇拜》等文章，公然为秦桧唱赞歌，为他日后成为汉奸、为日伪政府效劳制造舆论。当时，傅斯年无暇命笔痛斥他的谬论，他倒以此成为当汉奸的理论根据。

周作人一开始还抱有侥幸心理，他和傅斯年毕竟师生关系，托人给傅斯年讲情，傅斯年严词拒绝，声色俱厉："我有他这样的老师感到耻辱！"傅斯年的态度打碎了周作人的梦想。

周作人竟然致信傅斯年，以当年是师辈的口气痛斥傅斯年："你今日以我为伪，安知今后不有人以你为伪？"不但不为自己堕落为日伪汉奸而羞耻，反倒胡言乱语，颠倒黑白，满纸臭气。傅斯年看完周作人来信，啪啪地拍着桌子，骂道：无耻，无耻！天下竟有如此无耻之人，民族竟有如此败类，非绳之以法不可！

他挥笔写道：

> ……你周作人之为大汉奸，却已经刻在耻辱柱上，永世无法改变了。

周作人当汉奸是顺乎自然的事，他留学日本多年，日本文化对他的侵蚀是很深的，或者说，他有浓厚的日本情结。再加上他娶了日本老婆，添了层亲缘关系，所以日本人侵略中国，自“九一八”事变到“七七”事变，他只言不发，从不抗议日寇的侵华罪行。日寇侵略中国，好像老丈人会亲家一样，有什么大惊小怪的？之后，日寇占领北平，要他出来为日伪政权服务，他是不会拒绝的。

仅仅过了几天，即1945年12月6日，周作人以汉奸罪逮捕入狱，押解南京。周作人不服罪，他的辩护律师说：他留北大是受校长蒋梦麟之托，保护北大财产，他担任伪北大图书馆馆长期间，北大的图书资料以及教学仪器，有增无减，其功劳应该记在周作人身上。傅斯年却反驳道：“北大并未托他下水后再照料北大产业。”而“有增无减”之说也和事实不符，这就是说，蒋梦麟的证明不足为凭，北大的“公事说明”不足为据。

那时胡适还在美国，傅斯年怕胡适的好脾气替周作人说情，抢先给胡适写信：不要姑息养奸，不要为周作人和其他日伪人员讲情，并再三强调周作人是铁杆的汉奸，毋庸置疑。

周作人得到应有的惩罚，也对傅斯年记下大仇。

南京老虎桥监狱十几年前曾关押过陈独秀。陈独秀和周作人虽然同是傅斯年的老师，陈独秀与傅斯年只是政见不同，师生之谊并不受影响，所以他曾去监狱探望陈独秀。陈独秀出监狱后，又是傅斯年把他接回家住。而傅斯年与周作人是水火不相容的节操之争，是爱国与卖国、忠与奸之分。周作人已失去知识分子最宝贵的东西。

两天后，傅斯年在重庆接见记者，发表讲话，重申四点声明，其中一条：北大有绝对真自由，不聘请伪教职员工任教。那言外之意，谁说情也是嘴上抹石灰——白说。并言之凿凿，板上钉钉，无论现在或是将来，北大都不容日伪时期的教职员工插足其间。

傅胖子倔强劲上来，十头犍子也拉不过来。他愈发决绝，慷慨陈词：“我不管办汉奸的事，我的职务是想尽一切办法，让北大保持一个干干净净的身子！正是非，辨忠奸……这个话就是打死我也要说的！”犹如金石，掷地有声，这是历史的正义之声，这是民族之强音！

从1945年4月就任北大代理校长，到第二年9月胡适回国，一年零五个月，傅斯年就像个清道夫一样，挥动着铁锨扫帚，把垃圾、杂草彻底清除，还手持“喷雾器”，里里外外消了一遍毒，还北大一片净土。待胡适上任时，傅斯年已将北大整理得条目清晰，干净清洁。

1945年2月4日至11日，斯大林、罗斯福、丘吉尔在苏联雅尔塔召开秘密会议，抛出《雅尔塔秘密协定》。实际上是罗斯福、丘吉尔、斯大林背着主要当事国中华民国政府，重新划定战后国际格局的一个秘密协议。全称《苏美英三国关于日本的协定》，苏美英雅尔塔密约曝光后，傅斯年极其愤怒，头上火星乱窜，联合任鸿隽、陈衡哲、王云五、楼光来、宗白华、储安平、吴世昌、钱歌川等二十余位社会名流，联名在《大公报》发表战斗檄文《我们对于雅尔塔秘密协定的抗议书》，文章措辞激烈，指出这一秘密协定，违背联合国作战理想和目标，开创强权政治和外交的恶剧，破坏今后世界和平重踏人类罪恶的覆辙。罗斯福急于让苏联出兵援助中国抗日，苏联趁火打劫，提出出兵的苛刻条件：一是外蒙独立；二是在东北三省享有特权，大连商港、库页岛划归苏联，中东铁路及通往大连之南满铁路，应由中苏双方组建公司，联合经营。这种无耻要求，无异于第一次世界大战，作为战胜国之一的中国，在德国战败后本应将其占领的青岛收回，非然，要交给日本，这真是天大的混账逻辑！日本虽败势已定，但东北还有残余强大的关东军，面对如此困境，蒋介石采取“忍气吞声，负重致远”的处事策略，真是打掉牙往肚子里咽。

2月25日，傅斯年又在《大公报》发表《中国要和东北共存亡》的长篇檄文，揭露赤色帝国主义的阴谋，呼号：“中国不惜为东北死几千万人，损失国民财富十分之九，不惜为东北赌国家之兴废，赌民族之兴亡。”

这年傅斯年一连发表了几篇重磅文章：《罗斯福与新自由主义》《论美苏对峙之基本性》《日俄冲突之可能》等，既有深度，又生动活泼，观点鲜明，材料丰富，力度强烈，再次显示他的博学，视野宏阔，才华横溢，高屋建瓴之势，横迈超绝之气，使得一些懵懂之人如见朗日。傅斯年几乎每篇国际评述，都涉猎到政治、军事、历史、文化等第一手材料，他笔飞墨舞，左右逢源，文风恣肆汪洋，立足点又坚如磐石。特别是他的文风，依然如青年时期创办《新潮》《独立评论》时一样，热血沸腾，文字火辣，言辞犀利，气势磅礴，石破天惊，振聋发聩；抨击日寇，揭露苏俄之肮脏心灵，读来使人感奋不已。

在重庆，傅斯年组织学界大腕在报刊上连篇累牍发表檄文，对苏俄口诛笔伐，西南联大也行动起来，全国性大规模的游行示威波涛般翻腾开来，“俄国佬滚回去！”“打倒苏俄帝国主义！”，怒吼声震天动地，响彻万里河山！

46 杜鹃声声唤春归，风雨过后应该是天晴日朗。1946年的春天应该是国民政府最美好的春天。抗战胜利，内战尚未拉开序幕，胜利的喜悦，和风细雨过后的平静，使南京和重庆出现多年不见的温和气象。蒋介石对未来充满信心，眼下对付土八路，他左操胜券，只待清除共匪，百废待举，一个繁荣富强的中华民国将以崭新的面目出现世人面前。4月30日，政府下达迁都令，5月5日迁都开始，风雨八年，苦难困厄的八年，过去了。人们欢欣鼓舞，归心似箭。

嘉陵江畔，一片繁忙喧嚣的景象，大船小船、货轮、客轮排满江面。岸边挑篓抬箱的民工拥拥挤挤，吵吵嚷嚷，行李包裹，文件簃匣，桌椅橱柜，大都用稻草绳捆绑。民工供不应求，劳务费一再上涨，但人人脸上喜气洋洋。码头上人山人海，江面汽笛声此起彼伏，穿黑衣服、戴白边帽的交通警察，手执黑白棍，在人群中窜来跑去，吆喝声、训斥声、叫骂声、争吵声响成一片。那些大大小小的货轮、货船，在高亢的汽笛声中鱼贯而行，顺流而下，颇有“千里江陵一日还”之势。

川江号子日夜响个不停。

码头上的鞭炮声响个不停。

航运公司的船票早已预订一空。

板栗坳的史语所的同仁们也是心急如焚，翘首北望，盼他们的所长速速归来。此时傅斯年正在北平，他没有分身术，既为北大之事操心，又惦记李庄的史语所八十多位员工及家眷回归之忧虑。

董作宾为代理所长，他是德高望重、老实本分之人，董作宾也是史语所元老，是研究甲骨文的专家。史语所迁到李庄，傅斯年会议多，经常外出，史语所不能群龙无首，中研院代理院长朱家骅便任命董作宾任史语所代理所长。

但老实人自有老实人的弱点，他不叱咤，不纵横，也不善言辞，更无大气磅礴、挥斥方遒的气度。他坐镇板栗坳，如履薄冰，事无巨细总是向傅斯年汇报，那时又没有手机，连电话也罕见，只靠书来信往。战时邮路不畅，往来信函得十多天，好在那个年代不是信息时代，生活节奏缓慢，人们只有躲避战乱的生存欲望，至于事业完全靠自己的责任感、功名欲。董作宾和其他同仁一样，板栗坳经常为柴米油盐之事惆怅，也时常出现三餐不继的窘境。

董作宾研究甲骨文成就斐然，曾获国民政府的嘉勉令：

> 董作宾所著《殷历谱》一书，发凡起例，考证精实，使代远年湮之古史年历，爬梳有绪，脉络贯通，有裨学术文化诚非浅鲜，良深嘉慰。希由院转致嘉勉为盼。

董作宾的《殷历谱》为他争得了巨大的声誉，学界一些大鳄们也纷纷撰文称赞，也在国际史学界产生了影响。这位甲骨文界的骁将，并不适合行政工作，他缺乏傅孟真天才的组织能力和办事能力。

史语所要搬迁，需要车辆、船只、经费，要雇用民工，八九十位学人，还有老婆、孩子、父母、岳父母，要分批而行，谁先谁后，到了南京后的住所，一路吃喝拉撒、扶老携幼，绝非杜甫所吟唱的“青春作伴好还乡”那么潇洒浪漫。

“烟波江上使人愁”。董作宾望着夕阳中的岷江流水，愁绪丛生。江流滔滔，奔腾直下，气势苍茫。但船只无着落，民工无着落。同住在李庄的各院所、同济大学数千余师生，频频往来奔波江岸码头，航运公司的船舶吃紧，一票难求，那形势更有甚于当今春运。

傅斯年一封封来信，运筹帷幄，在北平，遥控三千里之外的山镇李庄，而傅斯年更愁的是车船费。史语所入川时的小伙子，六年过后，已成家立业，又添子嗣，职工家属，其负担越发加重。虽说，战时困难，但六年毕竟又增添了不少器物、图书、资料，弃又弃不得，运又运不出，只好暂存张家祠堂一部分，待“迁运”高峰期过后，再作打算。

那时候，除了史语所的同事和家属外，还有外借的陈寅恪、李方桂，虽然编制不在史语所，却是史语所的台柱了，傅斯年不能不管，而且要重点照顾。李方桂家母已八十有余，一路上轮船风浪的颠簸，身体状况不佳，千里归途，如何归兮？非得乘飞机不可。可是那种背景下连船票也难得，况乎机票，回归难，难于上青天……

侄子傅乐焕从30年代就跟傅斯年在北大读书，毕业后，又进史语所，十几年来不离左右，谁知现在又患心脏病，心脏病又非朝夕能愈，无法随史语所东迁，留在李庄谁来照顾？还有劳干八十岁的老母魂断异乡，新逝不久，厝柩李庄。这次要求将棂柩抬上，史语所包下的一艘轮船，船上已货满人挤，再放上一棂柩，也颇为难。劳干手扶棂柩，泪涌不止，八年抗战，老母随儿漂泊，流离失所，食不果腹，衣不暖身，最后魂断异乡，眼下回归故土，却困难重重，能不有撕肝裂肺之悲痛？

……

正当傅斯年为北大复员忙得焦头烂额、自顾不暇之日，西南联大又爆发了学潮，竟然闹出“一二一”惨案。在这风雨潇潇、时局动荡的年代，他身为北大代理校长、中研院总干事、西南联大校务委员，还任史语所所长、北大文科研究所所长……就是三头六臂也难支撑这个庞大杂乱无章的局面。物价飞涨，治安混乱，土匪丛生，教授和学生，个个面黄肌瘦，形销骨立。学生中出现动乱，学潮迭起，已是自然的事……新任云南省代主席李宗黄镇压西南联大学潮。这股学潮正是冲着李宗黄来的，国民党内部矛盾重重尖锐复杂，原主席龙云倾向共产党，龙云离职，他的旧势力阻止李宗黄掌控云南，和中共地下党“勾结”，掀起反李学潮——李派特务、军工、党徒冲进校园，殴打学生，见人就打，见物就砸，并调动关麟征、邱清泉军部队参与镇压学潮。

有特务和党徒竟向学生掷了两颗手榴弹，炸死四人，还有炸伤的同学，这下子把事闹大了，学潮如狂啸，声势极其浩大，逼迫蒋介石撤掉李宗黄由卢汉出任云南省主席。

事情并未平息，学潮更为激烈，学生抬棺游行，声势之浩大，史无前例。他们要求严惩凶手，学生罢课，教授罢教，也参与了游行示威运动，全国各高校得悉纷纷响应，一场“反腐败、反饥饿、反迫害”的学潮风起云涌。蒋介石非常恼火，把教育部长朱家骅找来，当面痛骂，并严令：“对投弹凶手，饬即电令枪毙。”

朱家骅受命后，也感到十分为难，手下无牌可打，无将可用，急忙找到正为北大复员忙得焦头烂额的傅斯年去昆明救火，又拍电报至北平令梅贻琦速返渝，当面商议，如何平息学潮。

傅斯年飞到昆明，蒋介石遂派人转交傅斯年一封亲笔信，言之：“务希共同为国家，为青年与校誉负其职责也。”

傅斯年心领神会，当即召开师生座谈会，要求大家停止游行，安葬死者，恢复秩序，宣告复课。座谈会上，也言之凿凿，咬牙切齿地痛骂云南政府的混蛋们，血腥弹压学生运动，大骂李宗黄、关麟征、邱清泉，并要严惩凶手！

新任云南省主席卢汉为声援傅斯年，也及时发表了《告各校同学书》，其实卢汉也并非蒋公的心腹，《告各校同学书》中暗藏玄机，实际上也有刺激学潮发展的语言。傅斯年左右为难，傅斯年连开几次师生座谈会，效果并不显著，别说学潮难以平息，教授复课都不听吆喝。连夜开会讲话，精疲力竭的傅斯年血压升高，头晕脑涨。

天阴着，细雨濛濛。满院的树枝似乎更绿了，毕竟春天了，无冬的春城到了这个季节愈发鲜活了。只是远处的梧桐树和昏暗的细雨融合在一起，依然弥漫着沉郁的氛围。

傅斯年和梅贻琦各撑着一把油纸雨伞到各校区巡视、检查学生上课情况。

“不可思议，闹出这般乱子！”

梅贻琦道：“这不仅是国民党内部派系的斗争，怕是共产党地下组织插手了，你不见游行的队伍又出现‘反内战，反饥饿，反迫害’的标语吗?”

“天下大乱，人心大乱，国民党的混蛋们太不争气，无可救药啊!”

“蒋公很伤脑筋！这些都是动摇根基的!”

他们看了几座教室，不是人影伶仃，就是空空如也，有的教室只有三五个学生，不是学习，而是辩论。

梅贻琦叹息道：“唉，女娲也难补天哪!”

他们默默走了一阵，傅斯年悲哀地说：“为学校前途和学生命运计，在万般无奈，无所希望中，作为校务负责人，我们只能引咎辞职，别无他法可求。”

傅斯年、梅贻琦再次召开师生代表座谈会，会上又有几番关于严惩李宗黄、关麟征、邱清泉后再复课，还是先复课再一一查办，双方争执不下，会上傅斯年对教授中的“左翼分子”煽动性的语言，大怒，要将其驱逐出会场，会议气氛十分紧张。傅斯年怒吼：“我是代表政府来处理联大问题，谁不想听的给我滚出去!”也有人大骂傅斯年，是国民党的帮凶爪牙，会场大乱。

几天后蒋介石来了电文：“昆明学潮受少数反动学生操纵，迁延复课，妨害全体学生学业甚大，如迁延至二十日尚未有复课学生，立即一律开除。”

胳膊扭不过大腿。傅斯年和梅贻琦全力调和，一一做教授们的思想工作，一次次召开学生代表座谈会，劝说同学们复课，相信政府会严惩凶手，苦口婆心，有问必答，能解决的问题，立马解决，这样一番工作，复课的学生尚不到五分之一。

直到5月中旬，国民政府严厉地处理了李宗黄，调回重庆并严令卢汉、关麟征等，共同审判、严惩凶手，并从优抚恤死者。这一场汹涌持久的学潮才渐渐平息，傅斯年给夫人俞大綵的信中，仍然大骂：李宗黄该杀！邱清泉该杀！关麟征代人受过。

事后很多人对傅斯年平息学潮纷纷赞扬：“是傅斯年把形势控制住了。”也有人嘲笑道：“傅斯年不也是学潮头头吗？当初你不是扛着大旗雄赳赳气昂昂地游行示威么？这次轮你头上了，真是‘请看剃头者，人亦剃其头’！哈哈！”

傅斯年在西南联大处理学潮，自然是站在国民政府一面，既要安抚学生，又要为政府挽回面子。他以教育界的权威出现在西南联大，上通官府，下通学生，面对啼饥叫寒的教师学生，他直斥官府：不要视之为草芥。对镇压学生运动的警察局怒斥道：“从前我们是朋友，可现在我们是仇敌！学生就像我的孩子，你杀害了他们，我能沉默吗?”他说，学校不兼警察任务，反对肆意在师生中搜捕共产党。他痛斥了制造惨案的云南前代主席李宗黄，驳斥了地方当局的谎言谬论。傅斯年口口声声吆喝：李宗黄该杀！邱清泉该杀！关麟征该杀！唉呀，我的天哪！邱清泉、关麟征何许人也？都是抗战中的功勋赫赫的名将，你一介腐儒敢口吐如此狂言？这话也只有傅大炮敢说。

傅斯年处理完昆明学潮，并没有回到重庆，又飞到北平。

史语所人心惶惶，焦虑不安，拍电报给傅斯年要求他速速回来。傅斯年也深感内疚，对不起那风雨相伴的史语所同仁们，他必须回去。那些堆积如山的繁冗事务，那繁杂错综的人际关系，那米珠薪桂的生活窘境，七老八少、七灾八难，都需要他这根定海神针、顶梁柱。老实本分的董作宾处理这些事务，捉襟见肘，一筹莫展。他可以在甲骨文领域呼风唤雨、纵横咤叱，要他成为一个出色的组织者、领导者，实在为难。所里人牢骚满腹，讥讽、谩骂声不绝于耳。

傅斯年虽身在北平，却时时挂牵史语所的搬迁问题，他委托青年研究员李孝定先去重庆，与中央研究院总部余又荪一起跑码头，跑机场，联系船舶、飞机。李孝定跑上跑下，经多方交涉，居然租到一艘足可以装得下史语所图书、资料、设备的货船，真是喜出望外，正要签租时，突然收到傅斯年的来电，说是他通过英国驻华大使，搞定一艘英国驱逐舰，免费将史语所搬到南京。

但这些知识分子死拧筋，说英国的驱逐舰在中国内河航行，有失国家声誉，此议不妥。也有人说，中国人死要面子活受罪。最后还是弃之英国驱逐舰，签订长江民生轮船公司“长远”号。

直到10月下旬，史语所才搭上长远号，沿长江驶向故都南京。

这时傅斯年从北平回到李庄，与史语所的同仁一同与老乡告别，一场场酒宴，一场场欢送会，泪流满面，悲欣交集，乡亲们依依不舍，史语所男女老少泪水涟涟。

傅斯年申请到六十万元津贴，作为李庄房屋修缮费，史语所所用的七座民宅的办公室，傅斯年命人做了装修，才归还主人。

这是连日冷雨过后放晴的一天，但江风萧瑟，天气由暖转寒的时节，秋天已走近尾声。潮湿的柳杉、黄桷树泛着银色的光，空气澄澈而清新。史语所男女老少脸上也闪着光，扶老携幼，向码头拥去。

“长远”号一声悠长的汽笛声拉响，船缓缓驶离码头，堤岸上站满李庄老老少少乡亲们，他们挥动帽子、毛巾，一声声呼喊：“再来啊！再来啊！”哭声、喊声响成一片。此时此刻，史语所的同仁们个个泪涌两颊，泪眼迷蒙中看着渐去渐远的古镇，渐去渐远的山峦、田野，还有黑压压送行的人们。感谢这片山坳，在苦难的岁月，在走投无路的时候，敞开温暖的怀抱，收留了这些漂泊的学人；感谢这些朴实敦厚的百姓，用结满厚茧的双手托起他们生活的重轭……情相依，心相连，百姓们在国难当头之际，为保留几颗民族精神的火种，倾尽多少心血和汗水，炎炎酷夏，淫淫秋雨，肃杀寒冬，这里的老婆婆、老大嫂们前来照顾这些城里人的生活，带孩子、做饭、洗衣、买菜，自己省一口白米，省一块腊肉，不让亲人受委屈，饿肚子。那种亲情，那番古道热肠，有谁不受感动？风里、雨里、水里、泥里，二千多个日日夜夜啊……

史语所不会忘记，为此，他们立碑纪念：

李庄栗峰张氏者，南溪望族。其八世祖焕玉先生，以前清乾隆年间，自乡之宋嘴移居于此。起家耕读，致资称巨富，嗣哲能继，堂杨辉光。

本所因国难播越，由首都（南京）而长沙、而桂林、而昆明，辗转入川，适兹乐土，迩来六年矣。海宇沉沦，生民荼毒。同人等犹幸而有托，不废研求。虽曰国家厚恩，然而使宾至如归，从容安居，以从事于游心广意，斯仁里主人暨诸政当道，地方明达，其为藉助，有不可忘者。

今值国土重光，东迈在迩。言念别离，永怀缱绻。用是询谋，咸同醵金伐石，盖弇山有记，岘首留题，懿迹嘉言，昔闻好事。兹虽流离胜缘，亦学府一时故实。不为镌传以宣昭雅谊，则后贤其何述？

铭曰：

江山毓灵，人文舒粹。旧家高门，芳风光地，沧海惊涛，九州蔚灼，怀我好音，爰来爰托。朝堂振滞，灯火钩沉。安居求志，五年至今。皇皇中兴，泱泱雄武。郁郁名京，峨峨学府。我东曰归，我情依迟。英辞未拟，昔此离思。

中华民国三十五年五月一日

碑文是陈槃撰写，劳干书，碑额是董作宾书甲骨文“山高水长”。立碑人是史语所傅斯年、李方桂、李济、凌纯生、董作宾、梁思永（略）等五十二人。

无独有偶。西南联合大学也在1946年北归，三校由合到分，他们告别昆明也勒石刻碑，以纪念八年战乱南国春城的救苦救难之恩。其碑文有一段奇文，可与读者相与析：“……稽之往史，我民族若不能立足中原，偏安江表，称曰南渡。南渡之人，未能北返者。晋人南渡，其例一也；宋人南渡，其例二也；明人南渡，其例三也。风景不殊，晋人之深悲；还我山河，宋人之虚愿。吾人为第四次之南渡，乃能于不十年间，收恢复之全功，庾信不哀江南，杜甫喜收蓟北，此其可纪念者四也。”荣乎？耻乎？悲乎？乐乎？可怜中国文人灵魂的深处，仍有阿Q的基因。那意思说，我们比晋人、宋人、明人伟大得多，他们南渡未北归，我们终于“凯旋”归来！泱泱中华大国被蕞尔小国贼寇打得南逃西窜无处躲藏，即便胜利回归，有什么值得骄傲自豪的呢？

记住耻辱吧！

这是一个国家的记忆！

轮船犁开波浪，浪花欢快地溅起，船后留下一道长长的波纹，如长长的眷恋，绵绵不尽的深情。战火洗礼后的江山，依然风光如画，时值十月，两岸依然林木葱郁，蓊翠苍然，迟开的野花，鲜艳动人。船至夔门，也叫瞿塘峡，是长江进入三峡的咽喉，峡水相峙，双峰欲合，故古人云："夔门天下雄。"

这时不知谁带头，吟起杜甫《闻官军收河南河北》一诗，大家面对滔滔长江，齐声朗诵起来：

> 剑外忽传收蓟北，初闻涕泪满衣裳。
> 却看妻子愁何在，漫卷诗书喜欲狂。
> 白日放歌须纵酒，青春作伴好还乡。
> 即从巴峡穿巫峡，便下襄阳向洛阳。

此情此景，怎能不令人引颈高歌，船过巴峡，正驶向巫峡，一江秋水，满船歌声笑语。

三峡美景，即使暮秋时节，也艳丽动人。岩石上，石缝间，有松横生、侧长。十二峰神姿仙态，妖娆绰约。八年风雨沧桑，神女无恙，风景依旧旖旎。

长江在四川盆地，积万水，携千溪，来到此地，气势更加磅礴，一川滔滔，浩浩东下，激流回旋，雪浪腾空……

走出三峡，这些人文精英前面将是一片更广阔的天地。八年的抗战，八年的养我韬晦，八年的养我浩气，国家光复之日到来，该是我等大展雄才之时！一路上，他们眼望两岸风光，个个豪气汹涌，大有胸中荡此云，"一览众山小"之慨！

钟山在望！

故都在望！

47 中央研究院迁回原来的旧址。而史语所迁至北极阁。

北极阁亦称"鸡笼山"又曰"鸡鸣山"。此山在历史上以学馆闻名。如《寰于记》："元嘉十五年（438）儒馆于北部，命雷次宗居之"，（齐）竟陵王子良尝移居鸡笼山下，集四方学士，抄五经百家为《四部要略》千卷。明朝洪武年间，朱元璋亲临鸡笼山麓原址，建造国子监，因其地在鸡笼山东坡之下，名不合旨意，于是改名"鸡鸣"，取"晨兴勤苦”之意。清康熙、乾隆年间，对鸡鸣寺修葺，康熙南巡时还为寺院题额“鸡鸣古迹”。民国初年，僧人石涛、石霞又增建景阳楼，这时鸡鸣寺，规模不大，仅有十多间禅房，但安排史语所人员办公是蛮够用的，比起李庄条件要好得多。而且这山幽林静，非常适合学人读书，从事学术研究。他们在这里坐拥书城，遨游文史，实感幸运。

鸡鸣寺，鸡鸣不已。

傅斯年的办公室在中研院，住宿仍然在中英文化协会院里。

八年战火，金陵故都满目疮痍，树木被砍伐，高楼大厦被炸毁，到处是废墟，到处是荒草，原来的中央机关成了日寇侵略者的作战指挥部，原来的学校成了兵营，原来的医院成了妓院……

中研院的院墙倾圮，院子里长满蒿草、荆棵，半人深，时至暮秋，一片苍黄。原来这里成了日本鬼子的马厩，厚厚一层粪便，散发着腥臭气味。原来存放图书、文物的博物馆，已塌坍一角，门虚掩着，里面的图书、文物面目全非，一些国宝级唐彩宋瓷，毁坏殆尽，图书凌乱不堪，门前有马粪、人粪，残败景象，目不忍睹。日寇为了修公路，把珍贵的石碑、陶瓷、石器砸碎，做成石子垫了路基，连史语所的浴盆也变成日军的饮马槽……

傅斯年指挥大家，日夜奋战，清除垃圾、杂草，修理门窗，打扫粪便，整理残留的文物、图书，安装玻璃，扫除积尘，冲洗院落，然后又分配办公室，挂上各个自然科学研究所办公室的牌子……

一连十天半月的清理和整治，中研院旧貌基本恢复，一场历史的浩劫是永远难以治愈的。傅斯年却血压升高了，心脏也不好，往往上二层楼就感到呼吸困难。他的助手那廉君看到所长嘴唇发乌，脸膛红赤赤的，怕旧病复发，劝他休息，并转告夫人俞大綵，严格监督。俞大綵非常着急，要他住院疗养几天，反正已经迁回来了，慢慢整理就是了，要恢复秩序还需要一段时间。

傅斯年回到家里，坐在椅子上，有气无力地喘息道：

“我们让倭贼耽误的时间太长了，还有多少事要等着我们去做……乐焕那边安排好了吗？”

“昨天乐焕来了一趟，特别嘱咐我，要你保重身体，还带来治高血压的药。”说着，俞大綵从橱子里找来药物，“这是美国的降压药，上面有说明，你按照说明书服用吧！”

他的寓所坐北朝南。南国晴朗的冬日，天空澄净湛蓝，冬日的阳光明亮，透过玻璃窗送来一大片温暖，整个房间像充满春天的气息。窗外传来火车不停的尖叫声，使人感到这座城市有了生机。

傅斯年吸一锅烟，站起来。

他见妻子和龙嫂把家收拾利索，便从箱子里取出母亲遗像和牌位恭恭敬敬放到条几上，八仙桌子上摆上水果和点心，还到饭店专为母亲做了一碗红烧肉，娘最喜欢吃。点着香，拉着妻子俞大綵和儿子仁轨，三人一块儿跪在地上，给母亲磕了三个头说：“娘，儿子不孝，我们回来了，你老人家还留在重庆，一个人在歌乐山上，等儿忙过这一阵，我就去重庆接你回来，回咱们山东老家，俺爹还惦记着你呢！……”说着，泪水涌流而出。

祭祀完毕，俞大綵道：

“兵荒马乱总算结束了，头等大事是把母亲的坟迁回来。”又说，“现在车船都很紧张，天气也冷了，明年清明节前把老人家请回家！”

傅斯年擦擦泪眼：“也好！往前看，形势还不稳，迟早国民党和共产党要干一仗！”

俞大綵道：“再打仗国家就完了！”

“国民党太腐败了，官场太复杂、太黑暗了，民怨沸腾啊！”他吸了口烟，沉默一阵又说道，“我还是坚持原来的观点，远离政治，远离官场，集中精力搞点学问。”

俞大綵也埋怨道：“你这样跑来跑去，政不政、学不学，有啥意思？政治是政客的事，你搅和什么？”

“身不由己！过去是为抗战，为了救国救亡，现在好了，我可以完全脱离了。”傅斯年忽然想起什么似的说道，“过几天，我有空了，要一辆车，专门看看劫难后的南京，看看日寇留下的罪恶，你和仁轨跟我一块儿去，触摸一下民族的伤痕，国家的疮疤，让孩子记住。知耻而后勇。我是学历史的，忘记过去就意味着背叛。一个民族不能化耻辱为动力，这个民族是不可能兴旺，也没有未来。仇恨有时会给人巨大的力量！”

晚上夫妻二人睡不着，谈了很长时间。

中研院、史语所、中央博物院筹备处、北大文科研究所等学术机构在傅斯年的倡议下，大家男女老少在一起聚会，庆祝南京解放，庆祝学术机构凯旋归来。傅斯年命人安排宴会，会场就在中研院小礼堂里。礼堂里摆上一溜十几张桌子，房顶临时吊上几盏大灯泡，特别明亮，桌子上摆满菜肴、酒、水果、点心，各位先生都带着夫人、孩子来到了。傅斯年斟满一杯酒，高高举起：

“这杯酒，我代表大家，先祭祀为抗战牺牲的先烈们、殉难的同胞们，愿他们在九泉之下安息吧，中国胜利了！”说着弯下腰把酒缓缓洒在地上。接着又斟满一杯酒，举在空中，动情地说：“女士们、先生们、兄弟姐妹们，我们回来了，八年了，我们终于盼到了这一天……”说着他的声音哽咽了，眼泪止不住涌流出来。平时他话一开口，就急浪滔滔，可是今天，傅斯年讲不下去了……大家被他的情绪感染了，不知谁“哇”的一声哭出声来，接着酒会上一片号啕大哭！国破之恨，家亡之难，流离失所之苦，一齐涌上心头，大家呜呜地哭得非常悲痛！这哪里是酒会？全是泪雨霏霏，悲欣交集，一场悲苦之情大倾泻、大爆发！

傅斯年是性情之人，哭得像个泪人。但他毕竟是个组织者，努力控制着自己，擦干眼泪，一再招呼大家不要哭了，我们应该欢笑，为我们的胜利自豪！但大家止不住啜泣。

傅斯年继续说道：“托国家的福，我们大难不死，都能幸运归来，过去的种种辛苦都已经结束了，从此之后，我们可以安心工作，史语所八年的游离可以说是告一段落了。搬回来之后永远不再搬迁……来，能喝酒的，干此一杯！”傅斯年仰脖，一干而尽。

在碰杯声中，不忘痛骂倭寇，还有的不解其恨，埋怨美国该多扔几颗原子弹！“我们要让子孙永远记住，不忘国耻！”大家一边喝酒，一边喊叫。

宴会上，骂声、哭声、笑声，激昂的情绪伴着烈酒燃烧着。

这是金陵冬日的一个夜晚。

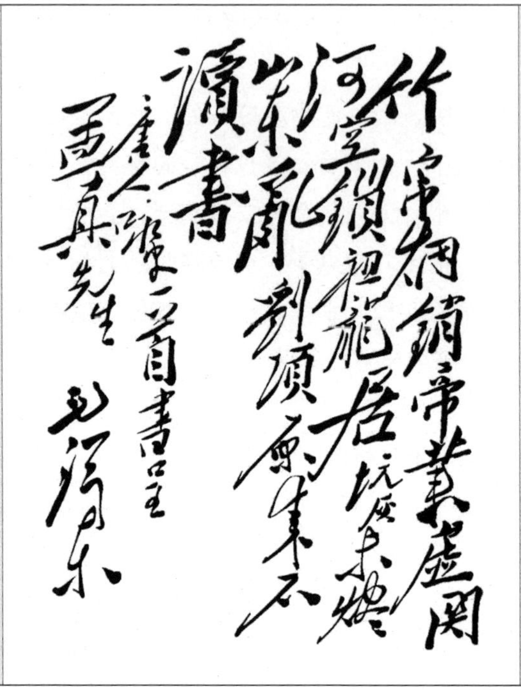

毛泽东诗赠傅斯年

台灣大學校長室用牋

第十章 西北望延安

他毕竟是个文人，有着艺术家的激情，又有历史学家的睿智，还有哲人的清醒。他期望一切都在他的激情和偏执的作用下开花结果。在时代大变局中，玄机重重。他的聪明还属于小儿科……

台灣大學校長室用箋

48 现在，我们把笔调回到1944年。

秋天，中国人民经历了整整七年血与火、艰苦卓绝的抗日战争，胜利的曙光已出现在地平线上。世界反法西斯战争在欧洲战场已接近尾声，英、法联军在诺曼底登陆，苏联红军大举反攻，标志着战争已进入新的历史阶段。

国共两党都在思考，抗战结束后，中国走向何方？建国方略何在？中国向何处去？

1945年4月，中共召开了第七次代表大会，毛泽东在政治报告中，提出各党派和无党派代表人物团结在一起，成立联合政府的主张。

一个月后，国民党中央召开了第六次全国代表大会，这次“国大”的会议宗旨就是对抗战胜利后国民党的政纲进行设计，系统地提出“民主主义之共和”的建国方案。

国民党的“六大”提出要加紧争取对日作战的胜利，联合盟邦，加强互助合作，以力谋求国家领土、主权与行政之完整，维护世界和平与繁荣，因此争取抗战胜利“迫使敌人无条件投降，并彻底解除敌人的军事、经济之武装，消灭其侵略思想”乃是国民党“六大”所强调的当前“最大最紧的任务”。大会指出，“为了争取抗战胜利，不能只依靠前线的将士，而是要我们在政治、经济、社会各个方面的努力配合得上”，比如，要及时召开国民大会，提前实现“宪政”。

在这个大背景下，国民党参政会成立了一个由无党派和民主党派组织的观察团出访延安，会见毛泽东、周恩来，促进国共会谈，以利抗战取得最后胜利。抗战后的中国向何处去？国共关系如何发展？这是摆在面前最突出的问题。这时傅斯年萌生一个大胆奇异的想法。他立马串联黄炎培、章伯钧等人，凭着三寸不烂之舌，滔滔雄辩之口才，竟然说动了大家，他们联名致电延安毛泽东、周恩来：

延安毛泽东、周恩来惠鉴：

团结问题之政治解决，久为国人所渴望。自商谈停顿，参政会同仁深为焦虑。月前，经辅成等一度集商，一致希望继续商谈。先请王若飞先生电闻，计达左右。现同人鉴于国际国内一般情形，唯有从速完成团结，俾抗战胜利早临，即建国新奠实基。于此敬掬公意，伫候明教。

褚辅成、黄炎培、冷遹、王云五、傅斯年、左舜生、章伯钧

1945年6月2日

这七人全是民主党派、无党派，褚辅成是推翻满清王朝的斗士，九三学社创始人；冷遹，民主政治家，曾参加过武昌起义，为历届国民政府参政会参政员；王云五曾任国民大学、中国公学英语系教授、北京英文《民主报》主编；左舜生，中国民盟首任秘书长，后为毛泽东圈定的四十三名战犯之一；章伯钧，曾入德国柏林大学攻读哲学，比傅斯年晚留欧一年，回国后又与傅斯年同校任教，即中山大学教授，后又投笔从戎，任北伐军总司令部宣传科长，抗日战争期间，受聘国民参政会任参政员，中国农工民主党主席；黄炎培，现代著名爱国主义者、民主主义教育家。这七人中只有傅斯年不党不群。君子不党。傅斯年以无党派人士更感到光荣自豪，他参政，但不从政。他若做官，国民政府的高官大吏任其挑拣，他却孤雁野鹤，傲岸不羁，嬉笑怒骂，任性而为。他巍峨峻峭，超逸出尘。这次出访延安，劝告国共两党合作、团结，携手共建共和，他要当“和事佬”，又当裁判员。

傅斯年是精英主义者。精英主义来自古希腊贵族的传统，含有对大众或多数人根深蒂固的不信任。他很自信，凭他七人访问团，完全可以说服毛泽东、周恩来放弃什么共产主义、马列主义，统一到国民党的三民主义。劫波渡过皆兄弟，相见一笑泯恩仇。傅斯年汗水淋漓，拖着肥胖的躯体，上楼梯，下台阶，串东家，走西家，阐明出访延安的重要意义，为中华民族的大团结尽责尽力……

从厌恶政治到身不由己地卷入政治，由纯粹的学人到亦学亦政，是傅斯年心中始终的纠结。中国近代知识分子没有传统知识分子学而优则仕的理念，他们没有把“飞来飞去帝王家”作为人生追求的目标；近代知识分子都学有专长，他们想摆脱政治羁绊，对黑暗政治产生疏离感，但又有传统士大夫“以天下为己任”的历史担当，何况一向恃才傲物的傅斯年根深蒂固地存有“舍我其谁”精英意识，他实际上已把自己绑在政治这辆马车上并力图按照自己的理想，特别深受欧风美雨的影响，实现努力改造政治的目的。

尽管傅斯年平素发表文章批判国民政府的弊端，甚至痛斥国民政府的腐败，但他信任蒋介石，他认为蒋介石是君主，他代表的是正统，这是传统士大夫忠君爱国的情结。

傅斯年情绪是亢奋的，傅斯年的思想是矛盾的。

傅斯年们的电报得到毛泽东、周恩来的积极回应。6月18日延安来电：

诸位先生们团结为怀，甚为钦佩。由于国民党当局拒绝党派会议，联合政府，及任何初步民主改革，并以定期召开一党包办之国民大会，制造分裂，准备内战相威胁，业已造成，并将进一步造成绝大民族危机，言之实深痛惜。倘因人民团结，诸公热情呼吁，促使当局醒悟，放弃一党专政，召开党派会议，商组联合政府，并且实行最迫切的民主改革，则敝党之不乐于商谈。诸公，惠临延安，不胜欢迎致至，何日启程，乞发电示。

扫榻以待，不尽欲言。

电文不长，从口气、文风、言辞看，很可能出自毛泽东手笔，或者毛泽东至少审阅，并修改过。那个时候媒体除了夺取抗战最后胜利的字眼外，最怕频频出现“民主”“团结”的词汇。民主是一根神棒，谁挥动它，就代表着正义、公道，谁想争取民心，就声嘶力竭高喊这两个字眼，谁想蛊惑民心，也是用这两个字眼。当时中共方面极力主张军队国家化，不是一党专制、独裁的工具，谁专制、独裁就是历史的反动，人民的公敌，人民就可起来造它的反，将其打翻在地，再踏上一只脚。

民主，何等美妙的境界啊！

在这里一切胼手胝足的乡巴佬和西装革履的政府要员、行政院长、国家总统可以在一个盘子夹菜，一个锅里喝汤。

有了民主，衣不遮体的乞丐可以和政府要员同乘豪华的奥迪……

有了民主，再不会出现朱门酒肉臭路有冻死骨，茅屋不再为秋风所破而悲伤，那北京捡煤渣的老太婆可以与宋美龄同缸洗淋牛奶浴、玫瑰浴了……

有了民主，昆仑山可以裁为三截：一截赠欧，一截遗美，中国嘛，只要一截就够了，天下太平，全球一体，其乐融融，四海同歌……

在街市上口号喊得最响的往往是口是心非的骗子。

傅斯年高兴得手舞足蹈，兴奋得失眠。

傅斯年嘴含烟斗，手持一把破得没有边缘的蒲扇，赤裸着上身，像重庆的市民，光彤彤，黑红色的肌肉，流着汗，他顾不得擦一把，连忙召集同仁，自己执笔，起草建国的建议。傅斯年以无党派人士、著名学者自居，超然物外。好像两党都是运动员，唯有他是裁判。他们的三项建议：

> 一、由政府迅速召集政治会议；二、国民大会交政治会议解决；三、会议以前，政府先自动实行若干改革之措施。

他们担心这三点建议，蒋公不会批准，甚至不会同意他们去延安，谁料蒋介石欣然同意，对傅斯年等人去延安斡旋和谈之事，慰勉有加。此时的蒋介石正惆怅烦恼，国共谈判破裂，朝野痛斥潮涌，民主呼声，山呼海啸，为了显示自己和谈诚意，巴不得有人帮忙、疏通。

蒋介石眉开眼笑，一脸恭谨，对傅斯年连声称道："中国人，公道话，原来最难讨得双方喜欢，你们此行，辛苦了，辛苦了!"并命人安排傅斯年七君子坐飞机的事宜。

49 7月1日，九龙坡机场，褚、黄、冷、傅、左、章一行六人同行，王云五因发高烧不能出门。临上机前，先练习降落伞使用方法，若遇敌机，以备不测。

九点三十五分起飞，这是重庆少有的晴朗天气，太阳当空，白云朵朵，那云潇洒而闲适，似乎不知人间还是腥风血雨，硝烟弥漫。嘉陵江在川西北群山万壑中扭动腰肢，自北南下，像一条银鳞灼灼的蟒蛇。飞机上的空调把温度调得宜人、爽人。傅斯年坐在舷窗前，俯视着窗外莽莽群山、森林、田野，心里升起一种自豪感，一种使命感。此行的一举一动都将载入历史，因为他们将完成的是一项历史使命。

飞机飞过巴渝上空，滔滔长江、滚滚嘉陵江，大地的隆起和凹陷，山川的起伏和跌宕，梯田的庄稼，水田里的稻谷，阳光下的树林，忙碌的农人，还有悠闲食草的牛羊……一片如诗如画的风光。

一个多小时后，飞临秦岭山脉的上空，隔着舷窗俯视，群山如浪，海海漫漫，翻卷蒸腾。山坡上弥漫着大气磅礴的森林，在白云的掩护下一页页缓缓翻过。

机翼在钢蓝色的天空下闪烁。

飞机飞过秦岭，便出现一片青绿的平原，那就是八百里秦川，前面便是西安。飞机飞向西安，土地出现裸露的黄色，树木稀少，庄稼矮小，大地皱褶清晰了。飞机飞至西安上空，傅斯年两眼直直地望着下面的古城，荒凉、破败、残存的古城墙，大雁塔、小雁塔依然在……曲江池依然在，只不过池水已干涸，亭榭楼台已倒塌，那些重重叠叠的宫殿呢？且不说“覆压三百里，隔离天日”，“五步一楼十步一阁。廊腰缓回。檐牙高啄，各抱地势，钩心斗角”的阿房宫早已被楚人一炬焚之，那恢宏壮丽的未央宫，只剩下一片遗址了。当年“九天阊阖开宫殿，万国衣冠拜冕旒”，何等辉煌，何等荣耀啊！太极宫是李渊登基之地，是大唐最早建筑的宫殿。贞观年间唐太宗命绘画大师阎立本将长孙无忌、房玄龄、杜如晦、魏徵、李绩、尉迟敬德、程咬金等二十四位功臣像画在阁上，太宗一一撰诗赞扬，并由著名书法家褚遂良题于阁上。那时，大唐盛威远震遐迩，是世界上超强大国，而东瀛倭寇还在浑蒙初开时期，是来拜大唐帝国为师，来组建蕞尔岛国。而今这条恩将仇报的小蟒蛇妄图吞噬大象，真“为识者笑”。

中华民族十三个王朝在这里坐胎分娩。当初中华民国建都时，不是有人主张西安为都么？炎汉盛唐，中华民族历史上最辉煌的篇章就在这里写就！

眼下却是山河破碎，城池荒废，生灵涂炭，家破人亡，连皇皇古都都竟然飘扬过日寇的膏药旗，中华民族的不肖子孙，竟然把国家推向亡国灭种的绝境！这是奇耻大辱呀！中国人该醒悟了，不要内战了！一向外战外行、内战内行的党派之争，应该停止了！世界在飞速发展，我们不能再落后了！

多少历史的镜头闪过傅斯年的脑海，他还未来得及翻阅宋明的历史，飞机已进入陕北。

啊，黄河，黄土高原！

历史学家傅斯年俯视着这片高原厚土，俯视着奔腾到海的母亲河，心情是多么激动啊！是这片土地孕育了我们炎黄子孙，一个伟大民族的发祥之地！这是一片圣土，是民族之根脉！若不是身在高空，他会跑到黄河岸边，像诗人一样嗷嗷宣泄一番，然后跪在母亲河边，双手掬一捧浑浊的黄河水，大喊一声：“我的娘啊！”眼泪会哗哗流淌下来，融进黄河！

阳光灿烂的七月，裸露的黄土高原，起伏跌宕，皱褶叠叠，低矮的房屋，破旧的窑洞，荒寂的村落，瘦弱的羊群，沟壑间劳作的农人，干旱的山野，只有稀疏的灌木丛，山沟沟的枣树林里，已出现泛着红晕的枣儿，羞羞答答地躲藏在绿叶丛中。只有黄河水，上也滔滔，下也滔滔。这汹涌澎湃的涛声，从古响到今，一直奔腾在一个民族的血管里。

历史在历史学家胸中激荡翻腾，一向喜欢高谈阔论的傅斯年，此时默默不语，两眼瞪得像牛铃铛，专注地俯视着舷窗外一景一物。

……春秋以来，五百年战乱不止，直至秦嬴政打过黄河，扫平六国诸侯，才建构起中华大一统的格局。车同轨，书同文，币同制，量同衡，奠定了中华民族的千秋伟业。秦汉之际，韩信在夏阳强渡黄河，成功地在河东地界打胜一连串大仗，平定了河东各路军阀，才最后为刘邦战胜项羽，建立汉王朝扫平道路。黄河之处于中国命脉所系，关乎天下。毛泽东们选择黄土高原，黄河岸畔，看来确有眼光，打天下得益黄河，以后谁坐天下，也不能怠慢黄河！这乃是中国长盛之道也！

啊，黄帝陵！

傅斯年用手敲敲舷窗，惊喜地叫道："请驾驶员围着黄帝陵盘旋一圈，算是我们空中祭祖！"这一建议立即得到大家的响应，纷纷要求飞机在我们祖陵上空绕行一周。

飞机放慢速度，也飞得很低。像一只大鸟在黄帝陵上空盘桓。苍郁的古柏，挺拔的巨松，展示着傲岸的雄魂，不老的生命，饱经沧桑的气度，那是中华民族之根，是中华民族五千年血脉之源……傅斯年暗暗吃惊，毛泽东、周恩来们真是神眼啊！选择在这里为据点，这是天意啊！背依黄河，身靠祖陵，立足于皇天后土，怪不得日寇飞机不会来轰炸延安，而频频轰炸重庆，莫不是母亲河的护佑，黄帝老祖宗的庇护？多么令人深思！这是一块风水宝地啊！毛泽东们像希腊神话中的安泰一样，脚踏大地，任何力量都不可能战胜的！这是大地的力量！这是母亲的力量！这是神的力量！

这里是《易经》中说的"亢"，是崛起之地！

傅斯年一时心中忐忑不安。国共之争，他真替蒋公捏着一把汗！

上午九点三十五分，这架美式飞机从重庆九龙机场起飞，历经四个小时，下午一点抵达延安。

烈日下，毛泽东率周恩来、朱德、林伯渠、邓颖超、秦邦宪、张闻天、林彪、叶剑英、徐特立、李富春、谢觉哉等中共要人在延安机场迎候已久。

50 视察团乘汽车来到王家坪第十八集团军总司令部。这里一切布置得肃穆、庄严，虽然简朴，但干净。院子里有巡逻的哨兵、值勤兵，他们身体健壮，精神气很旺，军服不如国军质料优良，全是染成蓝灰色的土布军装，整洁、合体。他们头戴军帽，臂上有白地黑字臂章，上书“八路”。

司令部是一间大房子，看来是临时改作接待厅，明亮的玻璃窗，窗台上摆着几盆兰草。室内是一排桌子，桌上铺着南泥湾生产的白粗布桌单，墙壁上悬挂着几幅锦旗，也是粗布染成的红布。正中墙上并排挂着毛泽东、朱德的画像，傅斯年特别注意，朱德像在左，毛泽东像在右，显然，战争年代，这位八路军总司令是这支部队的军魂。

傅斯年肥胖的手握着毛泽东宽厚的大手，激动地摇着：“润之先生，久仰久仰！”

毛泽东也兴奋异常：“孟真先生，檠檠大才，当年‘五四’领袖，叱咤风云，新文化运动，君功殊异！久违，久违！”

毛泽东满脸微笑，一番古道热肠的话语，使傅斯年如沐春风，满脸生辉。他心直口快，脱口而出：“我和冷先生无党无派，黄先生，左、章两先生代表他们的党派，褚先生是国民党元老，我们立场有异，但主张相同……”

“好啊，好啊，我们中共方面就是赞同各民主党派、无党派人士，团结一致，建立多党共和，和平建国！新老朋友，光临延安，鄙党深感荣幸！你们看，我们这破屋也蓬荜生辉哪！”毛泽东心胸博大，气魄宏伟，举止言谈，倜傥潇洒。

宴会前，大家一番热情握手、寒暄，互相介绍，气氛热烈融洽。

“任之先生，咱们二十五年没有见面了，”毛泽东紧握黄炎培的手，“你不认识我，我还记着您呢！”

黄炎培先是一愣，接着嗫嚅道："久仰，久仰！"但心里疑惑，他从来没和中共领袖毛泽东接触过，这从何谈起？

毛泽东看出黄炎培的心思，哈哈大笑道："二十五年前，我在上海听过你的演讲呢！"

原来1920年美国哲学大师杜威应邀访华，5月，黄炎培邀请杜威博士来上海举行讲座，布告一贴出，吸收不少人前来听讲。杜威推崇实用主义，而黄炎培主张教育要务实，因此，两个人在教育理念上有吻合之处。黄炎培在演讲中极力抨击传统教育，并举例说明传统教育与社会发展不相适应，有理有据，给大家留下深刻印象，听众中就有毛泽东。

当毛泽东讲起这件二十五年前的往事，黄炎培异常高兴："润之先生，你记忆力超人，那我们是老朋友了！"

黄炎培和毛泽东学历都不高，中师毕业，同是农家出身，思想起点差不多，都富有政治工作实践经验，所以一见如故。

朱德话不多，满脸堆笑，这位敦厚朴实的汉子，不像是位指挥千军万马的统帅，倒像老实巴交的农夫。而周恩来是十分活跃的人物，谈笑风生，和重庆来的六君子更是亲热非凡，举止大方，言谈诙谐、幽默，老练而驾轻就熟，一种外交家的潇洒风度。

宴会开始，周恩来致祝酒词，话不长，但感情浓烈，气氛活跃、欢快、融洽。周恩来的祝酒词讲罢，宴会上响起一片掌声。

傅斯年坐在毛泽东的左边，而褚辅成坐在右手，显然毛泽东把他们二人视为第一第二贵宾了。

毛泽东道："我们八路军是晚娘的孩子，穷啊，比不上重庆，委屈大家了！肴粗酒薄，不成敬意。"说着站起来，高高举起酒杯，"有朋自远方来，不亦乐乎！来，来，干！"

一片碰杯之声。

傅斯年一向敢言敢语，雄辩滔滔，在中共的宴会上，他却一反常态，言辞谨慎，或沉默不语。心想，今日的八路军，决非十年前被国军追杀得东奔西逃的红军了，这支穷人的队伍，衣不遮体，食不果腹，面黄肌瘦，奄奄待毙，没想到短短十年，他们扎根黄土高原，在这贫瘠荒凉的山沟里悄悄地抽枝长叶，发展壮大，成长为一支斗志昂扬，人强马壮的大军了。而且这支队伍发展势头迅猛，敢与国民政府分庭抗礼了，是战是和，由不得国民党了。想当年，国民党北伐军，逐鹿中原，击败了直、奉、阎各路军阀，今日再演中原之战，不知鹿死谁手？

毛泽东已不是当年图书馆的打工仔，而今是登高一呼、应者云集的人物了。

此一时耶，彼一时耶！毛泽东是斗士，也是诗人，既能纵横捭阖，又能内敛，韬光晦迹；既有毁灭旧世界的能力，又有开创新世界的伟力！傅斯年不是政治家，他无改天换地之抱负，也无治国平天下之气度，他是一位饱读诗书的学人。他身上是贵族意识、儒家思想和西方民主、自由、独立精神杂糅的混合体。但根深蒂固的是他传统士大夫的忠君报国思想。他能凌霜傲雪，他能忍辱负重，他有"以天下为己任""士为知己者死"的峥嵘节操和壮烈情怀，甚至是侠胆义骨，访问延安，架起国共沟通的桥梁，共商国是，是他责无旁贷的使命，完全出自一个知识精英的良知，这是一种精神上的通达和超越。

"孟真先生，夹菜！"毛泽东用筷子夹了一块羊排，放在傅斯年面前的小盘里。

傅斯年连忙说道："谢谢，我自己来，自己来！"

接风宴上，大家欢声笑语，酒过三巡，老友相聚，新知相逢，说不完的话，谈不完的心。周恩来尽显外交家的风采，谈笑风生，排奡穿插，碰杯、握手，潇洒自然，亲切蔼然。林彪、林伯渠、张闻天、叶剑英等人也随声附和，应酬搭讪，显得有点拘谨。宴会持续了近三个小时。最后，毛泽东站起来，举起酒杯，一脸红光，热情洋溢地说道："诸位先生远道而来，为和平计，为国家计，为亿万民众计，我党深受感动。来，祝视察团延安之行圆满成功，祝大家精神愉快！"毛泽东一一碰杯，然后一饮而尽。

7月3日上午毛泽东与左舜生单独交谈。左舜生是湖南人，老乡、且同庚。左舜生是反共的坚定派，他在上海创办了个刊物，名为《铲共》，他主张一个国家，可有多个党派，但军队只能有一支。他组织青年党，任其党首。他说："我们青年党主张走议会道路，不办武装，参政但不威胁政府。"

毛泽东只顾吸烟，没有吱声。左舜生又说："各党派都建一支军队，岂不天下大乱，国家还有太平日子吗？"毛泽东忍不住，抬头用目光盯着他："看样子我们共产党该以青年党为榜样了？"

左舜生："不敢当，不过我们的做法是对的！"

"对什么？"毛泽东忍不住心中火气，但口气仍然很冷静说道，"我们也主张一个国家只有一支部队，但看这支部队谁掌握，为谁服务，要知道，一个没有武装的政党是没有力量，也没有发言权的。"

毛泽东声色有些严厉："老庚（指同龄）呀，你这个青年党的军师爷，连这点常识也不懂吗？没有发言权，怎么改造社会呀！"

随之毛泽东掷掉烟蒂，不再理睬左舜生。左舜生仍不知趣，嘟嘟囔囔说些什么，毛泽东也没回应。突然，左舜生像追星族似的提出要见毛泽东夫人、电影明星蓝苹，毛泽东更没好气："这里没有蓝苹，有个江青，她生病了，不见人！"毛泽东的冷言拒绝，噎得这个瘪三式的人物十分尴尬。

第二天，视察团参观延安设施。毛泽东、周恩来亲自陪同视察机关、学校、部队，一路谈笑风生，兴致盎然。延安原是陕北高原腹部一个大点的乡镇，四周是高高矮矮的山梁沟壑，一条窄窄的河水由西向东流去，前几天刚下过雨，河水丰沛，浪涛翻腾，声势夺人。街道两旁多是平房，几幢二层小楼，有点鹤立鸡群之感。店铺酒馆、铁匠铺很多，随处都响起铿铿锵锵的打铁声。走在街上，不时看到一块块黑板，用粉笔写着拥军公约，骈文似的，四言一句；也有的黑板上写着卫生常识，黑板旁边挂着一个意见箱，谁对政府有意见，都可以投书。街上行人不多，大家都很忙，有人走来，也是步履匆匆。这里男女气色红润，精神气十足，女子尤显丰满健硕。这里有延安大学，有医科大学、边区银行、信用合作社，还有自然科学院，基本上具备了一个自治政府的全部零配件，也有驻军，多为社会治安而设，并不开赴前线。部队驻地、学校、机关都很整洁、朴素，墙壁上是用白石灰书写的标语"团结、紧张、严肃、活泼""自己动手，丰衣足食""实事求是"等等，字迹是新鲜的，显然是为迎接重庆视察团之来而重新书写的，但很有鼓舞性、宣传性。一切都充满蓬勃的朝气，一种向上的力量。这里的机关人员热情、勤快、忠诚，有责任感。没有重庆那种机构臃肿，官僚主义和腐败气息，似乎也没有重庆官场上尔虞我诈、勾心斗角的现象。

上午，视察团一行参观了中央研究院、马列主义学院。傅斯年们在毛泽东的陪同下，又参观了延安大礼堂，只见礼堂四壁挂满了锦旗、锦标，一幅接一幅，几乎没有空隙。锦旗、锦标的质料粗糙，大都是染成红色的土布。上面全是献给毛泽东的颂联、赞辞，简直把毛泽东捧成人民的救星、神仙、东方的太阳。傅斯年看着看着，不知怎么想起《水浒》中的宋江，有些反感。嘴里不由自主连连说道："堂哉！皇哉！"不知是惊叹，还是赞叹，抑或是嘲讽？毛泽东在旁边听到，默不作声，心里却感到不悦。

第四天上午，傅斯年访问延安大学，见到他的弟子尹达。尹达原是河南大学国文系学生，后来考上史语所研究生。1931年—1937年跟着史语所考古组的董作宾、李济、梁思永一直活跃在田野第一线，他参加了河南殷墟发掘工作。在梁思永的领导下他参与了安阳后岗遗址发掘的全过程。小伙子能吃苦，肯钻研，成绩突出，他们找到了小屯文化、龙山文化和仰韶文化之具体层关系。这好像一把钥匙，有了它，才能打开中国考古学的关键问题；有了它，才能将猜不破的谜底戳穿。

尹达的学术基础是在史语所打下的，他依旧眷恋史语所的老师，更不会忘记傅所长的教诲和关爱。几年不见，却发现傅先生老了，头发花白了，只是还那么胖，还是那张生机勃勃的脸。而傅斯年眼中的尹达却是成熟了、老练了，只是身体消瘦，脸面黝黑，这是西北高原的阳光和风的涂鸦之作。

师徒相见，离乱之人相聚，情绪激动，尹达两手紧握着傅斯年厚墩墩的大手，像孩子似的，眼泪止不住扑扑簌簌地掉下来。傅斯年也泪花盈眶，好一阵沉默才问道：这里生活情况怎么样？能吃饱饭么？你的学术研究有何进步？尹达赶忙从布兜里掏出一册《中国古代社会》，请先生多多赐教。傅斯年翻阅着用粗糙的马兰草纸印刷的著作，非常高兴，鼓励道：

“很好！很好！还要继续努力，深入研究。”沉思片刻，又继续说道，“历史不是以简单公式概括古今史实。没有事实做根据，一切史学著作只能当有趣的作品来阅读。历史不是史论，也不是历史哲学。”傅斯年时时不忘宣扬他的史学观。又规劝道，“你随我回重庆，回李庄吧！那里的朋友都挂念你呢！”

尹达泪水又涌流而出，半天才摇摇头，哽咽道：“感谢先生的教诲。请先生代我问候董作宾先生、李济先生、梁思永老师安好，问候史语所的师友们安好。”

傅斯年道：“他们也很挂念你呀！”

尹达嗫嚅着，两行热泪又涌流出来。傅斯年也是泪花盈盈。他想起古代哲人的话：“泉涸，鱼相处于陆，相响以湿，相濡以沫，不若相忘于江湖。”他不再说什么，人各有其志么。

后来尹达写信给他：

> 延安一晤，至以为快。知诸师友均在努力写作，自愧为学术工作尽力甚微，思之怅怅。日内即赴华北，横过山西，拟便中作考古调查，过去山西虽发现多处遗址，但大都未能分析清楚，故欲于不妨碍旅行中作此调查耳。今后甚愿与诸师友取得联系，以便共同致于学术，未审所中师友愿否？
>
> ……

尹达在延安撰写了《中国原始社会》，被称为马列主义史学的“一颗硕果”。

由尹达引荐，傅斯年又会见了延安中央研究院历史研究室主任范文澜。范文澜是傅斯年的学兄，1917年毕业于北京大学国学门，和傅斯年同受过章太炎、黄侃、陈汉章、刘师培的教诲，是这些大师非常器重的弟子。范文澜原为北平女子文理学院的教师，后来辞职，跋山涉水来到黄土高原深处的延安，投靠中共，且受到中共的重用，后来撰写《中国通史简编》，竟然轰动一时。

傅斯年握着老学长的手，一番问寒问暖。傅斯年大力称赞范文澜严谨的治学态度，双方友谊又添一重。

下午，视察团赴杨家岭，访问毛泽东住处。毛泽东的住室和办公室在山坡上，位于大礼堂的东北方向，出了大会堂一转身即到山坡上。山不高，是一个土塬，坐北朝南是一拉溜几间平房，房前是一片小广场，院子里有几棵洋槐树，还有枣树。陕北高原的七月，不像重庆，热得像锅炉，这里的太阳虽然明亮火辣，但风是凉的，凉丝丝的，来自蒙古高原的风，给人一种舒畅惬意之感。傅斯年肥胖，并不感到热得喘不上气来。

毛泽东的会客室，长方形，中间是几张桌子连在一起，没有台布，桌子也是半新不旧，有的桌面裂开手指宽的缝隙。桌的两旁是长条凳子。一切都很简朴。墙上有幅沈叔羊写意画，画面简单，只有一把酒壶，几只杯子，写着“茅台”二字。当时搞画展，沈老请黄炎培题诗，黄炎培忽然想起前几年社会传言，红军路过茅台镇，在酿酒池里洗脚，这是谣言，不仅是糟蹋茅台酒，更重要的是糟践红军声誉。黄炎培为辟谣，写了这首打油诗：

喧传有客过茅台，
酿酒池中洗脚来。
是真是假我不管，
天寒且饮两三杯。

黄炎培没有想到自己题诗的速写画，会挂在共产党领袖的办公室里。他兴高采烈地讲起红军的一支部队，过贵州茅台镇的故事，引起在场的共产党领袖们哈哈大笑。

毛泽东拍着黄炎培的肩膀，笑道：“任之兄，咱们缘分不浅啊！是真是假咱不管，今晚咱们好好干几杯！”

会谈开始了。参加会谈的有朱德、周恩来、林祖涵、刘少奇、张闻天、任弼时、王若飞，还有前些日参加中共七大会议尚未离开延安的前线将帅们——贺龙、刘伯承、彭真、高岗、彭德怀、聂荣臻、陈云、吕正操等这些叱咤风云、纵横疆场的骁勇战将。这是八路军的钢铁支架！

先是视察团六君子发言。诸辅成代表视察团谈明来延安的目的、意图。认为团结是绝对必要的，蒋委员长也在继续寻求合理的办法，解决国共团结问题，而中共方面，毛先生《论联合政府》中也大讲团结问题，所以我们认为商谈的大门是没有关闭的。又说蒋委员长的态度，欢迎国共合作，抗战胜利在即，共商建国大计。

毛泽东插言道："双方的大门都没有关，但门前有块大石头，挡着去路。这大石头就是国民大会。"

下面五人一一发言，黄炎培谈道：

"我生六十多年，耳闻的不说，所亲眼见到的，真所谓'其兴也勃焉，其亡也忽焉'。一人、一家、一团体、一地方乃至一国，不少单位都没能跳出这周期率的支配力。大凡初时聚精会神，没有一事不用心，没有一人不卖力，也许那时艰难困苦，只有从万死中觅取一生。继而环境渐渐好转了，精神也渐渐放下了，有的因为历时长久，自然地惰性发作，由少数演为多数，到风气养成，虽有大力，无法扭转，并且无法补救。……有的出于自然发展；有的为功业欲所驱使，强求发展，到干部人才渐见竭蹶，艰于应付的时候，环境倒越加复杂起来了，控制力不免薄弱了。一部历史，'政怠宦成'的也有，'人亡政息'的也有，'求荣取辱'的也有。总之，没有跳出这个周期率。"说到这里黄炎培用眼睛扫描在座的中共高官，又道，"中共诸君从过去到现在，我是略略了解的，就是希望找出一条新路，来跳出这周期率的支配。"

毛泽东听了黄炎培一席话，颇有感慨，连连点头。是啊，谁能跳出这周期率呢？由盛到衰，由兴到亡，这不仅是历史发展的规律，也是生命的规律，人类进化的规律！毛泽东沉思片刻，捻灭烟蒂，信心十足地说道：

"任之先生提出的问题非常好，很有远见。我们共产党能跳出这个周期率，就是民主。只有让人民来监督政府，政府才不敢松懈；只有人人起来负责，才不会人亡政息。”

“对，对，”黄炎培称赞道，“这话是对的。只有大政方针决之于大众，个人功业欲才不会发生。只有把每一地方的事，公之每一地方的人，才能使地地得人，人人得事，用民主来打破这个周期率，怕是最有效的。”

毛泽东的谈话可以总结成以下几点，黄炎培在《延安归来》一文中做了详细记录：

> 中共作风，到民国三十一年转变的。那时觉悟到过去种种错误，错误在中了主观主义、宗派主义、党八股的毒。当了中国共产党员，没有看见中国，看见的只是书架上马克思主义等书。
>
> 中国的贫农，他们要求的是什么？要求让他们种地。他们情愿交租，苦的是租太重，至于自己有田，当然是很好。这是第二步的希望。所以我们提倡减租。不反对田主收租，如果减租，可以保租。
>
> 我们也不反对债主取息，但须减息。如果减息，可以保息。
>
> 因为贫民正要借钱应他们急需的缘故。
>
> 我们很愿意向老百姓学习。我们很愿意使仅有书本知识的人，回到实际工作中去。
>
> 在共产党里，只想消灭别的党，简直和在别的党里，只想消灭共产党，是一样的错误，这就是宗派主义的毒。我才是正宗，这种观点，我以为都要不得。

末了，毛泽东从席上十分庄敬地起立，欣然说道：“有诸位来延安，给我们难得机会，使我们听到许多平时不易听到的话，增加了不少的了解。并祝蒋委员长健康。”

几年后，开国大典那天，毛泽东暗暗流泪，在旁的毛岸英问他为什么流泪，他说，想起黄炎培在延安的谈话。可见毛泽东对周期率有着刻骨铭心的记忆。

51

七月的陕北高原，虽然白天是炎热的，但到了晚上，还是清凉的。更喜人的，这里很少有蚊蝇，不像重庆人们像淹在咸水缸里的鱼，闷热，令人窒息，蚊蚋成阵，夜不能眠。傅斯年在延安几天犹如避暑，这里没有车马喧阗，这里没有烟尘市廛……这里不像重庆阴雨连绵，潮湿郁闷。特别是高原的夏夜，风凉如洗，月明如水。一轮圆月跃上东边的山峰，清辉如注。从山野上吹来的风，带着庄稼的青苍气。夜很静，山野上不时传来夜鸟呓症般的叫声，村庄的犬吠，还有院里蝈蝈、蟋蟀细细的吟鸣……

毛泽东邀请傅斯年单独聊天。

傅斯年在招待所早早吃过晚饭，便去了毛泽东的窑洞。毛泽东是双孔窑洞，像联体婴儿，中间墙挖开一小门，一间是他办公室，一间是卧室，很简朴，办公室里只有一张桌子，两条长凳，卧室里也是一个土炕，一张桌子，一把椅子，墙角墙壁挖个方形小洞，那是放马桶的地方。毛泽东的书桌上摆着些书刊报纸，有经济学、哲学书籍，还有文房四宝，没有电话，也没有书架。毛泽东说：他对窑洞产生了感情，这里冬暖夏凉，适宜居住；他说，薛平贵回窑回的就是这种窑洞。又说，周恩来的窑洞就在西院，我们是邻居呢！傅斯年看到这一排排窑洞，便想起两晋、北宋时期修建的佛窟。

傅斯年看到毛泽东桌子上、床头上有些反映农民、小市民“草根阶层”生活的流行小说，其中还有《水浒传》，不由得心生一缕轻蔑之感。傅斯年毕竟理智，只是微微哂笑道：

“润之先生人大心大，处世淡定，还有闲情读坊间小说。”

“间接的社会调查嘛！”毛泽东正色道，“这些都反映了中国社会状况，民众的思潮。你要改造中国，就要认识中国；要认识中国，就要认识农民。”

傅斯年无言以对。

毛泽东不由得想起在北大的情形：“我认出了一些有名的新文化运动的头面人物的名字，如傅斯年、罗家伦等等，我对他们极有兴趣。

我打算去和他们攀谈政治和文化问题，可是他们都是些大忙人，没有时间听一个图书助理员说南方土话。”（斯诺：《西行漫记》）那时毛泽东有一种天生的“自卑感”。傅斯年是最高学府的学生领袖，天降英才，毛泽东不过是师范毕业的中专生，日后毛泽东不会对傅斯年产生好感，傅斯年也压根不会把毛泽东放在眼里。

这是文化的差异，一条无法逾越的鸿沟。

毛泽东喜欢谈战略、谈时局、谈文史，傅斯年们的到来，更使他兴奋异常。

毛泽东给傅斯年摆上竹躺椅，勤务兵斟茶倒水，傅、毛二人吞烟吐雾，话语滔滔不绝。两个人又都是文史大家，折冲樽俎，纵横捭阖，谈天说地，从三皇五帝到秦皇汉武、唐宗宋祖，到周彝商鼎、周易八卦、朝代更替、千古兴亡，从国内抗战谈到国际时局，两个人烟不离嘴，话不停口，谈得口角生风。毛泽东是有名的夜猫子，谈到天明也不知疲倦，傅斯年又是话匣子，一说话便是长江大河，波浪滚滚而来，时有惊人之语，古今中外，融天咎地。

傅斯年的纵横与浩瀚，像一匹无羁的野马，驰骋天岸，话语里充满激情和生命的烈焰；毛泽东是诗人兼政治家，元气饱满，酣畅淋漓，激情与理性始终是交织在一起。

但他们都热血奔腾，在深情和悲愤中，指点江山，月旦人物，抒发国难之悲、民生之苦，谈话时而慷慨激昂，时而悲天悯人，有时也沉郁苍凉。

“孟真先生，你们一行六人驾临延安，”毛泽东口气亲切，“我们这些土八路、乡巴佬，很长见识，视野大开。真是诸君一番话，胜读十年书。”

两人谈锋很健。回忆当年“五四”运动，毛泽东兴致勃勃地赞扬道：“‘五四’新文化运动，改变了中国的命运，你、胡适、罗家伦，还有陈独秀、李大钊是勇士、闯将，功不可没！这是思想大解放的运动，也是一场反帝反封建的运动，没有新文化运动，也就没有中国共产党……”

毛泽东吐着烟圈说道。

傅斯年连忙说道：“哪里哪里，我们只不过是陈胜、吴广，马前卒，你们才是刘邦项羽啊！”

傅斯年当年是北大骄子，一代叱咤风云的学生领袖。风流潇洒，狂放不羁，平陟历史，指点江山，批注风月，文藻辞采，风靡校院内外。多少学子仰慕之，小小年纪便跻身于陈独秀、胡适之列，成为新文化运动的战将。毛泽东也曾倾慕，那时很想与傅斯年结为朋友，但傅斯年举目皆空，何时把这个师范生、图书馆长李大钊手下的“打工仔”放在眼里？世事万变，白云苍狗。二十几年以后，毛泽东已成一方领袖，一颗耀眼的政治巨星，手握民族之命运，国家之前途，大有力主沉浮之势。真是三十年河东，三十年河西！

傅斯年暗自悲叹，当年自己不可一世，狂放不羁，指点江山，纵论天下，一尊伟岸身材，在校园里晃动，招来那么多歆羡的目光，现在这颗巨星面前，其光如此黯淡，口气如此低下，如一粒萤火，还有什么气壮山河之志，扭转乾坤之力？当年的书生意气已化为怅然叹息！

傅斯年离开重庆时，胸中还有古代说士苏秦张仪之凭三寸不烂之舌，可扭转乾坤之志，但一接触实际，顿时烟消云散，一晚上谈话，没有提到交出军队武装，招安投靠政府。

毛泽东微微垂下头，只顾吸烟，沉思不语。这时已是月淡星稀，夜阑更深，勤务兵怕毛泽东和客人着凉给他们送来衣服，高原的夏夜清凉、舒爽，真令人心旷神怡。烟盒空了，勤务兵又送来几盒纸烟，毛泽东抽出一支，递给傅斯年，傅斯年点燃打火机——这打火机是美国货，造型精致：“润之先生，这个送给你，做个纪念。明天我们要回去了，以后有机会重庆见！”

傅斯年此时忽然想到：“润之先生，给写幅字吧！”

毛泽东欣然答应：“好好，贻笑大方了。”

谈话继续，话题又回到国共合作，共图建国大业。傅斯年尽管饱读诗书、学贯中西，又是历史学大师，那只是在学术上的造诣，政治上他仍然是初中生，半懂不懂，他不懂得毛泽东著名理论：枪杆子里面出政权，更没有认真研究中共七大的会议精神，一个血气方刚的政党，一个骁勇善战的军队，一个稳操胜券的政治巨人，怎肯在历史关头，屈就于谈判桌上乞和？

毛泽东只简单重复前日的观点，哈哈大笑，那笑声里含着自信，底气十足，还有一种轻蔑。

7月5日早餐后，傅斯年一行匆匆赶往飞机场，毛泽东、周恩来、朱德前往机场送行。

此时毛泽东与视察团成员一一握手话别。当毛泽东与傅斯年双手相握时，久久不放，并一再让傅斯年转述自己对胡适先生的问候。毛泽东将一封信和一张条幅托交给交际处王世英。登飞机时，王世英转交给傅斯年：“这是毛泽东同志给的信和题字！”

飞机开始徐徐滑行，马达声响起，接着腾空而去，渐渐融入蓝天白云，变得越来越小，像一只银白色的鸟儿向西南方向飞去……

毛泽东、朱德、周恩来等，还久久地望着，只待飞机融入蓝天尽头，方转身上车回去。

在飞机上，傅斯年打开信封和条幅：

孟真先生：遵嘱写了数字，不像样子，聊作纪念。今日闻陈胜吴广说未免过谦，故述唐人诗以广之。

敬颂旅安

毛泽东　七月五日

条幅题诗是：

竹帛烟销帝业虚，
关河空锁祖龙居。
坑灰未烬山东乱，
刘项原来不读书。

傅斯年心里道：“这是毛泽东回答自己的那个比喻。”他隔着舷窗，望着山野河流，心里叹道：“我们都是书生意气，成不了大事，毛泽东才是一代帝王哪！”

傅斯年回到重庆，在李庄史语所一字不提去延安视察之事，却和罗家伦谈延安之行的感想：“国共要谈判，我们希望这次谈判能建立一个联合政府，真正把中国带出战乱、灾难，建成富强、光明的国家！”

傅斯年不久在重庆的报纸上发表文章，向胡适转达了毛泽东的问候，也谈了对毛泽东的印象。胡适在纽约看到傅斯年的文章后，异常兴奋。当即（8月24日），发了一封著名的电报给毛泽东：大意是劝共产党放弃武装，像美国杰弗逊一样，十年和平奋斗，靠民主选举取得政权。

胡适不是政治家，是个学究，毛泽东早就有“枪杆子里面出政权”著名论断，怎肯放下武器？这简直是“痴人说梦”！

黄炎培、傅斯年等人回到重庆第五天，将《延安会谈记录》呈给蒋介石，蒋介石随便翻了翻，便扔在一边，一字未提访问团去延安事宜。黄、傅等感到被耍弄了，蒋介石依然坚持一党专政。毛泽东盛怒之下，发表《赫尔利和蒋介石的双簧已经破产》；对国民党和美国派往中国进行调解的赫尔利大加讨伐，这样一来，傅斯年们看到此文，顿感他的合纵连横苏秦、张仪式的行举彻遭失败，人人灰心丧气，国共之间的矛盾，政治的纵横捭阖，中原逐鹿的一场决战的大风暴，区区几个书生怎能阻挡滚滚洪流、滔滔雄势？傅斯年总意为国家扶大厦于即倾，挽狂澜于中流，化干戈为玉帛的宏图大愿，没想到竹篮子打水一场空。

52 当日本天皇宣布无条件投降，举国欢庆抗战胜利之际，蒋介石就按捺不住激动兴奋的心情，致电毛泽东，邀其驾临重庆，共商建国大计。8月20日、23日，又连连致电延安，欢迎毛泽东莅临重庆。蒋介石和谈的姿态也深得美国驻华大使赫尔利的称赞，他立即致电毛泽东，并表示愿亲自前往延安迎接，毛泽东的人身安全由国民政府担当。

22日延安复电，决定周恩来赴重庆谈判，与此同时，斯大林致电延安，中国不能内战，否则中华民族有被毁灭的危险。毛泽东应赴重庆。

傅斯年翘首以待，他心情格外兴奋，感到视察团不虚此行，终于迎来国共团结、和平建国的曙光，像完成一项重大的历史使命。他对俞大綵说："延安毛泽东来重庆，和平建国有望，准备准备，我亲自设宴招待毛泽东。"他将此消息传告褚辅成、黄炎培、王云五、冷遹等人，大家最后商定：以民主党派和无党派人士名义共同招待延安客人。

8月25日，中共中央决定毛泽东、周恩来、王若飞来重庆谈判。

8月28日上午，毛泽东们在美国赫尔利将军和国民党张治中将军的陪同下，登上重庆派来的飞机。

毛泽东在延安，平素都是粗布衣裤、布鞋，这次去重庆依然灰色粗布衣裤，叶剑英托人买了一双皮鞋送给毛泽东；毛泽东平时是不戴帽子的，不知谁赠送给毛泽东一顶礼帽，毛泽东扣在头上。周恩来一看礼帽有点小，便将自己的考克帽递给毛泽东："主席，礼帽小了些，戴我这顶！"毛泽东接过来，走上舷梯，他在机舱口转身，挥动着考克帽向送行的人们告别，于是历史便留下"挥手之间"这一庄严的镜头。

五十二岁的毛泽东精神抖擞地走下舷梯，同前来迎候的国民党政要，一一握手，用湖南口音说道："很感谢。"

张治中将军说："蒋委员长已经预备好黄山及山洞两处住所招待毛先生，很凉快的。"并说，特别拨出一辆2823号的篷车给毛先生使用。毛泽东又是一声："很感谢。"毛泽东一行先到张公馆小憩。

毛在张公馆坐定，脱去中山装，贴身是一件簇新的白绸衬衫，他不小心，打碎了一只盖碗茶杯，茶水洒了一茶几。这客厅，这油漆地板，这沙发，一切都很生疏，他只感到自己是个没见过世面的乡巴佬。毛泽东脸上露出一丝尴尬。勤务兵迅速收拾利索，张治中将军口里只道："没关系，没关系。"又说道，"重庆这鬼天气就是闷热，毛先生会不习惯。"

晚宴，蒋介石在他的官邸林园招待毛泽东、周恩来、王若飞等一行。国民党并没有做好谈判的准备，甚至国共谈判的提纲也未起草，蒋介石不认为毛泽东们会来重庆谈判，蒋介石拍电报给延安也是做样子，给媒体以素材。言外之意是，看国民党很真挚，要和平谈判，联合建国，但毛泽东们不肯来，是共产党要分裂，这样国民党打内战就有了借口。谁知毛泽东们冒着生命的危险来到重庆，而且高举反内战、反独裁、和平筹建联合政府的大旗，这下子惊乱了国民党的方寸。毛泽东变被动为主动，抓住一张王牌，实际上国民党一些高级将领早已有打内战的想法，只是“接受日寇投降的工作”尚未完成，筹备尚未就绪。陈诚就公然叫嚣：“谈、谈什么，准备好了就打！”

宴席上，蒋介石要毛泽东们提出谈判方案。蒋介石和毛泽东频频碰杯，一副亲切热情，亲如兄弟的样子。

宴席结束很晚，蒋介石邀请毛泽东们住在山洞林园官邸，这里风景佳丽，林木苍翠，幽静幽雅，别墅并不豪华，但宽阔舒畅。

蒋介石亲切地说：“润之先生，晚上你们就住在这里，这里安静，希望你能睡个好觉，睡到什么时候都行！”

8月29日，晨光熹微时，毛泽东便起身散步，他沿着略有坡度的柏油小道，在长满青苔的台阶上缓行，雾霭缭绕，霞光迷离，佳木葱茏，野芳丛簇，真是一派世外桃源风景，这里听不到枪炮声，闻不到硝烟味，真是养身颐神之地。毛泽东一边缓步而行，一边浏览园林风景，心情怡悦。薄雾树隙中依稀看到一个人背着手向他走来，是蒋介石。毛泽东叫了声“蒋委员长”，蒋介石一愣：“哦，润之，听说你夜晚工作，白天睡觉，你怎么不多睡会儿？”

毛泽东莞尔一笑：“人道是前三十年睡不醒，后三十年睡不着啊！委员长是否有同感？”

蒋介石有点尴尬，但脸上依然堆满笑容：“哦、哦，上了年纪嘛，是有同感。”

毛泽东在周恩来的陪同下，在林园只住了两天，白天则在张治中的官邸“桂园”办公。以后便住在曾家岩50号，八路军驻重庆办事处，中共南方局的领导也都在这里，对外叫“八办”。

毛泽东在重庆四十九天里，多次会见重庆的民主党派人士沈钧儒、张澜、黄炎培等，和无党派人士傅斯年以及社会名流、著名作家、艺术家郭沫若、老舍等人，大家畅所欲言，共同商讨和平建国大计，叙友情，叹今昔，其乐融融。

八路军驻重庆的办事处，它的左右邻居都是国民党的特务机关，曾家岩的一举一动，全在特务的视野里，真是虎穴狼窝，周恩来、谢觉哉在这里与国民党周旋七八年。大山是安全的屏障，又是养精蓄锐之地，雾化的山城又多了几分诡秘感，使你处处感到深不可测，变幻莫测，不能不产生一种恐惧感。

毛泽东的到来使美、蒋特务神经高度紧张，他们恨不得浑身长满眼睛。毛泽东颇有帝王之举，早晨照样散步、聊天，和卫兵谈笑风生，大度自然，潇洒倜傥。这使美、蒋特务们暗暗吃惊。

国共双方终于达成协议，但各方怀有各方心思，貌不合心而离。显然双方都有自己的部署。蒋介石早有“剿共”的打算，一山不容二虎，八年抗战的果实岂能与共匪平分秋色！

签订协议的那天，场面肃穆、庄严。蒋介石和毛泽东都亲临现场。晚上，蒋介石设盛宴招待毛泽东以及八路军驻渝办事处的人员，一片祝贺之声。毛泽东高度赞扬蒋委员长，蒋介石一脸微笑，握着毛泽东的手，那样子真是情同手足、亲如兄弟。

毛泽东离开重庆之前，傅斯年和褚辅成、黄炎培等民主党派、无党派、社会名流，在重庆饭店设宴招待毛泽东、周恩来、王若飞等人，这次赴宴的还有郭沫若、老舍、张澜、罗隆基等文化界的名人，大家喜气洋洋、热情亲切。周恩来握着傅斯年的手：“孟真先生，幸会、幸会！”毛泽东也拉着傅斯年的手，畅谈两个月前的延安之行。

毛泽东离开重庆不久，黄炎培创办的《新民报晚刊》上发表了毛泽东诗词，就是那首著名的《沁园春·雪》：

北国风光，千里冰封，万里雪飘。望长城内外，惟余莽莽；大河上下，顿失滔滔。山舞银蛇，原驰蜡象，欲与天公试比高。须晴日，看红装素裹，分外妖娆。

江山如此多娇，引无数英雄竞折腰。惜秦皇汉武，略输文采；唐宗宋祖，稍逊风骚。一代天骄，成吉思汗，只识弯弓射大雕。俱往矣，数风流人物，还看今朝！

据说，蒋介石看了这首词，心头暗暗震惊，默默不语，在屋子里来回踱步，夜间辗转难眠，毛泽东野心真大，真狂！一种不祥之感油然而生。第二天，他找来宣传部长王世杰，要王世杰动员重庆文化界、教育界、政府官员，会写词的，至少各写一首，在气势上，在艺术水平上要超过毛泽东。大小媒体一时热热闹闹发表了许多词章，但没有一首能与这首比肩。他们在上海拉了几位高手，也作了几首，仍拿不出像样的东西来。

后来他们组织人批判毛词，认为这是封建残余、帝国思想的表现。国民党御用文人王芸生、董令狐等人，大骂这是“封建的沉渣”泛起，说，“项城称帝，张勋复辟，至于军阀争霸的混战，历史重重叠叠地演着悲剧。‘江山如此多娇’，不但‘引无数英雄竞折腰’，而且强邻侧目，连延安的‘领袖’也‘欲与天公试比高’了”。扬依琴说：“口气真是不凡，项羽的《拔山吟》，汉高祖的《大风歌》，以之相较，渺乎其小，何足道哉！在作者的意思，秦皇汉武的武功是可以了，论‘文’则还差一点；唐太宗、宋太祖‘风骚’不够；就是武功顶呱呱的成吉思汗，也不过是一个不开化的野蛮人罢了。”

这首词简直像一颗精神原子弹，在山城重庆炸响，国民党元老、民主党派首领、学界、教育界、文化界等精英人物颇感震惊。他们反复读着，深感毛泽东的自负、自傲，唐宗宋祖、秦皇汉武，一代枭雄霸主，均不在话下，数风流人物还看今日之毛泽东！气魄宏伟，雄心豪迈，壮志凌霄，无人堪比！

傅斯年看到毛泽东的《沁园春·雪》是王芸生写信抄送给他的，并在信中说：“以见此人满脑子什么思想。”还说，我最近写了一篇“学术文章”，题为《我对中国历史的一种看法》，将在《大公报》上连载，我狠批了帝王思想，就是把中国带入封建专制社会。傅斯年心里道：俗话说，“江南的才子山东将，陕北的黄土埋皇上。”现在不是“埋皇上”，而是“出皇上”了！傅斯年反复看读了毛泽东的词，倒吸了口凉气，额头上沁出汗珠，不禁叹道：

“谁言我傅某霸气、牛气，更雄霸者，毛泽东！一代帝王，要主沉浮，不可等闲视之，蒋家王朝必败矣！”接着身子往椅背上一靠，两眼紧闭，好一阵沉默不语。

傅斯年书法

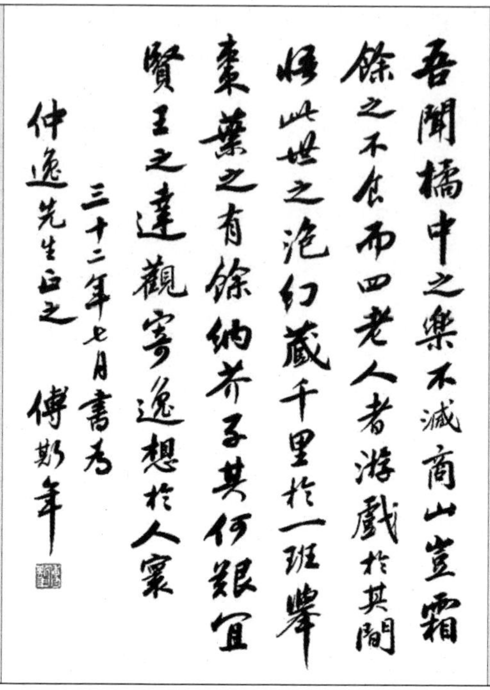
吾聞橘中之樂不減商山豈霜
餘之不食而四老人者游戲於其間
怪此世之泡幻藏千里於一班
棗葉之有餘納芥子其何艱宜
賢王之達觀寄逸想於人寰
三十二年七月書為
仲逸先生正之 傅斯年

台灣大學校長室用牋

第十一章
谔谔之士

茨威格在一篇文章写道：

大理石就是这样为他制造出传奇式的一派谎言：一颗英雄一般倔强的高昂的头颅，高高隆起的前额因思虑而刻上皱纹，头发像浪涛一样倾泻下来，覆盖住梗直的颈项。浓密的眉毛下目光闪亮如炬，脸上每块肌肉都紧绷着，显出意志、强健和力量。

台灣大學校長室用箋

53 抗战开始，国民党为适应国内形势，在武昌举行临时全国代表大会，决定实行国民参政大会制，实际上是一个咨询机构，没有任何实际权力。参政员不是民意选举，而是政府钦定，大都是社会名流、民主党派，共产党员很少。参政会目的只有一个：促进全国各种力量为抗战救亡而努力。从1938年7月至1947年6月，国民参政会一共举行了四届十三次大会，每次大会闭幕期间，设驻会委员会，其委员会参政员互相选举产生。傅斯年被选为参政员。出席一、二、三、四届大会，四届十三次会议，次次不缺，即使身体有病，也带病参加。每次会上都热情发言，直率地陈条国是，他每次发言，都要抨击时弊，言辞铿锵，情绪慷慨，人称“傅大炮”。

国民政府实际上是在半封建、半殖民地土壤里长出的一棵苗子，必然带着社会体制本身的毒菌。封建独裁、官僚主义、腐败堕落、贪污成风、贿赂成行，这不能不使侠肝义胆的傅斯年忧心忡忡。傅斯年“五四”以后，本想和他的老师胡适一样，远离政治，不介入政治，国民党官场之复杂、之黑暗，他是耳闻目睹的。但“九一八”事变、“七七”事变彻底改变了他的人生观，他不从政但参政，为国家为民族，舍生忘己，这是知识分子的良知和民族责任感。他像堂·吉诃德同风车作战一样，手执长矛向黑暗刺去。

傅斯年教训国民党像老子教训儿子那样，指指点点、骂骂咧咧，哀其不幸、怒其不争。他痛斥国民党政要，詈骂奢侈腐化现象，帮助国民政府刷新政治、改变党风。这在有些人眼里看来是“狗拿耗子，多管闲事”，傅斯年不仅乐此不疲，而且披坚执锐、纵横驰骋，言他人之不敢言，骂他人之不敢骂。他视政事、国事、天下事为己任。

他是有思想的人。

有思想的人才是最有力量的人。

傅斯年在《盛世危言》一文中说：

> 一代政风，每造于开国之时，而今日开国之时，造政风之日也。今后百年之气运即决于此时。故今政风之厚薄，实为百年治乱之所系。

傅斯年呀傅斯年，不党不群，他却视国家利益为九鼎之尊，为国民政府日夜操心，甚至呕心沥血。他视历代传统士大夫忠爱之心为楷模，文死谏，武死战。他心目中只有蒋介石为正统，为国家之象征。皇上还是皇上，只有奸臣当道。他大脑深处还有梁山好汉的一缕阴魂——只反贪官不反皇帝。他对蒋介石忠贞坚如磐石，心同比干。

孔祥熙就是巨贪大恶，不除必将祸国殃民。

蒋、宋、孔、陈，是国民政府的四大家族，国民党虽然推翻了满清统治，但历代封建王朝的阴魂不散，推行的仍然是“家天下”。他们错综复杂、盘根错节、血亲姻亲、狗扯连襟，搅成一锅粥，牵一发而动全身。连国民党元老、监察部长于右任任监察部长数十年，只能打老鼠，不敢打“老虎”，枪瞄准“老虎”，还没来得及扣动扳机，蒋介石往前一站，你的枪就得老老实实收回去。所以也有人评价于右任“监而不察，察而不明”，几十年成绩平平。孔祥熙1938年担任财政部长，或兼职行政院副院长长达十一年，被揭露的贪污大案多达六起，其中最典型的一桩大案，便是轰动一时的“美金公债案”，此事作为监察部长的于右任能不知道吗？能不风声在耳吗？但于右任无可奈何，碍得老蒋的面子，他也只能睁一只眼，闭一只眼。

傅斯年却两只眼瞪得像牛铃铛一样大，他要拼着性命来一场倒孔斗争。

此事缘于太平洋战争爆发，美国投入第二次世界大战，美国支援中国人民的抗日战争，决定借给国民政府5亿美元，1942年正式签约。孔老板从中扣下1亿美元，作为发行美金储蓄金。规定法币20元兑换1美元储蓄券，到抗战胜利后兑换1美元。后因通货膨胀，40元法币兑换1美元，黑市高达110元法币兑换1美元。孔祥熙身兼银行总裁，以权谋私，以20元官价为自己购进350万元美金储蓄券，为银行职员购得800万元储蓄券。

傅斯年深知捉贼捉赃，没有充分的铁的证据，是战胜不了“民国重臣”孔祥熙的，他暗地通过各种渠道，搜集孔祥熙的资料。他在聚兴村住所里有个小箱子，保管得非常严密，白天带在身边，晚上放在枕头底下，寸步不离，别人问他：“这里面装着什么，你这样珍重?”

他胖脸一嘟噜，嘴一咧：“天机，不可泄露!”再问，他便神秘地说，“这里有某大员的材料，我要在参政会上参他!”

自从庐山会议后，傅斯年日益关心政治了，对抗日救国事业更是关心之至，而对妨碍抗日救国大业的人与事，他视若寇仇，非痛斥不可。他认为现在革命过程中的一切牺牲，是为民众利益的，不是为贪官污吏中饱的私囊，不是为买办阶级发财的。

知识分子投身政治，是40年代的一个时髦现象。蒋介石起用了一大批专家学者、教授、社会名流出任立法委员、外交部长、教育部长及科研机构负责人、大学校长。参政会的建立，又吸纳了一批知识者，充当高级幕僚。胡适、丁文江、傅斯年之流“既关心政治，又厌恶政治，想通过实际从政改善中国政治、中国社会”，这些自由知识分子的清流思想与现实冲突更加尖锐复杂化了。他们厌恶政治的腐败，想改造中国。强烈的忧患意识，一种社会精英的责任感、使命感、参与感，力图实现自己理想的欲望，一步步迫使他们陷入政治旋涡。

傅斯年在大会上拍案怒斥孔祥熙的贪赃枉法，以权谋私的丑恶行径。

聪明的傅斯年，只在会议上嚷嚷题目，不说内容，目的是引起最高法院、总检察署的重视，引起与会者的注目。

回到家里，傅斯年对妻子俞大綵说：“闹老孔闹了八年，大不生效，这次算被击中了。”他高兴得像个孩子，咧着大嘴哈哈大笑。

俞大綵道：“你要掌握分寸，别闹出祸来，这帮人不是好惹的。”

傅斯年牛眼一瞪：“我有铁的证据，怕啥？”接着摇头叹了口气，道，“国家已至如此，可叹可叹！”

傅斯年早在1940年8月14日，致胡适的信中，就揭露孔祥熙的腐败行为，他一一列举孔祥熙的罪行：

『一、孔之为私损公，毫无忌惮，先生久在国外，未能深知。二、他之行为，堕人心，损介公之誉，给抗战力量一个打击。三、贪赃枉法，有钱愈要钱，纵容其亲党无恶不作，有此人当局，政府决无希望。四、他一向主张投降，比汪在汉、渝时尤甚。五、一旦国家到了更危急的阶段，不定出何岔子。六、为爱惜介公，不容不反对他。……我一读书人，既不能上阵，则读圣贤书所学何事哉？』

实际上胡适早就写信劝告傅斯年“倒孔”不得，应慎重从事，孔祥熙是“皇亲国戚”，根系庞大，你是扳不倒的。但傅斯年听不进胡适的话，牛脾气上来，在国民参政会上向孔祥熙发起猛烈攻击，并写信给蒋介石，要求蒋介石撤掉孔祥熙：

介公委员长赐鉴：

自抗战以来，我公领导将士官民，为民族生存，作空前之奋斗，精灵感照，国民一心，士卒效命，友邦倾服，人类共仰，固中国数千年历史上所希有也。我行政未建，军事、外交则虽我公明定大计，而执行之人无所事事，遂落于无济于事。斯年缅怀国步之艰难，瞻念我公尽瘁报国之赤心，不能不有所直言。窃以为今日外交行政之未能发挥效能，固有众多原因，而当官之人实为主要关键。……谨分述之。

一：关于孔院长

甲、在孔院长任内，英美之财政协助，事实上恐不可得也。按，历年来在中国之英美人士对孔院长颇多不满。以整理公债及施行法币两事，在宣布前，上海市场紊乱十余日，为讥评之要点。当时各外报攻击不留余地，甚至伦敦纽约报纸亦有讽刺。其奉命贺英皇加冕也，英国报纸自其出国之时起，作如往嘲笑之论调……于中国协会欢迎席上，外相艾登致其关于财政建设之『友谊的警告』，商务大臣西曼在另一宴会中演说……长篇大论，直是一番教训。李滋罗斯更直谓在英中国人云：『中国财政之最大危机在财政当局之不得其人。』斯年推寻英国人态度如此，盖有三因，一由于政策者，英国财政当局认为孔部长无一个财政政策。二由于故事者，上述两次上海市市场之紊乱，自英美政治之标准看，是头等官邪案件，故印象深刻。第三，由于态度者，闻孔部长在英议论甚随便（如于演说中谓中国关税可增至六倍等数），而英国要人谓孔部长举止傲慢，言语无理，无政治家之品格。……于是伦敦财界乃扬言曰：『英国甚愿帮助中国，然孔为财长，一切困难矣。』至于美国，与中国财政关系较浅，其对孔院长亦复同样少好感。斯年窃恐孔院长任中，外国帮助一语，终成空矣。

乙、孔院长实任院长，在国人心理中深感失望。其最近言语行止深致社会不安也。抗战以来，政治上有一甚大之危险，即一般人，尤其是青年，急剧左倾是也。……斯年尝遇投效陕北，醉心所谓『文化人』之宣传者而问其故，其答语几若一致，『蒋先生领导之军事是无可议的，而中央之政治却并无出路。』

若与之辩，则必举例曰，『如孔氏者，非贪污腐败之结晶乎？』

其中是非非斯年今日所深论，然既有此普遍影响，似不可不留意其根源。且此评价不特在一般民众中为然，即文武百僚，亦多心怀此意，私下议论，而不敢昌言耳。斯年所知孔不满中外人望之事，什倍于此，今特尽其最足危及国家者。窃以为今日之局，在外必求友邦协助，在内必求上下一心，若以孔院长一人为之梗，似不可不早计之也。……

下面是参了外交部长王宠惠一本。

信中所写的外长王宠惠，其责任并不在王，而孔祥熙权力欲极强，无权不揽，无事不自负，主要责任在孔祥熙一人身上。

由愤怒而燃烧的激情，使他的五官扭曲，青筋暴突，汗流满面，化剑为笔，跃出战壕，挥舞着长枪同一支魑魅魍魉组成的腐恶大军作战。

信末，傅斯年再次重审："凡上所述事虽涉乎个人，实有关于政体。其中绝无虚语，皆有人证物证。斯年负其一切责任。如荷垂听，感激罔极。"

蒋介石看罢傅斯年的信，不置一词，随意扔到一边。孔祥熙依然风雨不动，照样活跃在政治舞台上。傅斯年非常恼怒，他在参议会上对国民政府、对孔祥熙的批评更加猛烈，这完全出于他的强烈的历史责任感，还有几分傲岸不羁的侠胆义骨。接着又写信致蒋介石，而且措辞比前封信更尖锐，更有火药味。他用钢笔书写，字写得很大，胳膊腿儿都跷到格外，强烈地表现出奋笔疾书的冲动，一种"杀无赦""斩立决"的挚猛狞厉。

介公总裁委员长赐鉴：

自参政会开会以来，两传明教，备闻经国之弘谟，济时之象义，远谋深虑，景仰何极。斯年等瞻念邦国之前途，重感斯民之劳瘁。窃以为行政院院长孔氏，才能物望，惟不可膺此重任，颇欲有以密启于我公。今值赴谒之便，敬写一简，以尽所言，留呈左右，用备垂览。

一、论文，孔院长未堪行政院长之大任也。谨按，就中国官场中应付技巧言，孔院长实为上选，敷衍自才能群类，历练世故，固有超群之才，然而建设近代国家之良规，敷施大政之正义，非彼所具有也。……抗战以来，收入暴落，善理财者，当于增税、发公债、节约、借外债四项，应机立断，谋之必成。今抗战经年，谈增税节约，事既迟矣，而发公债不获良果，借外债则彼个人实为之障碍（详下）。所有一年中财政之维持，无非获法币之基金，此则『坐吃山空』之『无政策』耳。……夫善为政者，必有眼光然后把住未来，有政策然后得其扼要，有明断然后不误时机，有步骤然后得其效用。今孔院长于国家大事只是支节应付，并无政策。其用人则一由爱憎，罔分贤不肖，兼以行政权，阁僚事并亦揽于一手，遂致大僚有备位之感，事务鲜推行之效。此则不堪为太平之宰相，而况为中兴宰相乎？若其罔知轻重，颠颠倒倒，传为话柄者又多。……

二、自信望言之，孔院长实为国人所痛恶也。夫国民之指责孔院长，大体言之，不外纵容其夫人儿子如何如何领钱耳。此中经历，斯年等既非参予之人，亦无侦察之友，自不能举其证据。然而，国人纷纷言之，则亦不可忽略者也。只恨监察当局，未能调查宣布，如其实也，国法犹在，如其虚也，亦可为彼洗白。惟就形迹可指责言之，可骇难者已不少矣。夫统一公债、制定法币，孔部长任内之大事，此两事固于国有利，然在办法公布之前十数日中，上海市场大紊乱，受托户头大做买卖，此等现象，近代国家所希有也。又如去年纱布交易所风潮事，我公雷霆震怒，全国欣然仰望，欲其水落石出。然沈、盛二人被押之时，即孔夫人飞往牯岭之日，据传闻云，彼虽不敢面谒我公，却亦多所活动。此事系以财政部不协助实业部及法院调查人，含糊了事。去年庐山谈话会，会中谈国家大计，会外则群聚谈心事，至于一般国人心中观感如何，不言可喻也。且孔氏一家生活之奢侈，一门举动之豪华，固不能不蒙物议。夫弘济艰难，人格为主，领导百僚，信望为先，平时且然，况此日乎？

三、自用人言之，孔院长未能明识大体也。孔院长爱惜故人，重视乡谊，凡山西同乡及彼此在北京政府下为吏时之同僚，均不惜优为安插，此虽封建时代之惯习，却不可为有道邦国之训典。若其拔识人物，亦复别具标准，为例太多，姑就有关近事者两人言之。一为孔祥榕。案，孔院长之欢心。……二为盛昇颐（即盛老七）。此即纱布交易所案主犯之一，上海共认为代孔夫人之经犯人，我公之命为法院扣押者也。彼来汉口后，孔院长委以机要，近更以对俄、对德交换事务委其司掌……，如此之人在孔院长左右，为官任，为要务，皆甚忧也。

四、自友邦观感言之，孔院长之在位，实为得助之障碍也。此日借款之困难，得助之不易，固为事实。然去年尾及本年初则不如此。只以英国财政当局（首相张伯伦亦此派也）对孔院长有不可动摇之见解，终至不能推动。此情形在美亦然。……斯年二月末在香港闻之一英国重要人云，李滋罗斯与罗杰士皆公然曰，如孔在位，英款决借不到。中国财政已至此，何以尚无决心云云。今日英国为中国事甚着急，吾等但希望其改变。然国民参政会一同人最近在港于香港大学副校长宴中，亲闻于香港总督及英大使者，仍是类此之一套话。英大使此次到汉之始，即扬言曰，决不拜访孔院长。……

五、准以孔子礼教，孔院长之持身治家至少可谓失检也。孔院长以孔子后裔自负，然孔子之先祖正考父。『三命兹益恭』，故垂家风。今孔院长位俞高乃俞骄纵。其子令侃，以圣约翰之一学生为特务秘书，身兼数职，又为中央信托局之主宰人，铨叙部鲜得过问，国家法令为彼不行。彼又趾高气扬，……。又其次女尚未成年，即为孔院长司机要电报……此人后来赴香港，一日在启德飞机场犯规，印度巡捕来制止，彼即击巡捕以掌……按，此即数年前在南京开汽车不守规则，警察制止而开枪伤警察者。如此情形，孔院长夫妇实不能不负其责。……

六、孔院长言语间竟若以我公之政治继承人自负，此则尤堪骇怪者也。孔院长自国外返来，自负益甚，时时向人言曰，我在德国时，他们说我是中国的戈林……孔院长又时时对人云，委员长以老大哥看待我，为何军委会向行政院来命令。似此妄谈，至少可谓直不成体统矣。

夫孔院长之身兼多职皆不胜任，固为斯年等之定见，亦为全国之公言。……

这封信对蒋介石颇有刺激，看罢他连骂了两声："娘希匹，娘希匹！"不知是骂孔祥熙，还是骂傅斯年。随后起身往椅背上一靠，闭上眼睛，好久不说话，额间皱纹隆起。他长长地叹了口气：前方炮火连天，后方烽火四起。某些官员太不争气，一些儒生也太较真！

54 1944年9月7日，张群向参政会做完施政报告后，傅斯年立即发难。他责问：国家法律规定，政府官员不得经商，但孔祥熙为什么却办"祥记公司"，广茂商号？黄金债券过去很少有人买，后来为何买不到？央行应该国家化、机关化，为何成了孔氏山西同乡的"私人结合"？裕华银行买进黄金，高价卖出，美国借给的黄金怎么能供私人之用？孔氏在开秘密会议时，当场给大家发黄金券，是不是行贿？傅大炮一阵炮弹，山摇地动，会场大哗！傅斯年话设说完，又一番激昂慷慨的郑重声明：

"我讲这些话在会上负责，到场外也负责，我愿到法院对簿公堂！"

傅斯年肥胖的身躯朝前倾着，脸上的肌肉痉挛般地颤抖着，脉搏激烈地跳动着。他挥动着烟斗，像手持"天火"来到人间向诸神勇敢地挑战。他胸中激情澎湃，喷涌而出，强烈得几乎置人死地。

"我拥护政府，不是拥护这般人的既得利益，所以我要誓死和这些败类搏斗，才能帮助政府，我呼吁大家，除恶务尽，攻敌攻坚。不清除这些败类，我们政府很难调动全民抗战的积极凝聚力！"

他暴风雨似的话语失去了节奏，有一种神秘的激情和冲动在胸中激荡。他感到生命的强大，力量的无畏。他像个着魔的人，似乎凌驾于时代之上，历史之上，高踞真理的峰巅，在审判世界、审判人类的真善丑恶。他觉得胸中的岩浆在喷射，直喷到这个世界的核心层。

傅斯年继续愤怒地吼叫：

"抗战以来，大官即大商，专门发国难财。我们本是势力国而非法治国，利益之到手全不管一切法律，既经到手则又借法律名词'信用'、'契约'等以保护之，这里面实在没有公正公平。"他拿烟斗的手用力往下一劈，大声疾呼，"惩罚贪污从大官做起！"骂完孔祥熙，傅斯年那股"疯劲"又上来，又说蒋介石包庇孔祥熙，蒋在训斥中央委员时还在说：孔祥熙根本不叫贪污。真叫官官相护！

他的话语激浪滔滔，惊涛裂岸，他的思维却金刚石般的坚硬，钢铁一样冷静。

傅斯年把揭露行政院长孔祥熙的材料汇集起来，提交大会秘书处。时任国民政府宣传部长的王世杰劝告他：

"孟真先生，这样做有损于政府形象，攻击政府，影响抗日，望兄三思。"

傅斯年牛眼一瞪："我就是维护政府形象，必须挖出这些蛀虫，否则政府会垮台！"

王世杰，个头矮，貌不扬，圆圆的脸儿，外加一副眼镜，很有学者风度。作为书生从政的王世杰，一直未改书生本色，"严谨、清廉、谦逊，并主张自由主义"，那时候学者一般喜欢"问政"不参政，王世杰却积极入仕，当上国民政府的宣传部长。

王世杰恼怒在胸，又不便发作，但口气里带有几分恫吓："案情尚须调查，你揭发的材料尚属嫌疑，一旦调查有出入，怕只落个诬陷之名。"

傅斯年大声叫道："我傅斯年不怕这一套！证据确凿，不容置疑。好汉做事好汉当，谢谢你关心！"

王世杰被噎得半天说不出话，只好转身离去。

事情传到蒋介石亲信陈布雷那里，陈布雷惊愕，不知所措，遂向蒋介石报告：

"委员长，参议员提案，庸之先生（孔祥熙）鲸吞美金公债，此案言之凿凿，恐怕对庸之先生大不利。布雷想，当此国难之际，庸之先生趁火打劫，置国计民生于不顾，实在太失公职人员体统……"

蒋介石叹口气，道：

"这事真糟糕，庸之只有辞职，所吞金券要分期吐出来。"沉思片刻，抬起眼睛，望着陈布雷，"一列入提案，等于公布于众，这将造成极坏影响，对抗战不利。你是否找孟真先生谈谈，将提案改为书面报告，送给我办好了！"

陈布雷是蒋介石智囊库的重要成员，跟随蒋介石二十多年，忠心耿耿，起草文告，呕心沥血，是难得的文才。陈布雷自然了解蒋介石心灵深处，他是庇护孔祥熙的，又担心这个傅大炮乱放一通炮，有失党国声誉。陈布雷找到傅斯年、陈庚雅，肯定他们的意见，是出于公心，并说蒋委员长也称赞有加，但话锋一转，说了个投鼠忌器的问题。

傅斯年道："什么投鼠忌器?"

陈布雷道："大会讨论，公布于社会，岂不影响美、英、苏诸友邦，说明我们是个贪污腐败的政府，对我们还能经济援助？还不影响抗战?"陈布雷又继续说，"以前政府决定黄金加价，被人泄露，掀起轩然大波，友邦惊诧，朝野愤激，不幸，现在又有舞弊案，一旦公布之于众，岂不天下大乱？政府怎样领导抗战？友邦也会訾议政府，……有损国际威望。"

傅斯年不语，脸上的线条攒聚在一起，嘴角绷得紧紧的。

陈布雷用舒缓的口气说道："你弄个书面材料，我转交给蒋先生，相信会严肃查办的，这样既解决了问题，又不产生负面效应。"

傅斯年深知蒋孔之关系，更了解陈布雷这个说客之目的。他们是大事化小，小事化了，最后是不了了之。傅斯年决定不列议案，也要找个机会，狠狠地刺孔祥熙一下，于是出现了全体参政员的"质询案"。

歌乐山下。

林园。这是前国民政府主席林森的官邸，1940年林森去世后收归为蒋介石官邸。但蒋介石并不常住林园，而大多时间住在黄桷垭（黄山）官邸。

这天下午刚下过一场小雨，街上的尘埃被雨一洗，倒清新很多，树叶凝着晶莹的水珠，暮秋的太阳温柔妩媚多了，重庆从火辣辣的盛夏解救出来，经过秋的整饬，显得格外精神。重庆晴空丽日的日子不多，这天却是秋高气爽，天高云淡。夕晖落霞中的山城重重叠叠的楼房更添一抹立体感，一种倒影的厚重感。

前后是两辆美国吉普，坐满荷枪实弹的大兵，中间是两辆黑色轿车，左右还有军警摩托，威风凛凛，车速极快，路人急急躲闪。车队很快"哧哧"地驶进官邸后院，接着从两辆美国吉普车上"刷刷刷"跳下十多个军人，迅速分散开来，占住各个要塞地位，气氛顿时变得紧张、肃穆。黑色轿车先跳出一位随从，熟练恭谨地打开车门。身材魁伟、衣冠肃然的蒋委员长，从车里走下来，随从们伴着"委座"踏上楼梯走到二层一个房间停下。

房间并不宏阔，但很雅致，墙上挂着山城名人字画，大小三只沙发，摆成品字形，另外有几只藤椅。几盆仙客来和兰草摆在窗台上和花架上，留声机正播放着法国19世纪一位作曲家的小夜曲，旋律舒缓，音质优美。香气飘飘，乐曲潺潺，房间里是清悠的氛围。

随从接过蒋委员长肩上的披风。蒋委员长坐进沙发里，感到疲惫、慵懒，沉默不语，不时用手帕捂捂前额，随从随即斟上一杯茶，放在委座面前的茶几上，蒋介石连眼也不睁。却说："你们坐呀!"随来的两位政府大员陈布雷、王世杰，才分别坐在两旁的单人沙发上。

窗外就是嘉陵江，夕阳下的江水泛金点银，虽然已至暮秋，江水仍不减夏之雄浑、壮阔。江面轮船拥拥挤挤，汽笛声不时传来。

不过二十分钟，一辆黄包车风尘仆仆来到楼下，卫兵走过来，傅斯年从车里钻出来，这时蒋介石的随从早就迎候在门口。一番寒暄，傅斯年气宇轩昂，跟着随从上了楼。

蒋介石欠欠身子，招呼道："孟真，来，来，坐，坐!"傅斯年和陈布雷、王世杰一一握手后便坐下来。傅斯年穿一件半新不旧的夏威夷衬衫，半敞着怀，从衣袋里掏出手绢，擦着脸上的汗。

蒋介石一番热情地问候，身体状况如何，血压是否稳定，还随便问了问中研院和傅斯年的史语所的事宜，并对王世杰说："多关照他们，这些人才都是国家建设的栋梁!"

蒋介石招待客人从来不摆酒，这次却破了例，亲自给傅斯年斟酒。傅斯年早已心知肚明，这是为孔祥熙说情，他心里很矛盾，若是不给蒋公面子，实在说不过去，他一向尊重委员长，忠心耿耿，心无杂念；若是给了蒋公"面子"，又有违国法民意，国民政府的腐败会恶性发展，不仅亡党，更大的悲剧是亡国。一向忠君报国的傅斯年不能眼睁睁地看到国家毁于这帮佞臣奸贼、贪官污吏手中，如何是好，傅斯年一时方寸难定。

“孟真哪，我很喜欢你的耿介，笃诚，”蒋介石的口气温和亲切，“参政会的意见，我一向尊重，要把这个案子弄个水落石出。不过，需要一定时间，希望你们多加调查研究，不要操之过急。”

参政会的质询案弄得满城风雨，造成社会强烈的舆论压力，蒋介石感到十分难堪，公之于众，对党国十分不利，对抗战不利。

傅斯年道：“我若没有根据，哪能说这话。孔院长也太不像话，国难当头，为私损公，毫无忌惮。”傅斯年对孔祥熙的抨击是满腔怒火，对蒋介石是满腔忠诚。这一点十分明显。

蒋介石口气依然温和：“孟真，你可信任我吗？”

傅斯年停箸，腰一挺，声如洪钟：“我绝对相信！”

蒋介石沉思片刻，缓缓说道：“你既然信任我，那么就应该信任我所任用的人。”

傅斯年放下筷箸，扬起头，声音有点激动，脸涨得像猪肝，鼻眼挪位：“委员长我是信任的，至于说因为信任你，也就该信任你所任用的人，那么，砍掉我的脑袋，我也不能这样说！”

说着傅斯年忽地站了起来，舞动着筷子，还要表白一番。陈布雷、王世杰惊呆了！这真是一门大炮。

他们急忙劝说：“孟真兄，快坐，快坐下，来，来，喝酒！”王世杰又说：“委员长爱才如命，一向尊重兄的人品人格！”随即把傅斯年按到座位上。

王世杰本想规劝傅斯年，反腐倡廉、刷新政治，其用心可嘉，但还要注意方式、方法，掌握火候，目的是强化国民政府领导，而不是削弱；是为树立国民党一元化领导的权威，而不是破坏这种权威。但话未出口，这老兄就要雷霆震怒了，只好息事宁人。

蒋介石也大为震惊，两眼放出光来，心中感慨：国有如此诤臣，是大幸矣！

在场的人都为傅斯年担心，你这是和谁叫板呢？这真是匹犟骡子！傅斯年豪气冲天，汪洋恣肆，大才槃槃，天子不能臣，诸侯不能制，王公大臣不能凌辱的伟岸形象和独立人格，真令人可敬可畏。

傅斯年呀傅斯年，你是天降之才，又是愚不可及，你只知道“文死谏，武战死”，你可知那些“文士武将”都是当朝高官大吏，都沐浴着浩荡皇恩，连那位“鞠躬尽瘁，死而后已”的诸葛孔明也受到“三顾之恩”，“白帝托孤”之命，他们“死谏”，“死战”，为社稷、为国家，不惜献出生命，实际上是为自己所在政治集团的长久利益。你一介寒儒，蒋家王朝对你有何厚恩？是赐你良田千顷，还是封侯荫子？孤忠与愚忠只是分寸的差别，但有一点共同的，那是真正的血性。真正的文人都有点“傻气”“憨气”，这就是传统知识分子的“书生意气”。但只有品格周正，毫无私心杂念，将肉体生命置之度外，只求精神生命高高耸立的人，才有这种血性。他们不怕更大的打击，不怕天塌地陷的灾祸，他们直面人生，高昂头颅，一副傲岸不羁的风采！

蒋介石为了缓和气氛，依然和颜悦色一副大度能容的雅量，连连称赞：“古有比干，今有斯年，真乃国之干城，国之干城，国运兴之有望哪！”

蒋介石看人、用人都有自己的眼光。他爱才、惜才，他深知傅斯年是党国难得之人才，对傅斯年大炮脾气也有所了解，对他的犯颜抗上、直言进谏，蒋介石是能接受多少就接受多少，不会计较傅斯年的言辞犀利、态度强烈，任他发飙、放炮。其实傅斯年非常尊重蒋介石，佩服他的雅量，蒋介石对自己是有知遇之恩的。

傅斯年的情绪也平静下来，口气舒缓了很多：“介公呀，孔逆祥熙，其罪昭著，早惹得天怒人怨，举国共愤，不诛此贼难安天下！我给您写的信，看过否？”

蒋公道：“看过，看过，孟真关心党国，一片赤心，可嘉可嘉！”蒋介石心中极其矛盾，言不由衷地应付傅斯年。

傅斯年又滔滔不绝地大讲：“历朝历代的衰亡都祸于内政腐败、奸佞当道。秦朝的赵高，汉朝的王莽，南宋的秦桧，明朝的阉党魏忠贤，大清朝的和珅……我早就说过，古今中外有一个公例，凡是一个朝代，一个政权要垮台，并不是由革命势力，而由于自己的崩溃。这些毒瘤必须及早切除，否则殃及国家安全！”

蒋公道：“孟真所言极是，所言极是。哦，只是当前抗战正处在紧要关头，怕影响军民抗战情绪，我会妥善处理的。”说着夹着菜放在傅斯年胸前的小盘里。

傅斯年并不看，说道：“我们这些人同情国民党，拥护国民政府，看到内政腐败，心里像吃了黄连一样苦啊！”他把筷子举在空中，口气变硬，“要打仗，必须侵犯既得利益，要实行民生主义，必须侵犯既得利益。只有这样，朝野同心，官民同力，才能取得抗战的最后胜利！”

这哪里是谈话，分明是教训介公。

蒋介石点头称是。

傅斯年和蒋介石不是君臣关系，他不是政府官员，何有君臣之理？为国除害，为民除奸，一种侠骨义胆，也掺杂着“士为知己者死”的传统理念，给他思想以矛盾，又赋予他生命的固执，形成了一种内在的张力：抗争的力量，彻骨的忧愤，对真理的追求，对正义的坚守。他的暴烈、倔强、嫉恶如仇的性格，使他的灵魂热烈而骚乱。

一场乌云呼啸、暴雨即至的场面，转眼间风流云散，又是秋阳高照。蒋介石虽然对孔祥熙怒其不争，要蒋介石有断腕之举，割爱之舍，一时难下狠心。而现在处在国难之际，处处用人，蒋介石不敢得罪傅斯年，他们是一批“清流”知识分子，是一个时代的精神力量，是一种文化的力量！蒋介石并不是看重傅斯年的“忠心”，是看到他身上的政治作用，是当前政府所需要的，也是用来点缀国民政府的。恐怕这一点傅斯年至死也不会明白的。

宴席在一片和风细雨中结束。

蒋介石骑虎难下，不得不派财政部长俞鸿钧调查。最高法院检察署检察长郑烈也写信给傅斯年，要他提供证据，傅斯年把他掌握的证据如数送上，事实俱在，证据确凿。蒋介石听取监察院长的汇报，长长叹了一口气，无言以对，只是要求检察院不要公布于社会，私下罢免了孔祥熙院长的职务。孔祥熙原是山西票号的土财主，每个毛孔里都散发着铜臭气。他当上行政院长，完全是靠皇亲国戚的关系。

宋子文于1945年6月就任行政院长一职，替代孔祥熙。

55八年抗战胜利结束，本应该进行和平建设，恢复医治国家创伤，但外战结束，内战又开始了。国共两党争夺江山的战争又烽火连天，国军共军都未来得及拂去肩头抗战的烟尘，又投身血与火的厮杀之中。蒋介石焦虑不安，为了消灭共产党，调兵遣将，亲临战争前哨，但是战场上传来的不是捷报，而是累累败绩……早在1946年年末，他就预感到："现在到了我党的危急关头，大家要听我的话，还会有前途，否则就完了！"蒋介石心情极其灰暗，似乎感到末日的降临。

更令人目不忍睹的是国民党政府内部腐败，简直如江河倒悬，海啸翻卷，不可阻挡，难以遏止。蒋介石连连召开会议，"娘希匹，娘希匹"地大骂这些蛀虫，这些贪官污吏，要亲手搞垮国民政府。官场上浊流滚滚，跑官、买官、卖官、争官、抢官、贪污、贿赂，风靡朝野。国民政府派往全国各地的接收大员，公开地抢掠、侵吞国家财产，瓜分抗战胜利果实。五子登科（帽子、位子、房子、票子、婊子）成为大小官吏追逐的猎物，上至行政院长宋子文，下至行政系统最底层科长、股长、科员、小会计、小办事员，大官大贪，小官小贪，能贪皆贪，能捞皆捞，不贪白不贪，不捞白不捞，这是他们的生存哲学。他们已经处于末世的心态，醉生梦死，整个花天酒地，多活一天就是赚的。宋子文到了北平视察，竟然携着妓女出现在大庭广众之下，引起朝野一片哗然。

傅斯年看到这些败类如此饕餮、贪鄙，搅得全国上下一片乌烟瘴气，一些有识之士和平民百姓无不恨之入骨，但又无可奈何！人心之乱更甚于战乱。蒋介石为表示礼贤下士，有时也召开学界、教育界、文化界社会名流座谈会，一杯清茶，几盘瓜子，大家畅所欲言。有些不识相的老儒以为自己有了话语权，能坐在委员长的对面，自恃地位高了一大截，便开始批评国民党腐败，说今日官员的腐败，比起前清新贵、民初军阀混战时期的军阀有过之而无不及！

谁知这位老先生话音未落，蒋介石当头一棒："你这是给共产党做宣传！"老先生顿时哑口无言，噤若寒蝉了。既然有蒋介石挡驾，那朝野上下更肆无忌惮了，腐败之风愈演愈烈。

傅斯年是属猴的，是齐天大圣，上能大闹天宫，下能捉妖拿怪！面对这举世浑浊，江河日下的局势，他坐卧不宁、寝食不安，他要挥起金箍棒，杀他个天翻地覆！

傅斯年踌躇、思索，要扳倒宋子文，给国民党腐败一个山垂海立的沉重打击。他的宗旨依然是为了清除国家政权的隐患。他心中只有国，没有党；只有政见，没有党见。

傅斯年一炮轰走了孔祥熙，名声大振，成为名副其实的大炮。

他万没有想到宋子文一上台，就以行政院名义，颁发《黄金买卖细则》《管理外汇暂行办法》等文件，他们打着救国救民的幌子，牺牲中产阶级的利益，他与孔祥熙等借外汇市场开放之机，利用只有他们才拥有的官僚企业进口许可证，大肆进行非法进口倒卖活动，致使国民政府的财政、金融，乃至国民经济陷入一片混乱，最后酿成1947年以上海为中心的席卷国统区的“黄金风潮”。

1946年岁末，1947年春节未到，这是抗战胜利以来，国民政府算不上最难堪的岁月。春节，傅斯年是在南京度过的。节日期间，他走亲访友，给远在北平的胡适写信问安，给天各一方的故朋旧友寄贺年卡。但耿耿于怀的是宋子文黄金腐败一案，使他寝食不安，如鲠在喉。若等参政会召开，他在会上炮轰一阵，固然会有效果，但参政会不知何时召开，不能再拖延了，干脆写文章，直接揭露。他连夜笔飞墨舞、挥洒成章。

2月15日，春节刚过，《独立评论》便刊出他的《这个样子的宋子文非走不可》的文章。且不说文笔之犀利、锋芒之尖锐、措辞之严厉，而且爆料本身就足以震撼国人、令朝野大哗。几天之内，全国各大媒体纷纷转载。中共的《解放日报》全文转载，一场轩然大波铺天盖地席卷而来，这无疑给身患绝症的国民政府重重一拳，使其踉跄在地，难以爬得起来。傅斯年拟撰写四篇“捣宋”文章，但一发即中，宋子文随即倒台。傅斯年之名大彰，真是惊世骇俗，如爆惊雷！

文章说：国民政府自从广东打出来以后，……说到政治，如果不承认失败，是谁也不相信的。政治失败不止一事，而用这样的行政院长，前有孔祥熙，后有宋子文，真是不可救药的事。现在社会上若干人士对于政府的忍耐，实则没有一个人可以忍耐现状，而由于看到远景，怕更大的混乱，再死上几千万人，彻底的毁灭，交通断绝，农业解体，分崩离析，弄出个五胡十六国的局面。国家更不能有自由独立的希望。然而一般人的总是看现状不看远景的，……即使能看到远景的少数人，久而久之，也完全失望……

他写道："政治失败不止一事，而且这样的行政院长，前有孔祥熙，后有宋子文，真是不可救药的事。"他提出，"假如整顿财政经济，必须向这几个最大的'既得利益者'进攻。"

他大声疾呼，必须："彻底肃清孔、宋二家侵蚀国家的势力，否则政府必然垮台，而希望政府不垮台，以免于更大的混乱者，也要坐以待毙……"

傅斯年是"看懂前景"的人吗？他去延安，他读懂延安了吗？延安在八年战乱中得以休养生息，壮大发展，他能读懂其中的奥妙吗？傅斯年一介学人，不是政治家。1947年是解放战争相峙阶段，共产党的力量日益强大，国民党的有生力量逐渐削弱，1948年是共军战略大反攻的阶段，国民政府已风雨飘摇。

鸦啼影乱天将暮。整个局面已乱象丛生。

满朝禄虫，大厦将倾，唯傅斯年一柱傲然，难道书生能有回春之术？能力挽狂澜？你的揭露，在某种意义上，只能加速国民政府的溃灭……反腐败是双刃剑，不反亡国，反必亡党。蒋介石既为国有忠臣而骄傲，又为忠臣耿直，敢怒敢言而惋惜……

忠臣的思想有时并不符合君主的要求，你一个历史学家难道不知道历史上多少忠臣良将死在他所忠于的君主之手，岳飞是秦桧害死的吗？明末的名将袁崇焕是几个被俘太监的谣言所能杀害的吗？崇祯皇帝明察秋毫的双眼呢？

蒋介石任人唯亲，他深知行政院长之职重要，只能由自己的亲信来担任，孔祥熙下台，换上宋氏家族掌门人宋子文，是换汤不换药。宋子文上台后，依然腐败，下滑之势日趋加快，令国人大失所望。这使忧国忧民的傅斯年更是心焦如焚，他按捺不住满腔正义之火。

宋子文的“黄金献金案”一出笼，引起天下大乱，上至达官贵人，下至平民百姓，议论纷纷。由于该方案规定，从存有二两黄金储户起征，起点很低，引起储户的愤慨。所谓“黄金献金案”，即储户拿出40%的金额献给国家，个人只得60%。征金的目的是为战争筹集经费。傅斯年起初还是高兴的，赞成的，这是抗战以来第一次触及富人利益。“不损伤既得利益阶级，战争经费是无从筹措的。”

虽然宋子文在“献金”问题上表现出一种“爱国之心”，但他的腐败并不亚于孔祥熙。他用人依然任人唯亲、排斥异己。这种“组织干部路线”在中国既非始于蒋家王朝，也非终于蒋家王朝，“上阵父子兵、打虎亲兄弟”，“近水楼台先得月”，“朝里有人好做官”，“肥水不流外人田”，中国传统文化的糟粕已渗入政治的骨髓中，四大家族能改变得了吗？

1946年3月，宋子文掌管的行政院颁布了《管理外汇暂行办法》与《黄金买卖细则》等条例，实行开放市场，规定外汇牌价（官价）与黄金自由买卖政策，打着稳定市场与法币筹集巨额战费的旗号，大量抛售中央银行储备美元外汇和黄金，同时暗中指使孔、宋控制的家族经济实体，购买美元和黄金，进行大肆的经济投机活动，其额巨大，触目惊心。这哪里是为国家筹集战费，是为孔、宋家族聚敛资财！

宋子文所作所为引起各阶层不满，民怨沸腾，骂声载道。连远在美国的胡适也来信发表支持的意见：“行政院长，必须换人。”

傅斯年如此出言无忌，谠争直言，他像着魔似的，激情——真实的、烈焰般的激情——成为偏执狂。他有后台吗？有尚方宝剑吗？是受人利用吗？他不怕吃黑枪子吗？没有，统统没有！是一种文化的力量，是一种人格的力量！他不是赫拉克勒斯，而是英雄安泰，站在民族、国家和真理的大地上！他的文章像黑暗中的闪电，像雷鸣，响彻整个世纪！

早春二月，江南依然寒气逼人，没有春天到来的迹象，窗外几枝腊梅稀稀落落的几朵小花在寒风中抖擞着。傅斯年在屋子里踱着步子，他的血压近日又有增高。妻子俞大綵劝他去美国治疗，但他总是说忙，脱不开身。

傅斯年文章发表之际，蒋介石正在陕北忙于“剿匪”，没想到后院又起火，纵火者又是那个天不怕地不怕的傅斯年，这真是乱上加乱，枝节横生。他恼怒宋子文不争气，惹起众怒，不念及国家命运，只顾捞钱谋财。而前方“剿匪不力”，蒋介石像乱蜂蜇头，嗡嗡然，整天“娘希匹”大骂不止，究竟是哪个“娘希匹”，他也分不清，只好转过身，先后院救火。蒋介石飞往南京，来个急刹车，颁布经济《紧急措施方案》，改变宋子文的经济政策，以平民怨，挽救危局，不久，撤销了宋子文的行政院长，傅斯年的倒宋运动方“已达到目的”。

扳倒宋子文，傅斯年没有为国除患的成就感，一种举世混浊我独清、众人皆醉我独醒的孤独感弥漫心头。他已看到国民政府江河日下、落日西沉的前景，更添一重忧愁！

他疲倦了，他太累了。傅斯年像连续鏖战的士兵，他耗尽了体力，也耗尽了子弹。他看见敌人被击败了，阵地上是一片废墟，他没有胜利的自豪感，却感到一种巨大的苍凉和悲哀笼罩在心头。

56

傅斯年《这个样子的宋子文非走开不可》的文章，开门见山：“物必自腐，然后虫生，”接着又指出，“古今中外有一个公例，凡是一个朝代，一个政权，要垮台，并不由于革命势力，而由于它自己的崩溃，有时是自身矛盾分裂，有时是有些人专心致力，加速自蚀运动，唯恐其不乱。秦朝‘指鹿为马’的赵高，明朝的魏忠贤，真好比一个人身体中的寄生虫，加紧繁殖，使这个人的身体迅速死掉。”

可谓警世通言！

这样的文章抵十万大军，这样的讨宋檄文，正是蒋介石的老对手毛泽东们最欢迎的，真是大快人心，长了共产党的志气，灭了国民党的威风，乱了国民政府的政局，而且出现在国、共两党争夺江山的关键时刻！

傅斯年这篇文章发表的第二天，他去国防部找陈诚部长。按说，傅斯年一介平民书生，军国大事哪有你操心的份？你真是狗拿耗子，多管闲事！国民政府看得起你，让你当个参政员——也就是个政协委员，让你出计献策，你倒好，好像有了尚方宝剑，今天，弹劾张三，明日批判李四，闹得政府乱哄哄的。叫你干，你又装二大爷，清高得很，幸亏蒋介石还没有对你“独裁”，否则你早挨黑枪子了！

话说回来，傅斯年走进国防部大楼，上楼梯时偏偏遇到宋子文，真是冤家路窄。傅斯年上楼，宋子文下楼，恰恰相遇在楼梯上，谁躲都来不及。宋子文恶狠狠地瞪了他一眼，傅斯年把头一偏，装出没看见的样子，擦肩而过……

傅斯年在文章末尾又写道：“我真愤慨极了，一如当年我在参政会要与孔祥熙在法院见面一样，国家吃不消他了，人民吃不消他了，他真该走了，不走一切垮了。”傅斯年发表此文，并不善罢甘休，紧接着他又发表《宋子文的失败》和《论豪门资本之必须铲除》等，痛打落水狗，抨击当局的黑暗腐败，对官僚资本集团的营私舞弊进行猛烈抨击。傅斯年几炮放过，宋子文成了人人喊打的过街老鼠，灰溜溜地辞职。

倒宋事件爆发之后，外人议论纷纷，有人说，傅大炮是被人操纵，受人指使。也有人说，乱世出英雄，傅斯年出风头，想暴得大名，青史流芳。还有人说家贫出孝子，国难出忠臣。傅斯年是忠臣、诤臣，其实无官无位，算不上“臣”，充其量是一个“忠君爱国”的志士。

傅斯年此举既没有受人指使，也非赚取什么名声，完全出自他知识精英的良心和历史责任感。一如他向封建势力宣战的新文化运动，一如他抨击和揭露倭寇侵略的罪行。无论在争取民主、争取自由的斗争中，或者在国难当头、民族生死存亡之际，他没有“躲进小楼”，两耳不闻窗外的枪声、炮声、哭叫声。他的心系在国家民族命脉上，始终把国民政府当作国家的象征，把蒋介石视若正宗的“君主”！他批评国民政府的腐败分子，完全是传统士人的“清君侧”行动。清明的君主会视这种人为忠臣，心同比干，行为海瑞，浑噩的帝王会要他的脑袋的。傅斯年的倒宋文章是冒着被杀头的风险的。

历朝历代反腐败都要付出代价的，当一个朝代行将就木时，各种贪腐现象日趋严重，难以遏止。这时会跳出来“反腐英雄”，也就是清廉的忠臣，事与愿违，首先被杀的正是这些忠臣。实际上前朝的忠臣正是为后朝的奠基而殉难的！

在傅斯年苍茫的大脑里，有一根神经特别活跃，它始终以战斗的姿态出现，那就是爱国！他没有“居庙堂之高则忧其民”，却有“处江湖之远则忧其君”的思想，面对庙堂，他没有等级观念。他眼里的蒋介石是“君主”，又是“兄弟辈”的。他不从政，却荷戟而立，保持批评监督政府的权力。忧时忧国，兼济天下，仿佛是他的天职。蔑视“皇亲国戚”既是他的思想使然，又是他“恃才傲世”的性格使然！

说来也怪，傅斯年一向不喜欢狗，他喜欢猫。他常年养着一种眼珠泛着蓝光的波斯猫，这只猫伴随他走过何止千里万里，从北平到南京，从南京到长沙、到昆明，最后又到四川的李庄。晚上他伴着猫睡眠，即使写作时，猫卧在他的案头一角，他不会赶它下去，随它的意。或出于思想的偏激，他看到狗便想起“狗腿子”“走狗”“哈巴狗”诸类十分讨厌的字眼。而猫是虎的祖先，山中之王老虎的血管里流淌着猫的基因。所以有人说傅斯年脾气上来，像老虎，温柔起来，像猫。其实这是只专会捉老鼠的猫。

郭沫若有过这样的生动描写，1946年5月他从上海赴南京，与傅斯年、李济进行学术交流，在中研院找到傅斯年：

> 研究院正在修缮，在装门上的花格，漆楼梯上的栏杆，我在杂沓中被领导着上楼，而傅斯年却打着赤膊刚好从左手最末一间的后房中走出。手里拿着一把蒲葵扇，和他有点发福身子两相辉映，很有点像八仙里的汉钟离。这不拘形迹的姿态我很喜欢，但他一看见我，发出了一声表示欢迎的惊讶之后，略一踌躇又折回房里去了。他是转去披上了一件汗衫出来。
>
> ——何必拘形迹呢？打赤膊不正好？我向他抱歉。
>
> 傅斯年只是笑着他那有点孩子味的天真的笑。……

是虎是猫，他都感到疲惫了，他的血压又陡然升高，他的嘴唇变得铁青，拿笔的手也不时颤抖起来，他只感到头重脚轻，走路也不沉稳了。他像一个伤痕累累的战士，需要离开战壕，养伤治病，否则再难以投入战斗了。

战士走下战场实际上是一种无奈，是一种悲哀。

蒋介石亲自批准他到美国治病疗养。

57 休斯敦是美国一个美丽的海滨城市，白利罕医院临海而建。1947年6月傅斯年高血压病重，不得不来到美国治疗，妻子俞大綵陪护，住在这所海滨医院里。

医院的楼房建筑都是哥特式的，高高的尖顶像教堂。窗外就是湛蓝澄碧、温婉妍丽、近乎透明的海，终日奔涌喧哗着阳光的海。山坡上是黑黝黝的橡树、塔松、火炬树、高高瘦瘦的柳杉，医院红砖绿瓦的建筑物就掩映在绿树丛中。

黄昏，傅斯年和俞大綵常常沿着海边小径缓缓地散步。那湛蓝近乎神奇的海，以温婉深情、明媚清丽的襟怀拥抱了这两位异国他乡的客人。傅斯年已托朋友将儿子仁轨安排在休斯敦一所中学读书，住在学校里，与傅斯年终日相伴的只有妻子俞大綵。

八年离乱，到处流离漂泊，傅斯年虽未征战沙场，但他超负荷的工作，透支生命，率领一支不拿枪的学术科研大军，在抗日战争极其艰难的岁月，打了一场场没有硝烟的战役，占领一个个学术领域的高地，赓续了中华民族五千年血脉。世上有多少苦难，他都饱尝了；人生有多少坎坷，他都经历了。他像前线作战的指挥官，没有负伤，却累病了，血压高达二百，低压在一百五十至一百六十，头晕眼黑，走路像踩在棉絮上，两脚失去了“抓地”的本能，有时爬二层楼梯就要喘一阵子气。同事们看他病得太严重，都劝他住院治疗，胡适从北平频频写信，要他去美国医治疗养一个时期，身体是工作的本钱。傅斯年个性争强好胜，责任心又极为强烈，大事小事，事必躬亲，战乱时期，缺东少西，缺钱少物，办成任何一件事都付出成倍的力气，傅斯年身兼数职，肩上的套绳格外多，哪一根都得用力拉，拼命往前拽，泥里滚爬，水里挣扎，汗流浃背，气喘吁吁，不到趴倒，他是不会撂挑子的。繁忙的工作，紧张的氛围，过度的劳累……使他支撑不住了。他被迫远离时局动荡、苦难重重的祖国，来到大洋彼岸一隅疗养。

经过四个月的治疗，傅斯年体重下降了二十多公斤，血压稳到正常情况下。傅斯年消瘦的身体清爽多了，脸瘦了一圈，两颊的线条不是松弛，而是洗练、紧凑、生动，眼睛也似乎明亮了许多，走起路来也扎实稳健了。

傅斯年要求出院，要求回国。医生说："不行，出院可以，你必须到新港疗养院疗养一个时期，以巩固医疗效果。"傅斯年说："我们国家有许多事情要我去做，我不能在这里闲着……"医生打断他的话，声音很严厉："那个我不管，我是医生，我必须对我的病人负责！"又是一匹犟骡子！他只好"屈从"医生的意见，到新港疗养院疗养。

回忆大半生，傅斯年颇有伤感，对俞大綵说道：

"国家用人之际，我一读书人不能上阵，读圣贤书有何用哉？我于此事，行之至今，自觉无惭于前贤典型。在后来参政会上，唯我一人批逆鳞也。若说有无效力，诚然可渐，然非绝无影响，……士人之节，在中国以此维持纲常者也。"他不想在政界回游浮荡，很想回到书房，静静地钻研学问，撰写他的论著。

俞大綵道：

"国民政府的黑暗和腐败好比希腊神话中的奥革阿斯牛圈，积粪如山，你不是英雄赫拉克勒斯，能一天打扫干净的！"

傅斯年沉默好一阵说道："把人类从苦难中解放出来，是那个时代英雄的目标。我非英雄也！"

这疗养院就坐落在海岛上，四周都是潮起潮落的海，大海如此苍茫，如此沉雄，当浪涛汹涌澎湃朝岸边席卷而来，傅斯年只感到那不是人类生命的欢乐，而是宇宙的无限，自然的浩荡，造物主的神秘和尊严。

一天下午，傅斯年和俞大綵散步在海边，正是退潮时刻，海浪温柔，阳光下，波光万顷，海风轻轻，海水拍打着岸边的礁石，溅起雪白的浪花。这里不是供人旅游的海滩，游人很少，极其安静。几只海鸟啾啾鸣叫着在海空画下几道美丽的弧线。已经是暮春时节了，暮春的墨西哥湾像江南一样，潮湿而温暖。海边的树木已经绿叶成荫，四月的海风温柔，轻轻掠过，林涛声和浪涛声混合在一起，像一曲气势磅礴的奏鸣曲。海浪卷起岸边的落叶，转瞬消失在无边无际的蔚蓝中，一只被海浪卷到岸上的螃蟹，孤独而胆战心惊地在这陌生的沙地上蹒跚而行。傅斯年望着海滩的贝壳、小蟹，顿时心里涌动着巨大的乡愁！

他好久好久没有这样亲近大海了，他的童年是在鲁西平原度过的，他是黄土地的儿子，伴随他成长的是田野青苍的庄稼叶子味和泥土的气息。大海是陌生的，是另一个世界，直到他二十三岁考上官费留学生，在去英国读书的轮船上才第一次见到大海。大海的寥廓，大海的博大渊深，大海的惊涛骇浪，大海的沧桑和尊严，使他读懂了一页宇宙史。现在，一晃二十六年，他已从青年变成老年了，人生如梦啊！

傅斯年坐在一块礁石上，掏出烟斗，点燃，深深地吸了几口烟，想到上午接到胡适的来信，当邮差送来故国飞鸿，又是那熟悉的字体，傅斯年喜上眉梢，他兴奋地撕开信封，一目十行地往下看去，越看越不得劲，他眉毛凝聚起来，额头的皱纹也隆成个疙瘩。他把信扔在桌子上，啪啪地拍着："胡适简直是个糊涂虫！"俞大綵急忙制止他，说，医生要他遇到什么事，也不能发脾气、上火，这样会使血压升高。俞大綵极力相劝，方控制住了傅斯年脾气大发。

"你看看，你看，这是胡适先生们搞的，像夏君这样的伪职人员怎能选入院士？"傅斯年仍然吼叫着，"还有医学上的几个人……胡适脑子里灌上猪油了！"

俞大綵拿起信，匆匆看了一遍，是胡适寄来的一份中央研究院院士名单，胡适把几个伪职人员也列入院士备选名单中，视忠奸如冰炭的傅斯年哪里容得？

他余怒未息，拿起笔给朱家骅、胡适写信，旗帜鲜明地指出：凡抗日期间做过伪职人员的，一概不得入取院士，就是阎王老子、总统说情也不行……

口气决绝，言词铿锵，犹如"圣旨下，皇帝诏曰"，霸气逼人。

不是出于偏执，不是固执己见，傅斯年浓浓的民族情结，爱国情愫，处处淋漓尽致地表现出来，他那种爱恨恩仇，为那个时代浮尘躁世的边缘，建筑了一座精神家园。

傅斯年极端负责，办事一丝不苟，又有悲天悯人的博大情怀，他与老同学顾颉刚从广州中山大学分手后，多年没有来往，但他常常挂念他。这次胡适推荐的院士名单中没有顾颉刚，傅斯年甚为不悦，在给朱家骅、胡适的信中，举荐顾颉刚，并强调顾颉刚在史学上的巨大贡献。

也就在同时，国民政府进行立法委员选举，傅斯年被拟定为立法委员候选人。傅斯年始终保持他自由知识分子的人格，坚辞不干。他写信给蒋介石：说，当年我去庐山参加参政会，那是为了抗日，如同士兵应征，为救国救亡，义不容辞。现在抗战胜利了，我的任务也就完成了，政府的事应由政府人员去干。

中国传统士大夫有社会贤达、清流名士之誉，他们不愿走进肮脏的官场，他们大都视建安文人为楷模，视嵇康、陶渊明等文人为标帜，不为五斗米而折腰，不愿浸濡恶浊、肮脏之气，但这些自由知识分子，又不愿学习古人，隐居山林，放浪江湖，诗酒风流，了却此生。他们受西方知识精英的影响，时时盯着官场一举一动，抨击时弊，评骘人物，批判政要，鞭挞丑恶。他们像运动场上的裁判一样，维护着公平和正义，守护着社会的魂灵，他们代表着良知、良心。

作为一种文化积淀深厚的儒家思想，经过“五四”和新文化运动的洗礼，在傅斯年身上并未消失，他心灵深处仍保留着儒家文化的内核，这就是仁、义、礼、智、信。傅斯年始终认为：在政治上尊重国家象征的中央政府，为国分忧，为国效忠；在伦理观上，他始终讲究尊卑有序，崇尚礼、德、俭、让；在文学上，他主张人性文学，主张文学革新。而他的气质、性格除了遗传外，阶级门第的烙印，文化氛围的熏陶，前贤先哲的启教，这是他思想的源渊。他的反抗精神，独立人格，大刀阔斧的作风，敢怒敢言的率性，以及责任感、使命感，博大的情怀，强旺的生命力都源于此。

“孟真，你在想什么呢?”俞大綵见傅斯年只是吸烟，不言语，劝道，“别为胡先生的来信生气了。”

傅斯年道：“哪里，我想起一个人。”

俞大綵问道：“谁呀?”

“这个人离开我们一千七百多年了，我们谁也没见过他。”傅斯年神秘兮兮地说，“你猜猜!”

俞大綵愣了一阵：“历史这么浩茫，人物这么繁多，一千七百多年，啊,……是嵇康？还是陶渊明?”俞大綵也听到傅斯年谈论过建安七子，竹林七贤，常背诵陶渊明的诗。

“不是。”傅斯年摇摇头，站起来，走动几步：“曹孟德。曹操这个人是大政治家、大军事家，又是大诗人。诗人兼政治家，或者政治家兼诗人，中国历史上不多。曹孟德的诗，意境开阔，气派宏大，格调沉雄，气韵悲壮苍凉。开一代建安风气呀!”

俞大綵说：“邵勉却认为他是乱世之枭雄，治世之能臣。”

“是呀，这种人既有破坏旧世界的伟力，也有开创新天地的能力!”

傅斯年沉思不语。他目光投向大海，空阔无碍，四周的风景无限地延伸，深远、寥廓。这时落日西沉，晚霞如火如荼，无垠的天空和无垠的大海完全融合在一起了。海天上下涂抹着赭红、粉红、桃红、玫瑰红，色彩明丽鲜艳，苍苍茫茫，恢弘壮阔，像天地间一幅巨大无比的油画，又像抽象的史诗。四周静极了，只听见海水冲刷礁岩的哗哗声、晚风吹拂草木的瑟瑟声。傅斯年心情兴奋，面对着大海，对身旁的俞大綵说：“我背诵一首曹孟德的诗给你听。”他拉长声调，用浓浓的鲁西口音朗诵道：

东临碣石，以观沧海。
水何澹澹，山岛竦峙。
树木丛生，百草丰茂。
秋风萧瑟，洪波涌起。
日月之行，若出其中。
星汉灿烂，若出其里。
幸甚至哉，歌以咏志。

傅斯年吟罢，心中也荡起一种豪情，但很快又升起一种忧郁："曹孟德也感慨，人生短暂，譬如朝露，去日无多。"他叹道，"我忙忙乱乱大半生，没有壮年，从青年一下子跳到老年，唉，时光荏苒，岁月匆匆，我不能再浪费生命了。……回国后我要集中精力写几部书。"

俞大綵道："要紧的是保重身体。"

傅斯年道："老骥伏枥，志在千里。我还要干一番事业！"

海浪用灰白的牙齿啃噬着沙滩，不时吐出一簇簇白沫。沙滩上有只小蟹在踽踽地爬行，那憨憨的笨拙的样子，实在可笑，但它鼓着金黄的眼睛，用眼角的余光斜睨着世界，八只爪子很有节奏地迈着，节律庄严肃穆，完全证明它是横行将军的后裔。

落日西沉了，山、树木、礁石的阴影拉得很长，海的上空降下一片迷蒙的暮霭，海域变得更加寥廓、苍茫，海水变得阴郁，发暗、发黑。起风了，一道道厚重的波涛涌上岸来，啪啪地打在礁石上。傅斯年面对着涌动的波涛，犹如读一部宇宙沧桑史，强烈地感到浮沉在漫漫时空中人类的悲哀，如波涛一样，一重重退去，一重重涌来，人生不也如此吗？一代代人流逝了，沉积下来只是留下战胜时间的渴望、精神，和遥不可及的理想。

料峭的海风吹拂着傅斯年稀疏的早生的华发，衣角也被撩起。恰在此时，夕阳从云隙里射出一束光芒，如镁光灯一样照在他的脸上，生动、劲健，犹如一尊雕像，一尊饱经风雨、才华横溢而又魅力无穷的雕像！

傅斯年（中）与台大学生合影

台灣大學校長室用牋

第十二章、秋风落叶满金陵

傅斯年说：

古今中外有一个公例，凡是一个朝代、一个政权要垮台，并不由于革命的势力，而由于它自己的崩溃！有时是自身的矛盾、分裂；有时是有些人专心致力，加速自蚀运动，惟恐其不乱，如秦朝『指鹿为马』的赵高、明朝的魏忠贤，真好比一个人身体中的寄生虫，加紧繁殖，使这个人的身体迅速死掉。

台灣大學校長室用牋

58

1948年8月，傅斯年偕夫人俞大綵回到中国，将儿子仁轨留在美国读中学。

回国后，展现在傅斯年面前的是漫天风雨漫天愁。国民党在军事上惨遭失败，作战力量日趋削弱，共军士气高昂、咄咄逼人，从东北到华北节节胜利，已形成洪水猛兽之势、摧枯拉朽之力，而国民政府内部一片混乱；风云际会，一场决定国民政府生死存亡的淮海大战正处在前夜。许多国民党官吏惶惶不可终日，不少官吏暗暗投降共产党，从城市到农村，反蒋、反国民党的群众运动频频爆发，国民党统治的根基已处在崩溃状态。

傅斯年看到这情况，痛心疾首。他是对蒋家王朝忠贞不贰的，谁知，短短两三年，国民政府已惨败到这种地步。他几十年的奋斗、呐喊、呼啸，抨击时弊，条陈国是，提醒国民政府，刷新政治，结果是越来越糟，现在已是风雨飘摇了。

傅斯年无论怎样卖力，也难有回天的妙招。实际上，傅斯年这种"由国民党来救中国"的念头和观点是当时许多忧国忧民知识分子的共同想法，历史大势所趋，他们的一厢美好的愿望是无济于事的。随着战场上国军节节失败，只有招架之功，而无还手之力，泱泱中华民国已是残山剩水了。

即使在这时局板荡、国民党政权朝不保夕的形势下，傅斯年还抖起精神，忙前忙后，为国出力，积极组织联络，筹备中央研究院选举中国第一批院士的会议。

1948年9月23日至24日，中央研究院第一届遴选暨纪念中研院成立二十周年大会在南京北极阁举行。大会选出八十一位院士。这些院士来自战火纷飞的祖国各地，大致分为三类，一是理化组，二是生物组，三是文史哲组。他们是这些门类专业中顶级拔尖的人物，生物类专业接近世界一流，理化类与世界一流不相上下，文史哲类专业的代表人物堪称世界一流。这些院士大都是国之瑰宝，是中华民族精华中的精英，谁掌控了这些人物，谁就掌控了这个国家的未来。物质财产的损失可以复得、再创，而人才的损失将不可复得。蒋介石深深懂得，这是第一生产力。在前线作战十分激烈的背景下，他乘飞机赶回南京，身上的硝烟未来得及抖掉，便坐在主席台发表演讲。会场气氛庄严、热烈、隆重，墙上标语，舞台上的彩旗，衣冠整洁的新当选院士兴高采烈的欢声笑语，你丝毫感觉不到一个王朝末日的到来。这是国民政府成立以来，第一次召开这样规格高、规模大的会议，党国极为重视的知识分子代表大会，可谓群贤毕至。这是八年战乱，从苦难和死亡的阴影中走出来，走到一起的知识精英的聚会。

晚上，灯火通明，宴会厅热气腾腾，人们拥抱、握手，劫波渡尽的沧桑，死里逃生的幸运，颠沛流离的凄苦，国破家亡的悲愤，一齐涌上心头，泪流满颊，话语哽咽。会议厅摆上一拉溜桌子，桌子上摆满丰盛的酒肴、水果、点心，白酒、红酒、国酒、洋酒，你愿意吃什么菜，就夹什么菜，愿意与谁碰杯就和谁碰杯，流水席，香烟、瓜子应有尽有。尽情地哭、笑、歌、舞、诉说，这是一个朝代最后一缕晚霞，虽灿烂，却凄迷。

蒋介石也强颜作笑，和这些院士们一一碰杯。实际上，蒋委员长一肚子苦涩，十天前，东北辽沈战役，国军全线溃败，四十七万大军被林彪、罗荣桓的四野歼灭。而且有些“战俘”衣服一换，臂章一摘，由“国军”变成“共军”，眼下在加紧培训、改编，林、罗兵团指日出关南下。

北平，傅作义兵团被共军华北野战军重重包围，兵临城下。傅作义是战是降，连蒋介石也不摸底细。

中共华东、中原野战军正在秣马厉兵，集结六十万大军，以徐州为中心，展开一场决定成败生死的大战，国民党也调集各路精锐部队七十万人马，从海州、商丘、临城、淮河等四面集结，分布在东至连云港，南至蚌埠的陇海、津浦线上。这种两点一线的防御，目的是牵制徐州，巩固江淮，屏障南京。蒋介石亲自指挥，刘峙、黄维、杜聿明、黄伯韬、李弥、邱清泉等国民党"五星"级战将，国军的顶天之柱，全部披挂上阵，开赴战役阵地。

战云密布，风雷激荡。一场腥风血雨、天崩地坼的大战，一场决定中国前途命运的大决战，只等信号弹腾空而响了。

会上，大家念及国民政府之命运，脸上的笑意顿作一片阴郁，有的对蒋介石说："应该与共产党签订和平条约，划江而治，这样还能保住江南半壁江山。"蒋介石只是苦涩地叹息："这是一厢之愿，即使签订条约，江南也难保住。是吉是凶在天了。"

傅斯年是中研院总干事，叶企孙早在1943年8月辞去总干事职务。事务繁杂，大至院士的遴选，小至飞机票、火车票的购买，更甭说会议食宿，会议日程的安排，基本上他说了算，他超人的办事才干，非凡的组织协调能力以及学霸作风在会前、会后又一番淋漓尽致地展示。

文史哲组由傅斯年和胡适各拟一个名单。胡适提名十七人，傅斯年提名二十一人，二人提名中有十五人相同，可见英雄见识都是任人唯贤，不计嫌隙，没有派系，更无个人恩仇。傅斯年推荐的院士名单中就有顾颉刚。而且排列顺序：陈寅恪、陈垣、傅斯年、顾颉刚、蒋廷黻，这是晚学的五位大师。令人惊异的是胡适、傅斯年推荐的名单中都有郭沫若的大名，虽然胡适、傅斯年对郭沫若的人品都不恭维，但郭沫若的学术成就还是有目共睹。而且傅斯年在致朱家骅等人的信中特别强调："凡一学人，论其贡献，其最后著作最为重要。"但是二人推荐的名单中都没有钱穆。钱穆就是钱伟长的叔叔，赫赫有名的国学大师，不知是他与胡适、傅斯年治学方法上有分歧，还是傅斯年学霸作风之故，钱穆落选。

值得一提的是，傅斯年在自己推荐的院士中，赫然列有自己的大名，可谓“用贤不避亲”，这是傅斯年的风格，实事求是，绝不当谦谦君子、伪君子。而胡适秉性温柔，广结善缘，从不得罪人，胡适没有推荐自己，这也是他的风格。若傅斯年也像胡适一样不提自己的名字，那就有点虚伪了。

史语所有八人当选院士，独占中研院各所之鳌头，这也是傅斯年的骄傲和自豪，强将手下无弱兵。

59

忙完中研院大会，傅斯年身体极其疲惫，精神也憔悴。俞大綵怕傅斯年高血压复发，除了饮食严加控制，不许吃肉，不许吃油炸食品，只能吃白米饭、白水煮菜，外加水果、黄瓜、西红柿之类。饮食上的单调令傅斯年苦不堪言，更令人痛苦不堪的是国共战场上，国军败绩累累，国民政府迁都台湾已定。

这年，南京的秋天来得特别早，街头的梧桐叶子过早地发黄，风一吹，满街落叶缤纷。刚下过一场秋雨，水汽雾霭将虎踞龙盘的南京淹没在一片寒籁之中。

一年没见，南京依然是残垣断壁，战争的创伤并没有得到医治，荒草没阶的庭院，商品紧俏的店铺，行人匆匆，乞丐、流浪儿处处可见。破旧的马车，犹如堂·吉诃德式的瘦马，歪歪地拽着，车厢里坐着人，弯着腰，缩着头，寒意一阵阵扑来。人力车夫也弯着腰，缩着头，气喘吁吁，蹒蹒跚跚地走，整个城市缺乏一种信心和力量。它已失去了生命的元气。

一家商店在敲敲打打大拍卖，有人在街上喊口号：“枪毙奸商！”“不许奸商兴风作浪！”商场无线电里传来商女的歌声，曼妙低靡的旋律随风飘荡在大街上。

南京，古称金陵，虎踞龙盘之地。风水先生说，后来地气转动，龙头不在南京，南京只有一条尾巴，所以六朝在这里建都，政权最长的几十年，短者二三十年垮台亡国。当初，中华民国选择国都时，有人就提出在西安、安阳，或洛阳，更多的人建议选在北京。孙中山先生却执意选中南京。看来还应了术士之言，南京烟水气太重，水宜流，花宜谢，不适合做国都。

中山大路上，天天有成千上万的人走着，他们都走向孙中山的坟墓。这太不吉利了！

傅斯年曾有一个愿望，消闲时携着夫人儿子“浏览”一下战后的南京，让儿子记住日寇犯下的罪行，现在连这点愿望也难实现了，儿子远在美国，妻子又要照顾多病的岳母，他只好一人要了辆黄包车，随意浏览南京四十八景中的一两处，或三五处。国破山河在，城春草木深。大自然的繁衍和再生能力是极强的。

他首先要看一看中山陵，他虽非孙先生的徒子徒孙，但对孙中山还是很尊重的，是他历经磨难、挫折，屡败屡战，最终推翻满清政府统治。他和睡在他身旁的朱元璋一样，都是以推翻异族统治者、建立汉民族为统治集团的历史巨人，他们受到了历史的尊重。

孙中山先生是中国革命的先行者，他领导的辛亥革命在中国建立了第一个共和国，震惊亚洲和全世界。他的名言：“顺乎世界之潮流，合乎人群之需要。”他坚持真理，不固执己见，在革命的道路上，始终随着形势的演变不断进步。

“五四”运动期间，孙中山虽未来北京，却支持学生运动，他在上海召开的第一次全国学生联合会代表大会上讲话，热情地支持和勉励学生的爱国运动，是反帝反封建的伟大的正义斗争。

傅斯年沿中山路一路走来，见商店寥寥，架草为屋，层楼广厦，毁于兵燹。战后余生，虽已两年有余，仍不见新生，战争的伤痕尚未愈合，慨疮痍难复矣！

中山陵并不远，黄包车夫半个时辰便来到陵前。傅斯年走下车来，放眼望去，这里依然林木蓊郁，建筑雄伟，气势磅礴，倭寇并未有过多的破坏。石砌的台阶上长满苔藓、野草，看来这些年很少有人拜谒孙先生。傅斯年战前很想拜谒，但事务缠身，终未成行。

中山陵就坐落在紫金山南坡。紫金山古迹很多，梁朝以前，紫金山有佛寺二十多座，到梁齐以后，不知“多少楼台烟雨中”了。其中最有名的是灵谷寺，是梁武帝为高僧宝志建设的开善寺，到了明代，灵谷寺得到扩建，占地五百多亩，成了天下“第一禅林”。灵谷寺附近的“三绝碑”，可谓国之瑰宝，碑上有唐代名画家吴道子为高僧宝志画的像，大诗人李白作的赞诗，由书法家颜真卿书写，堪称“三绝”。三绝碑屡毁屡刻，直到本世纪30年代又重刻。好在倭寇并没有看重这件文物，既未掠去，又未破坏，依然耸立林木间、草丛中。

傅斯年坐在中山陵的台阶上，掏出烟斗，吸着烟，脸上布满悲怆和忧郁，一种历史的沉思，涌满心头。江山如画，一时多少豪杰竞相争夺。三国时东吴大帝孙权的陵墓，就在紫金山山脉的梅花山上，而独龙阜的明孝陵，就是大明王朝的开国皇帝朱元璋和他的马皇后的陵墓。风雨沧桑，烽火硝烟，明孝陵的建筑虽有损坏，但大多还保持完好。下马坊、大金门、碑亭、神道、棂星门、文武方门、碑殿、享殿、方城和宝城依旧在。据称，这里曾一度驻扎倭寇的一支队伍，时间不长，又开拔了，文物未造成太大的损失。神道两旁的石狮、石骆驼、石象、石麒麟、石鸟、石人依然在，只是雕刻的线条、纹饰更漫漶了，这都是明初的石刻。但其建筑之坚固、雕工之精湛，则犹不可掩。

在紫金山的北麓，一望荒凉，不堪入目，枯坟累累，残碑断碣，一片狼藉。这里曾是明代开国功臣徐达、常遇春、李文忠、仇成良、吴桢的坟墓，现已没入荒草丛中。据说，南京陷落，倭寇大屠杀时，一汽车一汽车的尸体拉到这里匆匆掩埋，有的根本不埋，往山谷里倾泻一毕，杂陈纵横，白骨蔽野，惨不忍睹。野狐穿梭其间，乌鸦盘桓枝头。悲夫！“白骨入土，人招野外之魂；青冢荒山，日落江南之路。”腥风血雨，荒烟野蔓，荆棘纵横；怨魂幽灵，浮荡不归；崩石颓垣，连绵断续。傅斯年一路叹息，一路悲愤，放牧视野，累累乎旷野与荒城，悲凉凄怆，谁不觉“临风而陨涕”？

傅斯年弃车，沿草丛中的甬道，缓步而行，甬道尽处有一碑亭，一尊巍峨巨碑竖于亭中。这是清代康熙皇帝南巡时所立，上刻：“治隆唐宋。”哈哈，这究竟是歌颂，还是嘲讽？大明王朝三百年修长城万里，建雄关千重，满以为江山固若金汤，享万年之安，结果呢？满清大军剑锋指处，所向披靡，当时气焰之盛，谁敢遏止？铁蹄踏遍江南，什么三秋桂子，什么十里荷花，还不是统统江山变色，社稷易主？

傅斯年登上碑亭，山风吹来，只觉得阴气森然。江山易主，天命无常，两朝遗踪，何堪重说？康、雍、乾治世隆荣，而今安在哉？明亡后有康熙帝立碑纪念，虽含讥讽之意，但笔法遒健，书者心中一片肃穆可见。那么孙先生的国民政府即亡，后世会有这样高的评价吗？傅斯年凭栏驰目四野，紫金山控鸡鸣（寺），倚石城而望北极（阁），烟霞隐隐，气象万千，连山绵延，犹如卧龙。所谓天子气，所谓龙虎势者，今何在耶？

往左一瞥，便是夫子庙，夫子庙旁就是南京“红灯区”秦淮河。这是文化水平低劣的皇帝朱元璋的恶作剧，偏偏把至上至尊的夫子庙建在青楼妓馆旁边，一溪之隔，咫尺之间，竟然是精神的两极：一边是庄重、尊贵、伟岸、卓尔不群的儒雅之士；一边是低贱卑劣、龌龊肮脏、腻浪嬉笑之流。这边檀香袅袅，刚刚拜完至高至尊的先师，一迈脚，过了小桥，便拜倒妓女的石榴裙下，露出一副色狼的嘴脸。这不是对中国历代读书人最绝妙的讽刺吗？只有这位草根阶层出身的皇帝想出如此毒招！你读书人清高什么？装什么斯文？这是中国式的黑色幽默，是对孔夫子的亵渎，还是对中国儒士的讽刺？傅斯年不禁想到，历代亡国之恨都源于朝廷腐败，源于皇上昏庸，用人不当，奸佞当道，小人得志。唐朝诗人杜牧不是有诗云“烟笼寒水月笼沙，夜泊秦淮近酒家。商女不知亡国恨，隔江犹唱《后庭花》”吗？

古今一理，国民政府如此腐败，不亡，岂有他理？每念及此，傅斯年心情更加沉重，国共内战，国军败局已定，蒋介石想以长江画线，抱守江南残山剩水，恐怕是介公的一枕黄粱吧？共军攻势咄咄，指日投鞭断流，横渡天堑，南京刚从倭寇手里夺回，复又陷入共党之手，真是多灾多难！

傅斯年站在一块岩石上，放眼望去：群山蜿蜒，峰峦跌宕，大江东去，一川滔滔，林木蓊郁，烟水苍茫。这六朝金粉的古都原是历史风流际会之地。江山如画，几多英雄为此争得血肉迸溅、浮尸累累。他沉思的目光，没有驰目游怀的豪情，却有沉郁迷惘的苍凉。他蓦然想起在重庆读到的毛泽东《沁园春·雪》：“数风流人物，还看今朝！”这一豪言壮语闪电般从脑海中划过，惊出一头冷汗。蒋公输了，千古风流人物今犹在，虎踞龙盘的石头城又要重下降幡，毛泽东们将主华夏沉浮……不堪想象：千古江山，满目兴亡。傅斯年长长地叹了口气。

傅斯年记得莫愁湖廊柱有一副楹联：

憾江上石头，抵不住迁流尘梦，柳枝何处，桃叶无踪，转羡他名将美人，燕息能留千古迹；　　问湖边月色，照过了多少年华，玉树歌余，金莲舞后，收拾这残山剩水，莺花犹是六朝春。

这是禅语还是谶语？国运和人的命运一样，只有大小不同。国民政府亡国指日可待。蒋介石早已做好最坏的打算，迁都台湾，借助海外孤岛，卧薪尝胆，以便反攻大陆，东山再起。他的史语所，他的中研院，他的那些学界友人，将何去何从？去美国看病之前，他的史语所从四川李庄迁回故都，行李卷刚刚打开，一切工作尚未就绪，内战的烽火狼烟又四处燃起。多舛多难的史语所自成立以来九次迁徙，由广州、北平、上海、南京、武汉、长沙、云南、李庄，他曾说，这回迁回南京就不会再搬迁了，谁知，两年不到，此言落空，傅斯年心痛如绞，忧戚的目光望着满目落晖的荒山，一片怅惘，一片茫然。

车夫催促他了，傅斯年只好乘车向城里返回。

第二天，傅斯年又乘一辆人力车，浏览了燕子矶，他要最后看一眼长江。此举，他没有惊动任何人，中研院的负责人只知道他有事，但谁也不知道他独自凭吊故国山河。

美国治病归来，傅斯年一直心情悒郁，脸色灰暗、阴冷，少言寡语，有时一晌午不说一句话，昔日那位言之滔滔，口若悬河，大炮隆隆的傅斯年哪里去了？那位气宇轩昂、睥睨一世、参政会言辞铿锵、愤世嫉俗的政治发烧友哪里去了？过去，他对国民政府、国民党，像老子对儿子一样，骂骂咧咧，指指点点，哀其不幸，怒其不争，现在已临灭顶之灾，还有什么可言？

傅斯年凭吊故都河山，一是排遣心中的郁结，再是反思自己人生，也是最后看看故都锦山秀水。国民政府已开始将大批的战略物资用轮船、军舰运到台湾了。

燕子矶是南京四十八景之一。这里临大江，惊涛裂岸，堆雪飞霰，气势惊魂，宏丽夺魄。这里怪石林立，如笋如锥，巍峨江流，踞于矶石，俯瞰长江，蜿蜒千里，浩浩东流。浪花丛簇，江鸥翔舞，帆樯点点，出没浪里。俯首静听，岸石与风水相搏，其响如鼓，涛声浪韵，余音袅袅，是一章大自然的奏鸣曲；远山近水，苍茫翠黛，峰峦若烟，青螺点点。时值残秋，林木肃然，野芳凋零，江风吹来，颇有凉意。若是春天游燕子矶，则是另一番景观，芳草回春，野花散芳，这里风光旖旎，秀景可餐，桃花灼灼，海棠花艳，清风和煦，莺声呖呖。遥想当年，王右军在这里笔飞墨舞，豪气干云，李太白做客天涯，放歌吟咏，苏东坡素怀游癖，曾赤壁怀古，来到燕子矶，能不歌以咏志?

虎踞龙盘，名山胜水，多有勒石纪功之碑，残山剩水，胜地有金粉烟花之迹。而秋暮冬初，山冷水寒，游人寥寥。只见满园落英缤纷，木叶飘零，一目荒凉阒寂。

倭寇所及，几无完处。原来的御碑亭被日寇炸毁，一片废墟；水榭楼台，尽是瓦砾一堆。满目残垣断壁，惨不忍睹。

傅斯年沿麓漫步，边看边思。他想起三年前延安之行，本想调解国共矛盾，共商建国大业，谁知双方持见相左，而今大动干戈。他曾说蒋介石、毛泽东是项羽、刘邦之争，眼下一代“霸王”大势已去，“乌江之恨”也为期不远。社稷江山，易主之变，犹如翻掌。淮海大战在即，国民政府命悬一线，即使国军胜利，一个新的“南北朝”，中国仍然动荡不安!

傅斯年行至三台洞，洞通紫金山，泉水淙淙，汇于石池，清涟甘露有琼浆玉液之誉，由三台洞拾阶而上，便是玉皇阁，这里背山面水，登临其上，如云汉乘槎，俯首远瞩，大江东去，奔腾而下，一川浩浩，满耳涛声。这里江面宏阔，江风凛冽，一排排汹涌而来的波涛，犹如无数头张着血盆大口的雄狮，贪婪地吞噬着江岸矶石。不知怎的，傅斯年脑海里总幻想出一千多年前，也许是风寒秋老的日子，李煜在船舱中面南而立，头上的金丝编织的皇冠换成了寻常的布质幞头，身上绣龙的黄袍被素面白衫取代。他茫然若失地回眸，霏霏雨雪的六朝古都，烟火胜景之地，直到那“龙蟠虎踞”的石头城城垣上凸凸凹凹的雉堞模糊不清，才收回迷蒙的泪眼。船上身边是荷戟执戈的赵家军，一个个鹰瞵鹗视，寒光刺人。

李后主怎么也不会想到扮演三国东吴孙皓的角色，重演南朝陈后主的悲剧，从皇帝到囚徒，这大起大落的人生沉浮，历史是这样的无情！

三国时代，当王睿接到司马炎出兵伐吴的诏令以后，立即率领七万精锐水师，沿江东下，千帆竞发，势如破竹。王睿先以少量擅长踏波浪、熟谙水性的士卒，驾驶数十张木筏在前清障开路，为了迷惑吴军，他又令将士扎草人立在船上，木筏之后便是大批战舰，每只战舰都有火炬，灌满油脂。如发现有铁锁横江，便点燃火炬，以烈火熔铁，然后顺流鼓棹，破浪而行。吴军沿江各城守军，见晋军船坚兵勇，锐不可挡，便望风而逃。于是石头城上一片降幡，素色白幛，垂然而挂。

陈叔宝是昏君、恶君、庸君，“生于深宫中，长大妇人手”，从不不知创业之艰难。整天花天酒地，奢华腐糜，利用搜刮而来的民脂民膏，在宫廷大兴土木，临春阁、结绮阁和望仙阁，高达数丈，连接数十间三阁的窗扇、栏杆均用檀香木制作，还要裹上金箔，珠玉点缀。外施珠帘，内设宝帐、宝床，日日荒淫，夜夜歌舞，香风袅袅，琴韵声声，陈叔宝自居临春阁，贵妃张丽华居结绮阁，贵嫔龚、孔二人居望仙阁，三阁之间皆有暗道相通。

当隋朝大将韩擒虎、贺若弼率军强渡长江、兵临城下，陈军连连告急，陈叔宝吓得手足无措，魂不守舍，竟然不敢看奏报。当隋朝大军杀进宫廷，陈叔宝携爱妃张丽华坠枯井。隋军把陈、张二人提溜出来，押往长安，最后魂断“他国异乡”。

李后主被赵家大军押解离开金陵时，心情何等悲痛，他站在船头，泪涌满面，望着烟雨迷离的故都，一字一咽地吟道：

四十年来家国，三千里地山河，凤阁龙楼连霄汉，玉树琼枝作烟梦。几曾识干戈。

一旦归为臣虏，沈腰潘鬓消磨。最是仓皇辞庙日，教坊犹奏别离歌，垂泪对宫娥！

成功与失败，辉煌与卑微，傲岸与低贱，构成这位“政治家”与诗人的生命的两极。

金陵真正成为一个城市是东吴时期。孙权的术士也曾劝告他，说，这里有“王者”之气。于是孙权在西临长江、南控秦淮河入江口的石头山上，利用悬崖峭壁，依山筑起城垣雄伟的石头城，并改名建业，以示其决心在此建立帝王之业。

朱元璋未确定建都南京之前，曾想在自己家乡凤阳建都，便派左丞相李善长在凤阳大兴土木，修建宫殿、城池、街道、桥梁、寺庙、宅院和军营等工程。刘基却说凤阳是帝乡而非帝都，这里缺乏作为首都的基础，农业、交通都不发达，不能支撑一个大都市的需要。刘基建议建都南京。刘基不仅是一个政治家，也是一个风水大师。

刘基等人对南京重新进行一番堪舆，以便避开六朝之气运。他们认为建康（南京前身）四象完备，左有钟山，右有白虎石头山，北有玄武湖为玄武，南有秦淮河为朱雀。秦淮河南岸一带为逶迤的案山。但也有两个不足之处，使得六朝气数不够：一是背靠玄武湖，湖是水，背后生凉；而且长江位于南京北边，南京属阴，阴气过重；二是水口朝外，秦淮河从内流到外，破了金陵之气。刘基要克服这两个弊端，首先要把城建于山之南，背靠钟山，引钟山之灵气入宫，又将秦淮河重新规划，把所泄之气留住。

人是历史的创造者，只是人生再伟大也只能在历史长河中溅起一小朵浪花。在历史精神物化时，历史也成就了载体组合的进程。多少浩繁的卷帙，多少美妙的辞章，散布金陵城内外一座座古建筑，虽经八年兵燹的焚烧，风雨的侵蚀，但残迹遗存尚在，一缕文脉未断，秦淮河流经千年的烟雨，古城墙绵延百里的沧桑，莫愁湖秋波含恨，南朝烟雨，楚秦王气，赵宋残阳，明朝宫阙，清廷遗韵，这皇皇千年古城，浸染了难以言表的文化意味，虽已是剩下残垣断壁、废墟累累，但仍散溢着动人的魅力。

在改朝换代的大动荡的时局中，孙中山辛亥革命成功，建都南京，1912年1月1日，孙中山在此举行中华民国临时大总统就职典礼。孙中山临时大总统仅仅担任了两个月零十天就让位于袁世凯，1912年3月10日袁世凯在北京宣誓就任中华民国临时大总统。

国民政府一开张就不吉利，不到三个月就被袁世凯篡夺大权，移都北京。南京作为国民政府的首都前后不到十三个年头。北伐战争胜利后，国民党内部派系纷争不止，先是定都南昌，后又改为武昌，1927年4月18日，蒋介石宣布在南京另立国民政府，直到全面抗战。十年之后却被日寇攻陷，被迫迁都重庆。抗战胜利，返回南京不到三年，又将被“共匪”攻陷。这是继六朝之后的最短命的王朝，最多灾多难的王朝！南京是个缺乏阳刚之气的城市，在此建都的王朝都是短命的。

傅斯年回眸历史更感到灰心丧气，他目睹着大江流水，反刍自己的人生，感到一个知识分子的良知良心完全对得起这个国家，这个民族！上仰苍天，下俯大地，他问心无愧！

傅斯年始终保持着一个学人的清正高洁之风。他不想在政界混个一官半职，凭他的博大精深的才学、天才的组织能力、超人的办事能力，他完全可以成为国民政府的高官大吏，甚至像他的老祖宗一样，可挂帅相印，一生荣华富贵，位极人臣。而恰恰相反，他的叛逆性格使他不染政尘，只想做大事，做利国利民的大事，他参政的目的，只图国家富强，民族独立，社会进步，人民安康，他把希望寄托在国民政府身上。虽然这个政府不堪，他却视为正宗，忠君爱国的理念一直是他心中的图腾。

傅斯年痛苦异常，他已钻进历史的怪圈，置身这个行将就木的王朝，难以自拔。投靠共产党，尽管共产党里有他的许多朋友、学生，但他不会在国民政府危难之际，卖身投敌，那非君子所为，而是小人之行。这与他立身行道、傲岸不屈的精神背道而驰。

傅斯年不可思议的人格魅力，除有天赋奇才，更由于学识、素养、敏锐、亢爽、深情、坚毅和旷博情怀综合而成，他身上凝聚着东林士子、清末革命党人的美质，他清楚了解清末革命党人的民族气节，历尽艰难险阻，踬踣者屡，碧血弹飞，浩气四塞。

傅斯年极端悲观，他的精神陷入绝境。这是“无边落木萧萧下”的无奈，这是“落花流水春去也”的绝望。傅斯年真想以身殉国，以一己之生命，震撼国人！

傅斯年有思无行。

但是傅斯年不知道，三十年前，也是这样的季节，有个人曾孤身行至金陵古城，举目无亲，纵目远瞩，满城屋瓦鳞鳞，但破旧不堪，他步行环行城墙一周，他是顺便拜访“少年中国会”南京分会负责人左舜生，这人就是毛泽东。毛泽东想进北京大学学习，但囊中羞涩，盘缠不够，会友们慷慨解囊，赠予路费，毛泽东顺利到达北平，当上李大钊手下的北大图书馆管理员。而三十年后，北大骄子傅斯年却独步古城，为自己的出路而踌躇、彷徨。河东河西，三十年，真是天翻地覆！

60 1948年11月14日清早，南京城内爆发一条惊人的消息，使全城人心惶惶，犹如共军兵临城下。

《中央日报》第二版第三栏以长标题刊出一条新闻：蒋介石文胆、谋士陈布雷于昨天八时，以心脏病突发逝世。陈氏前晚与友人谈话，仍处理文稿，一切如恒，就寝时甚晚。昨晨，随从因陈氏起床较晚，入室省视，见面色有异，急延医诊治，发现其脉搏已停，施以强心针无效。陈氏卒年五十九岁……

南京市议论鼎沸，古城人心惶乱，国民党大小官员如惊弓之鸟，风声鹤唳，现传来陈布雷自杀的噩耗，一种恐惧感弥漫在石头城。

“略感疲劳，照常办公，怎么会突然去世，真是奇怪！”

“唉，辽沈会战失败，徐蚌（淮海战役）会战，前途凶险，国军在东北、华北都吃了败仗，陈老夫子是否感到半壁江山岌岌可危了？”

“这叫以身殉国哪！”

还有的说：“陈老夫子向总统进忠谏，总统发脾气了，打了陈老夫子一巴掌，陈老夫子羞愧交加，吞食安眠药自杀！”

陈布雷素患神经衰弱症，常苦于失眠，每晚必服安眠药，方能入睡，有时半夜醒来，再服数片。晨起总在七时左右，十点已过，尚不见起床，秘书遂推门入室，见先生面有异色，忙请总统府医官陈广煜、熊凡救治。两医官判断陈先生已于两小时前过世，因服安眠药过多……

清点陈布雷遗物，发现一页杂志中有“油尽灯枯”一语，不知是指蒋家王朝已至山穷水尽之窘境，还是指自己之欲望已断绝？议论纷然，尤其是政府公务员们更有不祥之感……

12日深夜，陈布雷毫无睡意，他知道自己留在这个世界上只有数小时了，反倒感到轻松、从容了。他要死得清清白白，沐浴一番，换了内外衣衫，外面罩了一件棕黑色马褂、长衫，然后是一支接一支地吸烟，烟灰缸里烟灰烟蒂堆满了。夜更深了，陈布雷头脑清晰，他一连写了两封遗书，一封是致中央政治委员会秘书长洪兰友，托付照料“中政会”之事，一封写给张道藩，嘱托移交“宣传小组”账目及单据，最后又留函蒋君章、金省吾两秘书，表示自己死之决心……

13日上午，蒋介石得悉陈布雷死讯，脸色顿时变得苍白，随即取消了上午的会议，拄着拐杖来到陈布雷宿舍，面对陈布雷的遗容，默默不语，眼泪却潸然而下。他不住地用手绢擦拭，临走时吩咐：“好好料理后事，我派俞局长和陈局长来帮助你们。”

随后，宋美龄在陶希圣的陪同下，也上楼来了，她穿黑丝绒旗袍，步履沉重，面对陈布雷遗容，一张蜡黄干枯的脸，宋美龄急忙闭上眼睛，泪水像决堤的小河，满颊涌流……

蒋介石深感若有所失，陈布雷对自己忠心耿耿，日日夜夜地为他起草文稿，呕心沥血，二十多年如一日，而陈布雷两袖清风，一尘不染……蒋介石悲伤不已，提笔战战兢兢地写下横匾：“当代完人。”

陈布雷是傅斯年最亲密的朋友之一，陈布雷之死对他如霹雳轰顶，他痛哭不已，扬言，要随布雷兄同去。……

傅斯年从美国看病归来，曾登门拜访陈布雷，两个人都是耿介正直的知识分子，心心相印，那天下午，两位老朋友倾心而谈。最多的是谈时局，都很悲观，陈布雷埋怨老蒋治党不严，国民政府腐败不堪，大批官员都是贪官禄虫，民夫国贼，现在国已不国，败局已定。陈布雷告诉傅斯年，国民政府已决定迁都台湾，政府已下令大小建筑工程一律停止，全力以赴将重要战略物资，包括黄金、文物、图籍、资料、仪器、设备，能运走则运走，这些物件先运至上海，再由轮船军舰运至台湾……

陈布雷看到国民党政权岌岌可危，自己无力挽大厦于即倾，又无回天之术，悲痛至极，他曾向蒋介石苦谏："罢兵弥战，同共产党举行谈判，早日结束内战，国民党或许还坐半个江山。"蒋公何不想罢兵，早知结局如此悲惨，何必当初？他无可奈何怅然叹息："即使谈判也保不住半壁江山，只有背水一战，成败在天了！"历史有多么惊人的相似，几年前傅斯年所言刘邦、项羽之争，现已复活历史的画面：项羽饮恨乌江不是悲叹道："非战之力，天亡我矣！"面对江山崩裂，社稷危亡，蒋公只得硬着头皮，困兽犹斗，决心背水一战，但他已采纳策士、地理学家张其昀的提案，迁都台湾。

陈布雷悲叹道："想不到，不到两三年，局势变得如此糟糕。"

傅斯年更是痛心疾首，大骂政府的国之禄虫、贪官污吏们，现在国民政府已日薄西山，谁也无力阻止落日的西沉，暮色的降临。

陈布雷又道："徐蚌会战打响了，这一仗决定党国的命运……共产党气势逼人，八年抗战，它的势力壮大，根据地发展很快。关键是民心，他们争得了民心，得民心者得天下，失民心者失天下，古今一理。"

傅斯年愤愤地说："我早就写文章，说，古今中外有一个公例，凡是一个政权的垮台，往往不是外部势力的强大，关键是自己内部的崩溃。秦朝毁于指鹿为马的赵高，明朝亡于巨恶大奸魏忠贤，大清朝就葬送在千古罪人袁世凯，当然慈禧也不是好东西……"

两个人凭窗依栏，看窗外金瓯破碎，蒋家王朝宗庙社稷即将土崩瓦解，好一阵沉默不语，两张脸上同样的阴郁、灰暗。

抗战刚一结束，国民政府要进行改组，蒋介石曾与他的幕僚长陈布雷商议，打算从北方人中补充政府委员。陈布雷说，北方人不易找到可做国府委员的人，党内外皆如此。蒋介石说："我看傅孟真最合适。"陈布雷最了解傅斯年的脾气，对蒋介石说："怕他不干。"蒋介石说："劝劝他，大家劝劝。"陈布雷找到傅斯年，把委员长的意思透露给他，果然不出所料，傅斯年力拒谢辞。傅斯年说：自己乃一介书生，也务非其所能，我若在政府，于政府一无裨益，若在社会，或可以为一介之用。傅斯年心目中，国民政府好比儿子，自己是老子，动不动就训一顿、骂一顿，保持他批评政府的自由，他的独立精神，一旦投入政府怀抱，这好比媳妇过了门，自由便没有了，反而成为朋友们"千夫所指"了。

当时，蒋介石还要拉胡适入阁担任国民政府委员兼考试院长。蒋介石还写信给傅斯年，求傅帮帮忙，请胡适入阁从政。适得其反，傅斯年写信给时任北京大学校长的胡适："蒋表面上要改革政治，实则缺乏起码的改革诚意。借重先生您的大名，全为大粪堆插朵花！只要先生坚持不可，非任何人能够勉强……"其实，傅斯年在深厚的传统文化和"正宗""正统"观念束缚中，他的政治立场是鲜明的。他尽心尽力忠于国民政府，但又鄙夷国民政府的腐败无能，更不可能心向共产党，他眼中的共产党是"流寇土匪"，他的立场是坚定的，顽固的。他无视共产党蓬勃兴起，只看到国民党人心散乱，蒋公治党治国不力，他想走第三条路，游走在国共之间，不偏不倚，始终保持自己思想之自由，精神之独立，人格之高洁。但历史的法则，逼人的现实，使他不可能走第三条路，他必须做出抉择，最终，傅斯年还是坚信国民党："中国的政治若离开了国民党，便等于没有了政府。国民党不是没有问题，但还差强人意，有政府总比没有政府更好。"傅斯年毕竟一介书生，他不是政治家，这谎言谬论只能出自他的书生之口。

……那天，傅斯年和陈布雷谈的时间很长，直到夜幕降临，二人才分手。傅斯年要了一辆黄包车回家。昏黄的路灯，飘零的落叶，寒意萧萧的北风，寥落的人影，这个城市显得衰败而苍凉。不知谁家的留声机里还播放着周璇缠绵低迷的歌声："浮云散，明月照人来，团圆美满今朝醉……"

陈布雷身体一向衰弱，繁杂的工作，长期紧张的脑力劳动，使他患上严重的失眠症，加上无法摆脱的矛盾和苦难，使他夜夜耿耿难眠，每天晚上，离开安眠药就无法入睡，每晚吞服四五粒，其中不乏进口的烈性安眠约。有朋友出国归来，别的礼物他拒收，唯有安眠药，他笑纳，且越多越好。他忍受不了生活和工作的重压，更忧郁国民政府风雨飘摇的困惑，望前景，一片茫茫，他对未来既无信心，又无力自拔，心境之恶劣，使他萌生自尽的念头。

陈布雷早在1945年8月，日寇投降，重庆举行盛大游行庆祝活动时，许多人高呼："中华民国万岁！"但陈布雷神色阴郁，话音冷涩："有什么可高兴的？艰难的日子在后面呢！"实际上他已预料到一场内战大风暴不久降临，国民党腐败和内部错综复杂的矛盾已无法解决，他知道的内幕太多，国民政府能战胜日本侵略者，很难战胜它的老对手共产党。徐蚌会战，国军的溃败，他决心自杀的念头更重了。

12日深夜，他把自己反锁在室内，吞服了一百二十颗烈性安眠药，第二天上午，他的副官陶永标三次敲门，为时已晚，这一百二十颗烈性安眠药足以致命二十余人。

陈布雷走了，伴着淮海战役的隆隆炮声。

陈布雷之死，傅斯年悲恸欲绝，俞大綵左劝右说，才停止哭泣。他踞坐在竹藤椅上，呆若木鸡，大脑一片空白，握在手中的烟斗，烟早熄灭了，他茫然无知。俞大綵怕他血压升高，给他服了药，又拿了块湿毛巾捂在傅斯年额头上。又安慰一番，傅斯年稍微安静一些。

陈布雷之死，确系看透王朝末日，心力交瘁，又清楚地看到，国民党经济和军事失败的背景以及美方对蒋介石的不信任和桂系白崇禧的拆台，逼蒋下野。国民政府，风狂雨骤，前景一片暗淡。陈布雷不愿目睹轰然倒塌的惨景，只好早早归去。

陈布雷死后不到半个月，蒋介石在一次小规模会议上，对文武高级官员讲："在座的诸位都知道，近来的局势很危艰，于党国不利，值此千钧一发之际，更须本党精诚团结、同仇敌忾，而决不允许任何人有涣散军心、动摇斗志的言论和行动。"他语气变得沉重而悲怆，"共产党的宣传很厉害呀，像布雷先生这样的人，竟然也会受到共产党的影响，不可轻视呀！"

蒋介石气色依然严峻："我还要说一件事。有人曾对我陈言，说要宋子文、孔祥熙、陈立夫、陈果夫，加上夫人宋美龄，各拿出五亿美元，用于国家。这是什么话？"蒋介石怒气十足，"嗯，宋子文有钱吗？孔祥熙有钱吗？嗯，至于我夫人宋美龄那更是没钱了。所以散布这个言论，只能给党国带来危害，有利于共产党！"蒋介石并未点名陈布雷，实指陈布雷对蒋介石的忠谏，当时蒋介石怒不可遏，随手打了陈布雷一耳光。

陈布雷之死对傅斯年是一沉重的刺激，悲观至极，再次萌生自杀之念。俞大綵如影随形，对傅斯年监管更加严格，几乎寸步不离，晚上睡觉也不敢睡得过沉，还嘱咐龙嫂关注傅斯年一举一动，俞大綵一晚醒来几次，看看丈夫的睡态、睡相。他随身带着安眠药，更使她提心吊胆。

傅斯年倾尽满腹愁怨，真是"空巷苍兮风凄凄，心踯躅兮泪涟涟。无一欢之可作，有万绪以缠悲"。在灯残漏断、万籁俱寂的寒夜，他辗转难眠，想起大半生的悲欢离合，异国求学，他乡漂泊，犹如无根之浮萍，随着政局战乱而跌宕，不禁百感交集，心绪难平，痛感世事无定，生命短促，大有"今生已矣"之概。由于过度劳力劳心，透支生命，他已早生华发，鬓染秋霜，精神憔悴，面对国祚衰败，病入膏肓的残局，更是愁肠百结。他曾想魂断长江，再也不必因沧海横流而忧心如焚了。

61 1948年12月，金陵的冬意更浓了。冬天的长江静寂地流淌，不喧嚣，不急湍，波涛平静，但弧度很大，仍有力度。江岸边一片萧森，布兵设防，炮群密布。共军扬言投鞭断流，号称百万雄师过大江。

南京城处在一片惊惶动荡之中。

这天雨夹小雪，温度降了好几度，由于煤炭紧张，买不到炭，壁炉也未点，屋里寒气侵骨。偏偏母亲心脏病复发，俞大綵要陪母亲去广州，再转香港就医。傅斯年弟弟傅斯严得悉嫂夫人要远行广州，把哥哥一人丢在南京，他焦急、顾虑，立马赶来，劝告嫂嫂俞大綵莫要离开哥哥。

俞大綵也甚感为难："我母亲心脏病重，大姐认为南京危在旦夕，必须先飞广州，然后转到香港就医，时间紧迫，救命要紧。大姐要我陪同护送母亲，随机照顾。我又担心孟真，他这样忧时感伤，情绪极劣，万一旧病复发……我真不知如何是好?"

傅斯年把手一挥，口气很硬："你母亲病情严重，此行如有不测，你未能尽孝将遗恨终生。你非去不可！不要顾虑我。"

当俞大綵收拾行装，准备明日启程，傅孟博又匆匆赶来把嫂嫂叫到另屋，眼泪涌流："你难道不知道哥哥随身携带一大瓶安眠药，一旦匪军攻入，他便会服毒自尽，那时，你后悔莫及，以后将如何自处?"

孟博反复讲了一番，句句话感人肺腑，俞大綵也泪流不止，随即改变了主意："好，我不去了，不去了，那边有我姐姐照顾，也将就着吧！"

1948年底，北平已被人民解放军包围，傅作义战和不定，彷徨瞻顾，矛盾重重。傅作义的六十万大军成为惊弓之鸟，卫立煌集团在东北的覆灭，徐州的"剿总"在淮海步步失利，更使傅作义惶惶不可终日。华北野战军包围傅作义主力部队集结于张家口、新保安两点。林彪的"东野"结束辽沈战役，又率大军直扑平、津，至12月21日先后分割包围了北平、天津，傅作义已成瓮中之鳖，处于战无力、守无能、退无路的绝境。南京陷入一片慌乱惊惶。国民政府公务人员乱得像热锅上的蚂蚁，不知是躲还是逃，一些政要们急忙打点行装，为老婆孩子抢购飞机票、火车票，南下广州，飞往台湾，车站、机场，人声嘈杂，一片哭叫呼喊声。不仅是民众、公务人员，连军人也同样惶惶不安，恨不得插翅欲飞，去台湾的船票、机票，更是一票难求，动荡开始无节制地蔓延开来。

傅斯年欲自杀未自杀，一方面是由于俞大綵看守得紧，一方面他深感到肩头上的重任，陈布雷之死已给这行将溃崩的政府一个沉重打击，自己还有很多事要做，北大的学界、教育界的同仁朋友，已身陷重围，如何逃出虎口？胡适、陈寅恪等人情况若何？国民政府分崩离析，有谁顾及学术机构，他二十余年苦心经营的史语所何去何从？离开自己岂不群龙无首，树倒猢狲散了吗？想到此，傅斯年必须振作精神，打消自杀的念头。

这天，傅斯年召集史语所同仁们开会。傅斯年一变往日的铿锵慷慨的言辞，口气悲怆，语调凄然，一脸苦色："研究所生命，恐遂告终矣。余之精力既消亡，且宿疾未瘳，余虽欲再将研究所迁到适当地区，使国家学术中心得以维持不坠，鄙人也无能为力。今当商议遣散。虽然如此，诸先生之工作，斯年仍愿尽其最大努力，妥为绍介安置。同人此时，以学术自由之环境已受威胁，于多年生命所寄托之研究所，亦不胜其依恋可惜。"

傅斯年话语哽咽，泪光闪烁。满场在座人士，无不哀伤、悲痛。不少人低声啜泣，有人失声痛哭。

悲夫！这些民族精英们，荟萃一起，开掘民族精神之河流，升华民族精神之境界，苦读诗书，青灯黄卷，白发皓首，他们孜孜不倦，在极端困境中，不叫苦，不知难，奋力拼搏，以至于皇皇巨著，累累硕果，都诞生在桐油灯下，忍着饥腹枵枵之苦，耐得孤独之寂寞……漂泊、流徙，风雨沧桑，本指望抗战结束后，能静坐案头，从事酷爱的事业，八年战乱后，谁知又是烽火硝烟？而今金陵故都又将沦陷，他们已是无枝可依的鸟儿！多灾多难的史语所，命运多舛的一代学人……

这时好多人放声悲恸，号啕大哭起来。

"我们要活在一起，死在一起！"

"不能四散分离！"人们哭嚷道。

傅斯年大为感动，他用手绢擦擦眼睛，依然声震屋瓦，说："诸先生之贞志乃尔，则斯年之残年何足惜，当力命以会诸先生之望耳！"傅斯年又说出史语所要随国民政府迁移台湾。

于是在傅斯年领导下，又是打整行李，捆扎书籍、资料、文物，好在他们从李庄回迁南京后，许多图书资料箱还没来得及拆封，收拾起来倒省去一些麻烦。但又要筹措经费、运输工具。全所大部分人员开始惶恐纷乱中挈妻将雏仓惶逃往海峡孤岛，只有夏鼐、逯钦立等少数几位留居大陆。当史语所同仁及其家眷登上客轮驶向波涛汹涌的台湾海峡，傅斯年挥手致别，他没随船而去，却目睹这一幕“出埃及”记，他泪雨滔滔，差一点没昏厥在海岸。

傅斯年留下来，更有重任在肩，他不能死，不能倒下，要硬挺着继续留在南京。要抢救北平的学人，他直接找到蒋介石，蒋介石当然准许，此事由傅斯年、陈雪屏、蒋经国三人负责。蒋介石还亲自授意傅斯年要接回各院校馆所行政负责人，因政治关系必离者，北平著名学者、教授、专家，中央研究院院士，在学术上有贡献者，这是国民政府最后的“家底”，不能遗留在大陆上。1948年岁末，共产党东北野战军联合华北军区主力共百万大军，围困了北平、天津，傅作义的六十万人已成瓮中之鳖，国军已气脉衰竭，力不能支，蒋介石急派飞机，空投手谕，激励全军将士，挽狂澜于即倾，拼死一搏，不成功，则成仁。但傅作义优柔寡断，是战是降，摇摆不定，解放军攻城的炮声隆隆，弹片在清华园上空呼啸而过。清华师生乱成一窝蜂，四处紧急逃避，校方只得宣布停课。十多年前的战乱一幕复又重演，北平的空气中弥漫着硝烟气息。大街小巷人心惶惶。

傅斯年如接到“圣旨”，精神又振奋起来，回到史语所，立即给胡适、陈寅恪、毛子水、钱思亮、英千里等人发去电报。这都是国宝级人物，有了他们，这个政府尚能存一息生机。傅斯年又派他的秘书那廉君到处奔波，联系飞机、轮船，特别北平学人，身陷虎口，不知生死，更使他焦虑万分，他通过妻兄，时任国民政府交通部长的俞大维，“走后门”，要来专机，飞往北平，接胡适、陈寅恪等人回南京。傅斯年手下只有一个干事那廉君，忙不过来，许多事要靠他一人东奔西跑。早饭往往中午才想到吃，在街上小铺买几个肉包子，蹲在马路沿上，匆匆吞下几个，用手绢擦一下油光光的嘴唇，连口水都来不得及喝，喊来一辆黄包车，便飞也似的在马路上奔跑起来……

士为知己者死。傅斯年曾对自己的朋友陶希圣说：“现在没话说，准备死。”现在他没有死，而且把美国医生的忠告，妻子俞大綵的劝告置于脑后，在困难之际，在社稷宗庙存亡之际，他反而拼命工作，像当年战乱流亡时一样，他肩膀上挑起了沉重的担子。他焦急忧虑的是学人的去留，学术机构的迁徙，如何将那些名流、专家、大师抢救出来。傅斯年一直固执地认为这些学人留给共产党，将会被毁掉，断了他们的前途，并预言共产党一旦掌权，中国会出现文化沙漠。他一方面给蒋介石建议，把重要的文物资料、图书典籍、名人书画等能运到台湾的尽力运到，这是国民政府最有价值的财产。

蒋介石批准傅斯年的建议，把抢救“学人”视为与抢运黄金具有同样价值，为日后蒋介石在台湾打下经济文化奠定基础。

傅斯年开列了一个名单，把那些高等院校的负责人，学术团体的会长，中央研究院院士，学术上有突出贡献的学者、教授、专家，统统囊括进去，给大陆留下的是一片文化的苍白。傅斯年几乎忘记了自己曾患有严重的高血压，他东奔西跑，飞机场、火车站、船运公司，教育部、交通部、行政院……联系人、拍电报、订机票，忙得手脚不沾地，饭顾不得吃，觉顾不得睡，晚上很晚也不着家，俞大綵整日为他提心吊胆。在他抢救的学人名单里，赫然在前的是胡适、陈寅恪、汤用彤、饶宗泰、杨振声、罗常培，还有毛子水和清华大学校长梅贻琦、教务长潘光旦，还有刘文典、牟宗三等大师级人物。

他永远是不安分的，激动而紧张，又永远是清醒的。他永远处在自己存在的最高形式中。这是他性格的使然，也是精神的馈赠。

胡适、陈寅恪是众星之月，国民政府胸前最光彩夺目的勋章，更甭说傅斯年与胡适亦师亦友的刎颈之交，与陈寅恪虽不属师生辈，但交情之笃厚与胡适不差上下，他们的感情和特殊关系使他们不能不与蒋介石风雨同舟，患难与共。

傅斯年找到俞大维，要他派专机去北平接胡适和陈寅恪。12月12日，专机从南京的明故宫机场起飞，飞往北平。在此之前，行政院已派陶希圣前往北平，做胡适的工作，撤离北平，并传达蒋介石的旨意，由胡适任行政院长，重新组阁，翁文灏的内阁已于11月份垮台。陶希圣来到北平，在东厂胡同找到胡适，当时胡适正做《水经注》版本展览，准备北大五十周年大庆时展出。陶希圣左劝右说，要胡适“临危受命”，胡适始终不答应，胡适说，要我组阁，不敢当，但在最危险的时候，我会和蒋先生站在一起的。

现在北平已处在共军包围之中，共军“围而不打”，北平已陷孤绝之境。这期间，共产党也在争夺胡适，共产党的广播电台发出信息，只要胡适不走，人民政府依然会重用他，胡适仍然可以担任北大校长，另可兼职北京图书馆馆长。北大的朋友、教授们听了，问胡适态度如何，胡适苦涩地一笑：

“他们会要我吗？”其实胡适一生追随蒋介石，但他对共产党也没有刻骨仇恨。解放军汹涌之势，如怒涛排山倒海，国民党军队缩头缩脑，不敢抵抗，也无力无心抵抗，官兵人人另有打算或逃跑，或投降，谁也无心替蒋家王朝卖命。面对如此局势，胡适这面学界大旗也被强烈的风暴吹得东倒西歪，他嘴里讲：“北京大学不会南迁，如果南迁就不叫北京大学了！”其实他们曾有想法像日寇侵略时，再组织西南联大，但未付出实际行动。胡适的爱徒吴晗曾规劝他投靠共产党，胡适十分恼怒，愤愤地说：“不要相信共产党那一套！”他口气严厉决绝，“在苏俄有面包没自由；在美国又有面包，又有自由；他们来了，没有面包也没有自由。”

蒋介石两拍电报，催促胡适来南京，并派专机来接胡适、陈寅恪，得此消息，胡适再也沉不住气，便收拾随行行李，决定南飞南京。临行前他派人通知辅仁大学校长陈垣同机而去，但陈垣坚持留北平。更让胡适恼火的是他的小儿子胡思杜决意留在北平，不肯随父南行。胡适夫妇无可奈何，只好嘱咐他看好家，保管好这批图书资料，谁知这一别成为永诀。

到了南京，胡适还后悔，像陈垣这样的人物去留都无关紧要，最痛心的具有知识分子气节，三百年乃有此一大师的陈寅恪未来南京，是国民政府的重大损失。其实陈寅恪愿意随胡适南行的。

12月14日，胡适给同仁汤用彤、郑天挺留下一张纸条：我就要走了。一切事，只好拜托你们几位同事维持。我虽在远，决不忘掉北大。

胡适仓皇离开北大，走时什么也没来得及收拾携带，只将自己的著作手稿，还有父亲的一份遗稿，装在随身的手提箱里，乘校车匆匆赶往机场。和胡适同机抵达南京明故宫机场的还有大名鼎鼎的陈寅恪。傅斯年、王世杰、朱家骅、蒋经国早已在机场迎候，此时已是傍晚六点半。傅斯年待胡适走下舷梯，一手抱住胡适、一手揽住陈寅恪，泪流满面，泣不成声。傅斯年与王世杰、朱家骅安排胡适、陈寅恪等学人们住进赤峰路的一家宾馆。

胡适情绪十分低落，陈寅恪也不言语。傅斯年虽心里悲痛不已，但还要安慰二位师友。

傅斯年忙得焦头烂额，又和王世杰、朱家骅等人商量第二批抢救名单。他一方面拍电报给北平"剿总"，一方面又写信给北大秘书长郑天挺，说："空运队可即派两架飞机到北平，只前信中所开三批名单，做一次走。"可见其心情急迫、焦虑。信后又附言："以后必预先集中，每人只能带随身行李。"并说北大郑天挺秘书长，清华大学梅贻琦校长，北师大袁同礼校长及其家属都不要付款买机票，在京由教育部直接付款。

第二批抢救的"学人"有梅贻琦校长，北师大袁同礼、李书华、英千里等人。傅斯年又以教育部长朱家骅和胡适的名义，邀请冯友兰、罗长培还有邓广铭等人速速南归。郑天挺找到邓广铭，问他的意向。

邓广铭说："如果单纯就我与胡、傅两先生的关系来说，我自然应当应命前去，但目前的事并不那样单纯。胡、傅两先生事实上是要为蒋介石殉葬去的。他们对蒋介石及其政府的关系都很深厚，都有义务那样做。我对蒋介石和国民政府并无任何关系，因而不能跟随他们采取同样行动。"

国民政府随后又派出五架飞机飞往北平抢救"学人"及其家属，飞机却放空归来。傅斯年本以为那些饱读诗书的儒士会"忠于国家"的，共赴国难，谁知这些人关键时刻纷纷叛变，这是一种可耻的变节行为，傅斯年大骂这些没良知的学人。飞机载回来有些不相干的人，连袁同礼的保姆、用人也随机而来，傅斯年非常恼火，但又无处发泄。那些留在北大、清华、北师大的学者、教授纷纷表态不与国民党同流合污，愿投靠共产党，获得新生。傅斯年丧气极了，后来，每天都派飞机飞往北平，但没有“学人”归来。傅斯年的学人“抢救”工作被迫停止。

但史语所的同仁，不知是忠于国民政府，还是忠于傅斯年，他们决心都去台湾，没有一人愿意留在大陆。

62

在这场抢救“学人”之前，早在1948年10月，台湾大学校长庄长恭辞职，这时国民党把主要机构迁往台湾，陈诚担任台湾省主席。当时身为教育部长又兼职中研院院长的朱家骅也决定将中研院迁往台湾。台湾大学乱糟糟的，这些“学人”迁台后，如何就业，如何安排，总得要有个去处。现在台湾大学急需一位得力的校长去管理，迅速改变现状。

抗战胜利后，国民党接收台湾。国民政府派中央研究院植物研究所所长罗宗洛赴台担任台大校长，战后的南国海岛也是一贫如洗，田园荒芜，教育凋敝，商贸萧条。台湾的财经大权掌握在台湾长官公署，台大经费不足，再加上师资紧张，良莠不齐，很多不学无术之辈混迹其间，教学秩序混乱，生源芜杂，荆棘漫道，诸绪多缠。罗宗洛本是一介儒生，不是帅才，无力解决棘手问题。干了没几个月，干脆撂挑子，不辞而别，跑回上海，当他的专职所长去了。

不得已，国民政府又派中央大学教授陆志鸿赴台任校长，陆氏也是一介腐儒，一身书卷气，学究气，他上任后，顿感到台大是个烫手的山芋。经费严重不足，教授聘不来，再加上台湾局势动荡不安，台独势力猖獗，亲日派还在，另有土匪、社会黑恶势力，也非常活跃，社会治安极其混乱，台湾大学更处于山穷水尽之境。陆志鸿束手无策。教育部长朱家骅认为陆实不堪胜任，只好换将，改派庄长恭赴台就任台大校长。

庄长恭，福建省泉州人，毕业于北京农业大学，早年留学美国，获得芝加哥大学化学博士。1934年任中央研究院化学所所长，前些时被选为中研院院士。庄长恭也是志大才疏的一介书生。他赴台伊始，颇有魄力，大造声势，鸣锣放炮，台湾大学校园一片热烈的场面，拉开了宏图大展的序幕。台大师生也寄予很大希望。孰不知，这位庄大校长无奈人生地不熟，用人皆多失误，经费不仅没搞到手，反而招来一批滥竽充其师资队伍，乱哄哄的一场闹剧。这时节大陆局势每况愈下，国民党兵败如山倒，蒋家王朝土崩瓦解近在眼前。而台大的情况依然是一团乱麻。庄长恭困惑迷惘，他夜不能寐，辗转反侧，念及前途，更是不寒而栗，他不愿意困之孤岛，殉身蒋家王朝。他和他的前任罗宗洛一样，悄悄地打起行李卷逃回上海。

这时上海已成了共产党的天下。

情况危急。

1948年是国民党大劫大难的一年。

国民政府已决心撤往台湾。兵荒马乱，人心惶惶，炮火连天，狼烟蔽空，牵衣顿足，哭叫号啕，是那个时代的画面。

飞机、轮船、军舰，甚至帆船、木船，频频往返波涛汹涌的海峡两岸，这是惊天动地的大迁徙。

既然政府迁移台湾，台大必然是未来的重点大学、最高学术中心，是国民政府的人才库。身为教育部长的朱家骅为党国计，为学术、教育大业计，忧心忡忡，必须选出一位德高望重、才干卓荦的校长就职台大。他的目光定格在傅斯年身上，心头掠过一缕欣喜。论学识、论才干、论作风、论组织能力，天下无人匹敌，是天降英才，舍傅其谁？但朱家骅深谙傅斯年性子火爆，孤傲不羁，又身患高血压，能否接下这副担子，朱家骅心中无底。朱家骅先派教育部一位司长余又逊将此事转告傅斯年。傅斯年坚辞拒绝，立马拨通朱家骅的电话，操着鲁西方言，牛吼般地大叫："不中，不中，我干不了，我身体很糟，你老兄不是不知道！"声音震得电话机嗡嗡作响。

时年五十四岁的傅斯年大病初愈，大夫嘱咐他需要静养，不得担任任何职务，否则后果不堪设想。傅斯年深知高血压对身体的危害，它将引起心脑血管的疾病，危及生命。1941年他在重庆查出高血压，高低压一百九十至一百二十，头晕目眩，四肢麻木，手足无力，左眼血管破裂，病情危急，住院三个月，病情好转，又过了好些时日，方可在院内小走。

傅斯年是个拼命三郎，干起工作来不要命，在重庆住院，大夫就劝他要休养，不得劳累，不得超负荷工作，不得生气、发脾气、急躁，他把医生的话当成耳旁风，出院后在家只休息了两周，便投入紧张繁杂的事务性工作。这次从美国看病归来，没想到国内局势变得如此糟糕，他哪里能在家里静养？他忧国忧时，兼济天下的传统思想，使他片刻不得消闲。他里外忙碌不堪，史语所迁移到台湾杨梅镇，抢救北平学人，北平图书馆、故宫博物院的人、财、物，样样操心，事事牵挂，中研院人事去留，他一一苦口婆心地做工作，要他们共赴台湾。他始终认为台湾是反共的根据地，共产党的江山长不了，国民政府迟早会打回来。他荒谬地认为，只有国民政府代表中华民族的正统。

傅斯年没想到自己拖着病体如此辛劳，刚刚处理完史语所迁移之事，连口气没有得喘，朱家骅又将重担撂在他的肩上。

傅斯年电话上拒辞了朱家骅。他坐在写字台前，点着烟斗，深深地吸了几口烟，默默地望着窗外江南阴郁的天空。时令已至初冬，院子里的老樟树叶子已落尽，光秃秃的枝杈上有几只麻雀，可怜兮兮地叫着，寒风凛冽，掠过树枝，发出怪异的声响。

朱家骅口气焦虑而恳切："孟真兄，我知道你身体不好，实在不好意思让你带病出山，没办法呀，我手上没牌，不得不求老兄……国家危难之际，你就再出把力吧!"

傅斯年长叹道："老兄，你这把我架到火上烤了！"沉思片刻，"好，好，我干，豁上这条老命了，士为知己者死嘛!"

朱家骅安慰道："你只管发号施令，不必事事躬亲，望多加保重。"

63 1948年12月17日下午三点，在南京中研院大礼堂举行北京大学建校五十周年纪念大会。这是南京的"北大同学会"张罗的，出席大会的有"北大同学会"在南京的会员，还邀请了从北平抢救的清华、北师大"学人"，中央大学的有关人员。由于时间仓促，筹备不足，会场布置也简单潦草。胡适早已写好《北京大学五十年》一文，这一天又是胡适五十八岁生日，本来是个大喜的日子，此时北平已兵临城下，被共军围得水泄不通，谁都知道政权易手是迟早的事。

蒋介石致电胡适，要他早早离开北平，胡适犹豫不决，直到13日还惦记着北大校庆的事。由于傅斯年极力催促，又派专机飞北平去接，无奈，胡适偕夫人江冬秀及陈寅恪一家于15日下午飞到南京。17日在北平举行的北大校庆会，只好拜托汤用彤和郑天挺二位先生了。但他还是参加了南京“北大同学会”举办的校庆大会。

他一走上讲台，便说：“我绝对没有梦想到今天在这里和诸位见面，我是一个弃职的逃兵，实在没有面子再在这里说话。”言语间情绪悲怆，感慨不已，一时泣不成声。本来会场气氛低沉、悒郁，胡适的几句话，犹如催化剂，顿时，会场一片凄然，哭泣声响成一片，一些年老的先生比年轻人更感到悲伤，不禁放声号啕起来。

胡适泪流满面，会场一阵骚乱之后，胡适揩干眼泪，继续宣读他准备好的致辞。他说：“在世界大学的发展史上，刚满五十周岁的北京大学真是一个小弟弟。”他列举了欧美一些大学创建的时间，做了横向比较，接着又陡然一转，来了个纵向对照，说，中国的大学早在二千多年前已创办了，汉王朝的太学，后来历朝历代的国子监，都是最早国立大学。

胡适接着说：“这个小弟弟年纪虽不大，着实有点志气。”他指出北大是“戊戌新政”的产儿，早年经过义和团动乱和民初变局，后在蔡元培、蒋梦麟的主持下，经过三十年的努力，才成为一个持续发展的学术中心。然而，三十年代初期正是北大复兴的时候，日军在沈阳发动“九一八”事变，当时，由于大家“打定主意，不顾一切，要努力把这个学校办好，努力给北大打下一个坚实可靠的基础，所以北大在最初六年的国难之中，工作最勤奋，从来没有间断”。讲到最后时，胡适的声音又哽咽了：“现在我们又很危险、很艰苦，在这样的环境里给北大过五十岁生日。”

胡适停顿一下，掏出手绢，揩揩眼睛，又继续说道：“我讲这段故事，是要说明北大这个多灾多难的孩子，实在有点志气，能够在很危险、很艰苦的情形之下努力做工，努力奋斗。”

胡适讲到这里，会场又是一阵啜泣声。

胡适讲完，傅斯年致词，语气慷慨悲壮：“以北大五十年历史创造自由主义为新的精神基础，过去虽未能获得政府之扶助，但未来共产主义如有成就，对自由主义将更摧残。”傅斯年口气郑重，“吾确信共产党绝不会支持和久在，在共产党后必有一个‘伟大朝代’，能就吾五十年信仰自由主义种子，予以发扬。”事到如今，傅斯年依然顽冥不化，真是带着花岗岩脑袋见上帝了。

胡适其实并非什么政治人物，他和傅斯年一样，不党不群，他最钟情的事业是教书，写文章，他一生是一个伟大的书生，从当年的中国公学到北京大学，他倾注了大量心血，投入了巨大的感情，校长这个位子他是十分留恋的。早年是反对搞政治的，曾发誓“二十年远离政治，二十年不搞政治”，但是不可能的，人，生来就是属于政治的、文化的、社会的、伦理的，你远离政治，政治却不远离你。从1938年到1945年，他出任驻美国大使，用傅斯年的话说，那是为抗日，“应征”。抗战胜利之后，他回到祖国本想静下心来，致力于学术研究。他曾经赞扬“德国文豪”歌德之“镇静工夫”：“每遇政界有大事震动心目，则黾勉致力于一种绝不关系此事之学问以收吾心”，并说，当拿破仑战氛最恶之时，歌德竟然潜心“研究中国文物”。同时胡适也称赞诸葛孔明：“以鞠躬尽瘁之诸葛武侯乃独能于汉末大乱之时高卧南阳者，诚知爱莫能助，不旭存养待时而动也。”若不是蒋、傅连连催促，他是不会在南京庆祝“北大五十周年”，他会坚持留在北平做这场演讲的。

回忆“五四”和新文化运动，胡适并不像他的老乡陈独秀那么激烈慷慨，刚毅决绝，结果陈独秀成了“五四”、新文化运动的“牺牲品”，国民党的“死敌”，共产党的“弃儿”，悲剧呀，人生的悲剧！他认为，陈独秀如果不热衷于政治，凭他的才学，完全能成为名垂千秋的大师，著作等身，结果“一事无成”！

和傅斯年一样，或者说是胡适影响了傅斯年一生，他们始终是儒家哲学的孝子贤孙。伦理是儒家哲学的核心，也是儒家思想的中枢。新文化运动，“五四”运动中是荡涤了“三从四德”，贞妇烈女，放足、剪辫子等愚昧野蛮的遗存，实际上，儒家思想的精髓，依然流淌在这些曾沐浴过欧风美雨的知识精英血脉里。胡适高举民主、自由、人性复归的大旗，却始终没有走出封建礼教的囹圄。傅斯年的忠君思想至死没有改变，他对国民政府的孤傲，目空皇威，正是这种忠君思想的体现。

蒋介石对胡适颇为看重的，是胡适的盛名，胡适的品学，胡适在国内的影响，当代无人匹敌。他很想借助胡适这个“自由知识分子的金字招牌”，为他日趋倾圮的国民党政权呼魂唤魄，注射一支强心剂也好。

校庆会不久，蒋介石在他的官邸邀请胡适夫妇共进晚餐，蒋介石不烟不酒，平时请客也不上酒。胡适夫妇的到来，蒋介石特地斟上茅台酒，以示敬意。胡适戒烟了，蒋公准备有上等好烟也未开盒。对于蒋介石的诚挚和雅量、宽厚和礼贤，无论从文化心理深处，还是从道义上，胡适对蒋介石都是感激的，和傅斯年一样，有知遇之恩。宴席间，蒋介石劝胡适去美国替政府做点事，胡适是个“美国通”。“我不要你做大使，也不要你负什么使命。”蒋介石亲热地各夹一箸菜分别放在胡适和江冬秀面前的小盘里，这一切做得自然、贴切，使胡适感到人情的温馨，接着又道，“例如争取美援，不要你去做，我只要你出去看看。”

没想，胡适却道：“这样的国家，这样的政府，我怎么好意思说话？”胡适一生追求温和渐进式改良，对任何独裁政府都不感兴趣。

蒋介石依然满脸堆笑，说道：“你到美国转一转，目前国内局势很乱，共匪很猖獗……你出国散散心也好。”蒋介石言辞之恳切，情感之真挚，胡适心灵不能不受触动。国民党内部乃至美国方面要求胡适再次出使驻美大使的呼声很高。其实，胡适连“国资委员”这种虚衔都不想要。胡适又不想驳蒋的面子，嘴上既不反对，也没有明确答应。宴席后不几天，蒋介石还给胡适一封密信，明确表示目前急需美国在精神与道义上的支持，特别要求美国在中共新政权上表示不承认，希望胡适到美国帮助驻美大使顾维钧展开工作。

胡适决定去美国已是1949年1月下旬了，此时傅斯年已赴台湾就任台大校长。1月21日，当他把江冬秀、俞大綵送上开往台湾的轮船上，便乘上飞机飞往美国了。

恰巧，这一天（1月21日）蒋介石宣布下野，退隐奉化溪口老家。随着三大战役的惨败，国民党军队只有招架之功，已无还手之力，泱泱“中华民国”只剩下江南残山剩水了。傅斯年在延安对毛泽东说的项羽与刘邦之事的预言已言中。“非战之罪，天亡我矣！”不同的是项羽无颜面见江东乡亲父老，而老蒋却厚颜回归故里！

64

这是1948年最后一个夜晚。第二天便是1949年元旦了。

天空磅礴着叠叠寒云，风从长江对岸，从遥远的北方吹来，一片肃杀气象。南京街头一片空寥、荒寂。没有张灯结彩的节日气氛，没有笙歌弦舞的欢乐场面。车马声稀，人影疏落，店铺的门面早已关闭。昏黄的路灯下，只有风在街巷上横冲直撞，落叶和纸屑被风吹起，满街飞扬。屋檐上有几只麻雀冻得瑟瑟发抖，不安地鸣叫着。巷角卧着几个乞丐、流浪汉。毕竟是冬天了，南国的故都，半壁残山剩水都瑟缩在萧萧寒意中。

胡适和太太江冬秀被傅斯年邀到家里共度“除夕”。傅斯年书房里摆着一张小地桌，桌上几盘薄肴，一壶冷酒。一个安徽徽州人，一个齐鲁之邦东昌府人，都是儒家思想浸濡最重之地，即使新文化运动倡导者，深受西方现代文明陶冶的胡适和傅斯年，依然保留家乡的儒家礼仪，男人喝酒，女人不上席。俞大綵、江冬秀和保姆龙嫂在另一间屋吃饭、说话。中间龙嫂不时到傅斯年书房里斟茶。为了迎接胡适夫妇来家过年，俞大綵托傅斯年的秘书那廉君“走门子”买了几十斤炭。壁炉点燃了，屋子暖融融的，一颗冰冷悲凉的心似乎得到温馨的蕴藉。

傅斯年和胡适对坐着，默默不语，傅斯年丢下烟斗，端起酒杯：“先生，请干杯，这怕是在南京最后的一个元旦了。”傅斯年情绪黯然。

胡适端起酒杯一饮而尽，叹口气道：“国民政府说垮就垮了……”

小屋里烟雾缭绕，胡适过去也吸烟，只是最近戒了烟，闻到烟味，连连咳嗽了几声，傅斯年急忙把烟斗磕掉，又打开窗子，让烟雾散去。说话间，只听“啪”的一声断电了，屋子一片黑暗。这些天不是断电就是停水，南京城本来人心慌乱，停水断电更引起一片骚乱。一个王朝的气数终结了。龙嫂赶快找到两支蜡烛头点燃。烛影摇曳，两人相对凄然。

傅斯年想提提精神，道："你在北大五十年校庆会上讲得好，我们中华民族过去在世界上遥遥领先，近百年却是江河日下，成了西方列强的弱食，可惜呀!"

胡适道："医治东亚病夫只有两剂药，就是科学和民主，否则要亡国灭种。"

胡适把傅斯年从北平接到南京，一直住在傅斯年史语所办公室，西方圣诞节已过，中国的旧历年未到，元旦前夕，二人共话时局，心头笼罩一种苍凉悲哀。傅斯年对国民党政府腐败深恶痛绝，有不共戴天之仇，可是他又无力挣脱文人雅士、上流社会的圈子，脱离这个圈子，又到哪里去？皮之不存，毛焉附之？两耳不闻窗外事，或做隐士，对他们这些"清流"也是一种幼稚的幻想，时代的板荡，震幅很宽，它触及到每一个人。在历史的拐弯处，你必须做出自己的抉择。傅斯年也感到身不由己，总觉得有一种力推着他，他从美国归来，下决心不问政治，不任任何职务，用好人生残年，写几部著作。可是时局大变，幻想完全破灭，无奈之下，又接受了台大校长之职。往前看，是惊涛骇浪，一片苍茫；往后看，寥廓的岁月，只是苦涩的记忆，苍凉人生的感喟。而今他们乘坐的这条大船已千疮百孔，沉沦撞礁是必然的。

胡适不同于傅斯年情绪激烈，他中庸、文弱、儒雅，但骨子里与傅斯年有着共同的骨髓——忠君爱国，而且都荒谬地认为国民政府是代表国家的正宗"政府"。他们认为对中央政府可以犯颜直谏，可以诤言批评，但政府毕竟是政府，推翻它，打倒它，是违规犯法的。他向往民主，不喜欢群众暴行，更反对暴力革命；他崇拜英雄，却不喜欢独裁；他酷爱自由，却不喜欢违法乱纪；他虽然是新文化运动的领袖，"五四"运动的总司令，却又是旧文化旧道德标准的奉行者；他高举着民主和科学的大旗，却又拜倒孔孟之道膝下。他不像陈独秀是个千里霹雳万里闪、开天辟地的英雄，他是时势打造的骄子。

"孟真，蒋公托人捎话给我，要我出面参加政府工作。"胡适一张憔悴疲惫的脸，布满阴郁和悲戚。

傅斯年道："蒋公也让王世杰跟我谈过，让我做你的工作……你的意思呢？”

“我坚辞不任。当年蒋公派我出任驻美大使，不是你的劝说，我是不干的。再说，那是为了抗战，应该为国尽责尽力。”

傅斯年眉额紧蹙，平时豪言壮语，声震屋瓦，而今满面戚然，好一阵儿，他愤愤地说：“让你出面，全是为大粪堆上插上一朵花！你一定要拒绝！这些年，我全力支持国民政府，但这个政府实在不堪，我呐喊过，斗争过，这个政府的腐败依然恶性发展，这必然要亡党亡国。据说蒋公有次在中常委会上，大骂揭发孔祥熙、宋子文的人，虽没点名，我是首当其冲者，自然是骂我的。这个蒋公当面对我如此诚恳，背后却是另一套……”

傅斯年说着说着，火气又上来了，用筷子敲着桌子：“局势闹成这个样子，全是国民党一些混蛋们不争气，真是不可救药，不可救药呀！”接着又道，“他们多次拉我入伙，加入国民党，还要我们史语所的同仁们集体加入国民党，我一口拒绝了：君子不党！”

胡适也感慨道：“政治是儿子，我不要儿子，儿子却来了。”胡适几十年不衰的盛名之下，他终于成了政治票友，对国民党诤言和闲话也不少，他从来不买国民党的账，也不阿谀奉承说顺耳的话，更不在政府混上一官半职，可是你不找政治，政治却找你。人不是生活在超世界的真空里。他大半生追求的社会进步、政府改良，对任何独裁和暴力，他都是反对的。

“陈布雷怎么死的？”傅斯年余怒未消，自问自答，“《中央日报》报道心脏病猝发，胡说八道！是自杀，吃了两瓶安眠药，自杀身亡！为什么？”傅斯年呷了一口酒，伸长脖子，“是蒋公逼的。陈布雷死前几日，曾向蒋公进谏，蒋公不听，反而遭到痛斥……陈先生两袖清风，虽身居污泥，却如出水芙蓉，一尘不染。据我所知，陈先生那时任侍从室第二处主任，有事找孔祥熙联系，谈完事，孔祥熙拿出一个信封说，‘陈先生，你身体不好，子女又多，负担重，战时物价高，我这一点区区小意思，略表微意。’陈布雷当场拒绝，并严辞批评了孔祥熙。你猜信封里是多少钱？是一百万元银行本票！一介忠臣哪！”

“陈先生死时只是叹气：‘腐败，腐败，你们的总裁……哼你们的总裁……’陈先生随即吞下一瓶安眠药，接着用白开水送下。”

胡适道：“历朝历代即将灭亡时，总有几个忠臣为之殉葬，大宋朝的文天祥，明王朝的黄道周，清王朝的王国维，本朝的陈布雷先生算一个。”

傅斯年惋惜道：“蒋公执政二十余年，有功有过，北伐战争，基本上统一了中国，这是大功；坚持八年抗战，直到取得胜利，这又是一大功。其过，就是十年戡乱不力，反腐败不力，用人不当，才造成这种残局。”

胡适素以儒雅、谦和著称，向来不愿评骘他人，“对礼贤下士”的蒋公他更不愿批评，沉思片刻道：“从‘九一八’事变到‘八一五’投降，日寇长达十四年的侵略战争，占去蒋公执政三分之二的时间，国破家亡，财枯力竭，能支撑下来，实堪不易。有些事情是没有条件做好的。”

傅斯年道：“如果蒋公回到台湾，深刻反思，吸取教训，卧薪尝胆，复兴也是有望的。”

“难矣哉！”胡适摇摇头，“但愿如此！”

傅斯年道：“你没有听到，共党的电台说我们跟错了人，但我们没做错人，我坚信，后人不会指着我们的坟头，大骂败类！国民党正如亡国的六朝，是自取灭亡。”

胡、傅师徒二人回忆往事，瞻顾前程，念及四处飘零的朋友、故人，音信杳然，情绪更是悲苦。傅斯年喝下一口酒，不觉醉意渐浓，突然“嗷”的一声放怀大哭起来。胡适也泪流满面，但手足无措，不知如何劝慰，不知怎的也抑制不住哭出声来。俞大綵和江冬秀急推门而进。江冬秀属虎，平时在家里就雌威凛凛，胡适怕老婆是出了名的，见胡适哭得泪人似的，不仅不劝慰，反而批评道：

“哭、哭什么？大难临头不就是个死吗？一个大男人，哭有什么用？”

俞大綵一边用毛巾给傅斯年擦泪，一边细声劝慰道：“胡先生莫伤悲，莫伤悲，天无绝人之路，保重身子要紧……”她强忍着的眼泪突然夺眶而出，流到腮上，流到衣襟上和手上。

两个大男人平素都是叱咤风云的人物，又是名满天下的大文人，竟然孩童般地痛哭不止，真是男儿有泪不轻弹，只是未到伤心处。其实江冬秀也是泪光盈盈，这时却比两个大男人坚强，强忍着没有落下泪来。

江冬秀和俞大綵劝慰了一番，傅斯年和胡适都停止了哭泣。傅斯年喝了一口茶，问道："胡先生还记得陶渊明一首拟古诗吗？"

"是哪首？陶渊明拟古诗有九首。"

傅斯年道："《种桑长江边》那首。"随即低声吟诵起来：

种桑长江边，三年望当采。

胡适也随即吟诵道：

枝条始欲茂，忽值山河改。
柯叶自摧折，根株浮沧海。
春蚕既无食，寒衣欲谁待！
本不值高原，今日复何悔。

他们反复吟诵，声音低沉、喑哑，充满懊丧、悲哀和无奈。

这是陶渊明弃官回到故籍后所写，是他拟古诗九首中的最后一首。通篇用比以种桑江边，因山河改易，劳而无功，喻人托身不慎，致祸而后悔。作者感慨晋朝覆亡，以桑比喻宗国。陶渊明"不为五斗米折腰"，当督邮来到他任县令的小城视察，他不着官服，不出衙迎迓，反倒乌纱帽一甩，我不侍奉乡里小儿，弃官而别。这种魏晋风骨的确成了中国后世文人的楷模。

傅斯年和胡适是"种桑"之人，只是选错了地方，不该来到"长江边"，忠心所寄，生命所托，一切都装在国民政府这驾马车上，现在悔之晚矣！他们悲哀的不仅仅是国民政府的没落、南京的陷落，更令人悲哀的是一生追求的民主、科学、好政府主义全化为灰烬。这浓重的哀愁像阴影一样挥之不去。

所有的书生，都是悲剧的命运。

夜深了，很静，不知何时窗外窸窸窣窣飘起雪花，是雪霰。

65

一连三天三夜，傅斯年足不出户，把自己关在书房里，书看不得，文章写不得，情绪焦虑不安，心如乱麻，他哧哧地吸着烟斗，满屋子烟雾缭绕，像烧窑似的。他只觉得寒冷，不知是身冷，还是心冷，俞大綵命龙嫂将火炉提到傅斯年书房，傅斯年仍然坐立不安。窗外寒风呼啸。天空阴沉沉的，可是既没下雨，也没下雪。这是旧历腊月“三九”时节，屋檐下的冰挂，几天也没有溶化。北国是干冷，江南却是湿冷。

傅斯年一会儿绕着屋子踱步，嘴里念念叨叨，他前些时和胡适吟诵的陶渊明的《种桑长江边》，念一阵儿，又笔飞墨舞地狂写一阵儿，屋子里落满了大大小小的字幅。散乱的条幅是他理又乱的思绪，枯涩的墨迹是他情感的干涸和龟裂。他只有怨恨，没有懊悔，他虽没有开弓之力，但也没有回箭之思。他怨自己种下的龙种，收获的却是跳蚤。

这千年古城从来没有如此贫穷、破败、孤立，它将是废墟之城，全城都沉浸在一个帝国落日黄昏的忧愁中。

他感到绝望和无奈，他焦虑和忧愁。他感到敲骨吸髓的难受。他感到刻骨铭心的孤独。这不是他一人的孤独，是几百万人共同的阴暗情绪。一个王朝的残留物都已融入他的生命，渗入他的血脉，化为他旷世悲剧的命运。每一个朝代的嬗替，每一次时代大的变迁，就像一座大厦轰然倒塌，留下一堆废墟，供后人凭吊、感悟。现在傅斯年所居住的大厦顷刻即将倒塌、瓦解，能不忧伤？愁山叠叠？“问君能有几多愁？恰似一江春水向东流！”摆在他面前的只有两条路，没有第三条路可供选择。跟着国民党，从一而终，绝不做逆子贰臣；二是投靠共产党，他毕竟与毛泽东还有交情，共产党那边还有他的同学、学生和朋友，但访问延安归来，他对延安并未留下好印象，过去他大骂过“共匪”，一旦算起旧账，他傅斯年还吃得消吗？共产党会相信他吗？重用他吗？毛泽东会有像曹操对待袁绍的“笔杆子”陈琳那样伟大的胸襟吗？陈琳写了一篇讨伐“奸相”曹操的檄文，历数曹操的罪恶：“司空曹操：祖父中常侍腾，饕餮纵横，伤化虐民。父嵩，因赃假依，好乱乐祸”，“而曹操豺狼野心，潜仓祸谋，乃欲摧挠栋梁，孤弱汉室，除灭忠正，专为枭雄。”檄文传到许都，曹操看罢，不仅不恼怒，反而大加称赞其文采，并令他两个爱好文学的儿子曹丕、曹植好好学习。后陈琳被俘，曹操不计前嫌，仍重用陈琳，让他当了自己的秘书长兼办公厅主任。毛泽东有这等气度吗？共产党有这等雅量吗？哪怕安安稳稳当一名教书匠能成吗？留在大陆是死，去台湾怕也是死，共军既然能打过长江去，那也能打到台湾，那弹丸小岛是平安之地？久居之地？

他的精神处在极度的痉挛和痛苦状态，他仿佛被强大命运的铁爪紧紧攫住，身体蜷缩成一团，吊在半空，下面是黑暗的深壑，冷漠的岩石，荒莽的荆棘，还有骇人的白骨，他的灵魂无法解除悲哀，他失眠，他迷惘，他难以挣脱命运之神的追捕。

傅斯年的性格、信仰和爱憎，实际上是他尊崇的人格和节操。他崇敬历史上殷商的伯夷叔齐，饿死首阳山，不食周粟，这是一种气节；田横五百壮士不降汉，以身殉国，这是一种至高至上的气节；汉朝的苏武，西海牧羊，将一截汉朝使节——标志身份的木杖，一握就是19年。19年的风霜雨雪，19年的酷暑严寒，19年的饥饿和苦难，19年的思念和忠贞，构成了无言的大忠！于是苏武写进了历史，究竟大汉王朝对他有什么大恩大德，值得用一个生命的轮回来报答？……这也是一种气节；还有南宋的文文山，既然皇上不存在了，你还忠什么君？国家已灭亡了，你还报什么国？你完全可以侍服新君，荣华富贵一生，他却固执地以死尽忠，还书写《正气歌》，宣言尘世；还有明永乐年间的方孝孺，一臣不事二主，被永乐皇帝凌迟处死，他却视死如归，这也是一种气节；清朝的戊戌六君子喋血菜市口，也是忠君爱国的志士……气节高于山，气节大于天，头可断，气节不可折！中华民族能够横亘人类发展史，如巍巍高山，如滔滔巨川，绵延五千年，正是凭着这种民族气节而赓续绵延，这是民族的脊梁，这是炎黄子孙的命脉！历史学家，首要的是具有历史道德、节操和历史的人文精神。

历史看似记录着一件件惊天动地的大事，但贯穿其中的是精神。精神是一个沉默的空间。人类能依赖生存、发展下去，就是靠相对存在的精神。

傅斯年大半生颇自负，天马行空，叱咤风云，是忠义之士，骨高气清之士。他对国民政府的关系是疏而不离，从一而终，这不仅是他性格的倔强，而且是忠孝仁义思想的使然，是他气节的使然。

他没有别的道路选择，只能跟随国民党退避台湾，至于以后是死是活，完全听天由命了。他冥冥之中感到这次离开南京，将是一生的诀别，他懊悔没有及早回重庆把母亲的骨殖迁回故乡，与父亲合葬，这是最大的不孝。母亲孤魂漂泊在外，能寻到回家的路吗？母亲在九泉之下，能不思念她断梗漂蓬、星散四方的儿孙亲人吗？年年清明，我何处祭祀母亲？岁岁中秋，我家何时阖家团圆？

傅斯年念及母亲、故乡，热泪涌流，擦去又流，怕惊动妻子和龙嫂，把泪咽到嘴里、肚里。故乡啊，我鲁西平原的小城，那里湖畔河岸留有我童年牙牙学语的音符，那街巷小路留着我蹒跚学步的履痕。我的衣胞埋在故乡的黄土地里，我读书的学堂在小城的一角，还有我那白发苍苍的爷爷，白发苍苍的启蒙老师孙大宸先生。我是一个远游的孩子，经历了人间狂风骤雨的磨难，多想回到故乡温馨的怀抱，多想回到乡亲的身边，再看看环城湖畔冉冉垂柳，大运河荡荡流水，岸边的青草和野花，花瓣上的蝴蝶，草丛中的萤火虫，学堂那两棵老槐树，左边那棵槐树有个洞窟，洞里有个蚂蚁窝，不知还活着吗，槐花还开吗？槐籽还结吗？槐树下度过了我的儿童年代，那诵经背书的乡音，还犹在耳边……最难忘，每当春秋日，傍晚放学后，爷爷牵着他的小手散步在大运河堤岸。夕阳在天，落晖斑斑，流水潺潺，听取虫吟蛙鸣一片。那是童年的诗和画。他创办《新潮》杂志时，他发表的第一首诗就是《老头子和小孩子》，记述了他童年生活最动人的一幕！他最后一次看爷爷，是他接到录取留学英国的通知书。那时他在济南，他雇了辆马车，连夜奔赴东昌，到家时已是三更时辰。爷爷被惊醒，当老人听到这惊天喜讯时，老泪横流，像自己中了状元一样，嘴角哆嗦好一阵，说不出话来，坐在炕头只用衣襟擦泪：“孟真，你为咱傅家争了气，添了彩，我到九泉之下，会告诉你祖爷爷的……”爷爷说着，下了炕，对着列祖列宗的牌位，跪在地上，连磕三个头……那是傅斯年终生难忘的镜头！

还有最大的遗憾，该回故乡东昌府城，祭祀祖宗、祖父母，更有必要到范筑先将军坟上烧炷香，祭祀这位老将军，抗日民族英雄，他血洒城堞，为国殉难，万民敬仰，自己还写诗悼念："立国有大本，亮节与忠贞。一死泰山重，再战决济清。英英父子业，百世堪仪刑。"范将军筑先先生，千古流芳啊！

缱绻的思乡之情，使傅斯年辗转难眠，心事浩茫。

中国传统文化，都有乡愁情结，我傅斯年不能衣锦还乡，甚至连回乡的路也难找到。悲夫！故乡，只化作儿时的回忆了……

还有该回济南向名重一方的教育家、人称"王大名士"的王祝晨先生告告别，老先生的大恩大德不能忘。王祝晨曾任聊城二中校长，他是文人，爱写东西。他曾撰写民间故事，搜集民间歌谣之类，投稿北大蔡元培主办《北京大学月刊》，屡屡发表，后来王祝晨到北京拜访蔡元培先生，蔡元培又把他介绍给胡适，王祝晨又去拜访胡适，与胡适见面时，胡适把山东老乡傅斯年推荐给王祝晨。傅斯年对这位老乡中学校长非常尊重，每年暑假放学回到聊城，总要看望王校长。王祝晨对傅斯年的才华多有称赞，一有机会，总要请傅斯年给学生演讲，一来二往他和王校长成了朋友。在关键时刻王祝晨鼎力相助，极尽美言，使傅斯年顺利获得留学生资格。

知恩图报。这些年战乱不止，王老师的音信杳然，傅斯年每想起王先生的大恩大德，总是热泪盈眶。他本想抗战胜利后，回济南拜见王老师，可是这一切都来不及了……还有敢于仗义执言的陈豫先生，那位心地善良的店小二，八年离乱，三年内战，他们还在吗？他们生活可好吗？斯年想你们啊，滴水之恩，本应涌泉相报，可是这一别，不知何时相见？

傅斯年眼泪再次潸然而下。落叶归根，自己年过半百，又沉疴缠身，能否魂归故土也未可知啊！

这时，窗外天空晴朗。一轮明月悬挂夜空，冬夜的金陵，万籁俱寂，往日还时有江关大楼的钟声，而今虎踞龙盘的石头城却陷入一片恐惧和不安中。一队晚归的大雁鸣叫着横过城市的上空。“孤鹤展翩于晴空，明月静挂于夜天”，这诗意的冬夜却反衬出一场生死决战前的静寂。

窗前那株腊梅花绽出豆粒般的花蕾了，再过十天八天，就是繁花满枝了，傅斯年怕是看不到盛开的梅花了。他步出室外，扶一枚花蕾，放在鼻前，一股清香，沁入肺腑，他想起古典诗词中许多咏梅的诗句，心里不由得怡悦起来。

几天前，胡适去了上海，还未去美国。傅斯年明天也要离开南京，飞赴台湾，就任台大校长。他决意把自己的财产、图书和部分亲属留在大陆，等一段时间，看看再说，也许不久我会回来的。万一不能回来，我相信共产党要办教育的，对文化人不会赶尽杀绝的。

傅斯年陈列馆

台灣大學校長室用牋

第十三章

故乡不堪回首月明中

紧张、意志，就是一切。他的激情燃烧起来，似乎并不考虑成就和荣誉，只有一种强烈的使命感、责任感。他病弱的躯体实在难以承载这巨大的负荷，像一头精疲力竭的垦荒牛，面对荆棘、从莽，僵硬的土地，巨大的顽石，凭着一腔急切狂热的抱负，要使混乱的宇宙变得一目了然。

他的激情是纯洁的元素。

他的悲剧由热烈而凝成。

台灣大學校長室用箋

66

这是深冬的一个凌晨。

寒意萧萧，晨星寥落，地上铺满白霜，这个有气无力的城市，人影伶仃，一片静寂。几片粘在枝头上的霜叶被风吹落在街道上，不安地翻滚。

吱的一声，中研院的大门开了。那廉君扛着很大的行李包，傅斯年提着一捆沉重的书，胡适提着牛皮箱，从院里走来。

“傅所长，你走啊，什么时候回来?”看门的师傅赶紧接过傅斯年的书捆，老泪纵横，战前师傅没少用傅斯年的稿费买烟酒，情感笃厚。

“啊，啊……我要回来的!”傅斯年预感到这是诀别，泪水禁不住涌流出来。

门口停着一辆车，三人一起上了车，汽车发动了，向飞机场驶去。老师傅在后边高喊：“傅所长一路平安，多多保重!”风把他的声音捻得很细。

胡适这几天滞留在上海，还未登上去美国的客轮，昨天从上海赶回来，专为傅斯年送行。

傅斯年于1949年1月19日从南京明故宫机场起飞，越过浅浅的海峡，降落在台北机场。从此他再也没有回来。

早在1948年12月15日，庄长恭便致函傅斯年赴台就任，办理交接手续。杜聪明也于12月18日、20日连续致电傅斯年，催促他速来台主持荒废已久的校务。

陈诚此时已任台湾省主席，新年伊始，他便致电傅斯年，殷殷盼望早日赴台，共图大业，电报上话语十分热切感人："弟已今日先行接事，介公深意及先生等善意，恐仍须有识者之共同努力，方能有济。弟一时不能离台，希先生速驾来台，共负巨艰。"

陈诚既是蒋介石的心腹，又是蒋的干女婿，傅斯年与陈诚关系极好。陈诚因病辞去参谋总长军职，蒋介石安排他到台湾养病。1948年10月1日，陈诚到达台湾，住在草山。不久，蒋介石来电，委任他出任台湾省主席。

傅斯年素来快刀斩乱麻的风格，面对这一封封来函，却犹豫不决，念及他人生命运的转折，三天三夜的痛苦思考，直到今日才决意赴台。

在离开大陆的那几日，傅斯年并没有忘记拉拢学者一起赴台。首先没有忘记山东老乡、他一手培养的学生逯钦立。逯钦立是山东菏泽人，傅斯年是聊城人，两人家居不到百里，傅斯年视为知己。他和罗筱蕖的结合，是傅斯年跑前跑后，纵横说合，方使二人结缡，他是主婚人。逯钦立为人老实厚道，对傅斯年除了师生之谊，还有乡亲之情，平素对傅言听计从，去留大陆一事却迟疑不决。在李庄结缡的几对年轻人中，女方张素萱、张彦云等都已随夫渡过了台湾海峡。唯有逯、罗滞留南京，傅斯年一次次规劝，二人支支吾吾，不肯明言。傅斯年临离开大陆之前最后一次做逯、罗工作。当逯、罗留意已坚，傅斯年泪眼相望，声音哽咽："你们不愿同我下火海，只好我自己跳了，罗筱蕖是我从李庄带出来的，我要对她负责。"傅斯年仍然以长辈的口气说，"南京这地方不安静，我介绍你们二人去广西大学任教。那里的校长陈建修是北大教授，与我关系极好。"逯钦立、罗筱蕖接受了傅老师的好意，很快离开南京，赴广西就教。

当傅斯年动员邓广铭赴台时，邓广铭也为难，邓广铭也是山东老乡，一向尊重傅斯年，傅斯年多年无论生活上、学业上都对邓广铭关怀备至，可谓恩师。邓广铭却不愿随师赴台，其重要理由是，傅先生与国民党关系密切，我同国民政府素无来往。我和共产党也没有仇恨，我留在大陆，我教我的书，本本分分，共产党也不会对知识分子赶尽杀绝，共产党也需要知识分子建设国家的。我不跟傅先生去，也不跟国民党走，我决意留下在北大教书。傅斯年最后连自己侄子傅乐焕的工作也未做通，傅乐焕留在了大陆。

天要下雨，娘要嫁人，各随其便吧。傅斯年一身疲惫，满腹伤感，离开了南京。

傅斯年爱才如命，绝非仅仅为国民党政府搜罗人才，挖共产党的墙脚，他时时考虑他的事业，史语所需要人才，台湾大学需要人才，没有人才，事业如何开展？他到台湾还致电逯钦立夫妇，要他们赴台，并汇来三百元路费，那时广西桂林已被共产党的大军包围了——这是后话。

当天傍晚，傅斯年便飞至台北桃园机场，陈诚率党政军要员迎接傅斯年的到来。

当傅斯年乘上飞机离开南京时，他在空中回眸这座千年古城，心里默默念叨：南京，我会回来的！谁知愿望落空，南京不复见矣，别时容易见时难！无限江山，只在梦里幻里。途中，傅斯年泪水涌流不止，直到飞抵台北，脸上仍有泪痕，他握着陈诚的手，话语哽咽……

傅斯年被暂时安排在台湾大学公寓里。

台湾大学成立于1928年，是日本人创立的。当时叫作“台湾帝国大学”，与早年的“东京帝国大学”“京都帝国大学”是同一级大学。它的校园规模和建筑风格基本雷同于“东京帝大”，甚至连墙壁也是同一色调，贴着土黄色或金黄色瓷瓦。翠树掩映，绿黄相间，和谐、典雅、幽静。黄色是一种色彩文化，既有高贵性，又有包容性，与“高等学府”是名实相符的。台大地处南海孤岛，天蓝海碧，风也鲜冽。满园是瘦瘦高高的椰子树，散发植物香味的樟树，或性情质朴、坚强的女贞子树，墙角是一丛丛疯生疯长的杜鹃花，还有一架架紫藤萝。这里一年四季，花事纷繁，绿意葱葱。因为它远离市廛，不仅环境幽雅、幽静，还有一种神秘感。

傅斯年上任伊始，重要的是招聘名教授，频频致电北京大学、清华大学的教授、学者赴台执教。但应聘者寥寥，除了他的史语所“兵随将转”，连锅端到台湾外，北大、清华的教授只有毛子水、台静农、郑骞、冯承、曲显功、屈万里、钱穆、方东美、徐复观等人。

最遗憾的是国学大师、教授的教授陈寅恪老兄未能来台，这是他心中永远的痛！八年战乱，三年内战，他和陈寅恪始终天各一方，为此，他做出种种努力，并未团聚，时耶，运耶！而今相隔天涯！

抗战胜利后，陈寅恪的人生得到了转机。1945年深秋，陈寅恪眼疾愈发严重，几近失明，他希望能去国外就医，治好眼疾，恢复视力，他寄此行于英国很大的希望。英国皇家学会和牛津大学也没有忘记这位中国朋友，他们曾发函约请陈寅恪赴英就医。

第二次世界大战刚刚结束，满目疮痍的英吉利也是百废待兴，且不说医疗条件不甚完备，营养也极差。陈寅恪手术失败，视网膜皱在一起，无法复原，陈寅恪晚年将生活在黑暗里，其悲苦堪可叹惜！

双目失明给国学大师带来人生的茫然、悲戚。他想去美国治疗左眼，希冀美国的眼科医生能给他带来一线光明。但是没有钱，到哪里筹措这笔款子呢？他又陷入怅惘和困厄。他的夫人唐筼在成都致信傅斯年，请傅先生和骝先先生磋商，能否从史语所借笔款子。傅斯年正忙得焦头烂额，一边忙于台大代理校长事务，一边忙于史语所搬迁工作，间或处理西南联大学潮问题，诸多杂事，车辆、船舶、运费、人工，傅斯年本来病魔缠身，血压居高不下，头晕呕吐，此时犹如乱蜂蜇头。他有办事能力，但没有三头六臂，最后这笔款子没得落实。陈寅恪得悉美国名医也无回春之术，随之打消了去美国的念头，很快回到国内。

陈寅恪性狷介、耿直，和傅斯年难分伯仲。

富有诗人气质的陈寅恪，本是一个纯正的学人，他的治学观点：文化超越政治、经济、民族之上。在治史实践上，他也追求超越。他学问广博，在宗教、史学、语言学、人类学、校勘学、文学上颇有建树，尤其是对中古史的研究，卓尔不群。

中国，只有一个陈寅恪！

中国，三百年出现一个陈寅恪！

这样的国之瑰宝，一代宗师，留给共产党，是国民政府的极大损失！黄金有价，学问无价。傅斯年来到台湾深为焦虑，却无可奈何。

陈寅恪孤清、孤傲、孤倔，但为人处世情感深挚。

本来陈寅恪凭着对傅斯年的深情厚谊要去台湾，他在傅斯年赴台不久，已飞到昆明，国民政府派飞机接他，陈寅恪不知为何不上飞机，执意决绝。这使人想起倔强的陈寅恪，前些时，政府几次派飞机去北平接他回南京，他不肯上飞机，是因为政府官员来接他，当有人告诉他是傅斯年安排飞机来接他，胡适已登机等候他呢，他才答应。这次莫不是国民党的官员？战事紧急，飞机不能留等。陈寅恪只得留在昆明，谁知这瞬间的抉择，终成他与傅斯年的诀别！

傅斯年对陈寅恪的牵挂、期盼、焦虑、不安，并未到台湾而抛在大陆，他几次写信，但杳如黄鹤，他的期待像燃尽的木炭，化为一缕渐渐弥散的青烟。

悲剧呀！一念之差，酿成终生遗恨。一湾浅浅的海峡，隔断音信往来。

台静农也是傅斯年聘请的教授。他是鲁迅先生的学生，深受鲁迅的喜欢，鲁迅编《中国新文学大系》竟然选编了台静农四篇小说，数量上与鲁迅等观，他师徒二人独占鳌头。而且鲁迅在序言中还高度评价台静农的作品："在争着写恋爱的悲欢、都会的阴暗的那时候，能将乡间的生死、泥土的气息，移在纸上"的唯台静农。可见鲁迅对台静农爱之深也！台静农不仅是教育家，也是书法大家。他教授《中国文学史》，因为是必修课，上课的学生很多。台静农口才不怎么样，他喜欢板书，以笔代口。一堂课下来，满黑板尽是板书，边边沿沿写得满满登登，差一点溢了出来。他的板书和他的书法一样，清秀、峻峭，很讨人喜欢。

台静农嗜酒，见酒就喝，十杯八杯不醉。他长相确实好，方头大耳，面色黝黑，端坐在那儿，像一尊北魏的佛像雕塑，又留着一撮胡子，更显得派头，给人一种法相尊严的感觉。

其实，台静农并未在傅斯年"被抢救学人"的名单里，他在北京大学文科研究所肄业，先后在中法大学、辅仁大学、北京女子文学院、山东大学以及四川白沙国立师范学院等大学执教，后因抗议教育部对白沙女师风潮的野蛮处理，愤然拂袖。由于生计所迫，他应许寿裳之邀赴台湾大学任教。此后，他便淡出文坛，专心教育，成为古典文学研究的著名学者。

傅斯年四处写信，拍电报，聘请一流学者、教授赴台，但十有八九落空，他想把“台大”建成世界一流的大学，“台湾的北大”。陈寅恪、竺可桢等这些大师级的教授聘不来，赵元任又远在美国回不来，这几张王牌都不在他手中，颇有伤感。后来他给在法国的李华写信，悲叹道：“弟到此办此一大学，真正上当，大概说：办一个新大学容易，改革一个旧大学难。弟在北大任内，多是老朋友，吵架固多，办事也有甚愉快处，此地是接受别人的杂牌队伍。基于政治情形，此地请人不大容易也，简直请谁谁不来。”

傅斯年抵台履新，史语所随他辗转来台，他既是台大校长又身兼史语所所长，这就对光复后的台湾大学历史系的创建创造了有利条件。历史系新聘教师有刘崇鋐、李济、姚从吾、劳干、张贵永、余又荪、方豪等人，个个都是饱学之士；在中文系任教的有董作宾、董同龢、周法高、王叔岷、屈万里等人，也是学富五车的学界精英；1949年8月，新学期开始，傅斯年又从史语所聘来人类学重要学者凌纯声、芮逸夫等人，更壮大了历史系的阵容。外文教授英千里，商学教授杨树仁，社会学学者龙冠海，农学家顾元亮，化学家钱思亮等等，这都是当代一流学者，形成台大师资的庞大阵容。

傅斯年就任台大校长，在前任校长庄长恭整顿的基础上，又做出重大调整。将“台北帝大”日籍教师全部遣归，大大削弱了日本史学及各院系传承力量。

傅斯年虽恨日本人，但对台大前身之“台北帝大”并未一味仇视。他承认“帝大”一般水准比现在一般的水准平均来说高得多。他说：“日本人办这个大学有他的目的，也有他们的办法。他们的目的，我们不能不革除，然而他们的办法，我们可惜未能尽量保持。”

头三脚难踢，这第一脚就让傅斯年大伤脑筋。但他依然坚持原则，没有真才实学的人想进台大，谁说情也不行，哪怕总统写来条子，也照样拒收。傅斯年的霸气上来，天王老子也不认。他公然宣布："我对于请教授，大有来者拒之，不来者寤寐求之之势……凡资格相合，而为台大目前之需要者，则教育部长之介绍信与我之介绍信等同效力；如其不然，同等无效。"

他要创办世界第一流的大学，必须要有世界一流的学者、教授。他要重铸台湾大学之魂，这是国民政府的血脉，也是中华民族的血脉，教育上不去，哪有振兴之日？他对陈寅恪未能邀请到台大，"耿耿于怀"，一直到1949年夏天，傅斯年还写信给陈寅恪，并为之请了几位助教，以便助于双目失明的大师讲课时书写板书，查找资料，朗读原著。傅斯年为学校请大师，为台湾求第一流人才，敬老尊贤，可谓仁至义尽了。他抢救的著名教授远远不够，北大、清华许多学富五车、国宝大师级教授都落到共产党手中，这是一笔巨大的财富啊！现在来台湾大学的有沈伯刚、钱思亮、毛子水、台静农、郑通和、余又荪、姚从吾、杨振声、王国华、方东美、夏德义、英千里、屈万里等三十几人，显然无法填满各系科室第一把交椅，好歹史语所全班人马，还有半个数学所迁至台湾，他可以借调，或兼职，使台大这部机器的零配件补充齐备，运转起来。

67 1948年年底，史语所迁到台北附近的杨梅镇。多灾多难的史语所，几乎平均每三年就要迁移一次。往往板凳还未坐热，甚至图书还未上架，就要收拾行装迁徙、流浪、漂泊，枪林弹雨，饥渴劳顿，山路崎岖，道路的泥泞，南国的烈日和暴雨，还有蚊蚋和瘴气，他们饱受了亡国锥心之悲痛。他们是中国学术界的流浪儿。

现在定格南海孤岛。偌大的大陆放不下一张书桌，难道这弹丸小岛能放得下？共军气势汹汹，说不定哪一天飞越海峡，孤岛又是一片烽火硝烟？国军不当瓮中之鳖，那就成为南海鱼虾之食！眼下且不说大陆时局板荡，兵马倥偬，就南海孤岛台湾也是时局不稳，经济凋敝，"台独"势力极其猖獗，黑恶势力肆无忌惮，社会治安混乱，偷盗抢劫成风，贪污腐败横行，物资匮乏，而学校的管理混乱，学潮迭起，办学经费不能及时到位，师资紧缺，台湾乱得一锅粥，台大乱成一个蛤蟆坑。

傅斯年在台大一间九平方米的书斋里，吸着闷烟，回忆大半生的苦难，回忆史语所艰难历程，面对台湾残酷的现实，面色怆然，他下意识地掏出手绢，擦一擦眼睛，又擦拭眼镜，这时门被笃笃地敲响。

“请进!”傅斯年头没抬，应了声。

“傅校长，您好!”来人是台大中文系教授黄得时。黄先生是台北人，毕业于台湾大学前身“台湾帝国大学”中文系，算留校生。他个头不高，一副南人清瘦的脸颊，肤色黝黑，但说话语音很标准，一看就是颇有文化修养的人。他早有所闻傅校长是博大精深的一代学人，非常尊敬。

他们二人谈了一些学校的情况、工作事宜，黄得时起身走时，忽然想起，要请傅校长题几个字。

“好吧。”傅斯年应道，他顺手拿起笔，铺好纸，濡饱墨，只见他横眉隆起，嘴角往里一努一努的，笔在走龙飞虹，转瞬间，宣纸上出现一行元气淋漓的大字：

归骨于田横之岛

在旁的黄得时心里一惊，但很快稳下神来，满脸堆笑，大加称赞：“傅先生的字，气骨峻逸，风神萧散，大家矣!”

傅斯年道：“哪里，哪里，老夫献丑了!”他扔下笔，拉开抽屉，找到印章，在印盒里汲饱印油，用力钤上，像上紧螺丝钉似的，把一种意志、信念，和决绝气概全押上了。

这里傅斯年用了秦末齐国贵族田横的典故。田横在刘邦称帝后不肯臣服，率五百壮士逃亡海上孤岛。后来，田横被迫偕门客二人赴洛阳，于途中忧愤自杀。留居海岛的五百壮士闻得田横死讯，全体壮烈自杀——后人称这岛为田横岛。

田横五百人死要当秦朝的顺民，难道凶狠残暴的秦始皇有恩他们什么，使他们至死都效忠于秦家王朝？非也，是一种骨气，天地浩然之气！有了这种浩气，一个人方屹立在人间，一个民族方屹立在世间！傅斯年自幼浸濡儒家思想："君使臣以礼，臣事君以忠。"中华民族许多忠烈，是他人生的楷模，田横五百壮士也是他景仰的典范。

傅斯年写下这几个字时，悲怆而悲壮，他已横下一颗心，破釜沉舟，效忠国民政府，献身台湾大学。谁知一语成谶，两年后他果真归骨台湾孤岛。

傅大炮就是傅大炮，历经沧桑，饱尝苦难，豪气、锐气，依然不减当年，他再振虎威，大刀阔斧，披荆斩棘，芟荑开拓，凭着超人的才干，卓异的组织能力，天赋的演说能力，以及淋漓充沛的元气，他很快形成一个巨大的气场，把周围有真才实学而富有正义感的教授同仁吸摄到自己周围，形成一股力量。他上任伊始就在《台湾大学校刊》发表了《国立台湾大学三十七年度第一次校务会议校长报告》中明确指出：

第一流的大学，不能是一个教育机关，必须有它的重要学术贡献，但是，也没有一个第一流的大学，把它的教育忽略了的。

我们的一个国立大学，有它对于教育上的责任。这责任是重大而艰难的。……我们接过来办这个大学，无疑的应该把教育的任务看就第一义。

什么是大学？傅斯年说：

大学是个教授集团，不是一个衙门，照大学法，校长虽然有权力，然我认为好学校之前途计，决不能有极权主义的作风。

他的办学理念，实际上是北大校长蔡元培"兼容并包，思想自由"的观点，"教授治校，学生自治"，这一套制度已根深蒂固地植入他心中。傅斯年耿耿于怀的是大学精神，"大学必须有大学的样子，包括精神与形式”。他言辞依然犀利，以不容置疑的口气说：

> 不许把大学办成任何学术以外的目的工具。办大学为的学术，为的青年，为的是中国和世界文化，这中间不包括工具主义，所以大学才有它的自尊性。

他提倡“知识的诚实”，如果没有这种精神，学问不可能进步，发明更谈不上，“所以立信是做人、做学问的一切根本，也是组织社会、组织国家一切的根本。”

他强调“力学”。读大学不是为一纸空文的“学历”证书，或毕业证书之目的，他说：

“这些年来，大学最坏的风气，是拿到大学毕业证书，当作第一件重要的上上，其实大学是得到学问乃最重要的事，得到证书乃是次要的事。”

对学生，他要求重要的是：

“由学术的培养达到人格的培养”，“须知人格不是一个空间的名词，乃是一个累积的东西。积累人格，需要学问和思想的成分很多”。

傅斯年从事至严是出了名的，他公正无私，不讲情面，用人从来不考虑地域帮派、乡党故旧，唯才是举，发现一位知识渊博的教授，他视若瑰宝，想尽一切办法挖来，还要用一切办法留下。李祁女士才华出众，中文英文造诣极深。台大房子紧张，单身教师不能单配一间，但傅斯年破例为她单配一幢房子。李祁女士只身在台，极力想离开台湾，傅斯年千方百计挽留，她被傅斯年的真情实意所感动，只好留下。

这位李女士一身骄气和娇气，一种大家闺秀的习俗。有一天她冲进校长室，神秘而紧张地说，附近农民一只红嘴番鸭咬破她的袜子，嘴巴也触及她的皮肤，她怕染上“狂鸭症”。傅斯年大笑道：“只听说有狂犬症，没听说狂鸭症。”李女士不依，她要求傅校长把这只鸭子送到医院去检查，傅斯年只得命秘书那廉君买下那只农民的番鸭，送医院检验。医生说，鸭子没有疯，请放心，李女士这才了结……

傅斯年爱学生，对于学习成绩好的学生更是视若掌上明珠。但台大录取学生非常严格，在考取面前人人平等，不管达官贵人、皇亲国戚，谁想走后门，那是绝对办不成的。对那些贫困学生，他格外照顾，有教无类，成绩优秀者，奖学金也高，不允许因家境贫困而失学。这样势必得罪一些党政军权贵，大批的国民党军政要员潮水般而来，孩子要读书，要上大学，傅斯年是一个铁脸的门神，手持斧钺，谁敢耍赖，混进台大，那比登天还难。台大是块肥肉，台大教职员工待遇高，工作体面收入稳定，权贵们的老婆们谁不想进去混上一个位子，台大校徽一戴，脸上又有面子，口袋里又有票子，社交场顿时令人刮目相看。谁不对台大垂涎三尺？合格的，你不找他他找你；不合格者，他胖脸一嘟噜，连看你一眼都不看。

一天傅斯年阅卷，发现一篇文章写得非常好，连读了两遍，击节赞赏，他亲自约见这位学生，见面后，他发现这位学生是近视眼，没戴眼镜，问为何不戴眼镜，学生沉默不语。

傅斯年心里有底，让校医给这个学生查视力，他记下，便托人到香港为这位学生配了一副眼镜。当卫生署的朋友送来，交给那位学生说校长已替他付了款，那位学生顿时热泪涌流，傅校长已归道山，可是他再也见不到他们的校长了。

傅斯年在台大的教育宗旨基本上恪守着儒家“有教无类”的思想。他在校务会议上讲：科举考试并非一无可取，那个时代，穷人是有出路的，一来那时读书用不了多少钱；二来宗塾、禀膳膏火，书院奖励，试管等制度，大可帮助无钱的人。今日学校之教育，用钱程度远在当年之上，并无一切奖金助金，国家号称民国，政权号称民权，而今贫富之不平更远甚，成个什么样子？

68 台湾大学也是个积粪如山的奥革阿斯牛圈，傅斯年不是英雄赫拉克勒斯，但他面对杂草丛生、荆棘遍地的旧“台北帝国大学”，必须高举斧钺来一番大清理。原来这里教职员良莠不齐，滥竽充数的南郭先生居多，有些公职人员素质很差，教育质量低劣，连校风也极其糟糕，甚至打架斗殴、偷盗成风，前三位校长都无可奈何。这些教职人员人际关系错综复杂、盘根错节，有的与社会上的黑恶势力属亲戚关系，谁也动不得，还有些教授本就是汉奸、台独骨干分子。傅斯年没有能力，提来阿尔弗俄斯和纳佩俄斯两条河流来冲刷这牛圈，却像垦荒牛一样，肌腱绷起，牛眼瞪大，披荆斩棘，奋力耕耘。

要清理不合格的教授，傅斯年采取北大那一套。他铁面无私，他带领教务长、大名鼎鼎的化学家钱思亮，国学大师、人称“五四”时代的“百科全书式”的学者毛子水，文学家兼古典文学专家台静农，哲学家徐复观，第一批原北大、清华大学的教授们去听课。他们像学生一样坐在最后排，“洗耳恭听”，一言不发，一字不苟，而且多做记录。那些南郭先生，一看阵势就害怕了，虽然冬天满脸冒出汗珠子，不断地用手绢擦拭，那课自然讲得语无伦次……

有不少“教授”都被这样刷下来。

有的听一次课，有的教授要听三五次，傅斯年并非以“整人”为乐，他是虎，又是猫，对教师们关爱有加，那些有真才实学的教师也害怕这种场面，讲课得不到淋漓发挥的教授，课前傅斯年总要找他们谈话，鼓励一番，说，不必紧张，情绪从容一些。大陆的学校对师资的考核通用此法，并非我傅斯年专利。有些确实不学无术，是个混子，傅斯年毫不客气，剔除出师资队伍。这样下来，一学期不到，被傅斯年解聘了七十多位“教授”，有的教授被降为讲师，有不合格的职员要下岗。许多不学无术的“党棍子”，想混进台大，许多翻云覆雨的官僚政客，想染指台大，都被他严词拒绝，许多滥竽充数的南郭先生被清理出台大……这下子可惹下大祸，他们明枪暗箭，栽赃诬陷，就地打滚，撒泼耍赖，集无耻之大成的各种手段，来对付傅斯年。傅斯年中流砥柱，绝不动摇，贯彻自己的主张，同这些丑恶势力对垒作战。他像一只毛发披离的雄狮，吼叫、呐喊，他依然不减当年风采，热血沸腾，叱咤纵横，激清扬浊，革弊图新，不到两年，台湾大学以崭新的面貌出现在世人面前。

傅斯年在改革中，并非一律大杀大砍，他颇具有悲天悯人的情怀，当时台湾经济凋敝，饥饿贫穷，失业率极高，这些教职工虽不称职，也不能炒了鱿鱼就完事，傅斯年因人因事给他们安排其他工作，对家庭困难孩子多的老“教授”“老职员”也格外照顾，工作岗位调整，待遇并不减少很多，而且还从校办公费用挤出一部分，补贴这些困难家庭。有的教授被炒了鱿鱼，傅斯年把他们安排到图书馆，并续发了一年的聘书缓解他们的困难。

傅斯年主持制定过教员聘任及升级标准六条，以保障取得大学教师资格者的合法权益。他制定了严格的图书管理、附属医院管理等一系列规章制度，狠抓各项制度的贯彻落实，使校务工作迅速步入正轨，为了学校的长远发展，奠定了坚实的基础。他说：“不能研究的教授很难是好教授，不能苟日新，又日新，日日新的教书匠，是很难启发学生的，但一心一意在研究的自我主义者，时常忽略了他的教育任务。”他于学术研究和教学的相结合做了很好的规范，保持了德国柏林大学“教学相长”的传统作风。他还批评举世闻名的物理学家爱因斯坦，是一个“自我主义”者，对学生不大发生兴趣的人。提倡“教与学”合一，既要研究成果“多”，又把学教“好”，这是最理想、最合格的教授。

为力刹新生录取的说情之风，傅斯年多次在报端发表公开声明，称假如自己以任何理由答应一个考试不及格或未经考试的学生进来，就是对校长一职的失职。所以他奉告至亲好友，千万不要向他谈录取学生事，“只要招生简章买来细细照办，一切全凭本领了，而其他是毫无通融例外之办法。”如果有人查出他有例外通融之办法，应由政府或社会予以最严厉之制裁。他还在校长室门前老榕树上贴一布告，上书曰：“为子女入学说者，请免尊口！”

傅斯年爱护学生像老鸟护雏一样，俄罗斯作家屠格涅夫有一篇散文诗，大意说一只幼雏遇到天敌，老鸟扎煞着双翅，保护幼雏，两眼圆睁，愤怒地对视天敌，一副母性的凛然，一种拼命的雌威！傅斯年于1949年6月接到台北市警备司令部的公文，说，有十四个学生，“张贴标语，散发传单，煽惑人心，扰乱秩序，妨害治安”等，要拘捕，要进校抓人。一时风声鹤唳，人心惶惶，交通断绝，全城戒严。

身为校长的傅斯年也无可奈何。为保护学生，4月7日，他去找省主席陈诚，陈诚一见傅校长驾到，随即停下部下的工作汇报，勤务兵斟茶上烟，陈诚一脸热诚：

“坐，坐，请坐，孟真兄有何见教？”

傅斯年一屁股坐在沙发上，跷起二郎腿，叼着烟斗，一副“太上”省主席的架势：

“弟来关于警备司令部抓人的事，提四点要求请兄照办。”

陈诚笑道：“孟真兄尽管吩咐。”

傅斯年道：“一、凡载名单内之被捕学生，迅即送法院审讯；二、凡不载名单而被捕之学生，即予释放；三、以后如不发生新事件，绝不再行拘捕学生；四、准许学校派人探视学生。”

傅斯年像老师给学生布置作业似的，一一说得明白。

在旁的陈诚的秘书一一记下。

陈诚笑笑：“还有什么？孟真兄？”

傅斯年气色也缓和下来：“就这些。”

陈诚道：“好说，小事一桩。”随吩咐身边的秘书，“你打电话给警备司令部，孟真校长四点要求准行。”

当时台湾大学确实有些思想左倾的学生，而流落到其他学校里也有一些思想极左的学生，动不动就闹学潮、游行示威，其中不乏大陆派去的共产党员。傅斯年竟然协助政府将一千多名思想左倾的学生、青年知识分子遣返大陆，以免遭到国民政府的枪杀。

这简直是不可思议之事！

这正是傅斯年的可爱之处！

而为了台大教育事业的发展，傅斯年多次上草山——即阳明山，亲见蒋介石要经费，每次都满载而归，蒋介石从不驳傅斯年的面子。傅斯年很天真地对身边人开玩笑说：“胡适比我伟大，我比胡适能干。”

鉴于傅斯年反对把大学变成哪个政党之工具，对于国民党在大学推行三民主义，即党化教育，傅斯年坚决抵制，他说：“教育如无相当的独立，是办不好的。”

都说傅斯年是傅霸，甚至称之“学霸”，带有贬义。其实傅斯年最讲制度的民主、学术的自由。他身上有一种豪气、大气、雄气，只不过这些字眼和“霸气”都有血缘关系，称他“学霸”是对傅斯年的误读。他一生为之奋斗的是民主、自由，他怎能与专制独裁的霸气联姻呢？在台大，他广泛征求意见，建立校务会议制度，由校长、教务长、总务长和六个学院院长及教师代表，组成校务委员会定期讨论，以集思广益的方式决定学校大事。傅斯年善于调动各方面的积极性，促使学校决策的民主化、科学化，使原来的一盘散沙，很快形成一个方向明确、政策正确、运转灵活的有机体。

傅斯年使台湾大学起死回生，他之于台大，犹如蔡元培之于北大，他制定台大的治校八字方针：“敦品、力学、爱国、爱人。”犹如北大的治校八字方针“上善若水，厚德载物”，同样是一个大学的灵魂。

台大的学生正是遵照傅校长斯年制定的办学方针，他们没有辜负傅校长的期望，完成接受高等教育，培养了完善的人格。傅斯年提倡“爱国”是整个统一的“中国”，他从来是反对台独的，“这是一种千百年来崇高的民族精神和历史传承”。

69 无论寒暑，当全校的灯火都熄灭时，傅斯年校长办公室的灯光仍然亮着。校长办公室在教学楼的一角，管理教学楼、看大门的师傅常常在楼下陪着他熬夜。有时看门师傅心疼他们的校长，不忍心看他带着一身重病坚持工作，有时又出于不耐烦，天天加班加点，自己也不能按时休息。

今天校长傅斯年又要加班。原来前几天他收到一个叫洪庆章的学生来信，作为表示对学生的尊重，他亲自回信，办完公务，忽然想起此事，又铺开信笺，匆匆写回信了。

自任校长以来，傅斯年从未按时下过班，他以办公室为家，早到晚归，后来意识到，这样影响看门师傅的休息，也影响司机和秘书的正常作息。因为工作杂乱，不仅要抓紧教学、科研、聘教授解雇不称职的教职员，更多的是学校基本设施的建设，要建四座大教室、要建女生宿舍、增建男生宿舍、扩建图书馆，要购置大量图书资料、教学仪器、维修理学院科研室、添购医学院医疗教学设备，当然还要改善教职工宿舍。从学生洗澡堂、游泳池、公厕，到校园的喷水池、花木的栽培、校园环境的管理，千头万绪，繁杂琐碎，但他都要一一认真处理。钱思亮任教务长，教学这一摊子能为自己分挑一些担子，但应付各种会议，政务院、中研院、史语所（他仍兼所长）的会议也相当繁多，经常是一天两个会，有时大会小会三四个。傅斯年司机的晚餐都包到福利社了，而且经常陪着傅校长饿肚皮，实在撑不住了，就买点零食，还要给傅校长买一份。

百废待举，百业待兴，傅斯年驾驭着台大这艘航船拔锚启航了。他以独特的魅力和卓异的风格，甩掉前章的痛苦，代之以紧张的热情，操纵着全局，悲壮而诗意地开始了夜以继日的远航。

傅斯年上任校长以来，除了吃饭睡觉，所有的时间都耗到工作上了，有人回忆他，每次到傅先生家里，看到他不是看文件，就是起草文件、报告、演讲、会议发言稿。他嘴衔着烟斗，一手扶着稿纸，一手奋笔疾书，烟斗的烟早就熄灭了，他还习惯地嗞嗞地吸着。有人说，傅斯年来台大两年唯一的一次是陪夫人看了一场哈孟特电影，这简直可以载入吉尼斯纪录。他的发条上得很紧。

他的高血压又犯了，左眼血管破裂，读书写作受到极大限制，他只好捂着左眼写字。读书吃力时，他便让那谦君代他阅读；起草报告，或写文章感到疲累时，他就坐在椅子上口述，让那廉君趴在另一张桌子上记录。为了强调问题的重要性，他总是加重语气，挥动手中的烟斗，像指挥千军万马的将军。傅斯年依然口若悬河，滔滔不绝，那廉君便疾书不止。稿毕后，那廉君再念给傅斯年听，傅斯年随时补充修改，琴瑟和谐，配合默契，倒也苦中有乐。

怕影响看门师傅休息，傅斯年晚上干脆回家办公，也让那廉君住在自家的一间客室里。

台大教职员宿舍十分紧张，教务长钱思亮和傅斯年同住一院。傅斯年坐北朝南的一座二层小楼，除了他的书房和夫妇俩的卧室，其他几间都住上人。胡适远去美国，胡适太太江冬秀就住在傅斯年家，再加上从四川李庄带来的保姆龙嫂、秘书那廉君、钱思亮夫妇及三位公子，拥拥挤挤，他们相处关系很好，是一个非常和谐的大家庭。傅斯年虽然不管家务，却是这个大家庭生活乐章的总指挥。

那廉君在傅斯年家客厅里住下，也苦了他，傅斯年有时创作激情上来，常叫醒那廉君，帮助写文章，据说，他俩最后合作的一篇文章就是傅斯年为台大大一学生国文课本写的序。

傅斯年日夜忙碌，超负荷地透支生命，身体日渐衰弱下来，高血压、高血脂、高胆固醇，心脏也不好。钱思亮、那廉君，老同学毛子水多次劝他住院疗养一段时间。傅斯年总是说，我中、我中，还没趴倒。又说台大学生几千，教职员工上千，工作千头万绪，我放得下吗？骝先（朱家骅）兄把我架到火上了，我就得烤吧！

傅斯年因病忌食，只能吃米饭、青菜，无盐、无油。俞大綵为刺激他的食欲，在餐桌插几枝鲜花，有时还拔点野花插在花瓶里，以增添一抹山野气息，使孟真的情绪活跃和愉悦起来。傅斯年面对这样的饮食，哪会有什么食欲？情绪哪能兴奋？他硬着头皮吃下去，把吃饭当作一场战役来打。但是人意志是有限的，傅斯年常常饿着肚子去上班。

有时傅斯年馋得难受，下班回家的路上，经过小食店，偷偷买点他喜欢吃的北方面食——猪肉大包子，还嘱咐秘书那廉君，千万莫告诉夫人，不然又要挨剋了。有时在学校食堂里看到那廉君吃着香喷喷的肉菜，他馋得不行，就将筷子伸到那廉君的碗里，夹一片肉。那廉君佯装不知，心里却酸酸的，看到校长这可怜兮兮的样子，真想哭。

他是一颗伤痕累累的星辰，一颗带病旋转的行星。他进了办公室，便无一分钟的休息，水忘了喝，但烟忘不了吸，即使和人说话，他眼不离案头的文件、信函，嘴不离开烟斗，手不离开笔，他的每一个器官都高度紧张地运转着。他不止一次地说，校长这工作实在不是令人羡慕的，有一次开会见到朱家骅半开玩笑道：“你老兄把我害了，台大的事情多我吃不消，恐怕我的命断送在台大上了。”

朱家骅内心甚为伤痛，深感孟真先生疲累不堪，身体也衰弱不堪，劝道："放慢节奏，别太急，许多事你说一说，让别人干去。"

但傅斯年是具有强烈责任感的，不是别人办事他不放心，而是这种责任感驱使他事必躬亲。台大的工作千头万绪，乱得像一团麻，百废待兴的局面，繁巨冗杂的校务，复杂的人际关系，要他一步步踏踏实实地去处理，要他殚精竭虑地去谋划。忙起来，有时忘记吃降压药，那廉君常常提醒他。他无法放慢脚步，他无法偷懒休息，他只能日夜运转。

傅斯年不修边幅，不注重衣着，夏天穿一件满是窟窿眼的ABC背心，从初夏穿到初秋，一把蒲扇，一只烟斗，不离手，样子真像个"汉钟离"。裤子被烟烧个洞，让妻子补补照样穿着去上班，上身衣服经常染上墨渍，洗不净，干脆让龙嫂染成黑色继续穿。彭孟缉先生常拿校长傅斯年开玩笑，说校长出门开会，必须让门卫先检查他的衣着装扮，否则不得离校。因为有次他来校接校长去赴很有级别的宴会，发现傅斯年的鞋子一只是黄色，一只是黑色，引得在场人员哈哈大笑。

1950年春天，傅斯年血压陡然升高，亲友都劝其静养，傅斯年大大咧咧地说："没事，上帝知道这里的事没做完，不会叫我走的！"他置若罔闻。他的挚友，三天不见面就想念，见了面说不了三句话就吵架的罗家伦结束国民政府驻印度"大使"的工作——中华人民共和国已与印度建交，国民政府驻印度使馆不得不撤除——回台担任中央党史编纂委员会主任，这是一份闲差。有一天，看望傅斯年。老友相见，悲喜交集。罗家伦发现傅斯年肤色黑了许多，头发白了很多，皱纹添了很多，一脸的憔悴、疲惫，嘴唇发乌，两颊红赤赤的，知道孟真高血压症又犯了，非常心疼，道：

"孟真，你还是那种拼命三郎的脾气，不行呀，都奔六十的人了，得悠着点！"

傅斯年无可奈何地叹了口气，道："没办法呀，台大的事压头呀！我生就干活的命。"声音变得有点悲怆，"鞠躬尽瘁，死而后已吧！"

罗家伦知道傅斯年脾气一触即跳，像只蟋蟀，别人一激，他就奓起翅来，又劝道：

“脾气也该收敛一些了，什么事不能生气，不能发躁!”

傅斯年沉默不语，脸色忧郁，只顾埋头吸着烟。他忽然抬起头来，下了逐客令：“家伦，改日我到贵府看望你，我得到工地上走走。”

傅斯年自知肩上的沉重，不仅仅抓教学，更棘手的是基建，由“台湾帝大”变成台湾大学，关于一、二年级应有的设备，如大教室，普通仪器，一般性图书等，压根就没有，或距离实际需要相差甚远，因而必须建大教室，采购教学仪器台湾买不到，得去香港，香港也是战后一片废墟，很多普通的仪器，须到美国采购，造成经费的紧张。

“台湾帝大”所遗留的第二个难题，是学生宿舍极其紧缺。学生由“台湾帝大”的数百人，已猛增三千多人，大部分学生没有宿舍住，直接影响学业，这情况非常严重。傅斯年愁煞死了，直到现在还未完全建好，谁能不急?

傅斯年身体状况愈来愈糟糕，这年夏天，他又检查出患有胆结石，胆结石虽不是大病，但需要动手术。他手术后大夫叮咛要休息时日，傅斯年哪里休息下去？尚未痊愈就扑进他日夜忙碌的校务工作上。紧张、意志就是一切，他的激情强烈地燃烧起来，他似乎并不考虑成就和荣誉，更不计较得失，他被一种责无旁贷的责任感使命感驱使着，他病弱的躯体实在难以承受巨大的负荷。他把智慧熔铸成能力，把血气化为坚韧，傅斯年像一头筋疲力尽的垦荒牛，把激情化为动力之源，他活得急促、急迫，极度的兴奋，狂热的执著，将他的生命，在燃烧和爆炸中渐渐化为灰烬。

这是水深流急、无边无际的海，永远找不到岸。傅斯年沉浸到茫茫大海中，挣扎、游动，涛涌来，浪打来，他几欲葬身其中。偏偏这年秋天，他最得力的助手、教务长钱思亮因公赴法，这下子学校里里外外的杂事都落到他一个人的头上，他当爹又当妈，放下叉子又拾起扫帚，忙得焦头烂额，十二点前没有睡过觉。

江山易改，本性难移。他依然傲岸不羁，旷大豪放，傅斯年是唯一敢在蒋介石面前跷二郎腿、口叼烟斗的人。前些日子，美国国防部长麦克阿瑟将军访问台湾，蒋介石以最高规格接待，亲自率“五院”院长、三军司令去机场迎接，傅斯年也应邀在列。那天傅斯年表现格外出格，他心目中与蒋介石是兄弟辈，不是君臣关系，应该平起平坐。第二天《中央日报》头版头条消息又配发了大幅照片，全岛愕然，朝野哗然，贵宾席上仅坐着三个人：蒋介石、麦克阿瑟、傅斯年。傅斯年坦然自若地坐在沙发上，叼着烟斗，跷起右腿，“五院”院长及其他政要毕恭毕敬地垂手而立，三军司令肃然站立。报纸新闻特写说：“在机场贵宾室，敢与总统及麦帅平坐者，唯傅斯年一人。”

这是一种性格，这是一种人格，这是人格的尊严和肃穆，这是有血性的一种姿势。

70 每至佳节倍思亲。

1950年的中秋佳节来临了，去年中秋节家家都没过，惊魂未定，人心惶惶，海岛大陆，天涯相隔，多少家庭，亲人四散飘零，天上月能圆，地上人不能圆啊！

今年岛上经济形势有所起色，战争的氛围渐渐淡去，骚动纷乱的朝政逐渐安静下来。国民政府各个机构松了口气，大都做将余生苟且在南海孤岛。

人，是最容易适应环境的动物，那些北方人逐渐适应南海孤岛的稻米、番薯、果蔬了。中秋佳节是万家团圆之日，但一道浅浅的海峡却使骨肉分离，青鸟音绝。浓浓的乡愁，殷殷的亲情，只有寄于天上的一轮明月了。

台湾许多老兵，没有家，孤身一人来到海岛，举目无亲，只好同乡相聚，算是团圆了。老乡见老乡，两眼泪汪汪，说不完的家乡话，扯不断的家乡情。谈起家乡，谈起父母、兄弟姐妹，没有不泪流满面。中秋团圆日，正是他们伤心落泪时。以色列犹太人还有一道哭墙，他们没有哭墙，更没有祭祖的坟茔。

傅斯年更是思乡念亲心切，为了安慰大家一颗孤苦之心，飘零之悲，请几位未带家眷的教授来他的校长小院共度佳节。

傅斯年早有准备，让龙嫂做了好些月饼，傍晚便在院子里摆了两张地桌，摆上水果、月饼，摆上瓜子、花生、几盘小菜，还有烟和酒，平时客人进屋，傅斯年从来不让茶、不敬烟，请人吃饭也很少上酒。这个中秋节不少教职员工仓皇离开大陆，没带家眷，有的家属并不知道他们来台湾。人生自古伤离别。可怜这些漂泊者，连灞桥烟柳之别都未曾来得及，他们没有想到将是永别。

傅斯年夫妇、钱思亮夫妇频频让大家品尝月饼，吃瓜果、吸烟。除了台静农是个烟鬼、酒鬼，见酒就喝，见烟就吸，他烟多酒多话不多。台静农是国民党特务组织监控对象，原因是他和左翼作家鲁迅是师生关系，所以台静农处处谨慎，远离政治，埋头教书育人。傅斯年却不管左中右，大学是独立的，他并不歧视台静农，而唯才是用，安排他为中文系主任。

毛子水只顾埋头吸烟也沉默不语，屈万里、那廉君倒是很活跃，方东美是哲学家，平素话语幽默，时常有警世之语，此时也喝起闷酒来，他来台湾时，未来得及回家看望父母，据说父亲病重，现在是否还在人世？这团圆之日怎能不思亲念旧？

钱思亮，原籍浙江杭州人。1931年赴美留学，入伊若伊大学攻读有机化学，获取该校物理学硕士学位、哲学博士学位，回国就任北大化学系教授。“七七”事变后，他任长沙临时大学教授、西南联大教授，是西南联大以教育质量著称的七教授之一。1949年1月，钱思亮应傅斯年之邀，一家五口赴台，任台大化学系教授兼教务长。他儒雅、谦恭，脾气随和，和傅斯年雷公电母的暴烈性格恰恰相反。他们篪埙相应、琴瑟和谐，演奏了一曲气势磅礴的台大改革乐章。

毛子水与傅斯年、顾颉刚是同班同学。他曾与傅斯年、罗家伦、徐彦之、杨振声等人创办《新潮》，同学少年，热血沸腾，指点江山，激扬文字，声震遐迩。在傅斯年赴英留学两年后，毛子水也赴德国柏林大学专治科学史。毛子水在柏林大学亲自听爱因斯坦讲《科学原理》。1931年，毛子水应傅斯年之邀，任北大历史系“科学史”“文学史”教授。

“七七”事变，毛子水亲自护送北大图书馆珍藏的善本典籍免受损失，由北平到长沙，至桂林，经虎门，过香港，经安南海防，再由滇路抵昆明。风霜雨雪，一路颠沛流离，其艰难不可言状。

毛子水是“百科全书”式的学者，其代表作《论语今注今释》。他一生与人无争，读书成癖，不屑名利，为人通达，视野广阔，见解深邃。

毛子水在去台湾之前，曾回故乡浙江江山清漾老家看了看，行近村庄时，毛子水对弟弟毛延武说：“弟弟，我们下车走一程家乡的路。此一别，再无归程。”说罢泣不成声。

屈万里，山东鱼台人，史语所研究员兼台大中文系教授，先后应聘美国普林斯顿、加拿大多伦多大学，是位学识深厚的国学大师，一生可以概括为八个字：读书、伴书、教书、著书。他出身书香门第，一生视书籍为生命，只要闻到书香，有书可伴，便觉其乐无穷。他曾自道伴书的甘苦：“琳琅万卷，昕夕摩挲，足以慰情，亦可疗饥。”

他是傅斯年的学生，并得其治学真传。大半生在史语所做学问，对甲骨文、钟鼎文、石经等史料研究造诣深笃，利用古史、文化人类学等知识为凭借，博采诸家精义，自成一家。他的《殷墟文字甲编考释》（上下册）在古文字界有着重大影响。

1947年冬，奇寒，屈万里回到阔别九年的山东鱼台省亲，之后，再也没有机会踏上那片令人魂牵梦萦的故土，每每念及远在天涯的家乡山水和亲朋好友，都不禁泪流双颊，长夜难眠。几天前，他还写过一首诗：

> 家在湖陵傍水涯，东望烽烟泪如丝。
> 昨宵梦到岛山下，犹见烟波似旧时。

诗中游子深情，对故乡的眷恋，溢于言表。

皓月当空。海空的月格外晶澈，月亮上的山影清晰入目。海风轻拂，撩起无边的乡愁。傅斯年一生漂泊、流离，没有认认真真地过一个中秋节。留学欧罗巴，青春少年不知愁滋味；学成归国，广州羊城，单身孤人，哪有过节的心思？北平的九九重阳，南京的登高长赋，巴蜀的中秋月夜，兵荒马乱，他又忙于事务，哪有闲暇品茗赏月？

这些学人和几百万子民一样无奈地被留在了海岛，他们的命运，也和其他人一样，在思乡的迷茫和艰辛中度日。而此时的台湾，人心慢慢地安抚着，虽然无处不在的“白色恐怖”，让每个人都绷紧了神经，但动荡的人心渐渐平复。人们只有一个期待：“三年准备，五年成功”的反攻大陆计划的实施。

台湾岛上包括台北市街道命名全是大陆城市名字：北平路、南京路、重庆路，广州路……蒋介石把一个政治体制嫁接到一个小小海岛上，必然弄出殊异之花，结出畸形之果。这些亲切熟稔的名字只能勾起人们对故乡的回忆、思念和辛酸的眼泪。海岛迁民复制故乡的一切，从饮食到衣着，从休闲到娱乐，从住宅到节日祭祀，都打上家乡的印记，但故乡却在苦苦思念中，一水之隔，剪断了这些飘零者与故土的脐带。

月到中秋，故土之思，亲人之念，一叠叠浓重的乡愁，笼罩在异乡人的心头。

傅斯年何尝不思念远在天涯的故乡呢？他思念北平，香山的红叶，陶然亭的秋色，北海明丽的波光，他思念故都南京，明孝陵的松涛，鸡鸣寺的钟声，燕子矶下扬子江的浪花……这几百里的海峡究竟有多远？远得像镐京，像齐国故都临淄？

傅斯年还记得莫愁湖两廊的楹联：“憾江上石头，抵不住迁流尘梦，柳枝何处，桃叶无踪，转羡他名将美人，燕息能留千古迹；问湖边月色，照过来多少年华，玉树歌余，金莲舞后，收拾只残山剩水，莺花犹是六朝春。”

中国人站在中国的海岛上遥望中国大陆，这该是多么苦涩的中秋节啊！有家不能回，有祖不能祭，有亲不能聚，这真是撕肝裂肺的悲痛啊！

赏月的几位教授，人人凄然、愀然。傅斯年让大家尽量欢乐，以稀释浓重的乡愁，然而举杯浇愁愁更愁！

傅斯年心情沉重、悲伤，他真有一种号啕大哭的冲动，而哪里有我们可以大放悲声的“秦庭”？哪里有“申包胥”可以泪洒滔滔之地？

故乡不堪回首月明中！

在去国离乡的仓皇中，我们竟然没有来得及包一小撮故都的泥土，也没来得及带一粒雨花石，那牛乳白、鸡血红、金菊黄、春韭绿的小石子，晶莹如玉，瑰丽如霞，蕴含着多浓的乡情啊！

傅斯年回忆自己大半生就是漂泊，没想到最后漂泊到南海孤岛。在这里是苟延残喘，还是卧薪尝胆？更没有想到，匆匆登上飞机，他以为是一次出差，还会回来，谁知这一去竟是诀别？

沧海月明珠有泪。

中秋赏月，本应该是欢乐、温馨，但大家心情黯然，怀乡之悲，离散之苦，一种凄凉悲怆的氛围总也挥之不去。

“来，我敬大家一杯！”傅斯年端起酒盅，“秦有田横五百壮士不降汉，难道我们台湾有几百万将士，还怕什么？”接着傅斯年提议道，既然是中秋佳节，我们每人背诵一首吟月咏秋的古体诗词，不限于唐宋明清，但不能重复。

他的提议得到大家的响应。

一向不善言辞的台静农抢先吟诵苏东坡那首著名的《水调歌头·明月几时有》，他像在课堂上面对学生背诵古典诗文一样，唱歌似的，声调拖得长长的，节奏分明，大有“垂垂击缺”之概。气有刚柔，学有深浅，习有雅郑，情有所铄，胸染所凝，台静农有一种秋风春月般的人格。吟到最后一句“但愿人长久，千里共婵娟”时，声音不禁哽咽。

下面接着是钱思亮、毛子水、方东美、屈万里各吟诵一首。

毛子水吟诵的是李煜的《虞美人》：

春花秋月何时了？往事知多少。小楼昨夜又东风，故国不堪回首月明中。

雕栏玉砌应犹在，只是朱颜改。问君能有几多愁？恰似一江春水向东流。

屈万里吟咏的也是李煜的词：

无言独上西楼，月如钩，寂寞梧桐深院锁清秋。
剪不断，理还乱，是离愁，别是一般滋味在心头。

方东美是南京中央大学哲学系教授，又兼任该校哲学研究所所长，有“当代黑格尔”之美誉。他和宗白华等是中央大学最富有资历的“四大金刚”之一，曾经给蒋介石讲授哲学，是大名鼎鼎的一代宗师。

来台他任台大教授，又兼中研院哲学研究所所长。他与傅斯年有着深厚友谊，虽是上下级关系，但他俩的夫人彼此是同学，感情又加重一层，常常同桌共餐，畅谈阔论。傅斯年初接手台大，发出誓言：“我要把台大办成世界第一流学府！”方东美说：“我看办不成。”傅斯年不解，方东美叹息道：“你看政府多次去北平，抢救学人，机上所坐何人，你就明白了。”傅斯年脸上一片忧戚。他初来台湾，内心极其痛感，生活也极其困苦，“国破家残，花果飘零”，连鸟鸣猿啼，听去也满是故土亡恨。他是哲学家，又是诗人，初来台湾写了许多怀念故土的诗，即是披山阅水，也难掩苦海望乡之痛。

方东美没有朗诵古人诗词，却道：“我近日涂鸦几句顺口溜，就教于诸位。”

国破惊枭健，时危祝兽仁。
炎州经岁客，苦海望乡人。

吟罢，在场的人一片黯然，愀然。

孤月悬空，海天万里。几个流浪漂泊的异乡人，只能借古人的一缕愁绪抒发亡国之恨，离散之愁。

钱思亮却吟起曹操的《短歌行》：

对酒当歌，人生几何？
譬如朝露，去日苦多。
慨当以慷，幽思难忘。

何以解忧？唯有杜康。

……

明明如月，何时可掇？

忧从中来，不可断绝。

……

月明星稀，乌鹊南飞。

绕树三匝，何枝可依？

其声悲切，其音苍凉。

胡马依北风，越鸟归南枝，狐死必首丘。物亦如此，人何以堪？断肠人在天涯。这些漂泊者，只能遥望故园，泪眼婆娑了。

傅斯年吸完一锅烟，仍然拿着烟斗，用浓重的鲁西乡音，拖长声调，吟诵王维的《九月九日忆山东兄弟》：

独在异乡为异客，每逢佳节倍思亲。

遥知兄弟登高处，遍插茱萸少一人。

他一遍遍地拉着长调吟诵着，余韵凄楚，袅袅如缕。

这南海孤岛的风土、人情、语言、生活习惯与大陆差别太大，离开故土来到陌生的土地，一切都不习惯，深感自己是漂泊异地的一叶浮萍。尽管傅斯年有归骨田横之岛之志，但每念及故旧亲朋，心头一片黯然。屈万里说，傅斯年在想念远在异国他乡的胡适先生。那廉君却说，傅校长是在想远隔天涯，却近在咫尺的陈寅恪，他深感遗憾的中秋佳节相聚，却少了敬重的兄长陈寅恪，"遍插茱萸少一人"哪！

月上中天，有薄寒袭来，更添一重心灵的凄凉。他们毕竟是异乡人，他们割不断与大陆千丝万缕的联系，中国孤岛的外地人，外地人生活在中国的南海孤岛，这双重身份，使他们陷入"何枝可依"的尴尬困境，他们是永远的漂泊者！

傅斯年葬礼

台灣大學校長室用牋

第十四章 山之上，国有殇

胡适称赞：

孟真是人间一个最难得最稀有的天才。他集中人世许多难得的才性于一身。……认识他较久的人，就知道孟真并不是脾气暴躁的人，而是感情最热，往往带有爆炸性，同时又是最温柔最富有理智的人。像这样的人，不但在一个国家内不容易多得，就是世界上也不容易发现有很多的。

台灣大學校長室用箋

71

冬夜。

凌厉的海风裹挟着北国的严寒，疯狂地扫荡着憔悴而孤独的海岛，孤岛战栗着，觳觫着。风掠过街巷的树木，发出怪异的声响。树叶被掳掠下来，随风抛向天空，最后又被狠狠地掷到地面，一任命运的驱遣。

夜已深沉，台湾大学校园一片幽暗，只有校长宿舍还亮着一炷灯光。寒风从窗隙里吹进来，很刺人。伏案写作的傅斯年裹一件棉袍也不禁打了一个寒战。他抬眼看了看桌上的马蹄闹钟，已经十二点多了。他放下笔，搓搓手，习惯地撕开一支新乐园纸烟，将烟丝按进烟锅里，哧哧地吸了几口，满屋顿时烟雾缭绕开来。人们都知道他穷，他爱抽烟，却从来没抽过一口好烟。这“新乐园”是很低廉的纸烟，有点呛人。

坐在旁边正在为他缝补袜子的妻子俞大綵，赶忙搁下针线，用铁筷子夹一块木炭放进火盆，随即挑了挑，炭火渐渐旺起来。俞大綵说：“孟真，早点歇息吧，明天还要参加两个会呢，别写了。”

傅斯年正在为董作宾刊行的《大陆》杂志赶写文章，想急于拿到一笔稿费，说道：“不是我向你哭穷，我也深知你的困苦。等这篇稿费来了，你买一块布，一些棉花，给我做一条棉裤吧，这西服裤子太薄，不挡寒。”

俞大綵听罢，心里涌起一股酸浪，两眼发潮，差一点没掉出泪来。

傅斯年就任台湾大学校长迄今已近两年。初时，台湾刚脱离日本的殖民统治，百业凋零，经济紊乱，通货膨胀，荒岛海陬，到处是饥饿和贫穷，再加上突然拥来数百万国民党、政、军人员及其学生、家属子女，这无疑对孤岛经济压力雪上加霜。物价从1946年起每年涨一倍，1949至1950年度则上涨五倍。在动荡不安的局势下，物资食品极其匮乏。一串香蕉，三五颗鸡蛋，就是一个摊贩的全部商品。老百姓穷得丁当响，放眼望去，满街破衣烂衫，蓬头垢面，酷似乞丐。从大陆逃难而来的知识分子更是穷困不堪，多是“矮屋风檐，尘生釜甑”，用“家徒四壁”不足形容其困苦，有不少人家竟然连四壁也没有。还有一些知识分子失业，没有分文收入。一些才气非凡的读书人也不得不“煮字疗饥”，著书多为稻粱谋了。

傅斯年身兼史语所所长和台湾大学校长双职，本应该收入两份薪水，他却只领取台大校长一职的薪水。儿子在美国读书，月月领到薪水，要将半数寄往美国，剩下的半份，应付他和俞大綵，还有从四川李庄带来的保姆龙嫂，司机老杨等开支，捉襟见肘，只能维持最低生活，甚至出现青黄不接的时候。他平时连贵一点的烟都舍不得吸，有一次俞大綵买了四包七毛钱一包的芙蓉牌烟丝，他很高兴地说：“我要谢谢你，这要比新乐园便宜多了，味道也醇。我以后就抽这种烟好了……”

傅斯年起身，指着墙上的书架说：“这些书，还有史语所的一些书，我死后要留给儿子。我要请董作宾先生制一枚图章，上刻：‘孟真遗子之书。’”好一阵子，他长长地叹了一口气，又说，“这辈子多灾多难，你嫁给我这个穷书生，十几年没过几天舒服日子，我死后，竟无半文钱留给你们母子，我对不起你们呀！”

俞大綵心头一惊，脑子里闪电似的划过一道不祥之光，她急忙打断他的话：“你说什么呀！快睡觉吧！”

夜深了，窗外的寒风更凛冽了。不知什么地方的树枝被刮断了，发出被撕裂的爆响声，很瘆人。台大校园一片漆黑。

72谁知，第二天下午传来噩耗，傅斯年殉身会场，昨夜这番谈话竟然成为留给妻子的临终遗言，这真是命运之神在冥冥之中的安排。俞大綵呆了、傻了，差一点没昏厥过去……

1950年12月20日上午，傅斯年参加了由蒋梦麟召集的农复会，讨论了农业教育和保送台大学生出国深造问题。会上傅斯年激情澎湃，话语滔滔。牵扯国家人才培养问题，兴致更加昂扬，一会儿用汉语说，一会儿用英语讲，汉语中夹杂着英语，不时挥动手中的烟锅，大发宏论，谈锋犀利，语惊四座，会场上响起一片掌声。中午吃饭时，傅斯年依然兴致勃勃，话语不停。下午两时，他又参加了省“参议厅”召开的有关教育方面的会议。“参议员”咨询教育行政问题，多半是“教育部长”陈雪屏回答。但会上有人“放炮”，重提台湾大学原从大陆带来的教学器材失盗问题和台大应该扩招之事。这要由傅斯年回答。傅斯年一听，顿时火冒三丈，关于器材失盗问题早已处理完毕，并多次在“参议会”上做过详细汇报，现在又在翻腾此事，用心何在？这一丑事发生在傅斯年手下，深感羞耻。发难者名叫郭国基，外号“郭大炮”，声色俱厉的质问不是无理纠缠么？傅斯年本是“大炮”脾气，他三步并作两步，急急奔上讲台，激昂慷慨地辩答，铿锵轰鸣，声震屋瓦。

郭国基何许人也？他是台湾省“参议员”，此人生于1900年，台湾屏东人。他性情暴烈，经常造反闹事。在日本留学时就带领一帮调皮捣蛋、偷鸡摸狗的学生占山为王，打起“苍天已死，国基当立”的旗号，妖言惑众。抗战结束后，他也回到台湾，纠集一些黑道的流氓地痞、恶棍打手和汉奸走狗、卖国贼沆瀣一气。他们极力反对从大陆过来的国民政府接收大员，公开反对以陈诚为首的台湾“行政公署”，他们气焰嚣张，蛮横霸道，是最早出现的一批“台独”分子。不知哪股妖风吹来，他乘势而上，当上了台湾省“参议员”，也就是黑道班主，摇身一变成了“白道”盟员。傅斯年本来耻于与此等“人渣”理论，为了台湾大学的声誉，不得不披挂上阵，痛加批驳，直逼得对方哑口无言，方才罢战。但傅斯年后来的发言已有些语无伦次，声音也低弱了，脸色苍白，额头渗出汗珠。

傅斯年发完言，主持人李万居宣布散会。傅斯年离开讲台，踉踉跄跄走下，李万居握了握他的手，大惊："傅先生，你的手怎么这么冰冷？"站在旁边的陈雪屏低声问："孟真，你身体不舒服么？"傅斯年用手扶额，没有回答，忽然眼前一团昏黑，声音极其微弱地说："我不行了，我不行了！"说着昏厥欲倒，陈雪屏一把把他揽到怀里。

1950年12月20日下午六点半。

台大附属医院院长、教授纷纷赶来，用尽一切办法，抢救他们的傅校长，先是输血三百毫升，血压有所下降，高压尚在一百九十毫米汞柱上，过了半个多小时，大家商议再抽一百五十毫升。此时国民党政要陈诚、何应钦、王世杰、程天放、罗家伦、朱家骅以及学界名流李济、董作宾、毛子水、方东美、劳干、英千里等等纷纷赶到医院。罗家伦走到病榻前，摇着傅斯年的冰凉的手，凄惨地呼叫："老傅，老傅！……"抢救室门外走廊里站满了人，但谁也不说话，紧张的气氛令人窒息。蒋介石得悉，下令：不惜一切代价，抢救孟真先生。并要求陈诚每半个小时给他打一次电话。

傅斯年却进入弥留之际，他一动也不动地躺在那里，胖嘟嘟的脸渐渐失去了光泽，鼻息越来越弱。那廉君和钱思亮插不上手，一直围在床头，几个护士忙来忙去，头旁堆满了冰。陈诚在隔壁医院小会议室里，焦虑地来回踱着步子，不时抬腕看看手表，每半小时给蒋介石报告一次傅的病情。其他党政要员，也焦虑不安，悲惋叹息，但谁也不说话。会议室里，走廊里很静，只有医生、护士走动的身影。

九点半，傅斯年的血压降到一百八十，体温也降至三十八度，看样子有些好转。傅斯年睁开眼看了一眼大家，大家以为傅斯年醒来了，谁知接着闭上了眼睛，血压陡地上升到二百三十，体温骤升到四十度。

大概一个人弥留之际，意识还未消逝，灵魂还未脱离肉体，他会出现幻觉，往往是一生最熟稔的往事，最刻骨铭心的记忆。此时的傅斯年在想什么呢？他只觉得很平静，宇宙间十分静谧，他感觉舒服极了，蒙眬中，他眼前是巴蜀深处板栗坳的山光水色，桂花院的竹篱藤萝，晨光中的野花，晶莹的露珠，高一声低一声的鸟鸣牛哞……转眼间这一切换成故乡的大运河，河岸葱茏的杨柳，长长的低垂的柳丝，碧波荡漾的环城湖水，流水中袅娜的水草，还有映照西天的晚霞，璀璨瑰丽。那光环形成长长的光洞，只见有个人影背对着他，渐行渐远，那是爷爷吗？戴着黑丝绒瓜皮小帽，花白发辫微微飘动，他追啊，追啊，却怎么也追不上……

突然眼前一片黑暗。

医生用手掰开眼皮，又慢慢合上，随之绝望地摇摇头。

傅斯年走了。

世上再无傅斯年。

俞大綵和那廉君给傅斯年换上一条厚厚的新棉裤，这是她托人买了一块黑斜纹布，一捆棉花，和龙嫂连夜给丈夫赶做的。一边给丈夫穿衣，一边呜呜地哭道："你到那边缺什么，托个梦给我……"说着搂抱着傅斯年的头，撕肝裂肺地哭，哭得差一点昏厥过去。人们急忙把她拽住，抱到另一间病房，由医生和护士监护起来。

全场是一片哭声，啜泣声。那廉君扑在傅斯年身上哭得死去活来，一声声呼唤："校长、校长，你醒醒啊……"

他走了，走得那么急促，他没有来得及再回首看一看他远在大洋彼岸的儿子和近在咫尺的爱妻。昨天那个不祥之夜，傅斯年是否还有话要讲？俞大綵事后后悔当时不该打断他的话。自1934年两人结婚整整十六个年头。十六年有十二年是在战乱中度过，颠沛流离的逃难路上，风雨里跋涉，泥泞里挣扎，扶老携幼，其状难以言表。饥饿困苦的岁月，夫妻相濡以沫，常常是数米而炊；战乱中物价昂贵，俞大綵变卖自己的首饰买上几斤米，而孟真以书易米，米吃光了，就水煮野藤，苦挣苦熬，度过多少饥饿的岁月，还要上奉老下育小，怕牵扯丈夫精力，她放弃自己的一切爱好，用羸弱的肩膀支撑着这个漂泊的家……谁曾想，从大陆到孤岛，刚刚喘息稳定下来，他竟然急匆匆地走了……

他走了，走得那么突然，没有向他钟情一生的史语所同仁们告声别。谁言傅斯年无皇皇巨著，史语所便是他的“无字大书”，是他一手带大的文史研究机构。记得1927年中央研究院成立时，傅斯年说服当时的院长蔡元培设立历史语言研究所。蔡元培答应他筹建。傅斯年富有天才的组织能力和领袖的号召力，不到半年，史语所便成为中研院兵强马壮的一大方阵。陈寅恪、赵元任、李济这些顶尖国学大师竟然成为他手下的领军人物，率领历史、语言、考古三支分队，开拓新的学术领域。而且取得辉辉煌煌的成就，殷墟的发现震撼了世界。“上穷碧落下黄泉，动手动脚找东西”开一代“史料派”风气之先，接着又是清“内阁大库档案”的整理，赢得社会极高赞誉，和深远的学术影响。八年抗战，三年内战，兵荒马乱，烽烟不熄。他带领史语所数次迁徙漂泊，往往转移一地，图书资料箱笼尚未打开，敌寇炸弹飞来，又要转移。两条腿，四个轮子怎能躲得敌机的追剿？偌大一个中国竟然无处安放一张书案。现在史语所迁到台北杨梅镇，他本想静下心来，进行史学研究，不能老是干这些行政不像行政，学术不像学术之事，无端地浪费生命，无疑是一种自杀。没办法，国家有难，匹夫有责。傅斯年身患重病，重又披坚执锐，开创新的基业。那牵肠挂肚的史语所，多少事务要他来梳理，多少科研课题要他敲定，多少计划要他制订，他却没留下只言片语。谁想到他们可亲可敬的傅所长溘然长逝！史语所像孤儿般地被抛进这苦难和动荡的岁月……

他走了，走得那么仓促！他没来得及看望一下他惨淡经营的台大师生，没来得及向他的助手、教务长钱思亮、秘书那廉君交代一下工作，他没有来得及过问一下，为那个贫寒学生配的一副眼镜可收到否？他刚来台大时，台大一片糟乱芜杂，既缺师资，又缺金钱；既缺学生公寓，又缺教师宿舍；既缺教学设备，更缺科研经费。千头万绪，百废待举。那时大陆战云密布，兵马倥偬，而南海孤岛也乱哄哄的像个蚂蚁窝，台大更是混乱不堪，学潮迭起。傅斯年对开办、管理大学，颇有经验，他提出“敦品、励学、爱国、爱人”的办校宗旨，心目中要办成“台湾的北大”。一项浩大的工程刚刚搭起脚手架，他就撒手人寰，他再也看不到宏伟壮丽的大厦了。

他走了，走得太唐突了，竟然没有给远在异国他乡的胡适写封信，几十年亦师亦友，度过多少风雨弥漫的岁月？还有打不散、骂不开的老朋友罗家伦，三十四年生死道义，竟然没来得及说句知心话，哪怕再争吵一番也让人欣慰啊！他走了，带去太多的遗憾，留下是太多的空白，他的事业如日中天，却匆匆归于道山！他的死不纯粹是自然生命之毁灭，而是一种文化生命、精神生命之凋零，因为渗透他骨髓血脉中的民主之精神、自由之思想，还有几千年传承不息的文化之慧根……

傅斯年走了。

他像一匹烈马，雄风浩荡，纵横天岸，嗒嗒的马蹄溅起一路火花，转瞬间消逝在“山平水远苍茫外”。

73 第二天，噩耗传遍台大，传遍台北，整个城市都沉浸在悲痛哀恸之中。台大的学生得悉他们的校长是被流氓恶棍郭国基气死的，自发地组织起一支队伍，愤怒的学生喊着口号，向省议会厅拥去。

来到议会厅大院里，他们高喊着：“郭国基，你出来，……”“郭国基，有种就出来……”学生们怒吼、大骂，学生越聚越多，有的学生已冲进楼里，看样子抓住郭国基非撕他个粉碎不可。郭国基吓得头上直冒冷汗，赶紧从后门溜走。这时驻会的副“参议长”李万居只得出面解释，李万居的解释毫无作用，愤怒的学生情绪更加激烈，他们高呼：“杀郭国基，报仇雪恨……”“杀郭贼以谢天下！”骂声、吼叫声、口号声响成一片。陈雪屏又出来解释，说是傅校长去世和高血压有关，并不是郭国基的问题，学生们不听照样高呼口号，痛斥郭国基。后来台大的训导长傅启学来了，给大家解释：

“我和傅先生在北大即是好朋友，我到台大也是应傅先生之约而来的。这次出事，我也十分愤慨。傅先生是名满天下的大学者，他郭国基算什么东西……我们回去，聚集全校师生讨伐他……同学们，现在是戒严时期……”他转身看了看周围，已陆续来了一些全副武装的宪警，“如果今天诸位同学出了事，叫我如何对得起地下的傅校长？”说着不禁失声痛哭起来，同学们也跟着大哭。郭国基一时难以抓到，时值黄昏，又下起雨来，冷雨霖霖，寒风萧萧，同学们上午饭都没有吃，现在饥腹枵枵，既然他们的训导长把话说到这个份上，也只好悻悻离去。

12月22日，傅斯年遗体告别仪式在殡仪馆大厅举行。厅里厅外，屋里院外，人山人海，挽幛、挽联，如云如瀑，白花花的如雪幔雾帐，台湾党、政、军要人，社会贤达、名流大师、民间团体的领袖人物，同学、老师、生前友好，数以千计。国民党大佬于右任，长髯如瀑，皓发如雪，拄着拐杖，步履蹒跚，泪流满颊，在别人的搀扶下，在傅斯年遗体前深深三鞠躬；台湾省主席、南征北战的战将陈诚在傅斯年遗体前痛哭失声；王世杰、罗家伦、朱家骅、蒋梦麟这些学界、教育界大匠巨擘式人物，人人悲痛至极，站在傅斯年遗体前，泪流如注；董作宾、李济、毛子水、劳干等名流大师，无不热泪滔滔。十年动荡，八年离乱，三年内战，他们大半生都在乱世中颠沛流离，刚刚在南海孤岛喘息安静下来，他们的首领、史语所之父却倒下了，怎能不伤悲至致？陈槃、屈万里等这些学生辈的名师，更是哭得死去活来。

十点三十分，傅斯年的遗体被火化，人们随着灵车拥向火葬场，一路哭声，党政官员及数千名师生，一路送行。学生们打着灵幡呼喊着：“校长，你再回头看看我们！”“傅校长，我们为你送行来了……”

突然，阴郁的海岛上空，乌云翻卷，转眼间，雷电交加，风狂雨骤，大雨倾盆。纸幡、花圈、挽联全淋湿淋坏了。送行的人们全成了落汤鸡。在风雨中，学生们泣哭喊着，台大的学生全哭了，自由中国的青年全哭了：“傅校长，你可知道？我们的眼泪，是怎样地往下掉？凄风吹着祖国，冷雨淋着宝岛，今天，我们在你的灵前哀悼……来博取你九泉之下的欢笑！”天公秉泪雨淋淋。一个伟大的灵魂的远逝，惊天地，泣鬼神。这是上天在为傅公垂悼。一路泥水，一路风雨，一路哭号，泪水雨水混合一起，天地同悲，人神同泣，那场景极其感人。

一些记者感慨道：几十年未见过这样真诚感人的一幕。

12月31日。

傅斯年追悼大会在台湾大学法学院大礼堂举行。

庄严、肃穆。挽幛、挽联、花圈、纸幡，挂满礼堂四壁，哀乐是贝多芬的《英雄》，雄浑、悲怆，旋律低回、凄凉哀婉。巨大的深蓝色帷幕正中是傅斯年的遗像，上方是蒋介石亲书"国失师表"四个大字。蒋介石亲临公祭，各界人士五千余名前来吊唁。

中央研究院历史语言研究所同仁的挽联：

廿二载远瞩高瞻，深谋远虑，学术方基，忍看一瞑；
五百年名士奇才，闳中肆外，江山如此，痛切招魂。

台湾大学的挽联：

早开风气，是一代宗师，吾道非欤？浮海说三千弟子；
忍看铭旌，正满天云雾，斯人去也，哀鸿况百万苍生。

台大文艺社学生挽联曰：

嫉恶如仇，以自由为经，以民主为纬，正义永彰，继起斯文望我辈；

爱才若命，为学术而生，为教育而死，典型犹在，共挥热泪哭宗师。

秦德纯挽联曰：

有学术，有气节，并有胆识，海内同仰望，发为议论，挽回颓风不少；

无利欲，无私图，且无派系，国际流盛誉，著之文学，转移人心孔多。

蒋介石于12月22日致函夫人俞大綵，12月31日在追悼会上颁布褒奖令：

国立台湾大学校长兼中央研究院历史语言研究所所长傅斯年，性秉刚正，学造渊薮。早岁从事文化运动，克树风声；留学欧西，益增渊涉。都讲大痒，成才綦众。主持历史语言研究所，商量邃密，纂记繁丰；绝学昌明，有光盛业。中间历膺国民参政员、立法委员，谠论渊谟，时政多所匡正，清议资以转移。比年膺任台湾大学校长，教学水准，日渐提高；青年思想，入于正轨。其苦心诱导，力挽横流之功，尤堪矜试。揆其生平始末，困学之勇，忧国之，嫉恶之严，信道之笃，允为学行并茂之全才，亦民主自由之斗士。方期遗大投艰，更隆厥用，乃以国步艰屯，自忘瘝疾，巨细躬亲，卒致脑溢血而逝。缅怀猷绩，痛切良深！应予明令褒扬，交由行政院从优议恤；生平事迹，存备宣付国史馆；用示政府笃念忠贤之至意。

此情可待成追忆。胡适远在海外发来唁电，沉痛哀悼傅斯年逝世，后在傅斯年逝世两周年纪念大会上致辞：

孟真是人间一个最难得的天才……他集中人世许多难得的才性于一身。有人说他的感情最热，往往带有爆炸性，同时又是最温柔、最富有理智的人。像这样的人，不但在一个国家内不容易多得，就是在世界上也不容易发现有很多的。

他的好友罗家伦评价：

我想以“纵横天岸马，俊逸人中龙”两句来形容孟真。第一句形容他的才气，第二句形容他的风格。……孟真所代表的是天地间一种混茫浩瀚的元气。这种淋漓元气之中，包含了天地之正气，和人生的生气！

他的同学毛子水说：

孟真一生代表的是浩然之气。

据统计，当时各界送挽联二百七十余幅，挽诗六百余首，挽词二十余首，祭文六篇，唁电唁函九十余封，各报章、杂志、专刊登载纪念文章一百一十余篇。

傅斯年逝世后，台湾大学校长一职出缺。国民政府旨意旅居美国的胡适回来赴任台大校长。但胡适自感办事能力不及傅斯年，没有“他那样才大心细”，又患心脏病，坚决辞谢。他推荐钱思亮接任。钱思亮深得傅斯年教育思想之真谛，继续率领台大“教授集团”按既定方针和各种规章制度，使台湾大学稳步向前发展。

1951年12月20日，傅斯年逝世一周年，为纪念他开创台大一代新风之功绩，按照美国弗吉尼亚大学，为第三位总统杰弗逊总统专门在校园内建造墓地的成例，特在台大实验植物园内专门划出一块地，建造罗马式纪念亭，亭中砌长方形墓一座，墓前立有无字碑，修有喷水池。园内有兵工署捐赠的一座纪念钟。钟上铸有傅斯年“敦品、励学、爱国、爱人”八字校训。由傅斯年生前同窗好友罗家伦前导，台大学生会主席罗锦堂手捧骨灰盒，钱思亮校长主持，将傅斯年骨灰安葬在纪念亭内的大理石墓中。自此，此处被称为“傅园”，纪念钟为“傅钟”。墓与钟掩映在碧绿的椰林翠柏中。

台大校园的傅园成为供人瞻仰之地。傅钟便成为上课下课的鸣钟。每当深沉悠扬的钟声响彻校园，在激起台大师生工作、学习热情的同时，也从流逝飘落的光日唤起对已故校长傅斯年的怀念之情。每年12月20日，台湾大学都在傅园布置鲜花、瓜果以示祭祀。傅斯年的诞辰是3月25日，史语所和台湾大学轮流主持召开傅斯年学术讨论会，几十年不衰，并出版学术会刊。墓园周围有高大的椰子树，树丫高耸，树冠磅礴，犹如巨伞，护佑着一颗爱国志士、民主先驱的灵魂，也张扬着一个自由知识分子高洁的风操气骨。

2015年11月1日—12月31日
第五次修改稿

台灣大學校長室用牋

后记

台灣大學校長室用牋

一本书有一本书的命运。

记得二十年前，1991年9月，聊城一位朋友来济南，送我一册《傅斯年》，是聊城师范学院历史系、聊城地区政协工委选编傅斯年的资料汇编——这是我第一次阅读傅斯年，方知我们家乡还有个才华横溢、正直耿介、有血性有修养的国学大师！

1949年他离开大陆，他的名字也在大陆销声匿迹了，我们这一代人几乎不知道傅斯年这个名字。当我接触到这本资料汇编，便产生了写一部傅斯年传记的念头。但这些年来，我一直忙于其他题材的创作，"南征北战"，十三年，年年走西北，写了六部反映大西北的作品；后又沿长江走了一趟，写了反映长江和江南题材的作品，有长篇传记文学，有长篇报告文学，大量的是散文。当这些作品问世后，我已经老了，蓦然回首，我们家乡的傅斯年先生，还等着我为他写传记呢！

直到2009年9月以后，我才想起该写傅斯年了。当时手头上的资料很少，我到省图书馆查阅，资料也不丰富，多是些零碎的回忆，还有三两本"评传"，是专家学者们的学术研究。一个立体的、鲜活的人物仍然是模糊的，但却丰富了我对傅斯年的印象和想象。我同时看了大量的民国资料，阅读了《傅斯年全集》以及他生活的背景，又到了北京、重庆、南溪县李庄、板栗坳、南京等地，实地考察、采风、收集资料，两次参观了聊城傅斯年纪念馆，游览傅氏家族的陵园。傅斯年的形象渐渐在我脑子里鲜活起来。我摩挲那一块块冰冷的碑碣，像抚摸着一个家族的脉息；碑碣无言，却传导出兴衰荣枯的命运。这个书香家族，是鲁西平原上一棵巨树，枝繁叶茂，翠盖如云。但现在已经凋零了，枯萎了，一阵狂风连根拔起，这棵巨树轰然倒下了。

但傅斯年没倒！

人的信仰各异，一个人只要为国家、为民族、为人类的进步做出卓越的贡献，追求人性的真善美，反对人类的假恶丑，他就是一个伟岸的人，一个大写的人！

基于此，我坚定了创作信念。

文学分两类，一是虚构类，二是非虚构类。虚构类建筑在想象之上，非虚构类建筑在事实之上。传记文学当然属于非虚构类。但是，任何一位生命个体的全部生活，很难构成一部完整的艺术作品。朱东润先生说："传记文学是史，同时也是文学，所以必须注意人物形象的塑造。"又说，"传记的传主，无论作者的主观意图如何力求与史实符合，其实一切叙述，都必须通过作者的认识。……传记文学中的传主，正如一般文学中的主人公一样，是作者创造的成果。"现在有人提出传记文学小说化，我不敢完全苟同这种观点，我支持朱先生的主张。传记文学，第一是真实性（时间、地点、事件、历史人物），既要忠实于传主，尽可能地在传主事迹上"保真"，不得胡编乱造，这是对传主的尊重，对历史和社会的负责。真实也是一种审美原则。第二是文学性。既然是文学，就必须符合文学的创作规律，在不违背真实的原则下，要进行合理的、大胆的想象、联想，特别是心理描写，环境烘托，在原始素材缺乏的情况下，是可以虚构的，由生活的真实达到艺术的真实。细节的真实是一切作品最可贵之处。

傅斯年出生于山东聊城，少年时在家读私塾，而后赴天津、北京读中学、大学，上世纪20年代赴英国、德国留学，归国后报效国家。学生时代的他，曾是"五四"运动的健将，《新潮》杂志的主编，北大学生领袖，发表了大量的鼓吹新文化和文学革命的文章，宣扬民主和科学，产生了很大反响。他天资聪颖，博学多才，去欧洲留学时先后攻读实验心理学、物理、化学、数学，并研读文学、历史、哲学、政治学、医学、地质学，精通希腊文，还钟爱于弗洛伊德的精神分析学。他是个通才，留欧七年，学问学了一大堆，却没戴上硕士帽、博士帽，是个“秃头”海归。他说留学是求得学问而非学衔。

傅斯年是历史学家、教育家、社会活动家、思想家。他身宽体胖，标准的山东大汉，他大才槃槃，恣肆汪洋，他狂放不羁，恃才傲物，在学生时期，许多学生不敢接近他。他性格耿介、刚烈、爽直，领袖欲很强，富有天才的组织能力和高度的责任感，他大气磅礴具有披荆斩棘的开拓精神。他爱才如命，有极强的亲和力，高洁的人格魅力，他是民国“中研院史语所之父”，团结了陈寅恪、赵元任等一大批大师级学人，在他旄下从事历史学、语言学研究，整理大清档案，发掘殷墟，在史学界创下无与伦比的功勋。

傅斯年有炽热的爱国情怀和强烈的民族意识。“九一八”事变后，他发表了大批文章，痛斥和揭露倭寇妄图吞并中国的野心和滔天罪行，痛批了投降派、妥协派和恐日派，为中华民族呼魂唤魄，重铸国魂。傅斯年是“学人参政”，他极力主张抗战到底，又痛斥国民党腐败。抗战期间，他先后揭露财政部长孔祥熙的贪污罪行，后又写文章揭批宋子文徇私枉法的行径，他呐喊，他狂啸，在铁的事实面前，蒋介石不得不罢免孔、宋财政部长和行政院长的职务。

傅斯年心胸博大，不计个人恩仇，他和老同学顾颉刚“闹翻”了，在评选科学院院士时，他却力挺顾入选院士，但他却将汉奸老师周作人毫不留情地开除北大并要求绳之以法。傅斯年是虎又是猫，对坏人坏事，他比虎还凶猛；对弱小者，对同事，他像猫一样温柔。罗家伦盛赞他是“纵横天岸马，俊逸人中龙”，胡适高度评价“他是感情最有热力，往往带有爆炸性的，同时他又是最温柔、最有条理的一个可爱可亲的人”。

傅斯年因呐喊、愤怒、咆哮，而伟大，而不朽。

他是知识分子的精神标本。凸现傅斯年的价值，仍有现实意义。

传记文学必须用文学的构思和立意，文学的表现手法，文学的语言来描绘和表现历史人物的真实风貌；要运用大量生动的细节去展示人物的心灵、个性和风采，再现历史场景、氛围和鲜活的人物形象。

在创作这部传记文学时，我的总体设计是“厚重如山，空灵如诗”，以期达到钱钟书先生倡导的传记文学“史蕴诗心”的要求（效果如何，由读者检验），因此我既恪守傅斯年生平事迹的真实性，又不完全刻板地作“年谱”般录写，努力参与主人公的生活，在细节上，在心理描写上，在环境烘托、气氛渲染和景物描写上大胆想象和细腻刻画。有时利用小说、散文的语言，甚至诗歌的灵性，调动一切艺术的力量来塑造人物。但这种想象和艺术描写又不能天马行空，要符合大的历史真实，譬如傅斯年临别南京的所思所行以及对虎踞龙盘的金陵风物名胜的眷恋，不仅是一个历史学家的应有情怀，也是一个富有强烈的“忠君爱国志士”的一种必然心态。还有傅斯年中秋节之夜，邀请几位教授共度佳节，品茗、吟诗，既反映这些飘零者的怀乡之恋，也是这些“士大夫们”的生活雅趣。每位作家都有历史知识的局限性，也有自己历史观和价值取向，直接影响“传主历史的人”的形象塑造，一千个作家会写出一千个傅斯年，正如一千个读者心目中有一千个哈姆雷特。

我努力遵守一种正确的历史观，正确的价值取向，写我心中的“傅斯年”。

本书在创作中得到石兴泽、刘牧、马亮宽、范景华诸先生热情支持，在此深致谢意。

2016年1月18日

图书在版编目（CIP）数据

谔谔国士傅斯年 / 郭保林著. -- 北京：作家出版社，2016. 5
ISBN 978-7-5063-8954-9

Ⅰ. ①谔… Ⅱ. ①郭… Ⅲ. ①傅斯年（1896–1950）– 传记
Ⅳ. ①K825.46

中国版本图书馆CIP数据核字（2016）第228132号

谔谔国士傅斯年

作　　者： 郭保林
责任编辑： 韩　星　王　烨
装帧设计： 视觉共振设计工作室
出版发行： 作家出版社
社　　址： 北京农展馆南里10号　　**邮　　编：** 100125
电话传真： 86–10–65930756（出版发行部）
86–10–65004079（总编室）
86–10–65015116（邮购部）
E–mail:zuojia@zuojia.net.cn
http://www.haozuojia.com（作家在线）
印　　刷： 三河市北燕印装有限公司
成品尺寸： 152 × 230
字　　数： 390千
印　　张： 26.5
版　　次： 2016年10月第1版
印　　次： 2016年10月第1次印刷
ISBN 978-7-5063-8954-9
定　　价： 39. 00元